Kleine Geschichte der Philosophie

Heiko Reisch

Kleine Geschichte der Philosophie

 Springer

Heiko Reisch
Frankfurt, Deutschland

ISBN 978-3-658-16236-8   ISBN 978-3-658-16237-5 (eBook)
DOI 10.1007/978-3-658-16237-5

Die Deutsche Nationalbibliothek verzeichnet diese Publikation in der Deutschen National-
bibliografie; detaillierte bibliografische Daten sind im Internet über http://dnb.d-nb.de abrufbar.

© Springer Fachmedien Wiesbaden GmbH 2018
Das Werk einschließlich aller seiner Teile ist urheberrechtlich geschützt. Jede Verwertung, die nicht ausdrücklich vom Urheberrechtsgesetz zugelassen ist, bedarf der vorherigen Zustimmung des Verlags. Das gilt insbesondere für Vervielfältigungen, Bearbeitungen, Übersetzungen, Mikroverfilmungen und die Einspeicherung und Verarbeitung in elektronischen Systemen.
Die Wiedergabe von Gebrauchsnamen, Handelsnamen, Warenbezeichnungen usw. in diesem Werk berechtigt auch ohne besondere Kennzeichnung nicht zu der Annahme, dass solche Namen im Sinne der Warenzeichen- und Markenschutz-Gesetzgebung als frei zu betrachten wären und daher von jedermann benutzt werden dürften.
Der Verlag, die Autoren und die Herausgeber gehen davon aus, dass die Angaben und Informa-
tionen in diesem Werk zum Zeitpunkt der Veröffentlichung vollständig und korrekt sind. Weder der Verlag noch die Autoren oder die Herausgeber übernehmen, ausdrücklich oder implizit, Gewähr für den Inhalt des Werkes, etwaige Fehler oder Äußerungen. Der Verlag bleibt im Hinblick auf geografische Zuordnungen und Gebietsbezeichnungen in veröffentlichten Karten und Institutionsadressen neutral.

Lektorat: Frank Schindler
Titelbild: Abstract polygonal space low poly dark background © teerawit / Fotolia

Gedruckt auf säurefreiem und chlorfrei gebleichtem Papier

Springer ist Teil von Springer Nature
Die eingetragene Gesellschaft ist Springer Fachmedien Wiesbaden GmbH
Die Anschrift der Gesellschaft ist: Abraham-Lincoln-Str. 46, 65189 Wiesbaden, Germany

Für Sabine, Luis, Jörg und Barbara

Inhalt

Einleitung 1

Philosophie in der Antike:
In Europa erwacht das Denken des Denkens 7
Vorspiel 8
Griechenland – Besondere Bedingungen für Theorie 9
Vorsokratiker – Allgemeine Prinzipien statt Dichterwahrheiten 15
Sokrates – Fragwürdigkeit des Scheinwissens 23
Platon – Ewige Ideen gegen vergängliche Körper 24
Aristoteles – Sammeln, Sortieren und die Aufwertung
von Erfahrung 37
Epikur – Glück durch Rückzug in private Freundschaften 45
Zenon – Pflichtgefühl und Leidenschaftslosigkeit 46
Römer – Rhetorik statt Philosophie 48

Philosophie im Mittelalter:
Theologie beherrscht das ganze Denken 51
Vorspiel 52
Spätantike und Mittelalter – Jenseitsorientierung
als Bruch mit der Antike 53
Christliche Philosophie – Mönche kassieren die Philosophie ein 55
Bildungsverlust – Auswanderung des Wissens in den Osten 60
Plotin – Abwendung vom Diesseits 63
Augustinus – Gottesstaat und gerechte Kriege 66
Boethius – Wirklichkeit von Begriffen 72
Mittelalterliche Universitäten – Rückkehr der aristotelischen Logik . . . 74
Anselm von Canterbury – Gottesbeweis aus dem Begriff heraus 77

Thomas von Aquin – Ausufernde Versöhnungsversuche 79
Universalien – Phantasie und Wahrheit 83
Auflösungssymptome – Scholastik am Endpunkt 85
Roger Bacon – Glauben, Denken, Erfahrung 85
Meister Eckhart – Auf dem mystischen Weg zum Nichts 86
Nikolaus von Kues – Unzulänglichkeit endlicher Begriffe 87

Philosophie der Neuzeit und Aufklärung: Ein Neustart 91
Vorspiel 92
Neuzeit – Besondere Bedingungen für ein neues Menschenbild 93
Neuzeitliche Philosophie – Mathematik als Vorbild 99
Descartes – Denkendes Ich als sicheres Fundament 101
Hobbes – Staatsgewalt zur Zähmung wilder Wölfe 103
Spinoza – Denkfreiheit und Pantheismus 105
Leibniz – Logisch geordneter Kosmos 107
Aufklärung – Natur und Vernunft als neue ethische Richtgrößen 109
Locke – Freiheit, Eigentum und Toleranz 116
Hume – Erfahrung und Moral als Gewohnheitsprinzipien 120
Enzyklopädisten – Streitbare Salons und gesammeltes Wissen 123
Voltaire – Toleranz und vernünftige Religion 125
Rousseau – Selbstaufgabe im allgemeinen Volkswillen 128
Menschenrechte – Schutz vor Institutionen und Staat 132
Kant – Vernunft als methodisches Verfahren 134

Philosophie im neunzehnten Jahrhundert:
Vom Aufstieg und Fall der Vernunftansprüche 151
Vorspiel 152
Das lange Jahrhundert – Besondere Bedingungen in Deutschland . . . 153
Versöhnungskonzepte – Kunst statt Politik 155
Neue Konkurrenzen – Geist, Materie
und erfolgreiche Naturwissenschaften 158
Deutscher Idealismus – Sehnsucht nach Ganzheit 161
Fichte – Unendliche Ichaktivität 162
Schelling – Unendliche Naturaktivität 165
Hegel – Bewusstseinsstufen und Systemoptimismus 167
Nach dem Idealismus – Das Ende der Vernunftausdehnung 175
Schopenhauer – Leiden und tröstliche Kunst 175
Kierkegaard – Angstgetriebene Existenz 178
Feuerbach – Körper und Gespenster 179
Marx – Menschliche Praxis und Geschichtszwänge 181

Kommentierte weiterführende Literatur (Auswahl)　　　　　　　　　　　　　IX

Nietzsche – Wahrheit als Trieb 187
Die Materialität von Sprache – Sprechdenken 193

Philosophie im zwanzigsten Jahrhundert:
Intersubjektivität als Maßstab 197
Vorspiel 198
Das Ende philosophischer Großentwürfe – Neue Geltungsfragen 200
Neuansätze – Sprache, Rationalitätskritik und Fragen der Ethik 202
Freud – Zwischen Naturwissenschaft und Kulturgeschichte 204
Wittgenstein – Sprache und die Konstruktion der Wirklichkeit 207
Analytische Philosophie – Klarheitsoptimismus 210
Heidegger – Endlichkeit und Modernitätsabwehr 214
Existenzialismus – Literarisierung eines Grundgefühls 218
Kritische Theorie – Gescheiterte Modernität 220
Adorno – Fluchtweg Kunst 222
Marcuse – Fluchtweg Revolte 224
Habermas – Vernunftoptimismus 225
Menschenrechte – Anerkennung des Anderen 228
Menschenwürde – Intersubjektive Achtung des Anderen 234
Amerikanischer Pragmatismus – Nutzenprüfung 237
Rawls – Fairplay 240
Poststrukturalismus – Denksysteme und Ihr Unbewusstes 246
Foucault – Effekte der Macht 248
Derrida – Buchstabenmacht und Verdrängung 251
Philosophie des Geistes – Körper und Erlebnisse 255

Ausblick auf die Philosophie im einundzwanzigsten Jahrhundert –
Bleibende Fragen 263
Was ist Bewusstsein? 263
Gibt es einen freien Willen? 266
Sind globale Werte möglich? 270

Nachwort 277

Quellen 279

Kommentierte weiterführende Literatur (Auswahl) 285

Einleitung

Was ist eigentlich Philosophie? Der Begriff jedenfalls hat momentan Konjunktur, und die Frage ist nicht einfach oder eindeutig zu beantworten. Philosophie ist zumindest medial in der Gegenwart angekommen und wird stärker wahrgenommen als noch vor wenigen Jahrzehnten oder auch Jahren. Akademische Philosophen gelten nicht mehr als einsame Spinner, sondern als angenehme qualifizierte Diskussionspartner, ob öffentlich oder privat. Selbst in literarischen Büchern und Filmen sind sie als Titelheld einsetzbar geworden.

Im Alltag verspricht Philosophie dem Namen nach die Hoffnung auf Selbsterkenntnis und Sinn, sie soll die Erwartung einer Handlungsrichtschnur erfüllen und möglichst ganz konkret Lebenshilfe sein. Für diese Diagnose muss man nur in eine Bahnhofsbuchhandlung gehen. Das Regal mit Philosophie ist voll, und es ist auch gefüllt mit Ratgebern. Das bedeutet dann beispielsweise: Wie mache ich mich interessant? Wie werde ich glücklich? Philosophie als Wellnessangebot gewissermaßen. Oder aber als ein beruflicher Ratgeber für Verantwortliche in Unternehmen. Aus Philosophie kann schnell eine schlichte Leitlinie werden. Unternehmen, die etwas auf sich halten, haben heutzutage eine Unternehmensphilosophie, die dann auch Leitbild heißen kann und geteilt wird in Mission und Vision. Wie auch immer, es geht offensichtlich um Orientierung in einer Welt, die unübersichtlich ist. Das ist zunächst das Alltagsverständnis von Philosophie – aber ist das auch Philosophie?

Der Laie würde sagen ja. Und er hätte recht, denn das ist der Anfang von Philosophie, dass etwas nicht mehr klar ist und neu überdacht werden muss. Der Philosoph würde dagegen sagen nein. Und auch er hätte recht, denn die philosophischen Fragen sind größer, gründlicher und in der Regel älter als zunächst zu vermuten, und es gab bereits viele Antworten, auch wenn sie heute nicht mehr tragfähig erscheinen. Fragen nach dem möglichen Sinn des Lebens spielen dabei übrigens kaum eine Rolle, es geht vielmehr um Fragen unserer Stellung in der

Welt. Auch das zeigt ein Blick in das Philosophieregal einer üblichen Buchhandlung. Immerhin kann man hier auch Kants Werke im Original finden oder die von Hegel, Platon, Nietzsche, Heidegger und Rawls. Erstaunlich eigentlich. Denn wissenschaftliche philosophische Bücher sind im Original für Laien ja kaum lesbar und so ganz anders als die leichten philosophischen Ratgeber. Sie verfolgen bizarr erscheinende Gedankengänge, sie widersprechen heftig der Intuition, sie sorgen bei ungeübten Leserinnen und Lesern eher für Desorientierung als für Orientierung. Adorno meinte zum Geschäft der Philosophie, man müsse sich der Mühe des Begriffs unterziehen. Das ist richtig und riecht nach Arbeit, gedanklicher Arbeit zumindest. Ein leichtes Geschäft ist also die Philosophie sicherlich nicht. Sie will Dinge grundsätzlich besser verstehen. Und das ist eine ganze Menge. Denn sie stellt Selbstverständlichkeiten frech in Frage und damit natürlich den aktuell üblichen intuitiven Weltzugang. Es geht ihr um das Ganze und nicht um das persönliche Leben oder die Frage, wie man glücklich wird. Genauer, es geht um das Ganze des Erkennbaren überhaupt – ganz unabhängig in der Regel von einem Einzelbereich des Wissens. Es geht um das Wissen von uns gerade jetzt, aber auch das innerhalb unserer geschichtlichen Entwicklung. Philosophie fragt, was taugen unsere, und was taugen ältere Erkenntnisse, und zwar in allen Bereichen? Was für Antworten hat die Vergangenheit gefunden? Was für Antworten finden wir, ohne die Fehler vergangener Antworten zu wiederholen?

Der Begriff Philosophie ist europäisch. „Sophia" ist ein Wissen und Können, das sich von den erlernten Fertigkeiten des Alltags abhebt. Eigentlich meint es Bildung. Auch Bildung kann wiederum vieles sein. Redekunst in der Antike, Wahrheitsorientierung im Mittelalter, Wissenschaft und Aufräumen mit Aberglauben in der Neuzeit. Noch Newton nennt sein Hauptwerk „Philosophiae Naturalis Principia Mathematica", also Philosophie, obwohl es doch ein rein naturwissenschaftliches Werk ist. Und Kant sagt in der „Kritik der reinen Vernunft" einfach: „Das System aller philosophischen Erkenntnis ist nun Philosophie" (B 866; Bd. IV, S. 699). Ein System also. Philosophie ist eine Leitdisziplin in Europa bis vielleicht zum 19. Jh., als Naturwissenschaften in harte Konkurrenz zu ihr traten. Das unterscheidet Philosophie von der östlichen, arabischen oder jüdischen Welt. Auch dort gab es Wissen, auch dort gab es Weisheit. Aber das kritische, also jederzeit neu prüfende Denken des Denkbaren hat dort keine Traditionen über Jahrhunderte hinweg begründet und keine Institutionen wie im Abendland. Kein grundsätzliches Hinterfragen und Infragestellen des sicher Geglaubten und auch nicht komplexe Hypothesen über den Geschichtsverlauf. Was überhaupt nicht heißen soll, dass Denker aus anderen Kulturkreisen europäisches Denken nicht beeinflusst hätten. Abendländische Philosophie ist im Wesentlichen eine Ideengeschichte, die Geschichte also vom Denken und von Ideen, die weiter tragen als der Moment ihres Auftauchens oder gedruckt Werdens. Mit Philosophie gewinnt die Erkenntnis von Wissen, Handeln und Kunst einen eigenständigen Bereich. Das Denken des Denkens steht nämlich nicht unter dem ausschließlichen Diktat des praktischen Wissens oder der praktischen Handlungsanweisungen. Es ist auch Grundlagentheorie. Dies vor allem hat der Philosophie ihre Geschichte und ihre Bedeutung gesichert.

Beispiele für philosophische Fragen sind einfach und vermutlich bekannt. Die Menschen wünschen sich eine gute Politik. Philosophie fragt nun, was das eigentlich genau heißt und zerlegt deshalb den Satz: Was sind die Grundlagen von Politik, was darf sie, was nicht? Und was können und dürfen Menschen? Was bedeutet überhaupt gut in dem Zusammenhang? Gibt es so etwas wie eine gute Politik? Was bedeutet wünschen? Und was ist das eigentlich, ein Mensch? Und was ein Mensch, der sich gute Politik wünscht? Das alles sind vereinfachende Fragen, fast kindliche. Die Antworten sind nicht ganz so schlicht. Dass Kinder Philosophen sind, ist deshalb so abwegig übrigens nicht. Denn Kinder sind neugierig, sie staunen, sie stellen Fragen und gerne auch Dinge in Frage. Sie bauen ihr Gebäude des Wissens erst auf. Genau das machen auch Philosophen. Sie tragen das Gebäude des vermeintlichen Wissens ab, um es anschließend wieder aufzubauen. Nur anders dieses Mal, denn sie kennen die argumentativen Fehler der Vergangenheit und wollen sie nicht wiederholen. Sie wollen neue und angemessene Antworten auf alte Fragen. Ihre neuen Antworten können dabei den Gegenstand der Frage zum Verschwinden bringen oder die Frage selbst oder gar den Fragesteller beleidigen, was Philosophen in ihrer Geschichte besonders gerne und oft gemacht haben.

Das ist einer der Gründe, warum Philosophen im Original schwierig zu lesen sind. Sie nehmen Bezug auf ihre Vorgänger und deren Sprache. Sie verlassen dadurch die Alltagssprache, selbst wenn sie Alltagsbegriffe einsetzen. Sie widersprechen mit ihrer Sprache den Selbstverständlichkeiten der Alltagssprache. Sie arbeiten mit einer Fachsprache im Eigenstil, was fast zu einer Privatsprache werden kann. Deshalb kann schnell enttäuscht werden, wer als Laie ein philosophisches Buch liest. Für Philosophie sind die Dinge nie erledigt. Beständig ist nur der Zweifel. Alle Antworten, auch die von Philosophen, sind immer historisch bedingt und damit gebunden an die Zeit, häufig auch an den Ort. Neues Nachdenken erfolgt genau dann, wenn die Antworten des alten Denkens nicht mehr anwendbar sind. Das ist vor allem in Zeiten der Krise so, in Umbrüchen. Philosophie bezieht sich dann auf die vorangegangene Philosophie, also die Philosophiegeschichte und deren Begriffe. Sie bezieht sich aber ebenso auf die zeitgenössischen Konkurrenten und deren Begriffe. Philosophen überspringen Jahrhunderte oder Jahrtausende, sie knüpfen an ältere Überlegungen an. Aber sie stiften dabei keine zeitlosen Glaubenssysteme einfacher Weisheiten (beispielsweise Sinnsprüche, Gleichnisse, esoterische Prinzipien) oder kanonische Religionen (wie die Mosaischen Gesetze, Evangelien, östliche Religionen) und auch keine experimentell überprüfbare

Wissensparadigmen, wie die empirischen und theoretischen Naturwissenschaften. Philosophen stellen ihr Wissen zur Diskussion und Disposition. Kommen bessere Argumente und Gründe, müssen diese verarbeitet und verdaut werden.

Natürlich haben Philosophen auch selbst die Frage beantwortet, was Philosophie genau ist. Dass die Antworten nicht einheitlich ausfallen, kann nicht sonderlich verwundern. Hier einige Beispiele: Der Ursprung der Philosophie ist das Staunen, das meint beispielsweise Aristoteles. Er sieht darin ein tastendes verstehendes Vorgehen anlässlich der Frage, was hinter den Dingen das Beständige ist. Das kann eine Struktur sein, ein Prinzip oder auch ein Überprinzip. Kant macht aus der einen Frage, was Philosophie ist, gleich mehrere, die möglicherweise zusammen hängen, möglicherweise aber auch nicht: Was kann ich wissen? Was soll ich tun? Was darf ich hoffen? Was ist der Mensch? Er trennt als erster systematisch Wissen und Glauben und führt die Vernunft als alleiniges Leitprinzip ein. Von Kants Systematik profitieren wir noch heute, auch wenn die Antworten sich weiter entwickelt haben. Hegel geht wieder zurück zum Anfang und fragt: Warum ist eigentlich etwas und nicht vielmehr nichts? Er schwingt sich zur Höhe einer schwindelerregenden Spekulation auf, die ganze Welt entsteht für ihn aus dem Widerspruch von Sein und Nichts, der sich aufhebt und zu einem Universalen forttreibt. Nietzsche findet wiederum eine ganz andere Antwort. Wir leben in einer Verfallsgeschichte, und die beginnt mit Sokrates. Die fördert nicht die Moral, wie wir meinen, sondern asketische Ideale, wie Schuld sowie schlechtes Gewissen und richtet sich somit gegen das Leben selbst, indem sie eine Welt hinter der Welt unterstellt. Kunst und schöpferisches Ich scheinen ihm ein Ausweg. Wittgenstein spitzt die Fragwürdigkeit des Wissens noch zu. Philosophie ist für ihn das Aufhören mit Fragen, die man nicht beantworten kann, weil sie zu Scheinproblemen führen.

Ein knappe und nicht schlechte Formulierung bietet Hegel an: „Die Philosophie ist ihre Zeit in Gedanken erfasst" (Bd. 7, S. 26). Das ist allgemein und präzise zugleich, vielleicht kann man es so gelten lassen. Philosophie ist ein Denken des Denkens, also eine Reflexion über das Denken selbst und dessen Geschichte. Das führt weg von einzelner Naturerkenntnis, Ethik, Logik, Erkenntnistheorie, Geschichtsphilosophie, Ästhetik oder Ontologie. Aber es führt hin zur Geschichte des abendländischen Denkens und seiner Denkart selbst. Die Ideengeschichte der Philosophie ist eine ihrer historischen Gestalten. Sie schreibt sich nicht selbst wie Geschichte bisweilen, sondern sie ist vielleicht mehr als andere Wissenschaften an einzelne Figuren gebunden, deren Namen man kennt. An ihren Zugriff auf die Philosophie, an ihre Bindung an die jeweils eigene und ältere Zeit, vor allem aber an ihre Reflexionsleistungen, neuen Vorstellungen, Ideen und Antworten auf bereits gestellte oder auch noch nicht gestellte Fragen.

Die Darstellung in diesem Buch folgt der Chronologie und geografischen Verortung von Philosophie, also den Lebensdaten der behandelten Philosophen innerhalb der linearen Zeitachse. Das sorgt für eine bessere historische Übersichtlichkeit. Bei der Beschreibung des 20. Jhs. wird diese Herangehensweise etwas, und beim Ausblick in das 21. Jh. ganz gebrochen, weil sich Strömungen aus der jüngeren Vergangenheit und Gegenwart nicht immer starr innerhalb einer festen Zeitabfolge bewegen. Auch Philosophie als Ganzes bewegt sich dabei nicht in einem methodenfreien Raum. Das philosophische Denken nutzt über alle Jahrhunderte hinweg ein bestimmtes Handwerkszeug. Dazu zählt nicht nur Behauptungen zu formulieren, sondern nachvollziehbare Argumente und Gründe vorzulegen, die diskursiv prüfbar sind. Dazu zählt, mit Gedankenexperimenten, mit Beispielen und Gegenbeispielen zu erproben, ob Thesen überhaupt tragfähig und darüber hinaus auch noch verallgemeinerbar sind. Dazu zählt, mit Zuspitzungen und einem zu-Ende-Denken testen, welche Konsequenzen bestimmte Positionen haben, und welche Gegenargumente aufgefahren werden können. Dazu zählt schließlich auch, mit einem ideengeschichtlichen Wissen zu prüfen, welche Wege und Irrwege schon einmal beschritten wurden, um vergangene Argumentationsprobleme zu umschiffen oder umgekehrt einbeziehen zu können. Philosophie riskiert den großen Blick, aber sie misst sich immer an der Welt und an Realitäten, ansonsten verliert sie an Aufmerksamkeit und Bedeutung gleichermaßen.

Wenn Philosophie Hochkonjunktur hat, dann müssen wir in einer Umbruchsituation leben, lautet der logische Umkehrschluss. Globalisierung, Wirtschafts- und Finanzkrisen bestimmen uns im 21. Jh. mehr, als dies zu Ende des 20. Jhs. noch schien. Vermeintliche Kulturkämpfe und Herrschaftsansprüche in Ost und West kommen hinzu. Auf was können wir uns berufen, auf was verlassen? Was ist abendländische Philosophie? Ist sie universalisierbar? Oder doch ein rein europäisches und mittlerweile auch amerikanisches Ereignis? Hat Philosophie eine Zukunft? Die Antworten auf diese Fragen mögen offen bleiben. Ein Blick auf unsere Denksysteme kann dabei aber helfen, sie so oder so zu beantworten.

In diesem Buch wird eine Geschichte der Philosophie als Ideengeschichte beschrieben. Es gibt bereits eine Vielzahl von Philosophiegeschichten, die jeweils einzelne Philosophen unter die Lupe nehmen. Hier wird stärker die Ideengeschichte mit ihren Kontinuitäten und Brüchen im Zentrum stehen, mit ihren Bezügen aufeinander und ihrer historischen Bedingtheit. Jedes Kapitel stellt eine Frage an den Anfang, das ist die jeweilige Leitlinie, es geht dabei um die großen Wellen. Im Kapitel Aufklärung ist das beispielsweise die Frage, warum sie nur in Europa entstehen konnte. Um Einstein zu folgen, soll es insgesamt einfach gemacht werden, aber nicht zu einfach. Zitate spielen also nicht die Hauptrolle. Wohl aber Gedanken, und die können ein Eigenleben führen, sie schweben allerdings nicht im zeitlosen Raum. Sie brauchen historische Voraussetzungen, um gedacht werden zu können. Und die ändern sich bekanntlich. Auch künftig.

Philosophie in der Antike:
In Europa erwacht das Denken des Denkens

Zusammenfassung

Die Geschichte der Philosophie beginnt in Griechenland um ca. 650 v. Chr. Erste Philosophen suchen und beschreiben Prinzipien, die hinter allen vergänglichen Erscheinungen für etwas Beständiges stehen können. Dabei wird das alte Wissensfundament, der Glaube an ewige Götter nämlich, zwar nicht völlig verlassen, aber er verliert zunehmend an Bindungskraft. Mythisches Denken verblasst. Das philosophische Denken selbst will nun den Kosmos in seinem Funktionieren als Ganzes erfassen. Prinzipien aus der Erfahrungswirklichkeit, wie die vier Elemente Feuer, Wasser, Erde, Luft oder der ewige Widerstreit und Wandel in Allem sind für die frühen griechischen Philosophen plausiblere Grundsätze zur Beschreibung der Dinge und Lebewesen, die entstehen und vergehen, während die Grundsätze selbst bestehen bleiben. Die Prinzipien sollen als theoretische Gesetze ganz allgemein auf abstrakte Art beschreiben, was in der wahrnehmbaren Welt dauerhaft vor sich geht. Auch Zahlen, mathematische Regeln und Harmonien spielen dabei eine zentrale Rolle. Platon führen sie zur Vorstellung ewiger Ideen, die schon immer und unabhängig von uns existieren. Die Wirklichkeit ist für ihn demgegenüber nur ein vergänglicher Schatten. Aristoteles hält Platons Ideen dagegen für bloße Abstraktionen, die aus der Erfahrung heraus geschlossen wurden, aber keinesfalls tatsächlich existieren oder ein eigenes Sein haben. Für ihn sind sie bloße Denkkonstrukte, die durch verständigere logische Systematiken ersetzt werden müssen. Das führt ihn beispielsweise zu biologischen und zoologischen Einteilungen in der Natur, grammatischen Sprachregeln und logischen Denkgrundsätzen, aber auch zu ethischen Empfehlungen, wie wir uns verhalten, und wie wir als vernünftige Gemeinschaftswesen zusammen leben sollten.

Vorspiel

„Nachdem ... Sokrates sich ... niedergelassen und gespeist hatte und die anderen auch, hätten sie das Trankopfer gebracht und nach gehaltenem Lobgesang auf den Gott und was sonst Sitte ist, sich ans Trinken begeben. Hierauf ... habe Pausanias eine solche Rede begonnen: Wohlan, Freunde, ... wie werden wir nun am behaglichsten trinken? Ich meinesteils erkläre euch, dass ich mich in Wahrheit ziemlich unwohl befinde vom gestrigen Trinken und einiger Erholung bedarf; und ich glaube, auch die meisten von euch, denn ihr wart gestern ebenfalls zugegen. Überlegt also, wie wir so bequem wie möglich trinken können. – Darauf habe Aristophanes gesagt: Daran hast du wohl gesprochen, Pausanias, daß wir auf alle Weise suchen müssen, es uns bequem zu machen mit dem Trinken, denn auch ich gehöre zu denen, die gestern etwas stark sind benetzt worden. – Als nun dies Eryximachos ... gehört, habe er gesagt: Gewiss, sehr wohl gesprochen. Nur von einem unter euch möchte ich noch hören, wie er bei Kräften ist zum Trinken: Agathon. – Gar nicht sonderlich, habe jener gesagt, bin auch ich bei Kräften. – Das wäre ja ein herrlicher Fund, habe Eryximachos erwidert, für uns, ich meine mich und den Aristodemos und Phaidros, wenn ihr, die stärksten Trinker, es jetzt aufgebt; denn wir sind immer Schwächlinge darin. Den Sokrates nehme ich aus; denn der ist auf beides eingerichtet, so daß es ihm gleich gelten wird, wie wir es machen. (...) Hierauf also wären alle übereingekommen, es bei ihrem diesmaligen Zusammensein nicht auf den Rausch anzulegen, sondern nur so zu trinken zum Vergnügen. – Nachdem nun dieses schon beschlossen ist, habe Eryximachos fortgefahren, daß jeder nur trinken soll, soviel er will, und gar kein Zwang stattfinden, so bringe ich nächstdem in Vorschlag, dass wir die eben hereingetretene Flötenspielerin gehen lassen, mag sie nun sich selbst spielen oder, wenn sie will, den Frauen drinnen, und dass wir für heute uns untereinander mit Reden unterhalten."
(Platon, Symposion, 176a)

Platons „Symposion", geschrieben um 380 v. Chr., startet mit einem Paukenschlag. Statt ein Zechgelage abzuhalten und den Musen zu lauschen, soll philosophiert werden. Das fordert offenkundig ganz besondere Bedingungen. Die Flötenspielerin muss den Raum verlassen, das Trinken sollte möglichst beschränkt werden, und Männer müssen beim Reden unter sich bleiben. Eine ziemlich spezielle Angelegenheit also mit drei systematischen Ausgrenzungen. Und die Ausführung einer ganz besonderen Ausgrenzung, für die Plato bekannt geworden ist. Die Dichtung, die Poesie, ja überhaupt das Musische sind ihm mindestens ebenso suspekt wie das rein zweckrationale Argumentieren der Sophisten auf der anderen Seite. Denn beides zielt nicht auf die Wahrheit, und mit der hat es die Philosophie ja zu tun. Platons Philosophie ist ausdrücklich gegen das Wissen und die Wahrheit der Dichtkunst gerichtet, die seiner Vorstellung nach in einem idealen Staat nichts verloren hat, und vor die Tür gehört wie das Flötenspiel im Eingangszitat, das wie Dichtung eine musische Leistung ist.

Die Geschichte der Philosophie beginnt mit ihrem Begriff eindeutig in Griechenland, mitten in Europa. Sie entsteht nicht in Asien, nicht im vorderen Orient, nicht in Ägypten oder anderswo in Nordafrika. Europa ist als Wort übrigens genau so griechisch wie der Begriff Philosophie selbst, der gemeinhin als „Liebe zur Weisheit" übersetzt wird. Griechenland hat Europa das Geschenk der Philosophie gemacht, auch das der Demokratie, auch das der dramatischen Theaterkunst. Die Frage ist also berechtigt, warum entstanden eigentlich Philosophie, Demokratie und Theater ausgerechnet in Griechenland? Hängen die drei möglicherweise zusammen? Warum gab es zunächst Philosophie an den griechischen Küstenregionen und später eine sehr spezifische Konstellation aus Philosophie, Demokratie und Theater in Athen? Warum nicht schon in Persien, einer Hochkultur, warum nicht zuvor schon in Mesopotamien oder Ägypten, noch viel älteren Hochkulturen? Warum nicht in China oder Indien? Es muss in Griechenland ganz besondere Bedingungen gegeben haben zwischen 700 und 400 v. Chr., andere jedenfalls als zuvor und andere auch als in anderen Regionen der Welt. Um die Antwort vorweg zu nehmen: Ja, die drei Kulturleistungen hängen zusammen und ja, das ist auch der Grund, warum Philosophie als eigenständige Denkrichtung in Europa entstand und nicht anderswo. Hier gab es ungewöhnliche Voraussetzungen, die dazu geführt haben, dass Philosophie einen neuen Denkraum bilden konnte, hier wurden Konfliktdiskussionen um die Frage nach dem Kern der Dinge geführt, hier entwickelte sich eine Tradition, die immer wieder neue Antworten auf alte Fragen fand und damit die Philosophietradition begründete. Das Wissen von Weisen, lebenspraktische Empfehlungen oder religiös motivierte zeitlose Wahrheiten sind demgegenüber etwas Anderes, sie entsprechen einer anderen Vorstellungswelt als dem genuin philosophischen Denken und Argumentieren.

Griechenland – Besondere Bedingungen für Theorie

Zunächst ist also ein Blick auf die besondere historische und kulturelle Situation sinnvoll, in der sich Griechenland damals befand. Bevor die ersten griechischen Philosophen um ca. 650 v. Chr. auftauchten, war der dortige Kulturraum geprägt von Homer und seinen Epen, die in aller Regel an Königs- und Fürstenhöfen von sogenannten Rhapsoden vorgetragen wurden, gerne auch anlässlich von Gelagen. Rhapsoden waren umherwandernde Sänger, die insbesondere bei festlichen Anlässen alte Epen in Versform vortrugen und den Glanz einer vergangenen Zeit lebendig werden ließen. Es waren Göttergeschichten und Heldensagen, die von der Leier musikalisch begleitet wurden. Der Erfahrungshorizont war ein musischer Gesamtkontext und damit eine Gegenfolie zu Platons eingangs zitierter philosophierender Gesprächsrunde. Rhapsoden werden in diesem Kapitel noch öfter auftauchen, denn von ihrem vermeintlichen Wissen will sich die Philosophie eindeutig abgrenzen, wörtlich übersetzt heißt Rhapsode in etwa „im Gesang zusammennähen", im übertragenen Sinn bedeutet dies, eine Geschichte mit einem roten Faden im Gesang verknüpfen. Tatsächlich wurden allerdings nur einzelne Kapitel oder zum Anlass passende Passagen vorgetragen und niemals ein ganzes Epos am Stück. Homers Verdienst ist es, alles in den zwei großen Epen Ilias und Odyssee zusammengebracht und schriftlich fixiert zu haben.

Zwischen 700 und 650 v. Chr. gab es eine erste wesentliche Änderung, ohne die wir gar keine Kenntnis von den Anfängen der Philosophie hätten, die Erfindung der Alphabetschrift nämlich. Was macht die Alphabetschrift anders? Vorherige Schriftsysteme notierten Symbole oder Konsonanten, aber keine Vokale, obwohl die gesprochene Sprache Vokale enthält. Das ist ungenau und lässt einen großen Deutungsspielraum zu, denn je nachdem, welche Vokale man beim Wiederlesen hinzudenkt, kommen unterschiedliche Wörter heraus. Zwar können die Wörter auch in der Alphabetschrift immer noch vielerlei Bedeutung haben, aber immerhin das Wort selbst ist nun eindeutig. Die Griechen ergänzten die Konsonantenschrift zu einem tatsächlichen Alphabet, in dem auch die Vokale geschrieben wurden. Das bedeutete eine höhere Exaktheit der Aufzeichnung und eine größere Genauigkeit im Wiederholen. Es gibt Wissenschaftler, die davon ausgehen, dass Griechenland die Alphabetschrift erfunden hat, um die metrischen Gesänge des Homer aufzuschreiben, also um Wörter und deren lyrische Betonung im Versmaß so genau wie möglich zu erfassen. Denn Königslisten oder Verwaltungsverzeichnisse mit Vorräten und Handel ließen sich ebenso gut hieroglyphisch, phönizisch oder kretisch aufzeichnen, die Präzision einer Alphabetschrift war hierzu ganz offenkundig nicht dringend erforderlich. Die neue Alphabetschrift war jedenfalls eine der unbedingten Voraussetzungen der Philosophie, eine ganz materiale, die genaues Aufschreiben überhaupt erst ermöglicht hat und damit das Überprüfen des Aufgezeichneten zu späteren Zeiten. Erst sie konnte eine systematische Diskussion um einzelne Positionen und damit konstruktive Auseinandersetzungen in Gang bringen. Davor war tatsächlich alles im Fluss, einem Redefluss gewissermaßen ohne Fixierung und Halt. Unüberprüfbar jedenfalls in seinem genauen Wortlaut für nicht unmittelbar Anwesende.

Dazu kam eine Besonderheit der griechischen Grammatik, eine ganz spezifische Spracheigenschaft. Der griechischen Sprache ist es nämlich eigen, mit dem bestimmten Artikel zu arbeiten – also „der, die, das". Das legt eine Versachlichung schon allein sprachlich nahe, von Wahrheit zu „die Wahrheit" oder zu „das Wahre" ist es nur noch ein kurzer Schritt. Diese Besonderheit haben andere Sprachen so nicht, nicht die vorderasiatischen, nicht die ägyptische, auch nicht die römische, die dann imperial folgen wird.

Eine andere Veränderung betrifft die griechische Gesellschaft. Die Homerischen Epen und Hesiods Theogonie waren weithin bekannt. Sie beschrieben ein mythisches, durch Götter beeinflusstes Geschehen als heroisches Weltbild. Um 700 v. Chr. waren das alte Königtum und die adligen Helden allerdings bereits weitgehend verschwunden. Die Poliskultur hatte nämlich die alte mykenische Palastkultur abgelöst. Die Meinungsbildung wurde nun von Adligen und ihren politischen Reden dominiert, aristokratisch-königliche Mythen wirkten eher wie der Abgesang auf eine untergegangene Zeit. Die Polis selbst war ein Stadtstaat mit einem unterschiedlich großen Gebiet in der Fläche, zum klassischen Athen gehörten beispielsweise rund 140 Gemeinden bzw. Höfe. Insgesamt sind für die Antike mehr als 1 000 solcher Poleis belegt, die sich in gegenseitige Zweckbündnisse begaben, aber immer autonom regiert wurden. Auch die Kulte bekamen nun eine veränderte Funktion. Die Polis war keineswegs eine religiöse Gemeinschaft, die sich um einen bestimmten Kult organisierte, auch wenn die einzelnen Stadtstaaten bestimmte Schutzgottheiten besonders verehrten. Die politischen Zusammenkünfte wurden zwar von Gebeten und Anrufungen eingeleitet, die darauf folgenden Debatten und Entscheidungen waren aber rein politisch motiviert und wurden zu menschlichen Zwecken veranstaltet, nicht um Götter und Göttinnen zu ehren. Dies bedeutete neue Aufgaben und Herausforderungen für die Adligen. Argumentieren, Begründen und Zustimmung wurden wichtiger als die Hoheit über Kulte. Die Götter wurden nur noch ganz pragmatisch als Helfer beansprucht. Atheismus war allerdings verpönt und stand unter Strafe. Die Bürger hatten anzuerkennen, dass die offiziellen Götter und Göttinnen existierten, von denen es freilich ziemlich viele gab, wenn man zu den Olympischen auch die Halbgöttlichen zählt. Aber es war insgesamt ein additives System ohne klares Zentrum, und es war auch nicht in erster Linie dazu da, Herrscher zu legitimieren. Die Verehrung stand grundsätzlich auch den anderen Gottheiten zu. Es gab von Ort zu Ort, von Polis zu Polis, von Hof zu Hof Kalender der öffentlichen Kulte, die gemeinsam veranstaltet wurden, es gab aber auch häusliche Rituale, die hinzu kamen und ganz anderen Gottheiten dienen konnten. Die Adligen leiteten dabei Riten und Opfer zu Ehren der Götter ihrer Stadtgemeinde. Sie waren aber keine speziell ausgebildeten Priester wie im vorderen Orient oder in Ägypten, das Priestertum verlangte kein Spezialwissen. Nach dem Opfer verteilten sie das Fleisch der Opfertiere unter den Teilnehmern auf, die Knochen waren für die Götter bestimmt. Auch dies war ein eher pragmatischer Umgang zur Versorgung der eigenen Bevölkerung.

Entscheidend wurde nun, dass Adlige öffentliche Ämter in der Polis besetzten. Das politische Leben im Rat wurde die neue Lebensader ihres Daseins. Damit bekam der öffentliche Auftritt ein neues Gesicht und auch Gewicht. Die öffentliche Ansprache musste vor allem eines sein, wirksam nämlich. Das war neu und verlangte veränderte Fähigkeiten. Adlige waren traditionell ausgebildet in Waffen und Reiten, sie sprachen Recht, sie waren geschult in den musischen Künsten, in Tanz, Gesang und Aulosspiel, sie konnten Verse dichten und sie betrieben Sport in den olympischen Disziplinen. Sie hatten Zeit, und sie verfügten über die nötigen Mittel, um zu trainieren und sich mit anderen Adligen zu messen, beispielsweise beim Pferde- oder Wagenrennen. Mit der Einführung der sogenannten Hoplitentechnik durch die Spartaner im 7. Jh. v. Chr. hatte sich ihre Rolle als reitende Vorkämpfer allerdings bereits deutlich verändert. Hopliten waren Schwerbewaffnete, die in der ersten Reihe kämpften. Sie mussten für ihre Rüstung selbst aufkommen, waren also Vermögende, aber nicht zwingend Adlige. Zudem brauchten sie keine Pferde mehr, auch das eine Frage des eigenen Wohlstands. Selbst der nicht wohlhabende Sokrates soll als Hoplit bei den Perserkriegen im 5. Jh. v. Chr. mitgekämpft haben. Wenn Hoplitenkämpfer gleichberechtigt neben- und hintereinander stehend in einer Reihe kämpften, und das auch noch offenkundig erfolgreich war, dann sind die adligen Vorreiter überflüssig geworden. Zumindest in dieser Funktion haben sie ausgedient, weder Polis noch Bauern brauchten sie bei Gebietskämpfen. Die innere Konkurrenz innerhalb des Adels, das agonale – also wettkämpferische Prinzip immer der Beste oder Erste sein zu wollen – verlagerte sich zunehmend auf die Künste, auf Sport und auf die Zurschaustellung von Luxus. Adlige trugen ihre Rivalität in die Polis hinein mit einer sich steigernden Prachtentfaltung. Auch die Polis war keine Gemeinschaft von Gleichen, sondern es ging um Konkurrenz und um Prestige. Die intellektuellen Begleiter dieser Machtinteressen waren auf philosophischer Seite im 5. und 4. Jh. v. Chr. vor allem die Sophisten, die das Wettkampfprinzip auf das geschickte Argumentieren übertrugen. Die Polis selbst war eine relativ autonome Einheit und immer auch Konkurrent zu den anderen Stadtstaaten, wie später dann beim Verhältnis von Athen zu Sparta. Geografie und Klima haben ihren Teil dazu beigetragen, dass es viele dieser autonomen Stadtstaaten gab. Griechenland ist ein zerklüftetes Land, es gibt wenig zusammenhängende Flächen und auch wenig fruchtbaren Boden, um den es sich zu kämpfen lohnt. Eroberungsfeldzüge gingen von Polis zu Polis, aber nicht auf Griechenland als Ganzes. Das kam erst später mit Alexander dem Großen und den Makedonen im 4 Jh. v. Chr., sieht man einmal von der imperialen Machtentfaltung Athens in und nach den Perserkriegen ab.

Die griechischen Städte experimentierten politisch mit unterschiedlichen Regierungsformen. Ihr Ziel war dabei die Autonomie, also die Selbstregierung, und Unabhängigkeit von anderen Städten. Die unbegrenzte Alleinherrschaft eines Adligen über eine Polis, die sogenannte Tyrannis, gab es zwar vereinzelt, sie war in Griechenland aber kein übliches oder anerkanntes Prinzip. Als erste Tyrannis ist im 7. Jh. v. Chr. die Polis Korinth belegt. Dort schwang sich ein Adliger auf und beherrschte alle Anderen. Aber viele Tyrannen konnten sich in Griechenland nicht halten, und wenn, dann nur kurz. Es gab schon vergleichsweise früh den Vorwurf, dass Tyrannis Sklaverei nach innen sei, also ein innenpolitisches Problem, eine illegitime Regierungsform gegenüber den eigenen Bürgern. Platon und Aristoteles kritisieren im 5. bzw. 4. Jh. v. Chr., dass sie eine Herrschaftsform sei, die nur dem persönlichen Nutzen des Tyrannen diene, nicht aber dem Gemeinwohl der Polis. Für sie entstand Tyrannis durch den Aufstieg eines Demagogen, also eines Verführers, durch Missbrauch der Amtskompetenzen, durch unbändigen Machthunger und durch Missachtung der geltenden Gesetze. Die Unterwerfung von anderen Stadtstaaten oder Gewalt nach außen waren demgegenüber üblich und wurden nicht hinterfragt. Wurden eine Polis oder eine Insel besiegt, war das Schicksal der Bewohner klar, sie wurden getötet oder versklavt. Die Sklavenhaltergesellschaft stellte sich jedenfalls nicht selbst in Frage, der Nachschub sollte sicher gestellt bleiben. In der klassischen Zeit hatten etwa 55 000 Athener rund 80–120 000 Sklaven, und das nicht nur für den Haushalt. Sklaven arbeiteten in den Silberminen und in der Landwirtschaft, sie bildeten das ökonomische Rückrat, sie sorgten für Athens Aufschwung und Wohlstand. Die Sklaven kamen in der klassischen Zeit aber nicht mehr aus der Athener Bauernschaft wie noch in den Jahrhunderten vor Solons Reformen.

Philosophie entstand allerdings lange vor Platon und Aristoteles, auch lange vor Solon, und sie wurde nicht im griechischen Mutterland oder in Athen erfunden, sondern in den griechischen Kolonien. Die große griechische Kolonisation, also eine Welle organisierter Auswanderung, setzte etwa Mitte des 8. Jhs. v. Chr. ein. Kolonien waren eine willkommene Möglichkeit, den inneren Unruhen in der Polis aus dem Weg zu gehen und anderswo fruchtbaren Boden zu finden. Das Prinzip der Landnahme funktionierte gewaltsam. Fremde in der neuen Umgebung wurden unterworfen, zu Sklaven gemacht und zur Zwangsarbeit eingesetzt. Statt eine andere Polis zu erobern, wurde einfach das Gebiet gewechselt, es ging an die Küsten jenseits des Meeres. Zweck der Kolonien war zunächst einmal die Suche nach Ackerland. Wo das fruchtbar war, konnte die Kolonie auch schnell größer werden als die Mutterstadt. Mit der Zeit sorgten die Kolonisation und entsprechende Handelsniederlassungen dann für schwächere Bindungen an die Mythen der Heimatstadt und förderten gerade an der ionischen Küste – der heutigen Türkei – empirisches Denken im Austausch mit dem Wissen der benachbarten Hochkulturen in Persien und Ägypten. Dort standen Astronomie und Mathematik vor allem aus religiösen Motiven hoch im Kurs. Die griechischen Kolonisatoren kannten allerdings keine dominante Priesterschaft wie in Ägypten und Mesopotamien und machten aus dem neuen Wissen etwas Anderes, etwas Neues. Sie erfanden die Philosophie, zunächst noch als Naturphilosophie. Griechenland hatte zwar

Tempel, aber keine ausgesprochen aufwändige Tempelkultur mit fester Priesterschaft und festgesetzter Lehre. Den Griechen war weder die Neuschöpfung verboten noch die Skepsis. Sie lebten stattdessen in naturreligiösen Kontexten, die sich vor allem in Festen manifestierten und den dazu gehörenden Fruchtbarkeitskulten. Die griechischen Götter und Göttinnen waren seit jeher nur gering jenseitig angehaucht, sie vermischten sich gerne untereinander wie die Menschen und häufig auch mit diesen. Griechen betrieben Handel und fuhren über das Meer, sie waren an den Höfen anderer Herrscher und tauschten ihr Wissen aus, und sie verdingten sich als Söldner in allen möglichen Heeren. Sie hatten Erfahrungen mit Himmelsbeobachtungen in Babylonien, mit der Landvermessung in Ägypten, mit dem Zählen und den Konsonanten in Phönizien. Sie nutzten Architektur und Mechanik für ihre eigenen Tempel und für ihre Schiffe. Die Griechen an der ionischen Küste hatten vielfältige Kontakte, sie besaßen wenig Bindung an ihre Heimatstädte, und sie waren ganz offensichtlich neugierig und wollten ihr Wissen auch anwenden. Aber nicht nur das. Sie betrieben darüber hinaus „Theoria", wörtlich übersetzt „Schau", man könnte auch sagen zweckfreies Beobachten und Nachdenken über die Welt, wie sie zusammen hängt, und wie die Menschen mit dem Kosmos verwoben sind. Deshalb beginnt philosophisches Denken an den Küsten, die weit weg liegen vom griechischen Kernland.

Warum Philosophie überhaupt in Griechenland entstand und nicht in anderen Regionen Europas oder Vorderasiens, dafür gibt es offenkundig viele Gründe, die zusammen kommen mussten, sie bilden ein ganzes Konglomerat. Dazu gehören nochmals kurz zusammengefasst die Alphabetschrift, die zur Genauigkeit der Aufzeichnung führte; eine Sprache, die den bestimmten Artikel kennt, also den Hang zur Abstraktion beförderte; die Auseinandersetzung mit Wissen, das Priester und Poeten verbreiteten, die zur theoretischen Auseinandersetzung mit Natur als Ganzem führte und außergriechische Kenntnisse wie Astronomie einbezog; Kolonien mit Beziehungen zu anderen Kulturkreisen, die für andere Sichtweisen sorgten; und schließlich politische Instabilitäten durch Adlige, die in den öffentlichen Raum drängten, und für die Nachfrage nach Rhetorik und zweckgerichtetem Argumentieren sorgten. Die Voraussetzungen waren in der Summe ziemlich gut, um zu abstrahieren, um gedanklich zu einem Prinzip zu gelangen, das als Erklärung behauptet werden konnte, und um eine Wahrheit zu finden, ohne auf die alten Götter unmittelbar zurückgreifen zu müssen. Die weitere Frage, wie Philosophie, Demokratie und Theaterkunst zusammenhängen, wird im Kontext von Platon beantwortet.

Vorsokratiker – Allgemeine Prinzipien statt Dichterwahrheiten

Die Philosophiegeschichte beginnt in Kleinasien an der ionischen Küste und in Süditalien, nicht aber auf dem griechischen Festland. Bekannt sind uns die Vorsokratiker – das sind Philosophen, die vor Sokrates gelebt haben – allerdings erst und vor allem durch Zitate bei Platon und Aristoteles, den späteren Festlandphilosophen. Kein vorsokratischer Text ist bislang vollständig erhalten gefunden worden, überliefert sind nur Fragmente. Eine weitere Quelle bilden die Lebensbeschreibungen des Diogenes Laertios, der vermutlich im 3. Jh. n. Chr. als Philosophiehistoriker lebte und Anekdoten über die griechischen Philosophen aufschrieb, meistens in Form von Zitaten aus dritter oder vierter Hand. Vorsokratiker gibt es viele, von manchen sind nur wenige Sätze bekannt, wenn überhaupt.

Sie heißen übrigens erst seit der Epoche der Deutschen Romantik so, man wollte im beginnenden 19. Jh. eine eigenständige Epoche vor Platon benennen und so eine neue Ära des Denkens abgrenzen. Um nämlich einen historischen Einschnitt zu markieren, der mit Sokrates und seinen Fragen nach dem Wissen anfängt. Das spezifische Aufgreifen der antiken Mythen und der griechischen Philosophie im 19. Jh. durch Literaten und Philosophen vor allem in Deutschland wird im entsprechenden Kapitel noch eingehend beschrieben.

Alternative Klassifizierungen für die Vorsokratiker sind Naturphilosophen oder rein geografisch ionische Philosophen, was aber nicht ganz präzise ist. Denn neben der ionischen Küste spielte auch die italienische eine nicht ganz unbedeutende Rolle, allerdings lange vor dem Römischen Reich, von dem es philosophisch viel weniger zu berichten gibt. Die Quellenlage zu den Vorsokratikern ist insgesamt dürftig, Deutungen bleiben deshalb begrenzt und spekulativ. Aber auch wenn vieles im Detail unklar bleiben muss, ist dennoch der historische Einschnitt in das Denken eine Tatsache. Die Vorsokratiker lebten und lehrten in der Zeit zwischen 650 und 350 v. Chr. Sie standen Homer stlistisch noch recht nahe, wesentlich näher jedenfalls als Platon, denn ihr Schreibstil war das musische Versmaß, also eine dichterische Form. Ihr inhaltlicher Bezug waren die Götterbeschreibungen von Homer und Hesiod als Gegenfolie und inhaltliche Abgrenzung. Empirische Erfahrungen und Überlegungen kamen dazu, auch Erkenntnisse aus dem vorderen Orient und Ägypten. Aus all dem machten sie etwas Neues, sie bildeten Hypothesen über den Kosmos und die Welt, sie führten Prinzipien ein und sahen nicht nur in Göttinnen und Göttern den Ursprung von Allem. In der Zeit zwischen 750 und 350 v. Chr. entstanden im Übrigen auch die meisten großen Weltreligionen (Zarathustra, jüdische Propheten, Buddha, Konfuzius), es war insgesamt wohl eine Epoche starker Veränderungen und neuer Orientierung. Der Philosoph Karl Jaspers hat für diesen historischen Einschnitt den Begriff Achsenzeit geprägt, weil in ihm wesentliche Grundlagen der Zivilisation entstanden. Die Bevölkerungsdichte war weit angestiegen, Städte und Verkehrswege sorgten für Austausch sowie Handel und das gesellschaftliche Zusammenleben verlangte neue Sichtweisen.

Auch in den griechischen Kolonien nahmen die ersten Philosophen den Kosmos und die Natur neu unter die Lupe. Mit den Vorsokratikern begann die Kraft des Mythos bereits nachzulassen. Der Begriff „Mythos" selbst ist vieldeutig, er versammelt Bedeutungen wie Laut, Wort, Rede und insbesondere Erzählung, also das, was erzählt, gehört und geglaubt wird. Man könnte sagen, was man vom Hörensagen weiß, denn um Wissen geht es auch dem Mythos. Der neue Gegenbegriff ist „Logos", er ist ebenfalls vieldeutig, ja vieldeutiger als es Mythos jemals war, und er wird Karriere machen über die Jahrhunderte, nicht nur in der Philosophie. Logos bedeutet wie Mythos zunächst Wort, Rede, dann aber auch Lehrsatz, Sinn und noch weiter Vernunft. Man könnte nun meinen, es würde zwar nicht um Hörensagen gehen, sondern um Prinzipien, um Urstoffe – auch das bedeutet Logos –, aber es geht darüber hinaus um Abstraktionen, die nicht so sinnlich verkleidet sind wie beim Mythos. Auch der Logos bietet Vorstellungen, Prinzipien, Begriffe und nicht die Wirklichkeit selbst. Dass man mythisches Denken nicht so leicht und schnell los wird, zeigen schon Platon und später das 18. und 19. Jh. der Philosophiegeschichte, denn verdrängtes mythisches Denken kehrt wieder. Platon beruft sich oft auf Mythen in Schlüsselszenen seiner Dialoge, und wenn man so will, durchlaufen diese Mythenelemente dann christlich gewendet das ganze Mittelalter bis zur Neuzeit. Adorno hat später eine ganze Geschichte der Dialektik der Aufklärung als Wiederkehr mythischer Elemente geschrieben, und er steht mit der darin entwickelten These philosophiegeschichtlich nicht allein.

Historisch vollzog sich zu dieser Zeit zwischen Dichtern und Denkern jedenfalls ein Kampf um das Wissensmonopol. Die Vorsokratiker betonten ihre Überlegenheit gegenüber Dichtern und fahrenden Sängern, weil sie eine bessere, plausiblere und weniger widersprüchliche Weltdeutung anbieten konnten. Sie waren deren unmittelbare Konkurrenten. Sie mussten aber immerhin bis ca. 500 v. Chr. selbst in Versen dichten, weil sie noch keine andere eigene Sprachform besaßen. Sie mussten sich bei ihren intellektuellen Gegnern deren Ausdrucksform ausleihen und nutzten ausgiebig poetische Stilmittel, wie Platon später den Dialog, der ja selbst auch ein dichterisches Darstellungsmittel ist. Es gab also von Anfang an eine Verschränkung und gleichzeitig auch Konkurrenz von Poesie und Philosophie um das Wissensmonopol in der antiken Gesellschaft. Dichtung war von Beginn an eine elementare Gegenfolie, ohne die es nicht ging. Der Dichtung verdankt Philosophie vieles, Poesie wird deren Geschichte vorantreiben, beleben, bereichern und manchmal auch mitbestimmen. Allein bei Platon gibt es rund 300 Stellen, die unmittelbar auf Homer Bezug nehmen. Philosophen haben sich auch in späteren Jahrhunderten immer wieder auf die Dichtung bezogen, sich mit ihr auseinandergesetzt, sie bekämpft oder sich ihr angenähert bis zur Einbindung oder auch eigenen Unterwerfung. Dieser Aspekt wird in den entsprechenden Kapiteln noch öfter auftauchen.

Die antike philosophische Auseinandersetzung um Poesie und Philosophie war ein Charakteristikum des griechischen Kulturraums und hat dort eine immense Produktionsvielfalt ausgelöst. In Ägypten und Mesopotamien dominierten dagegen klassische Priesterkasten und Religion, anwendungsfreies Wissen wurde nicht gesucht. Das enge Verhältnis von Poesie und Philosophie blieb in der gesamten abendländischen Philosophie prägend und war sicherlich einer der Gründe für ihren Aufschwung. Keine Weltregion hat diesen Grundkonflikt in dieser Weise in sich, auch nicht der jüdische Religionsraum. Abendländisches philosophisches Denken begann genau damit. Recht bald kam dann eine zweite Reflexionsform hinzu, das griechische Theater. Auch dieses bildete eine Metaebene und somit die Möglichkeit, Dinge in Frage zu stellen. Hier wurden Götter fragwürdig und lachhaft gemacht mit der Tragödie als Blick in die mythische Vergangenheit und mit der Komödie als satirischer Kritik an der gesellschaftlichen und politischen Gegenwart in Athen und anderen Stadtstaaten.

Der erste Philosoph überhaupt, der in der abendländischen Philosophiegeschichte auftaucht, ist Thales von Milet (ca. 624-547 v. Chr.). Milet war eine Handelsstadt an der kleinasiatischen Küste, der heutigen Türkei. Thales selbst hat keine Schriften hinterlassen, wir wissen von ihm nur durch Aristoteles und Diogenes Laertios. Er soll ein gerissener Geschäftsmann gewesen sein und beispielsweise vor einer großen Olivenernte alle Pressen aufgekauft und teuer vermietet haben, was aber nicht wirklich belegt, sondern von Aristoteles eher anekdotisch notiert wurde. Ganz offenkundig konnte er zählen und berechnen, er betrieb Mathematik und Geometrie. So gut jedenfalls, dass er eine Sonnenfinsternis voraussagen konnte, vermutlich auch aufgrund seiner Kontakte und Erfahrungen in Ägypten.

Thales stellt als Philosoph die Frage nach dem Ursprung von Allem. Genau das ist laut Aristoteles der Anfang der Philosophie, so wie wir sie kennen: die Frage nach dem Ursprung, das Staunen, dass überhaupt Etwas ist. Thales ist in das religiöse Weltbild noch eingebunden und kann deshalb sagen, dass alles voll von Göttern ist. Die sichtbare Welt ist ihm also einerseits ganz traditionell die Anwesenheit von Göttern. Aber andererseits gilt für ihn gleichzeitig ein Element der Natur als materielles Urprinzip, Wasser nämlich. Wasser meint hier tatsächlich Wasser als Element und nicht Neptun, den Gott des Meeres. Selbst das Land ruht nach Thales auf dem Wasser. Wasser ist etwas, das sich permanent wandelt und dabei doch immer eines bleibt. Der reine Mythos als ausreichende Welterklärung beginnt schwächer zu werden, die sichtbare Welt besitzt einen Kern hinter den Dingen, der nicht mehr rein göttlich ist, auch wenn alles voll von Göttern sein mag, vielleicht auch zu voll. Denn das Göttliche konnte vieles sein im griechischen Horizont, es hatte viele Erscheinungsformen. Im Streit war beispielsweise Ares anwesend, der Kriegsgott, in der Mittagshitze Pan, der Hirtengott, in der Liebe Aphrodite, usw. Die Reihe ließe sich nicht beliebig, aber immerhin umfassend erweitern. Thales macht damit nicht Schluss, aber er macht mit Wasser ausdrücklich eines der vier Elemente zum Urprinzip und zum Ursprung. Das ist etwas Anderes und ganz offenkundig neu.

Auf der anderen Seite des Meeres taucht wenig später ein zweiter Philosoph auf, auch er Mathematiker und Küstenbewohner. Pythagoras (ca. 570–510 v. Chr.) wurde auf der griechischen Insel Samos geboren, gelebt und gelehrt hat er allerdings in Kroton und Metapont, das waren griechische Städtegründungen am süditalienischen Stiefel in der Bucht von Tarent. Auch von ihm sind keine Schriften überliefert oder erhalten, die Kenntnis über ihn stammt von dem griechischen Philosophen Iamblichos, der erst ca. 240 v. Chr. geboren wurde. Pythagoras soll Kontakte nach Ägypten und Babylonien gehabt haben, auch bei ihm spielte der Einfluss der anderen Hochkulturen eine bedeutende Rolle.

Für Pythagoras sind die bestimmenden Kräfte innerhalb der Natur nicht Götter oder Elemente, sondern Zahlen. Gemeint sind hier Zahlen in der Mehrzahl und nicht eine besondere Zahl. Um genau zu sein, müsste man eher von Zahlenverhältnissen sprechen statt von Zahlen, denn das bedeuten die „Logoi" bei ihm, die selber Mehrzahl sind und nicht „Logos", der Singular. Die Pythagoräer meinen, „die Elemente der Zahlen seien Elemente alles Seienden, und der ganze Himmel sei Harmonie und Zahl" (nach Aristoteles, Metaphysik Buch I, 986a). Das klingt zunächst mathematisch nüchtern und abstrakt, ist aber viel sinnlicher gemeint. Pythagoras denkt Bildung und Wissen nämlich als ein Geschenk der Musen, es ist eine reine, zweckfreie Theorie mit Schauen und Hören. Das Hören hat eine ganz besondere Bedeutung bei ihm, die Pythagoräer können Zahlenverhältnisse auch hören. Er gilt als Analytiker und Entdecker der Oktave, die durch numerische Teilung einer Saite entsteht, und auch als Entdecker anderer Zahlenverhältnisse am Saiteninstrument wie der Quint und Quart. Schließlich gliedert er das gesamte theoretische Wissen in die vier Felder Arithmetik, Geometrie, Astronomie und Musik als eine weltumspannende Harmonie, bei ihm „Tetraktys" genannt, Vierergruppe. Auch das ist gegen den Logos im Singular gerichtet. Der umfassenden Naturharmonie entspricht auf mythischer Seite die Seelenwanderung. Pythagoras glaubt an die Wiedergeburt der Seele, eine Idee, die wohl dem Kult der Orphiker entstammt und vermutlich aus Ägypten kommt. Platon wird diese Vorstellung einer ewigen Seele lange vor dem Christentum übernehmen und ausbauen. Ob bei Pythagoras die naturwissenschaftliche oder die religiös-mythische Seite beherrschend war, ist ungeklärt. Entscheidend bleibt wie bei Thales, dass das religiöse

Weltbild nicht mehr alleinbeherrschend ist. Weise vor Pythagoras hatten ihr Wissen in der Regel nur einem Schüler weitergegeben, das ändert sich nun. Pythagoras lehrt in einem Musenhain, er hatte nicht nur einen Schüler, sondern eine Hörerschaft von Vielen und damit bereits eine Schule begründet. Auch darin wird ihm Platon folgen und die Schule von Athen aufbauen, in seinem Fall allerdings ganz ohne die Absicht einen Musenhain zu stiften. Die Ausbildung bei Pythagoras ist demgegenüber umfassend, es gehören Gesang, Spiel, Lehre, Sport, Musik und Tanz dazu. Der Kontext ist jedenfalls sakral, Pythagoras bewegt sich in einem mythisch-magischen Horizont, der Musenhain ist trotz oder vielleicht auch wegen seiner Zahlenorientierung keine abstrakte Lehranstalt. Wer das Geheimwissen außerhalb der Schule weitergibt, wird ausgeschlossen. Pythagoras hat wie Sokrates nichts Schriftliches hinterlassen, weil er nicht geschrieben hat. Er mag eher die Töne, die Stimme, die Musik. Und er war ein Multitalent, weitaus produktiver als Thales. Pythagoras stiftet den Begriff „Philosophie", also die Liebe zum Wissen, und er verwendet erstmals den Begriff „Kosmos" für das Seiende im Ganzen, während er zuvor lediglich Frauenschmuck und Waffenzier bedeutet hatte.

Zeitgleich geboren, aber vermutlich deutlich älter geworden als Pythagoras ist Xenophanes (ca. 570–470 v. Chr.). Er stammte ursprünglich aus Kollophon, einer der damals größten Städte an der kleinasiatischen Küste. Gelehrt hat er aber vermutlich auf der anderen Seite des Mittelmeerraumes in Elea, einer griechischen Siedlung im südlichen Italien, dem heutigen Kampanien. Das scheint in dieser Epoche der Weg des Wissens zu sein, von Osten nach Westen und zurück, bevor die Philosophie schließlich im griechischen Mutterland selbst ankommt. Xenophanes war ein wandernder Rhapsode, ein Erzähler alter Epen, Aristoteles hielt ihn für etwas schlicht.

Xenophanes formuliert eine erste Religionskritik und sammelt gleichzeitig Argumente für einen Monotheismus, beides ist weitreichend. „Möglichst viele frevelhafte Taten der Götter haben (Homer und Hesiod) ausgerufen: stehlen und ehebrechen und einander betrügen" (Die Fragmente, Fr 14), so seine Beurteilung. „Wenn Ochsen oder Löwen Hände hätten oder vielleicht malen könnten mit ihren Händen und Kunstwerke herstellen wie die Menschen, dann würden Pferde pferdeähnlich, Ochsen ochsenähnlich der Götter Gestalten malen und solche Körper bilden, wie jeder selbst gestaltet ist" (Die Fragmente, Fr 15). Xenophanes glaubt nicht mehr an die alten Götter und hält sie für Projektionen menschlicher Phantasie wie später die Religionskritiker Feuerbach, Nietzsche und Marx. Der Gedanke ist also schon alt und ziemlich erstaunlich für einen Rhapsoden, der Homerische Epen vorträgt. Oder eben auch nicht, wenn man etwas oft genug vorträgt, fallen Widersprüche stärker auf, zumal der Ereignishorizont mit archaischen Heldentaten und streitenden Göttern schon für die Lebenszeit von Xenophanes längst vergangen wirkt. Xenophanes glaubt aber auch nicht an Elemente oder Zahlen als

Urprinzipien und meint stattdessen, es ist „nur ein Gott ..., unter Göttern und Menschen der Größte, nicht an Gestalt den Sterblichen ähnlich, nicht an Einsicht" (Die Fragmente, Fr 23). Die Widersprüche der vielen Götter mit menschlichen Eigenschaften müssen für ihn zusammenlaufen in einem Prinzip ohne Widerspruch. Widerspruchsfreiheit ist allerdings nur ein Prinzip im frühen griechischen Denken, ein anderes ist die Dialektik, die unauflösbare Herrschaft der Gegensätze, und dafür steht vor allem Heraklit. Heraklit meint deshalb über Xenophanes, dass er zwar vieles gesehen habe beim Umherziehen, dass das Kennenlernen so vieler Dinge ihn aber nicht gerade das Verstehen gelehrt hat. Wie auch immer, die Nachwirkung von Xenophanes ist groß, denn das Projektionsargument gegen Vielgötterei wird von späteren Philosophen nicht nur übernommen, sondern in seiner Struktur auch auf die Vorstellung des einen Gottes angewendet.

Mit Heraklit (ca. 520–460 v. Chr.) geht es geografisch wieder zurück nach Kleinasien. Er lebte in Ephesos, einer der ältesten Gründungen am ionischen Meer, die zudem einen bedeutenden Artemistempel beherbergte, sie war eine Kult-, Hafen- und Handelsstadt. Auch über ihn ist die Quellenlage dürftig, die Kenntnis haben in erster Linie Platon und Aristoteles vermittelt. Vermutlich war er Aristokrat, und vermutlich lehnte er die Demokratie streng ab.

Heraklit stimmt in die Zeitkritik gegen Homer, Hesiod, Pythagoras und deren Vielwisserei ein. Ihnen wird unterstellt, dass sie die Götter nicht in ihrem Sein kennen, man könnte auch sagen, dass die Götter bei ihnen zu sehr vermenschlicht sind. Er grenzt das Wissen von bloßer Meinung ab, die nichts genau weiß, sondern nur mal Dieses und mal Jenes vermuten kann. Der Philosoph besitzt nach Heraklit dagegen den Logos, was hier vielleicht mit Einsicht in die Zusammenhänge zu übersetzen wäre. Weil er den Logos besitzt, kann er die Wirklichkeit besser erfassen. Die ganze Natur befindet sich demnach in einem Zustand ständiger Widersprüchlichkeit und Gegensätzlichkeit: „Der Krieg ist aller Dinge Vater" (Fragmente, Fr B53). Krieg kann man wörtlich verstehen als technischen Innovationstreiber, man kann ihn aber auch metaphorisch begreifen als ein Gegensatzprinzip in der Welt, das die Dinge antreibt. Heraklit ist damit Erfinder der „Dialektik", nun sind es die Gegensätze, die aus sich heraus die Wirklichkeit entstehen lassen und formen. Die Einheit von Allem manifestiert sich als die ständige Verwandlung der Dinge aus ihren Gegensätzen heraus. „Alles ist im Fluß" (Fragmente, Fr 65 A3) kann es schlicht heißen, weil alles in dauernden gegensätzlichen Bewegungen ist. Das ist ganz diesseitig gemeint, es gibt eine Einheit in den Dingen, und die ist nicht außerweltlich, sondern der Welt immanent. Die Gegensätzlichkeit wird hier elementar gedacht, das Eine entsteht nicht aus dem Anderen durch einen Verwandlungsprozess oder einen Übergang, sondern der Tod des Einen ist die Geburt des Anderen. Es gibt auch bei Heraklit etwas zusätzlich Bindendes, das alles zusammen hält, ein Universalelement. Bei Thales ist es das Wasser, bei Heraklit das Feuer. Die Welt ist ein Feuer, das immer wieder aufglimmt und verlöscht, und das in einem ewigen Kreislauf. So kann Heraklit auch sagen: „Eins ist alles" (Fragmente, Fr B50). Entstehen und Vergehen, Leben und Sterben sind ewige Prinzipien, im Kosmos herrscht das verzehrende Prinzip des Feuers. Aus den Logoi des Pythagoras, den Verhältnissen von Zahlen, wird ein Logos, der alles durchdringt. Das ist deutlich nüchterner und schon nicht mehr musisch gemeint.

Auf der anderen Seite der griechischen Kolonien, an der italienischen Küste, lebte und lehrte Parmenides (ca. 520–460 v. Chr.) fast zeitgleich in Elea. Parmenides hatte eine vornehme Herkunft, er wurde ausgebildet als Dichter, sein Lehrer war möglicherweise sogar Xenophanes selbst. Laut Platon soll er auch einmal mit dem jungen Sokrates diskutiert haben.

Wie Heraklit geht es auch Parmenides um die Abgrenzung von Meinung und Wahrheit sowie um die Suche nach etwas Beständigem. Trotz der zeitlichen Koinzidenz haben sich Permenides und Heraklit wohl nicht gekannt. Sie haben auch nicht aufeinander Bezug genommen, obwohl sie wie die zwei gegensätzlichen Seiten des philosophischen Denkens jener Zeit erscheinen. Für Parmenides denkt die Meinung etwas Einzelnes in seiner Besonderheit als etwas wahrhaft Wirkliches, während es doch tatsächlich von einem Ganzen gehalten wird, in dem es überhaupt erst existieren kann. Einzelnes ist für Parmenides niemals isoliert für sich, auch nicht ein bloßer Gegensatz zu etwas Anderem. Was alles Einzelne oder auch „Seiendes" verbindet, ist ihr „Sein". Alles, was ist, hat ein Sein, das ist ihr Verbindendes. Die Meinung denkt die Welt beispielsweise als Streit von Gegensätzen, die sich aber erst auf einem gemeinsamen Boden streiten können. Dieser Boden ist die Tatsache, dass sie existent sind. Die Meinung hält das Vergängliche für das Wirkliche, das Vergängliche ist aber bei genauerem Hinsehen eine Verbindung von Sein und Nichts. Und zwar, weil ein bestimmtes Einzelnes nicht ein anderes Einzelnes ist, also nicht nur ein Sein hat, sondern eben auch ein nicht Anderes ist, so gesehen auch ein Nichts in sich hat, das Teil seines Seins ist. „Nichts ist nicht" (Fr 6, in: Vom Wesen des Seienden) meint Parmenides, deshalb hat das Sein einen höheren Status als das Nichts. Parmenides schließt, dass Seiendes nicht die Wirklichkeit selbst sein kann, sondern bloßer Schein ist. Nur das Sein ist. Sein ist die ungespaltene Einheit, die Unbewegtheit und die Unendlichkeit, das Fundament von Allem. Die Beschreibung des Seins als Kategorie von allem Seienden ist abstrakter als eines der vier Elemente Feuer, Erde, Wasser und Luft oder als der Versuch, alle gemeinsam zu einem Urgrund zu machen. Parmenides wendet sich entschieden von der wechselvollen Welt weg, er kehrt der vergänglichen Wirklichkeit den Rücken und lehrt ein abstrakt Ewiges als die Wahrheit. Kein Wunder also, dass Platon ihn aufgreifen und befruchten wird mit Heraklits Dialektik. Für Platon sind die Ideen später ein ewiges Sein und die Welt ein vergängliches Geschehen. So wie Platon leichtfüßig Parmenides und Heraklit kombiniert, wird die christliche Philosophie anschließend Xenophanes mit Euripides und Platon kombinieren, bevor ihr der wieder entdeckte Aristoteles in der mittelalterlichen Scholastik dann gedankliche Probleme machen wird. Die Vorsokratiker lösen nicht nur in der Antike eine starke Wirkungsgeschichte aus. Heraklit wird beispielsweise bei der Dialektik von Hegel im 19. Jh. wieder auftauchen, und Nietzsche glorifiziert sie insgesamt gegen Platon als Vertreter einer tiefgründigeren Weltsicht.

Die letzte vorsokratische Station sind die Sophisten (5. und 4. Jh. v. Chr.). Sie waren Zeitgenossen des Sokrates und wurden vor allem durch Platons Dialoge bekannt. Ansonsten sind auch von ihnen nur Fragmente und Kurztexte hinterlassen. In Athen war die Adelsherrschaft bereits durch die Demokratie abgelöst, die Rhetorik gewann an Bedeutung, denn Überredung und Überzeugung im öffentlichen Raum bestimmten über politischen Erfolg oder Misserfolg und damit über Einfluss. Das war die gesellschaftliche Basis für ein glänzendes Geschäft. Ausgebildete Sachkundige – die Sophisten – dominierten in Athen den Rhetorikmarkt. Sie boten ihre Lehre gegen Geld an und waren ökonomisch sowie didaktisch wohl gleichermaßen geschickt. Sophisten hatten keine festen Schüler, weil sie keine Schule brauchten und keine strenge Lehre begründeten, schon gar keine, die auf Wahrheit oder Prinzipien aufbaut. Sie waren eher rhetorische Wanderlehrer.

Die Philosophie erobert mit den Sophisten endgültig das urgriechische Festland. Sie tragen in Athen zu einer diskursiven undogmatischen Auseinandersetzung bei und hinterfragen frech, was bis dahin als unhinterfragbar galt. Sophisten sind in den Augen der strengen Wahrheitsvertreter wie Sokrates nur argwöhnisch zu betrachten. Sie sind Agnostiker, Relativisten und Religionskritiker. Ihre Klientel ist aber auch für Sokrates nicht uninteressant, denn er zielt auf die gleiche ab und meint polemisch, dass Sophisten im Gegensatz zu ihm die adlige Jugend verderben würden. Ein Vorwurf, der ihm später dann schließlich selbst gemacht wird. Sophisten unterrichten Schüler, die an Macht und Ansehen interessiert sind, in Rhetorik, d. h. in der besseren Argumentation. Dabei gehen sie tatsächlich sophistisch vor, sie sind spitzfindig, aber dabei nicht ungenau. Die Naturgesetze mögen fest sein, sagen die Sophisten, die Landesgesetze sind es aber nicht und können also von den Schülern auch verändert werden. Denn nur „der Mensch (ist) das Maß aller Dinge, der seienden, daß sie sind, der nichtseienden, daß sie nicht sind" (nach Platon, Theaitetos, 152a), wie Protagoras meint. Wahrheit kann sich mit dem Standpunkt des Menschen verändern, es gibt infolgedessen nicht die zeitlose Wahrheit, sondern es existieren nur situationsgebundene Wahrheiten. Das bedeutet einen Vorrang der Meinung und des Wandels vor der starren Wahrheit. Daraus folgt eine ziemlich pragmatische Erkenntnistheorie, zu der unter anderen Voraussetzungen auch Kant kommen wird: Wie die Dinge uns erscheinen, so sind sie auch für uns. Von Dingen, wie sie unabhängig von ihrer Erscheinungsweise sein mögen, lässt sich dagegen nicht sinnvoll reden. Es gibt keine wahre Wirklichkeit hinter den Dingen, die wir erkennen könnten. Das mag eine Enttäuschung sein, und das mag auf den ersten Blick auch einen Weg zur Beliebigkeit ebnen. Tatsächlich macht diese Tendenz zur Relativierung von Wahrheit und Werten aber auch einen Vorteil aus, sie begrenzt das Wissen nämlich auf ein Maß, das nicht zu überschreiten ist, und sie eröffnet Argumentationsräume im Rechtsverständnis. Sophisten sind undogmatische griechische Aufklärer. Gesetze, ja insgesamt das Recht sehen sie als ein Menschenwerk an. Es ist kein Ausdruck einer naturhaft göttlichen Ordnung und kann deshalb auch keinen theoretischen Bezug darauf nehmen. Der Mensch und die Welt, in der er lebt, bleibt das Maß. Dass Sophisten gegen die Todesstrafe argumentieren und ihr großer philosophischer Widersacher Sokrates in Athen dann zum Tod verurteilt wird und das Urteil akzeptiert statt zu fliehen, zeigt, wie ernst diese Debatten geführt wurden.

Sokrates – Fragwürdigkeit des Scheinwissens

Wenn Sophisten die letzte vorsokratische Richtung ausmachen, müsste nun Sokrates (469–399 v. Chr.) kommen mit einer sokratischen Philosophie. Aber der Steinmetz aus Athen hat nichts geschrieben, er hat diskutiert, war trinkfest und ist durch die Straßen gezogen wie die Sophisten. Ohne Platons Dialoge, die ihm ein Denkmal setzen, wüssten wir nicht viel von ihm, nur das, was sein Schüler Xenophon berichtete, ein Politiker und Historiker.

Philosophie ist für Sokrates angewandte Lebenskunst, er hat kein System hinterlassen, noch nicht einmal Fragmente, sondern er entwickelt die Gedanken während des Gesprächs, die mit ihm verschwinden. Er will nicht belehren, wohl aber erziehen. Auch das verbindet ihn mit den Sophisten. Platon meint, Sokrates wolle zum Guten führen. Wie genau das Denkmal ist, bleibt aber ungewiss. Platon stilisiert Sokrates jedenfalls zum hartnäckigsten Gegenspieler der Sophisten, die meinen etwas zu wissen, während Sokrates einfach weiß, dass das kein richtiges Wissen ist. In die philosophische Tradition hat sich am stärksten die Sokratische Fragetechnik eingeschrieben, eine spezielle Methode des Dauerfragens. Behauptungen werden im Gespräch so lange hinterfragt, bis der Behauptende eingestehen muss, dass seine Behauptungen so sicher nicht sind. Man könnte dies als Konsequenzanalyse beschreiben, „dann müsste wohl" ist die Standardbrücke, die zu einer weiteren Frage führt und unausgesprochene Voraussetzungen der Meinungen offenbaren. Aber Sokrates hat nicht nur gefragt, er hat auch eigene Antworten gegeben. Sokrates führt sein Gegenüber im Gespräch in eine dialogische Zwickmühle, er drängt ihn immer weiter bis hin zu einer metaphysischen Antwort, die er schließlich selbst gibt. Mit dem sokratischen Zweifel geht so gesehen doch eine

Lehre einer. Vertraut man Platon, glaubt Sokrates bei allem Hinterfragen an die „Idee des Guten" und die „Idee der Gerechtigkeit" als etwas Zeitloses und Wahres hinter allen Dingen und Ereignissen. Sie sollen das Handeln der Menschen leiten und dadurch zu einer Ausgewogenheit der Seele führen. Reine Diesseitigkeit und situationsbezogene Pragmatik wie bei den Sophisten gilt ihm demgegenüber als ein bloßer Schein.

Platon – Ewige Ideen gegen vergängliche Körper

Platon (427–347 v. Chr.) wurde in Athen geboren, kam aus einer wohlhabenden Familie und war Zeitzeuge einer spartanisch gesteuerten Oligarchie, die von einer ihm ebenso ungeliebten attischen Demokratie (403 v. Chr.) abgelöst wurde, und der Hinrichtung von Sokrates (399 v. Chr.). Platon hatte ein starkes Sendungsbewusstsein und gründete nach einer ersten Sizilienreise zu den Phytagoräern und deren besonderer Gemeinschaft die sogenannte „Akademie". Sie erhielt diesen Namen, weil sie sich auf einem dem Heros Akademos gewidmeten Hain befand, und war die erste echte Philosophenschule Griechenlands (387 v. Chr.). Zwar wurde sie als Hain mit Altären gegründet, aber wohl eher um nicht den Vorwurf der Gottlosigkeit und das Schicksal von Sokrates zu teilen. Denn Musen hatten in der Akademie längst nichts mehr zu sagen. Platon wollte Herrscher belehren und am liebsten einen idealen Staat aufbauen. Athen sprang darauf nicht an, aber es gab ja noch die kolonialen Stadtgründungen. Platon zog es ein weiteres Mal nach Sizilien, wo er schon Kontakte hatte. So kam er mit seinen Vorstellungen zum Tyrannen von Syrakus, eine Unternehmung, die freilich gründlich misslang, denn Tyrannen sind eben Tyrannen. Philosophen tun sich schwer im Machtzentrum, Herrscher lassen sich nicht beherrschen, auch nicht von der Philosophie. Platon wurde versklavt und durch seine Anhänger frei gekauft, bevor es ganz ernst wurde. Seine realpolitischen Exkursionen waren also deutlich weniger erfolgreich als seine philosophischen.

Zu Zeiten von Platon war die griechische Kultur bereits weit entwickelt. Der Krieg gegen die Perser (500–450 v. Chr.) als äußere Bedrohung war abgeschlossen. Um 450 v. Chr. stabilisierte sich das Nachkriegsleben in Athen durch die eigene starke Seemachtstellung und den von Bündnispartnern nicht ganz freiwillig fortgeführten Attischen Seebund. Bilaterale Schutzverträge sorgten für ständige Tributzahlungen an Athen, und Perikles startete mit der Kasse des Seebundes ein extensives Aufbauprogramm für die Stadt. Das sogenannte goldene oder auch klassische Zeitalter mit dem imposanten Ausbau der Akropolis und ihren großen Tempeln sowie Statuen speiste sich finanziell aus Geldflüssen für andere Zwecke. Zu sagen, die Bundesgenossen hätten auch vom Glanz von Athen profitiert und wären in eine großartige Blüte geführt worden, verkennt zumindest, dass dies auch das Ergebnis von gewaltsamer Machtpolitik war, deren ethische Legitimität Platon durchaus in Frage stellt, zumal die Stadt mit ihm und Sokrates nicht sonderlich pfleglich umgegangen ist.

In Athen kam es kulturell gesehen zu einer Verlagerung vom Hören – das waren die orgiastischen Kultfeste, die Bocksgesänge und Satyrspiele sowie insgesamt die Musenorientierung mit Tanz und Gesang – auf das Sehen – das waren dann die weithin sichtbare Akropolis, die Tragödienaufführung ohne Musik, die Plastiken und sonstigen überaus bunten Standbilder. Berauscht von der eigenen Macht und Größe begann schon bald nach den Perserkriegen der innergriechische Peloponnesische Krieg (431–404 v. Chr.), ein Kampf um die Vorherrschaft in Griechenland, der zunächst mit einem Sieg Spartas endete. Aber das war kein Zustand von langer Dauer. Nach der Schwächung von Sparta durch Theben kam es rasch zu einem Wiederaufstieg von Athen (400–340 v. Chr.). Die Athener sahen in dieser Epoche verschiedene politische Führungsmodelle, sie sahen Bürgerkriege, sie sahen von Sophisten geschulte Politiker, und sie sahen regelmäßig Verbannung, ein beliebtes Mittel, um politische Gegner zumindest auf Zeit loszuwerden. Das genau war der historische Kontext von Platons Schreiben.

Die Frage, wie Philosophie, Theater und Demokratie in Griechenland zusammen hängen, muss noch beantwortet werden. Für Platon kann man anmerken, dass in einem vorbildlichen Staat zumindest zwei dieser drei kulturellen Errungenschaften systematisch ausgeschlossen werden sollten. Mit Demokratie und Theater will er nämlich nichts zu tun haben. Er setzt philosophisch alles daran, sich davon abzugrenzen, und sucht ein puristisches Gegenmodell. Aber wie so oft hängt man stärker an dem, was man ausschließt, als an dem, was man einbindet. Alle drei Kulturleistungen sind zu seiner philosophischen Schaffenszeit vorhanden, und zwar gemeinsam. Platon will mit Philosophie vor allem das Theater und die Dichtkunst überflüssig machen, ein Programm, das Aristoteles schon nicht mehr befolgt. Dem Theater und der Dichtkunst entlehnt Platon zumindest noch die Stilform des Dialogs, formal bleibt er so beiden Kunstformen verhaftet. Gegen Demokratie sind Platon und Aristoteles gleichermaßen, aber ohne die in Demokratien offene Diskussion hätte es keine Sophisten gegeben und ohne Sophisten keinen Sokrates oder Platon, der gegen das pragmatische Argumentieren die ewigen Ideen als notwendigen Bezugspunkt von Wahrheit und Ethik setzt. Der Stachel des Denkens, Kritisierens und der dramatischen Kunstform ist in Griechenland wirksam, und er entwickelt ein gewisses Eigenleben, das seine Kraft gerade auch aus dem Spannungsverhältnis von Philosophie und Dichtkunst bezieht. Zu Platons Lebenszeit hatten Dichtung und Theater allerdings schon nicht mehr die zentrale Rolle im kulturellen Leben wie zuvor, ihre intellektuelle Begrenzung wurde deutlich. Ein historischer Rückblick soll das kurz erläutern.

Im 5. Jh. v. Chr. entstand in Griechenland das dialogische Drama in Form des Sprechtheaters als neue poetische Gattung. Der ursprünglich kultische Hintergrund dieser Form geriet allerdings zunehmend in den Hintergrund, Theateraufführungen hatten zu Platons Zeiten wohl eher Unterhaltungswert als bindende Kraft. Das Theater entstand seinerseits aus dem Kontext von sogenannten Dithyrambus-Gesängen. Das waren dörflich aufgeführte Umzüge mit Lobeshymnen zu Ehren des Gottes Dionysos im Frühjahr. Dionysos war der Gott des Weins und in Verbindung mit dem Frühjahr Träger von Fruchtbarkeitskulten. Bei den Prozessionen wurden gewaltige Phalli mitgetragen, was im Lauf der Zeit zunehmend verschwand. Zuerst waren die Umzüge der einfache Wechselgesang eines Chors, dann kam die Einführung von Satyrn, bocksgestaltigen Begleitern, dazu. Die Herkunft der Tragödie aus diesen Riten signalisiert der Begriff Tragödie selbst. Denn das griechische Wort „Traigodia" ist verwandt mit dem Begriff Ziege, griechisch „Tragos". Die kultischen Vorformen der Tragödie sind in allen griechischen Kulturzentren nachweisbar, die Tragödie selbst aber nur in den Städten. Sie war eine spätere Form und brauchte vor allem ein größeres Publikum und einen festen Ort der Aufführung. Athenische Tragödiendichtungen inszenierten keine Fruchtbarkeitsfeste mehr, sondern waren in der Vergangenheit mythischer Könige angesiedelt, es gab die tragische Darstellung der Natur von Göttern und Menschen, aber auch die von Familie und Gemeinschaft. Komödien spielten dagegen in der Gegenwart. Sie hatten einen bissigen und in der Regel auch obszön aufgeladenen Gegenwartsbezug. Die Dichter reichten jedenfalls ihre Dramen ein, die teilweise den gleichen Stoff, wenn auch unterschiedlich, behandelten. Sie wurden verglichen, beurteilt und bewertet, das kritische Reden über die Qualität der Tragödien wurde zu einer öffentlichen Angelegenheit. Das Attische Drama war bereits eine Abstraktion, nämlich eine Reflexion über das Alte, und es rettete aus den Mythen nur noch einen aktuellen Gehalt, der beispielsweise im Chor als Symbol der antiken Öffentlichkeit beschworen und bewertet wurde. Die Auseinandersetzung mit der Philosophie konnte die Tragödie aber trotz ihrer Abstraktionsleistung nicht gewinnen. Ihr sind nämlich Schein und Spiel ebenso inhärent wie veraltetes Wissen, und das ist eben keine reine Wahrheit im platonischen Sinn. Die Tragödie brachte das Allgemeine auf die Bühne, sie stiftete die übergeordnete Bedeutung eines Stücks und machte ein deutbares Modell daraus, blieb aber immer szenisch anschaulich und erfahrbar auf Effekte ausgelegt. Sie vermittelte einen literarischen Stoff und war damit immerhin stärker reflexiv als ihr literarischer Vorläufer Epos. Denn der Rhapsode hing zuvor noch völlig am Einzelnen, an den Tatsachen, von denen er berichtete, seine Hauptszene war er selbst am Hof. Die Tragödie war wie Philosophie eine Reflexionsarbeit und zeigte, was gut ist und was schlecht, wozu Rache führen kann und wozu Tyrannis. Am Ende hat die Tragödie dialogisches und philosophisches Denken befördert.

Ein Beispiel dieser Vernichtungsarbeit gegenüber altem in Epen vermitteltem Wissen war der Tragödiendichter Euripides (485–406 v. Chr.). Er brachte nur noch keusche Szenen auf die Bühne und setzte sich vom alten Götterglauben ab. Euripides kam mit einem Vorwurf daher, der an Xenophanes und dessen Kritik an den Göttern erinnert. Er lautete: Ein Gott, der Ehen bricht, ist kein Gott. Deshalb klagten seine Tragödien unkeusche Götter und Göttinen an und rief sie nicht mehr im Chor zum Eingreifen auf. Die Göttlichen wurden folglich leere Hüllen und Sagen, die ironisch vielleicht noch zitiert wurden, wenn sie wie der „deus ex machina" unvermittelt, aber wenig glaubwürdig auf der Bühne auftauchten. Die Chöre schwelgten zwar noch in einer Erinnerung, aber nicht mehr in einer musisch orientierten Herbeirufung. Euripides hat die Tragödie massiv verändert, im Prinzip triumphierte bei ihm bereits die musikfreie Prosa auf der Bühne. Den Vorwurf, dass sich Euripides damit der Philosophie zu sehr genähert habe, machte schon der Komödiendichter Aristophanes: „Sitzend neben Sokrates / rumzuschwatzen, abzuschwörn / Musenkünsten und, was der / Tragiker an Großem leistet, / zu missachten, ist nicht schön" (Die Frösche, Vers 1490, S. 72) Ohne Darbietungsrahmen mit Tanz, Sprache und Musik wurde auch die dramatische Poesie schlicht nüchtern. Sie konkurrierte nun mit Prosadialogen, konnte den Kampf langfristig aber nicht gewinnen und musste deshalb zwar nicht verschwinden, aber an Bedeutung deutlich einbüßen. Platons Dialoge wurden gelesen, aber nicht aufgeführt, sie förderten die stille und immer wiederholbare Denkarbeit und Diskussion. Platon gegen Tragödie und Musik, Sokrates gegen das Leben und für die Askese, das ist die kurze historische Diagnose des Altphilologen Nietzsche, der in Platon bereits den Beginn einer stringenten Abwärtsbewegung sah. Aus philosophischer Perspektive ist es allerdings eher ihr Aufschwung und vorläufiger Siegeszug.

Die Philosophie triumphiert mit Platon endgültig. Er hat ein umfangreiches Werk hinterlassen und dreht die Götterkritik von Euripides inhaltlich einfach weiter. Statt Götter gibt es glaubhaft nur einen Gott, und der ist unwandelbar, gerecht, und gut. Gott mischt sich nicht mehr mit den Menschen, das ist auch das Ende aller göttlichen Metamorphosen und Naturgottheiten, denn die eine Gottheit mischt sich auch nicht mehr mit Göttinnen. Platon kombiniert in der Folge Parmenides und Heraklit zu unwandelbaren Ideen auf der einen und der wandelbaren Welt von Erscheinungen auf der anderen Seite, in der Wechsel, Wandel und Gegensatz herrschen mögen. Um dem poetischen Wissen den Garaus zu machen, nutzt er allerdings Mythos und Logos gleichermaßen in seinen kunstvoll gestalteten Dialogen. So gesehen markiert er eine Grenze und einen Übergang. Sich selbst macht er fast unsichtbar, denn die dramatische Dialogform, die ja aus der Tragödie kommt, bringt inhaltliche Auseinandersetzungen zum Vorschein und argumentiert nicht wie eine Abhandlung mit klaren aufeinander aufbauenden Behauptungssätzen, sondern mit Rede und Gegenrede. Platon ergreift in seinen

Dialogen nicht unter seinem eigenen Namen das Wort, er lässt stattdessen Sokrates und seine Schüler oder Gegner sprechen. Der Dialog ist eine dialektische Darstellungsform, eine eigene Meinung von Platon ist dadurch oftmals schwer auszumachen, die Aussagen sind gerade durch ihre Form nicht immer eindeutig zu bewerten. Wenn Sokrates beispielsweise Mythen zitiert, ist nicht so recht klar, inwieweit Platon dem folgt. Inhaltlich jedenfalls wird den Dialogen Musisches ausgetrieben. Auch die Metaphern und Mythenelemente verändern sich ins Visuelle. Es sind jetzt Höhlen-, Linien- und Sonnengleichnisse, keine akustischen Harmonien mehr wie bei Pythagoras.

Platon ist enttäuscht über seine Stadt. Er ist enttäuscht über die politische Situation seiner Zeit und den Verfall des Staates. Athen hat Revolutionen gesehen, politische Experimente und Kriege. Bei soviel Chaos muss die Philosophie endlich zur strengen Idee von Gerechtigkeit führen, dem einzig tragfähigen Fundament des Staates. Platon stellt sich der Grundfrage, was stärker ist, Vernunft oder Brauch. Es geht um die Herrschaft der Vernunft und ihren Gegenpol, die Herrschaft der wandelbaren Sitte. Und es geht um die Frage, ob es einen anderen Weg des guten Lebens geben kann als den, der in Einklang mit den Sitten und überlieferten Gebräuchen steht. Platon beantwortet die Frage mit einem klaren „Ja", es gibt ein verlässliches Jenseits der Sitten. Sitte, Macht und Konvention, das sind sophistische Scheinwirklichkeiten, hinter denen unabdingbar eine feste Wahrheit stehen muss. Ansonsten drohen Unbeständigkeit, Wechsel und Chaos. Um diese Frage dialogisch zu inszenieren, kommt ihm der Sophist Protagoras gerade recht. Er ist Titelfigur des gleichnamigen Dialogs und Platons Wahrheitstheorie in Kürze. Protagoras meint ganz geschickt, jeder einzelne Mensch und nicht die Gattung sei das Maß aller Dinge. Wahr ist also nur, was dem Menschen so erscheint, und das variiert bekanntlich von Mensch zu Mensch. Diese Diagnose spricht für einen Primat der Meinung gegenüber der Wahrheit. Reine Wahrheit ist demzufolge lediglich eine Täuschung. Wenn es aber keine Wahrheit als Entscheidungskriterium mehr gibt, dann entscheidet der Effekt, das sprachliche Niederwerfen des Anderen, der rhetorische Sieg, und sophistische Rhetoriklehrer versprechen ja genau das. Es geht ihnen um öffentliche Wirkung, um den Erfolg, auch vor Gericht. Das bessere Argument verwandelt sich nun in eines des Stärkeren, jeweils bezogen auf die Eigenschaften wahr, gut und gerecht. Was der Stärkere für nützlich hält und durchsetzt, ist dann eben auch gerecht sowie gut und in dem Moment auch wahr. Der Stärkere kann hierbei der Staat sein, der Adlige oder ein Souverän. Der Freiheitsgewinn durch das Argumentieren, bei dem jeder seine eigene Meinung haben kann, wird zu einer reinen Machtfrage. Was für Platon natürlich nicht sein darf, deshalb müssen Tyrannen durch Philosophen geleitet werden, die sie zur wirklichen Wahrheit führen. Sokrates prüft das sophistische Argument durch schlichte Selbstanwendung, ein auch später beliebtes methodisches Verfahren. Er kommt zum Ergebnis, dass der Meinungsprimat ja selbst eine Wahrheit sein müsste. Zwar kann der Sophist noch einwenden, es gehe nicht um wahr oder falsch an sich, sondern um den praktischen Nutzen. Seine Wahrheit sei also nur eine praktische Maxime, mit vermeintlich wahrem Wissen umzugehen. Damit betritt er die Metaebene des Handelns mit relativer Wahrheit statt der fixen Position eines absoluten Wissens. Aber auch damit entgeht er nicht der Kritik von Sokrates, der meint, genau dann gehe es nur um Schein und nicht um echte Wahrheit und wirkliche Erkenntnis. Statt um echte Wahrheit könnte man auch um „die Wahrheit" sagen. Die Frage nach dem logischen Status von Aussagen, wie „es gibt keine Wahrheit", macht jedenfalls Probleme, weil diese Aussage ja selbst Wahrheitsstatus haben muss und sich sonst selbst widersprechen würde. Aristoteles vertritt die Auffassung, dass falls Protagoras recht hätte, etwas wahr und falsch zugleich sein müsste, was der Logik offenkundig widerspricht. Denn niemand kann tatsächlich „x" behaupten und gleichzeitig hinzufügen, dass „x" ebenso falsch sein könnte. Dann hat er nämlich nichts behauptet – erst das wäre der Wahrheitsanspruch –, sondern nur etwas vermutet.

Die Wahrheitsfrage ist eine der Schlüsselfragen der Philosophie. Andere Epochen haben andere Antworten gefunden. Thomas von Aquin meint im Mittelalter: „Wahrheit ist die Angleichung eines Dinges und des Verstandes" (Von der Wahrheit, S. 15). „Adaeqatio intellectus et rei" heißt das im Original, statt Angleichung könnte man auch Angemessenheit oder Übereinstimmung übersetzen. Für ihn ist Wahrheit jedenfalls keine Sache der Logik, sondern im göttlich geordneten Kosmos garantiert, die relativistische Frage stellt sich für ihn somit gar nicht. Da Gott existiert, gibt es auch die Wahrheit, und da er den Menschen mit Vernunft ausgestattet hat, kann der Mensch bei richtigem Vernunfteinsatz auch Wahrheit erkennen. Für die Aufklärung gilt diese Sicherheit dann nicht mehr. Kant betont, dass man eine dritte und für alle akzeptable Außenposition als sicheres Kriterium der Übereinstimmung benötigt, sonst bleibt es ja nur eine Behauptung oder ein Zirkelschluss. Was die Wahrheit garantiert, muss zusätzlich unterstellt werden, und Glaubenssätze sind für Kant nicht mehr ausreichend: „Das Fürwahrhalten, oder die subjektive Gültigkeit des Urteils, in Beziehung auf die Überzeugung (welche zugleich objektiv gilt), hat folgende drei Stufen: Meinen, Glauben und Wissen. Meinen ist ein mit Bewusstsein sowohl subjektiv, als objektiv unzureichendes Fürwahrhalten. Ist das letztere nur subjektiv zureichend und wird zugleich für objektiv unzureichend gehalten, so heißt es Glauben. Endlich heißt das sowohl subjektiv als objektiv zureichende Fürwahrhalten das Wissen. Die subjektive Zulänglichkeit heißt Überzeugung (für mich), die objektive Gewissheit (für jedermann)" (B 850, Bd. IV, S. 689). So ist es in der „Kritik der reinen Vernunft" formuliert. Erst die intersubjektive Begründbarkeit sowie eine im Wahrheitsanspruch eingeschlossene Möglichkeit des fehlbaren Wissens erlaubt das Unterstellen und

Revidieren von Wahrheit. Kant behauptet, die Möglichkeit des Irrtums ist gerade das Beste am Wissen. Wir brauchen eine gegenseitige Verständigung über das Fürwahrhalten, ohne die wäre gar kein Alltag möglich. Wir müssen Dinge zumindest fürwahrhalten, um überleben zu können. Hegel bringt noch eine Zeitkomponente in den Wahrheitsbegriff hinein: „Das Jetzt ist die Nacht. Um die Wahrheit dieser sinnlichen Gewißheit zu prüfen, ist ein einfacher Versuch hinreichend. Wir schreiben diese Wahrheit auf; eine Wahrheit kann durch Aufschreiben nicht verlieren; ebensowenig dadurch, daß wir sie aufbewahren. Sehen wir jetzt, diesen Mittag, die aufgeschriebene Wahrheit wieder an, so werden wir sagen müssen, daß sie schal geworden ist" (Bd. 3, S. 84). Damit wird von Hegel die Wahrheit in der „Phänomenologie des Geistes" einfach verzeitlicht, ohne ihren Status ganz aufgeben zu müssen. Wahrheit ist demzufolge eine wahre, aber eben auch relative Position, weil sie zeitgebunden ist, ihre eigene Wahrheit momentan hat und irgendwann auch einfach nur hatte. Das ist dann schon recht pragmatisch. Platon kämpft allerdings noch um die Durchsetzung des Wahrheitsbegriffs selbst. Seine Kontrahenten sind Mythen und Dichter, die andere Wahrheiten behaupten, sowie Sophisten, die objektive Wahrheit ganz in Frage stellen.

Die machtpolitische Frage stellt Platon in seinem späten Dialog „Politeia", der Staat, erneut. Die „Politeia" ist sein ausführlicher Beitrag zu Ethik und Politik, es geht um die beste Organisation des Staatswesens und die Rolle seiner Bürger darin. Dort wird ein zwangsläufiger kreisförmiger Ablauf politischer Systeme beschrieben, der sich immer wiederholt. Er unterscheidet dabei fünf Herrschaftstypen. Die höchste Entwicklungsstufe erklimmen die Philosophenkönige, was auch für Platon eine reine Hypothese ist, weil es sie noch niemals gab. Wahrscheinlich spiegelt sich ein optimistischer Platon selbst darin. Die nächste Stufe bildet die sogenannte Timokratie, eine Herrrschaft der angesehenen Besitzenden, bei der Wettbewerb, Streben nach Ehre und äußerste Strenge herrschen. Das zeitgenössische Vorbild sind die Verhältnisse in Sparta. Sie wird von einer Oligarchie abgelöst, der dritten Stufe, bei der Geld regiert und entsprechend die Reichen über die Macht im Staat verfügen. Sie zeichnen sich durch ein rücksichtloses Bereicherungsstreben aus, die Gesellschaft ist insgesamt nach dem jeweiligen Vermögensstand gegliedert. Das hat zur Folge, dass nicht die Fähigsten ans Ruder kommen, die Menschen also nicht nach Weisheit und Gerechtigkeit streben, sondern nur nach Reichtum. Die Timokratie degeneriert genau dann zur Oligarchie, wenn der Wettbewerb nicht mehr von der Ehre angetrieben wird, sondern vom reinen Profitstreben. Der Oligarchie folgt als vierte Stufe die Demokratie, in der die Herrschaft dem Volk gehört. Platon entwirft kein positives Bild der Demokratie. Sie entsteht, wenn die Oligarchen maßlos, faul und undiszipliniert sind, die Ordnung des Staatswesens vernachlässigen und immer mehr Bürger in Armut fallen. Das hat soziale Konflikte zur Folge, bei denen die Armen den Sieg davon tragen und

Demokratie einführen. Sind die Armen an der Macht, herrscht zwar Freiheit, aber so absolut, dass die Demokratie in Anarchie versinkt. Denn wenn alle gleich sind, ist beispielsweise Erziehung nicht mehr durchsetzbar, und Lehrer beginnen vor ihren Schülern zu zittern, was wiederum Konsequenzen nach sich zieht. Das Volk ist nicht mehr genügend mit Bildung ausgestattet, um die besten Führer und die weiseste Richtung zu wählen. Überhaupt gilt bei dieser Regierungsform das Prinzip Losentscheid und nicht Qualifikation, um Ämter zu besetzen. Gesetze werden in der Folge missachtet und Strafen nicht mehr vollstreckt. Wechselhaftigkeit und Haltlosigkeit in der Demokratie führen in Platons Vorstellung zwangsläufig zur Tyrannis, der fünften Stufe. Aristokraten und Demagogen beherrschen zunächst zunehmend die demokratischen Versammlungen, kaufen Stimmen und beherrschen Gerichtsprozesse. Dann verführen Vereinzelte das Volk, scharen entschlossene Anhänger um sich und fordern eine Umverteilung des Besitzes zugunsten der Armen, was zu Auseinandersetzungen mit anderen Aristokraten führt. Das verführte Volk bewilligt dem, der am meisten verspricht, eine Leibwache, was dessen Machtbasis gegenüber seinen Konkurrenten festigt. Der Weg zur Alleinherrschaft ist damit geebnet. Das Volk selbst ermöglicht also einem Führer an die Spitze zu kommen, der dann von der Macht berauscht wird und Verbannungs- sowie Todesurteile ausstellt, bis er durch seine Feinde schließlich selbst untergeht. Den Untergang der Tyrannis besorgen mutige Aristokraten, die den Tyrannen stürzen, vertreiben oder töten, und den Staat wieder in eine Timokratie überführen. Der Kreislauf ist geschlossen. Tyrannen stehen für Platon auf der untersten Stufe, weil sie ausschließlich ihrem eigenen Interesse folgen und Sklaven ihrer „gewaltigen Begierden" sind. Unbeständige Bedürfnisse und die Atmosphäre allgegenwärtiger Angst vor erfundenen Feinden macht Tyrannen für Platon zu Knechten ihrer eigenen Persönlichkeit. Ihre „Seele (wird) voll Unfreiheit und vielfältiger Knechtschaft sein und gerade die Teile derselben (werden) in der Knechtschaft sein, welche die edelsten waren, und nur ein kleiner, und zwar der wertloseste und ausschweifendste, (wird) herrschen" (Politeia, 577d). Ohne Führung bleibt der Tyrann ein Gefangener seiner unbefriedigbaren Bedürfnisse und scheitert langfristig.

    Wie die Seele auf den richtigen Weg gebracht werden kann, damit kennen sich Philosophen wie Sokrates und Platon aus. Deshalb sind sie dazu berufen, Tyrannen das Gute zu lehren. Gelingt diese Führung, könnten sich die Philosophenkönige auch behaupten, und es gäbe Stabilität, der Kreislauf wäre unterbrochen. Im idealen Staat haben alle die gleiche Bildung, die Regierenden werden durch Auslese gefunden, und das gesamte Staatswesen wird von Wächtern daraufhin überwacht, dass die internen Regelungen beibehalten werden. Der pädagogische Kern ist entsprechend ein starres Erziehungssystem, ein Kasten- und Kaderprinzip. Im 20. Lebensjahr werden die Besten herausgefiltert und weitere 10 Jahre erzogen. Danach wird nochmals herausgefiltert und weitere 5 Jahre in Philosophie geschult. Anschließend folgen 15 Jahre Bewährung im praktischen Leben, um mit dem 50. Lebensjahr automatisch in die besten Stellungen vorzurücken. Platon propagiert eine Gerontokratie, er hat die „Politeia" spät geschrieben und selbst bereits ein Alter jenseits der 50 Jahre. Er lässt das alles einschließlich der politischen Kreisläufe zwar Sokrates im Dialog beschreiben, aber für sich selbst hat er wohl die Beraterrolle vorgesehen, die bis zur Macht führt. Dafür sprechen auch seine Erziehungsreisen nach Sizilien. „Wenn nicht ... entweder die Philosophen Könige werden in den Staaten oder die ... Könige und Gewalthaber wahrhaft und gründlich philosophieren, und also dieses beides zusammenfällt, die Staatsgewalt und die Philosophie ..., gibt es ... keine Erholung von dem Übel für die Staaten" (Politeia, 473c), das ist seine feste Überzeugung. Denn erst die Philosophenkönige haben die Idee des Guten erkannt und als Norm verinnerlicht, das Volk kann sich dieses Wissen niemals aneignen, es braucht Führung. Und dafür ist Platon bereit, einen hohen Preis zu fordern und zu bezahlen. Die Staaten sind anfällig, es braucht aber Stabilität. Dafür sollen sogenannte Wächter sorgen, der Staat wird ein Wächterstaat, genauer ein Überwachungsstaat. Die Erfahrung hat für Platon gezeigt, dass Verfall und Auflösung von Gesellschaften mit der ungleichen Verteilung von Besitz und sexuellen Chancen zu tun haben, deshalb müssen die Wächter systematisch von beidem fern gehalten werden. Erst so bekommt der Staat ein stabiles Fundament. Wer hier an das christlich-mittelalterliche Ideal des Zölibats denken muss, liegt nicht falsch. Die Wächter achten auf die Einhaltung aller Regeln, die allgemeine Moral im Staat beruht auf Disziplin und Ordnung mit strenger unveränderlicher Arbeitsteilung. Schutz der Staatsordnung und Stabilität sind die obersten Prinzipien, keiner darf seinen Platz oder sein Aufgabenfeld verlassen. Dabei werden Frauen gleich mitabgewertet, in Platons Augen sind sie oberflächlich, abergläubisch, zaghaft, leicht zu erregen und zu erbittern, schwächer und weniger tugendhaft. Die Ehe dient folglich nur der Zeugung und Aufzucht von Kindern, der Staat soll dafür sorgen, dass die rechten Partner zusammen finden, und nicht deren Sympathie. Auch hier wird also alles Musische ausgetrieben. Kein Wunder, dass Platon für seine Utopie hart kritisiert wurde, sie stellt eine Überwachungsutopie dar, ein politisches Horrorgemälde totalitärer Systeme. Er ist an dieser Stelle ein Sozialingenieur, alles wird bestimmt: Arbeitsplatz, Bildung, Reproduktion und Privateigentum.

Aber Platon hat auch starke Seiten in der „Politeia" und bringt neue Argumente, wenn er das Rechtsetzen des Stärkeren in Frage stellt. Sein machtpolitisches Beispiel ist der Melier-Dialog, wie ihn der griechische Geschichtsschreiber Thukydides etwa 40 Jahre zuvor beschrieben hat. Die Insel Melos weigerte sich in einer Kriegspause des Peleponnesischen Krieges als einzige Kykladeninsel, dem attischen Seebund beizutreten. Das war nicht unplausibel, da Melos ursprünglich eine Kolonie von Sparta war, also dem Gegner von Athen im laufenden Krieg. Neutralität wurde von Athen aber nicht geduldet, weil sie zu Nachahmung einlädt.

Melos blieb hart im Argument und Athen konseqent im Expansionskurs. Thukydides berichtet, die Athener „töteten alle erwachsenen Männer, die sie ergreifen konnten, die Kinder und Frauen verkauften sie in die Sklaverei. Sie selbst gründeten den Ort neu und schickten etwas später 500 Siedler dorthin" (Der Peleponnesische Krieg, Buch V, Kap. 116 (2), S. 460). Die Melier bezogen sich in ihren Argumenten darauf, dass sie die Gerechtigkeit auf ihrer Seite hätten und ihnen Neutralität zustehe. Die Athener rechtfertigten sich dagegen so: Recht könne nur zwischen gleich Starken zur Geltung kommen, bei ungleichen Kräfteverhältnissen tue der Starke, was er könne, und erleide der Schwache, was er müsse. Das ist deutlich, Recht ist demzufolge, was der Stärkere als Recht setzt, und wirkliche Gerechtigkeit gibt es nur zwischen Gleichen. Wenn Moral tatsächlich nur ein sozialer Kitt wäre und keinen anderen Kern hätte, dann müsste die Argumentation der Athener richtig sein. Platon greift den Fall auf und lässt in einem Dialog den Sophisten Trasymachos die Rolle des Machtpolitikers einnehmen. Sokrates argumentiert dagegen, dass ein moralisch verwerfliches Handeln den „Seelenfrieden" des Handelnden erschüttert und damit sein Glück und Wohlbefinden, was doch das höchste menschliche Ziel sei. Moral steht für Sokrates jedenfalls höher als jede aktuelle Kosten-Nutzen Überlegung. Unterstellt wird von ihm gleichzeitig, dass nur die tugendhafte Person ihr Leben genießen kann und glücklich ist, Unmoral wird mit Unglück gleichgesetzt. Gerechtigkeit ist für Sokrates ein vernunftbestimmtes Denken, das aus Selbsterkenntnis hervorgeht und zu tugendhaftem Verhalten gegenüber anderen befähigt und auch tatsächlich führt. Platon spürt zurecht, dass auf Seiten der Athener etwas nicht stimmt, die Macht des Stärkeren kann kein tragfähiges ethisches Gesamtkonzept sein. Der philosophische Weg von Platon löst das Problem allerdings nicht wirklich, weil die Sittlichkeit von Sokrates ausschließlich individualisiert wird. Moral ist für ihn eine Frage des Gewissens als innerer Stimme. Das ist in der Tat ein schwaches Argument, weil die Athener ihr Handeln ja durchaus rational abwägen und überhaupt kein schlechtes Gewissen haben. Die methodische Rückführung des guten Handelns auf den persönlichen Seelenzustand als ein Gewissensgefühl, also die Individualisierung der Moral, ist eine theoretische Sackgasse. Sie zwingt Platon politisch letztendlich zum Ideal des von Philosophen geleiteten Tyrannen, der dessen verwirrte Seele auf den richtigen Weg führen soll. Auch die ganze Argumentation der abstrakten Ideen läuft auf eine individuelle Implantierung hinaus. Nicht die Gruppe oder Gesellschaft erkennt diskursiv, was richtig wäre, sondern nur der herausragende Einzelne. Und der ist am besten ein Philosoph, der die anderen aus dem Irrtum herausführen kann wie im berühmten Höhlengleichnis, weil er die Sonne gesehen hat und nicht die Schatten für die Wirklichkeit hält.

Ein anderer Aspekt der nüchternen „Politeia" ist die Verbannung der Dichter aus dem Staat, der Musenbruch ist vollständig. Dabei wird die Grundkritik an

Dichtern nur wiederholt: Sie lügen, wenn sie Götter beschreiben. Denn wenn Götter vollkommen sind, ändern sie sich nicht. Die Dichter beschreiben sie aber als launenhaft mit menschlichen Schwächen. Dahinter steht ein anderes Platonisches Grundprinzip: Was wahrhaft gut ist, ist zugleich ewig und unveränderlich. Letztendlich sind nur die Ideen mit sich selbstidentisch, der Mensch kann daran lediglich teilhaben. Auch die Kritik an Schauspielern bläst in dieses Horn. Schauspieler bleiben nicht bei ihrer Wesensnatur, sie versetzen sich in Rollen von anderen und verändern sich permanent. Ihr besonderes Können macht Platon gerade zu ihrem Nachteil. Analog wird die Elite auf eine monokulturelle Diät des Edlen und Guten gesetzt. Dichter werden nach negativer Prüfung durch Wächter aus dem Staat ausgewiesen wie in allen totalitären Regimes. Immerhin kommen sie in Platons Entwurf mit dem Leben davon, Griechenland praktizierte im politischen Umfeld in der Regel die Verbannung, das mag das Muster auch für Platon sein. Den anderen Künstlern soll es jedenfalls wie den Dichtern ergehen. Malerei wird ebenso kritisiert wie Dichtkunst, denn Künste stacheln in seiner Vorstellung insgesamt niedere Anteile des Geistes an. Der starken Abwehr von Gefühlen folgen später die Stoiker, die Emotionen tilgen wollen, um völlig ungerührt zu sein und immun gegen Begehren, Vergnügen und Leiden. Das Asketische übt jedenfalls einen besonderen Reiz aus. Nietzsches Vorwurf, das sei ein Sadismus der Askese, trifft an der Stelle genau. Zur Ehrenrettung könnte man anführen, dass es für Platon außerhalb der Beschreibung des Idealstaats durchaus positiv besetzte Elemente im Umfeld des Dichterischen gibt. So wird in den Dialogen „Ion" und „Phaidros" die dichterische Eingebung als eine positive Ekstase gelobt, ein Enthusiasmus, eine göttliche Kraft, an der auch der Rhapsode Anteil hat. Auch Poesie lehrt Wissenswertes, könnte man meinen, aber Sokrates hält schon dort dagegen und vertritt die Auffassung, dass sich längst ein selbständiges Wissen außerhalb der Poesie gebildet hat und schauspielernde Politiker, Charismatiker und Sinnsucher eine unheilvolle Realität in Athen bilden. Ion ist in seinen Augen ein armer Tropf, er kann nur Homer deuten, nicht aber andere Dichter. Er hat also weder Ahnung von Kunst, noch von Wissenschaft, Ion versucht eine homerische Situation herzustellen, die einfach archaisch veraltet ist. Diese Auffassung von Sokrates war vermutlich bereits Mehrheitsmeinung in Athen. Die christlich orientierte Platonrezeption greift später dagegen anders als Sokrates die Ekstase positiv auf. Dass der Enthusiasmus, der dann Versenkung und Entrückung heißen wird, Anteil an einer göttlichen Kraft hat und zu ihr führen soll, das scheint der christlichen Philosophie des Mittelalters durchaus attraktiv. Es soll demzufolge einen mystischen Aufstieg der Seele bis hin zur mystischen Vereinigung mit dem christlichen Gott geben können. Platons Weg zum Göttlichen war allerdings ein anderer.

Dass die Idee einen anderen Status als die wechselvolle Wirklichkeit hat, das ist Platons Metaphysik. Im „Symposion" beschreibt Sokrates, wie der Erkenntnisweg zur Idee verläuft. Er macht das anhand einer sehr speziellen Liebeslehre. Es ist für ihn nämlich der „Eros", der zur Idee des Guten führt und damit zugleich zum Schönen und zum Wahren. Auf diesem Weg macht der Eros als Wegweiser alles Körperliche überflüssig. Das meint dann auch die „Platonische Liebe", eine geistige Angelegenheit, die entsinnlicht daher kommt. Was geliebt wird, zieht uns jedenfalls an, ist gewissermaßen Auslöser und Ziel zugleich, und somit der Grund einer Sehnsucht. Da die Idee selbst aber materiefrei ist, muss auch alles Körperliche in der Liebe zur Wahrheit verlassen werden, um zu ihr selbst zu gelangen. Sokrates berichtet, dass er dieses Wissen von Diotima erhalten hat, einer Priesterin fernab von Athen. Diotima lehrt Sokrates die Liebe zu Geistigem statt zu Körperlichem, man könnte erweitern die Philosophie zu wählen statt den Rausch oder Musisches. „Denn durch den Besitz des Guten ... sind die Glückseligen glückselig" (Symposion, 205a). Das ist beinahe eine Tautologie, das Glücksgefühl kommt aus dem Sehen der Idee des Guten, und erst das verschafft wahrhaftiges Glück. Diotima ist die tatsächlich einzige Frau, die in Platons Dialogen redet und zudem Sokrates auch noch etwas lehren darf. Das ist außergewöhnlich für Platon. Als Priesterin ist sie jedenfalls eine Vertreterin des alten Wissens und führt Sokrates zu neuen Prinzipien. So gesehen schafft sie ihr eigenes Fundament selbst ab. Alte Mythen und Götter sind mit der Ideenlehre nämlich überflüssig geworden. Die Lehre der Diotima lautet dann so: Es gibt einen qualitativen Aufschwung in den Stufen der „Liebe", die mit ihrem qualitativen Zuwachs immer unkörperlicher wird. Von der Liebe zu schönen Körpern geht es über die Liebe zu edlen Seelen und guter Erziehung weiter über die Liebe zu guter Lebensführung mit Einhaltung der Gesetze bis hin zur Liebe zur reinen Erkenntnis, die zum Gedanken der Schönheit selbst führt. Das Schöne selbst ist für Plato ein Urbild, ein Ewiges, an dem alles Schöne bloß teilhat.

Es bleibt die Frage, woher die Menschen wissen können, dass es die Idee überhaupt gibt. Platon macht den Weg zur Idee schließlich zu einem Kreislauf. Die Seele kann nämlich nur suchen, was sie schon kennt, und wovon sie auf irgend eine Weise angezogen wird. Er meint, das der Mensch die Idee schon vor seiner zeitlichen Existenz gesehen hat, sie kommt nicht aus der Erfahrung oder dem eigenen Schaffen, es sind ewige „Urbilder". Er muss voraussetzen, was die Seele zu finden vorgibt, es ist ein Zirkelschluss. Menschen tragen in Platons Vorstellung die „Urbilder" des rechten Verhaltens bereits in sich, also einen Begriff von dem Guten und der Gerechtigkeit. Genau deshalb muss er das Konzept einer Präexistenz der Seele entwickeln mit einer Unsterblichkeit und mit einer endlosen Sehnsucht nach der präexistenten Schau der Idee.

Das wird im Dialog „Phaidros" beschrieben. Die Seelen fahren im Gefolge der Götter in den Himmel und erblicken dort die Urbilder alles Wirklichen. Sie betrachten die Gerechtigkeit selbst, die Besonnenheit, die Erkenntnis und das wahrhaft Seiende. Ihre Erkenntnis ist deshalb ein Wiedererinnern. Die Unsterblichkeit der Seele und die Ewigkeit der Idee sind also längst da, wenn das Christentum die philosophische Bühne betritt. Und es wird deutlich, dass Platon gut integrierbar ist und das philosophische Denken im Mittelalter bestimmen kann. Auch weitere bekannte Motive liefert Platon. Die Unsterblichkeit der Seele wird von Sokrates proklamiert, es gibt nämlich einen Mythos als Zyklus von Geburt und Wiedergeburt, und dabei kommen sie bereits vor, die auch später vertrauten Konzepte. Es gibt weiße und schwarze Schafe, es gibt Himmel und Hölle, es gibt Strafe und Buße. Der Körper ist nämlich lediglich die sterbliche Hülle der unsterblichen Seele. Nach dem Tod fahren die geläuterten Seelen, also die, die Gerechtigkeit und Tugend erkannt haben, zu den Göttern, und die anderen müssen in den Hades, die griechische Unterwelt. Auch daraus macht Nietzsche eine knappe Diagnose, Christentum sei Platonismus fürs Volk. Ganz so einfach ist es nicht, denn Aristoteles wird für Probleme sorgen, die das Denken im Mittelalter aufsprengen. Tatsache ist allerdings, dass Platon ein gedankliches Bett vorbereitet hat. Die christliche Philosophie wird sich fragen, wie das möglich war, wo es sie doch noch gar nicht gab. Das Abendland hat demnach zumindest zwei Traditionslinien, eine philosophische und eine religiöse, und beide können nicht einfach zur Deckung gebracht werden und müssen es auch nicht, wie Kant dann zeigen wird.

Im Diesseits wird der Körper von Platon mehr oder weniger negiert. Das zeigt bereits die ganze Seelenkonzeption. Die Seele wird nämlich als ein Wagengespann mit zwei Pferden gedacht, das eine ist der Mut, das andere das Begehren. Der Wagenlenker selbst soll der Logos mit der Aufgabe der Steuerung sein. In diesem Bild werden zwei Tiere, man könnte auch sagen tierische Emotionen, von einem Wagenlenker, also einem vollständigen Individuum gezügelt, der selbst allerdings als unkörperlicher Logos daherkommt. Insgesamt ist die ganze Person in ein Tierisches und ein Logisches getrennt, wobei das Logische wiederum als eine ganze Person vorgestellt wird. Das ist ziemlich kompliziert, jedenfalls wird dem Körperlichen eine untergeordnete Rolle im Seelenleben zugeschrieben, Mentales und Physisches tauchen nicht als ein einfaches Gemeinsames auf, sondern sind hierarchisch aufgeteilt. Platon will trennen, er will ausgrenzen, er will priorisieren. Die Vernunftfähigkeit wird auf eine abstrakte Vernunft reduziert, einen körperlosen Wagenlenker, der ein klares Herrschaftsverhältnis zum Körperlich-Tierhaften unterhält.

Mit diesem Modell eröffnet Platon das philosophische Problem, wie Körper und Geist zusammen hängen, wer was steuert, und ob beides sinnvoll trennbar ist. Die philosophische Degradierung des Körperlichen im Mittelalter hat hier ihren Ursprung. Es ist das sogenannte Leib-Seele-Problem, das die folgenden Jahrhunderte begleiten wird. Bei Platon ist es ein Zweiweltenmodell wie das zwischen Idee und Wirklichkeit. Scharf ausgelegt bedeutet das, dass der Körper eine überflüssige

Hülle ist, ein Ballaststoff, während Seele und Logos überzeitlich sind und deshalb wertvoller. Noch Descartes wird dieser Vorstellung in der frühen Neuzeit mit der Trennung von räumlichen und unräumlichen Substanzen folgen. Für ihn ist die Existenz unräumlicher Gedanken sicherer als die räumliche Körperlichkeit, eine erstaunliche Hypothese. Auf andere Weise greift auch Freuds Instanzenmodell des psychischen Apparats mit Ich, Es und Über-Ich Platons Wagenmetapher mit den drei widerstrebenden Elementen auf, im gesunden Zustand soll das Ich die Emotionen korrigieren. Wie körperlich oder unkörperlich Freud das Ich dabei gedacht hat, bleibt an dieser Stelle zunächst außen vor. Heute gehen wir jedenfalls davon aus, dass Emotionen und Denkvorgänge durchaus physische Grundlagen haben, wir unkörperlich also weder denken noch sein können.

Wenn nur Philosophen in der eigentlichen Wirklichkeit leben, wenn nur sie das Schöne und Gute in seiner unveränderlichen und ewigen Natur zu sehen vermögen, wenn genau das ihr Wissen ist, wenn im Gegensatz dazu die Menschen vieles meinen und glauben, wenn sie sich auf die unendliche Vielfalt von Gegenständen beziehen und diese mal so, mal so bewerten und Moden unterworfen sind, bleibt die Frage, wie weltfremd die Philosophie sich entworfen hat mit Platon. Kritiker sehen darin Platons Weltflucht. Im Versuch, dem ständigen Wandel etwas entgegen zu setzen, sitzt Platon einer Ewigkeit auf, die ein Eigenleben beginnt. Kant beispielsweise deutet ihn als einen Abstrahierer, der meint, das Wissen von der Verbindung zu Sinneserfahrungen trennen zu können, was dann aber eben kein Wissen produzieren kann. Und er selbst setzt mit dem kategorischen Imperativ ein formales Prinzip in das Zentrum der Ethik, eine Selbstprüfung der Handlung auf allgemeine Anwendbarkeit, statt auf eine Harmonie der Seele, die von einer jenseitigen Idee geleitet wird. Nietzsche sieht in Platon einen asketischen Willen zum Wissen am Werk, der das Leben verneint und herabsetzt. Die Kritik setzt aber nicht erst spät ein, schon sein Schüler Aristoteles stellt Platon im Prinzip auf den Kopf.

Aristoteles – Sammeln, Sortieren und die Aufwertung von Erfahrung

Aristoteles (384–322 v. Chr.) stammte aus Thrakien, gelehrt hat er insbesondere in Athen. Sein Vater war Leibarzt des makedonischen Königs und er selbst Schüler in Platons Akademie. Nach dessen Tod verließ er aber Athen, wohl auch, weil er nicht zum Nachfolger und Leiter der Akademie bestimmt wurde. Platon hatte hierfür seinen Neffen Speusippos vorgesehen, von dem man philosophisch allerdings nicht viel hören wird. Vetternwirtschaft statt Talent, kein gutes Testament für jemanden, der Philosophenkönig sein wollte. Die Karriere von Aristoteles war um so glänzender, auch was die Nachwirkung angeht. Er wurde Lehrer von Alexander dem Großen und brachte ihm den Homer bei, schon das ein Affront gegen Platons Auffassungen. Ein Philosophenkönig, der Homer im Gepäck hat. Nach seiner Rückkehr nach Athen kam dann ein Konkurrenzunternehmen zur Platonischen Akademie dazu, Aristoteles gründete nämlich seinen eigenen Hain, das Lykeion, ein Park mit angeschlossenem Gymnasion. Später folgte noch die Gründung des Peripatos, einer Wandelhalle. Die Angehörigen dieser Schule wurden später Peripatetiker genannt. Aristoteles hatte nicht nur eine höhere Meinung von Dichtkunst als Platon, er hatte im Gegensatz zu Platons Akademie auch eine umfangreiche Bibliothek. Und die wurde ausgiebig genutzt. Aristoteles las nach, schlug nach und systematisierte soweit wie möglich, es ging um überprüfbares Wissen.

Mit Aristotels beginnt die systematische Erfassung der Natur. Er ist Begründer der abendländischen Wissenschaft. Er ist Empiriker, und er klassifiziert alles, was ihm begegnet. Zugleich hat er einen besonderen Blick für Ausnahmen in den Erscheinungen. Das führt zu neuen zoologischen Einteilungen, er beschreibt beispielsweise den Lebenszyklus eines Moskitos. Ein außergewöhnliches Unterfangen für einen Philosophen. Er liegt damit natürlich nicht immer richtig. So meint er, Männer mit einem langen Penis seien weniger fruchtbar, weil ihr Sperma sich abkühle, da es sich weiter fortbewegen müsse. Der mathematisch-geometrische Beweis fehlt freilich. Wesentlich besser liegt er dagegen mit seiner Sprachanalyse. Aristoteles beschreibt als erster Sprache an sich und nicht nur das Verhältnis von Dichter zu Philosoph wie Platon. Dabei werden auch die philosophischen Begriffe und Kategorien systematisch entwickelt, analysiert und angewendet. Er wertet die Sinne wieder auf, Ideen sind nur im Bewusstsein, meint er. Gegen Platon will er nachweisen, dass Sachverhalte ganz diesseitig durch das Verhältnis von Stoff und Form bestimmt sind sowie ganz allgemein durch ein Verhältnis von Möglichem und Wirklichem. Das klingt abstrakt, ist aber ganz konkret gemeint. Ein Backstein beispielsweise ist das Wirkliche. Der Ton, aus dem er gemacht ist, ist dagegen das Mögliche. Die Kaskade geht weiter. Ein Haus ist das Wirkliche, der Backstein, aus dem das Haus gemacht ist, nun das Mögliche. Die tatsächliche Umsetzung ist das Wirkliche, der Bauplan dazu das Mögliche. Es lassen sich endlos Reihen konstruieren mit diesem Modell. Das ist gegen Platons Mystizismus gerichtet, Aristoteles steht für Maß und Mitte, er braucht keine jenseitigen Ideen oder ideale Staaten. Er ist zwar gegen eine extreme Demokratie, aber für Bürger mit Regierungsbeteiligung. Allerdings können auch für Aristoteles Menschen von Natur aus Sklaven sein, die Antike ist eine überzeugte Sklavenhaltergesellschaft. Damit hatte er auch philosophisch keine Probleme. Wohl aber mit der Tyrannis, die für Platon ja noch ideal werden konnte, sofern der Philosoph sie mitbestimmte. Tyrannis ist für Aristoteles eine schlechte Herrschaftsform, weil immer nur der unbelehrbare skrupellose Eigennutz im Vordergrund steht und nicht der Gemeinnutzen.

Er hat sich längst von Platons Hang zur Individualisierung der Ethik fortbewegt und denkt in Gemeinschaften. Es geht darum, was sie regelt. Tyrannis sprengt die überkommenen Rechte und Gesetze, um an die Macht zu kommen. Schon allein dadurch ist sie eine unrechtmäßige Form. Sie vertreibt die Gegner und passt die Gesetze vollkommen dem Willen des Herrschers an. Das ist dann der zweite Akt der Unrechtmäßigkeit. Für therapierbar hält er sie jedenfalls nicht.

Systematisch ist Aristoteles auch in Bezug auf Sprache und Poesie. Möglicherweise im Anschluss an seine Erziehertätigkeit, er hatte ja Alexander die Homerische „Ilias" näher gebracht, wertet er Dichtung wieder auf. Dazu muss Aristoteles nur prüfen, wo die Sprache herkommt, und was sie macht. Wörter sind nämlich nicht natürliche Zeichen, also natürlich gegeben, sondern sie sind das Ergebnis von Konventionen. Sprache ist zunächst einmal Mittel zum Zweck. Es gibt zwar unterschiedliche Sprachen, aber die Vorstellungen dahinter, das heißt abstrakte Begriffe und Dinge, die sie bezeichnen sollen, sind für alle Menschen gleich. Heute würden wir dem so nicht mehr zustimmen, aber dieses Sprachmodell kann zumindest ein Phänomen erklären. Unterschiedliche Sprachen sind genau deshalb möglich, weil sie das Gleiche meinen: „Was ... durch beide (Laute und Schrift, d. Verf.) an erster Stelle angezeigt wird, die einfachen seelischen Vorstellungen, sind bei allen Menschen dieselben, und ebenso sind es die Dinge, deren Abbilder die Vorstellungen sind" (Organon II, Lehre vom Satz, 16a). Menschen sind keine Tiere, schon gar nicht sprachlich. Also muss Aristoteles die menschliche Sprache von Tierlauten und deren Signalcharakter abgrenzen. Signalsprachliche, stimmlich natürliche Laute sind angeboren und lösen einen Automatismus des Verhaltens aus. Sie müssen vielleicht gelernt, aber sicherlich nicht diskutiert werden. Tiere müssen sich deshalb nicht über die Bedeutung von Signalen austauschen und verständigen, also Konventionen bilden. Als angeborene Signale lösen sie eine unmittelbare Verhaltensreaktion aus, und die muss stimmen. Die Einführung neuer Warnlaute oder Werbelaute wäre auch problematisch, deren Deutung könnte ja zu spät kommen, die Natur ist gnadenlos und verhandelt nicht. Der Mensch ist in den Augen von Aristoteles im Gegensatz zum Tier das „zoon logon echon", das Lebewesen, das Vernunft hat. Mit dem Logos verfügt der Mensch nicht nur über das Wort, die Rede und die Sprache insgesamt, sondern zugleich auch über das Verständnis der Bedeutung von Wörtern, das Erkennen des Sinns einer Aussage und damit über Vernunft. Das alles meint Logos bei Aristoteles. Die Vernunft ist die Fähigkeit, sich miteinander auszutauschen und dabei zu Ergebnissen zu kommen. „Die Stimme ist das Zeichen für Schmerz und Lust und darum auch den anderen Sinneswesen verliehen. (…) die Sprache ist dafür da, das Nützliche und das Schädliche und so denn auch das Gerechte und Ungerechte anzuzeigen" (Politik, 1253a). Zur Sprache zählen bei Aristoteles das Erfassen begrifflicher Bestimmungen, das Überlegen und das Erkennen, alles durchaus komplexe verstandesorientierte Kompetenzen. Aber wozu brauchen Menschen eigentlich im Gegensatz zu Tieren Sprache? Der Mensch ist für Aristoteles zugleich ein „zoon politikon", das heißt ein Lebewesen, das in einer Gemeinschaft lebt, dabei gut leben will und sich über das Gute und Gerechte kommunikativ verständigen muss. Die soziale Umsetzung ist das Ergebnis einer Übereinkunft. Menschen leben nicht in reinen Instinktgesellschaften, sie formen ihre Gesellschaft. Und sie lehren ihre Kinder auch das Sprechen. Kinder ahmen lernend Stimmen nach. Das klingt beobachterisch einfach und richtig, ist philosophisch aber weitreichend. Denn über diesen Mechanismus wird gegen Platon die Nachahmung – oder Mimesis – positiv gewendet. Für Platon war Nachahmung so falsch wie die Dichtkunst selbst, weil sie zu Falschheit führt, zu Schein statt zu Wahrheit.

Die Konsequenz ist eine generelle Aufwertung der Nachahmung, und Aristoteles geht noch weiter. Er schreibt eine „Poetik" mit der Aufwertung des Theaters sowie der Tragödie und wendet die Affekte und das Sinnliche wieder positiv. Aristoteles sieht nämlich eine reinigende Kraft im Theater am Werk, eine „Katharsis", eine Abfuhr von emotionaler Energie und eine positive Wirkung, die zu einem neuem Maß führt. Das Theater hat demzufolge eine therapeutische Wirkung und ist richtig genossen ein Heilmittel. Die Katharsislehre zur Tragödie ist erhalten, das ist der erste Teil der „Poetik", die Aristotelische Theorie zur Komödie dagegen nicht. Dass sie negativ ausgefallen wäre, ist allerdings unwahrscheinlich. Er wertet Tragödie, Dichtung und Dichter auf und gibt ihnen ein eigenes Feld von Wahrheit, wenn man so will. Aristoteles betrachtet die Tragödie nicht mehr als einen eigenen Wahrheitsanspruch in einem Wissenskontext, den sie selbst stiften oder behaupten kann, sondern nur noch in ihrem Unterhaltungswert. Deshalb kann er heilsame Momente in ihr ausmachen. Aristoteles muss nicht mehr mit der Dichtkunst konkurrieren, Philosophie ist bereits als Disziplin etabliert. So eigenständig, dass die poetische Dialogform überflüssig wird, er schreibt Prosa-Philosophie, also keine Dialoge mehr wie Platon. Aber auch der nüchterne Stil hat seinen Preis. Aristoteles will Klarheit, den Philosophen bleiben Metaphern verboten. Die uneigentliche Rede, wie er Metaphern auch nennt, ist dagegen nur im Dichterischen erlaubt. Auch diese Bestimmung ist nicht gerade harmlos. Er meint, Metaphern wären uneigentliche Begriffe, sie seien poetisch unpräzise und lassen etwas entstehen, was nicht wirklich ist. So wie Homer die Götter und wie Platon die Ideen entstehen lässt, alles unlautere Tricks der Sprache. Rhetorisch gesehen ist die Metapher ein Schmuck der Rede und nicht ihr gedachter Kern. Philosophie soll dagegen präzise sein, Aristoteles liefert damit den ersten Versuch einer exakten Sprache, das ist sein Wissenschaftsanspruch. Und er liest Platon – Ironie der Geschichte oder auch Höchststrafe nach Platons eigenen Maßstäben – als einen Dichter, schärfer geht es nicht. „Wenn ... man sagt, die Ideen seien Vorbilder und das andere nehme an ihnen teil, so sind das leere Worte und poetische Metaphern"

(Metaphysik Buch I, 991a). Der Platonische Himmel der Ideen wird zur bloßen Sage, die keinen Wahrheitsanspruch erheben kann.

Die Analyse der Sprache führt unmittelbar zur Logik. Aristoteles beschreibt die Sprachlogik als Lehre vom richtigen Denken. Nur Menschen sind in der Lage, aus Buchstaben Silben zu bilden und daraus Worte, Begriffe und Sätze. Die Sätze können wiederum entweder wahr oder falsch sein, aber nicht beides zugleich. Folglich anlysiert Aristoteles sprachliche Werkzeuge, mit denen man zu richtigen Ergebnissen kommen kann: Durch Definitionen gewinnt man Begriffe (die sind in übergeordnete Kategorien einordenbar), und Begriffe verknüpft man zu Urteilen, in denen etwas Bestimmtes über einen Begriff ausgesagt wird. Urteile werden anschließend zu Schlüssen verbunden. Aus Voraussetzungen (Prämissen) wird so nachvollziehbar etwas Neues abgeleitet (Konklusion). Die gesamte Kunst des richtigen Schlüsseziehens als Beweis ist dann die sogenannte „Syllogistik", zu der es auch Gegenbeispiele gibt, das sind falsche Schlüsse, falsche Beweise oder auch Kategorienfehler. Wahre Urteile und falsche Urteile werden somit aus der Sprache selbst heraus begründet, durch die innersprachliche Logik nämlich und nicht nur durch eine Referenz auf das Objekt. Platon arbeitete dagegen rein deduktiv, die Idee gibt vor, und die Wirklichkeit soll dem dann folgen. Aristoteles dreht auch das um. Um zu einem Begriff zu kommen, muss man von Einzelbeobachtungen ausgehen und daraus einen allgemeinen Begriff entwickeln, das ist eine Induktion, eine Schlussfolgerung aus beobachtbaren Einzelfällen, die Ähnlichkeiten aufweisen. Erst danach kann man deduktiv vorgehen. Aristoteles definiert hieraus übergeordnete Kategorien, das sind Begriffe, die keinen gemeinsamen Oberbegriff mehr haben. Für ihn gehören Substanz, Quantität, Qualität, Relation, Ort, Zeitpunkt, Lage, Haben, Wirken und Leiden dazu. Das würden wir inhaltlich zwar nicht mehr teilen, das Prinzip von Kategorien allerdings schon. Auch den Begriff der Kausalität fasst er vollkommen neu und umfassender. Er vertritt die Auffassung, dass sich ein eingetretenes Ereignis nicht ausschließlich durch eine einzige Ursache erklären lässt, sondern immer durch genau vier Gründe. Nämlich die materielle Ursache (das Material, aus dem eine Sache gemacht ist), die Wirkursache (der Ursprung aller Bewegung oder Veränderung), die formale Ursache (die Definition von Form, Art oder Typus) sowie die Zweckursache (das Ziel und der Sinn einer Handlung oder Bewegung). Auch dieses Modell erzeugt logische Kaskaden. Bei einem Baum sind die materiellen Ursachen beispielsweise das Holz, die Rinde und die Blätter, aus denen er besteht. Die Wirkursachen sind der Wind, der ihn hin und her bewegt, das Wasser, das ihn wachsen lässt, oder der Mensch, der ihn fällt. Die formale Ursache ist die Gattung der Pflanzen und die Zweckursache der Drang, im Frühling Blätter und Früchte zu tragen.

Wenn alles so strukturiert werden kann, dann müssen auch Natur und Staat zusammenhängen, es muss etwas Gemeinsames geben, schließlich ist der Mensch ein „zoon", ein naturgebundenes Lebewesen, wenn auch ein besonderes, denn es bildet staatliche Gemeinschaften. Es muss eine Logik geben, die beides trägt. Das kann nicht mehr die jenseitige Idee sein wie bei Platon, Aristoteles hat ein anderes Prinzip, ein diesseitiges. Den Weg weist eine der vier Wirkursachen, die Zweckursache nämlich. Vereinfacht lautet das Prinzip: Alles hat ein Ziel. Lebendiges ist demzufolge ganz grundsätzlich nicht eine bloße Ansammlung von Teilen oder ein maschineller Apparat, es ist vielmehr ein Organismus, der ein Ziel in sich hat. Sein Ziel und Zweck ist es nämlich, sich im Umkreis der eigenen Möglichkeiten zu verwirklichen. Auch der Mensch trägt das wie einen Keim in sich, der zur Blüte werden will. Dafür verwendet Aristoteles den etwas komplizierten Begriff „Entelechie", gemeint ist damit eine Zweckhaftigkeit der Natur von innen her. Sie wird ihr nicht von außen durch jenseitige Ideen mitgegeben, sondern ist ein inneres Entwicklungsprinzip, eine innere Zielorientierung. Der Drang und das Ziel stecken in ihr selbst, sie sind innerweltlich gegründet. In Übertragung auf die gesamte Natur bedeutet das, dass Natur einfach ein universaler Drang ist, sich zur Vollkommenheit zu entwickeln. Das lässt sich dann auch auf die Politik übertragen, das Staatswesen muss sich auf ein Ziel hin entwickeln, in dem Fall das Glück seiner Bürger. Die Polis ist für Aristoteles die beste Form, um ein gutes Leben zu ermöglichen, führen muss man es dann aber schon selbst. Der Mensch als „zoon politikon" ist nicht als ein isoliertes Individuum gedacht, das ganz isoliert seinem individuellen Glück zustreben kann, sondern der Mensch braucht zur Verwirklichung der in ihm angelegten Möglichkeiten die Gemeinschaft. Er lässt sich nicht einmal gedanklich sinnvoll isolieren, darin ist Aristoteles gegen Platon gerichtet äußerst konsequent.

Mit der Zweckhaftigkeit und Zielgerichtetheit hat Aristoteles Prinzipien entwickelt, die er beinahe beliebig an Allem durchspielen kann, sie sind ein Bewegungs- und Entwicklungsgarant gleichermaßen. Beides lässt sich sowohl im Kosmos und in der Natur beobachten als auch im Staatswesen und im Menschen. Denn alles strebt danach, seine Möglichkeiten zu verwirklichen. Der Mensch ist ein Teil der Natur, hat aber im Unterschied zur Pflanze und zum Tier die Möglichkeit zu denken, er ist ein „zoon logon echon", ein Lebewesen, das den Logos hat. Logos meint hier Erkenntnisfähigkeit, Sprachfähigkeit und Logik. Wenn die Natur selbst nichts Sinnloses macht und neben anderen Lebewesen auch den Menschen hervorbringt, dann muss auch das ein Ziel haben. Die Natur bringt den Menschen hervor, damit sich verwirklicht, was sich nur im Menschen verwirklichen kann, und das ist der Logos, so einfach geht das mit Beobachtung und Schlussfolgerung. Der Logos ist die Fähigkeit, die Natur und den Kosmos zu erkennen. Die Bestimmung des Menschen als höchster Lebensform in der Natur ist deshalb der Drang, zur höchsten Erkenntnis zu gelangen, und das ist die Welterkenntnis. Damit ist freilich noch nicht die Beherrschung von Natur und Welt gemeint, es geht nicht um angewandtes Wissen, die reine Theorie wird von Aristoteles höher eingeschätzt. Er will ein System, in dem alles Beobachtbare logisch aufgehoben ist.

Aristoteles denkt die Dinge immer vom Ende her und fragt dabei nicht nach dem woher, dem möglichen Ursprung, sondern dem warum, der Mechanik. Er macht eine Beobachtung und will das innere Wirkprinzip erkennen, das zu einem Ziel führt. Bei der Tragödie ist das Ziel die Katharsis, also wird sie unter dieser Perspektive analysiert. Bei der Logik ist das Ziel der richtige Schluss und Beweis, bei der Natur die volle Entwicklung und Entfaltung der Anlagen, beim Menschen das vernünftige Denken sowie die Erkenntnis der Welt und beim Staat der glückliche Bürger und das geordnete Staatswesen. Auch in metaphysischen Fragen denkt Aristoteles vom Ende her. Bei allem Lebendigen ist das Grundmodell ein Organismus, der die Entwicklungsmöglichkeit hat und diese verwirklichen soll, bevor er vergeht. Bei allem Ewigen ist das aber nicht möglich, weil es keine Zeit kennt. Wenn man sich auf einer Kreisbahn bewegt, will man an den Anfang zurück, den es auf einem Kreis aber aus logischen Gründen nicht gibt, er ist keine Linie mit Anfang und Ende, es geht immer weiter. Im griechischen Denken ist der Kosmos ebenso ewig wie die Sterne oder die Atome. Der Ausgangspunkt ist also eine astronomische Frage. Wie ist es möglich, dass die Sterne sich bewegen, obwohl sie ewig sind? Woher kommt deren Bewegungsdrang? Planeten und Fixsterne befinden sich auf einer Kreisbahn, sie befinden sich in einer ewigen Bewegung, in einem Dauerzyklus. Aristoteles wendet zur Lösung der Frage ein innerweltliches Prinzip an, das er bereits beobachtet hat, es ist die Kausalität. Die Kategorie der Kausalität legt nahe, dass nichts ohne Grund geschieht, schon gar keine Bewegung. Es muss demzufolge ein erstes Bewegendes geben, das selbst unbewegt ist. Im Original heißt das „proton kinoun akinäton" (Metaphysik Buch XII, 1072a), ein neutrales Prinzip, einfach etwas Bewegendes. Das ist wesentlich, denn es steht kein männlicher Artikel dabei, es ist mit dem unbewegt Bewegenden kein Schöpfer und schon gar kein Schöpfergott gemeint. Das machen erst spätere Jahrhunderte daraus und wollen Aristoteles so in die christliche Philosophie integrieren. Aristoteles ist aber ein Zyklusdenker, es gibt keinen Anfang, also muss es etwas Logisches geben, das auch anderswo beobachtbar ist, und das man in Schlussfolgerungen nachvollziehen kann, auch wenn es rein hypothetisch bleibt. Alles, was sich bewegt, braucht eine Ursache, einen Anstoß, das fordert die Kausalität. Nun kommt eine zweite Analogie ins Spiel, Kausalität selbst ist kein Ziel, sondern eine Wirkursache, es gibt noch etwas darüber. Aristoteles löst die Frage nach dem Muster der Liebe, auch Liebe bringt nämlich etwas in Bewegung, schon Platon sah darin ein starkes Motiv und machte daraus den Eros, der den Weg zur Idee begleitet. Das Begehrte und Geliebte kann bewegen, ohne selbst bewegt zu sein. Es ist ein Ziel, das anzieht, eine unsichtbare Kraft. Das Bewegende ist bei Aristoteles also nichts, was von außen die Welt schafft, sondern ein in der Welt immanentes

Ziel ihres Strebens, ein Strebensgrund. „Der Zweck (gehört) zu dem Unbewegten (…); es gibt einen Zweck für etwas und von etwas; jener ist unbeweglich, dieser nicht. Jenes bewegt wie ein Geliebtes, und durch das (von ihm) Bewegte bewegt er das übrige" (Metaphysik Buch XII, 1072b). Was bewegt, ist demnach nicht ein Ursprung, sondern ein Ziel, etwas jedenfalls, das eine Wirkung entfacht, auch wenn es eine bloße Phantasie ist, wie Liebe es sein kann. Der Zweck ist in die Zukunft gerichtet, die Ursache in die Vergangenheit, Zweckursache ist somit selbst etwas Kreisförmiges. Dennoch legt Aristoteles mit der Kennzeichnung „erstes" Bewegendes eine verfängliche Spur, der das mittelalterliche Philosophieren gerne folgen wird. Natürlich ist das dann ein Zirkelschluss auf Basis einer falsch verstandenen Kausalität. Denn warum sollte ein erstes Bewegendes unbewegt sein und die Kette damit in Gang bringen können? Auch hierauf müsste ja die Kausalität angewendet werden, was nicht funktioniert. Das Problem wird also nur verlagert. Für Aristoteles löst das erste unbewegt Bewegende als abstraktes Prinzip einer Zielorientierung jedenfalls eine ganze Reihe von Fragen und begründet seine Metaphysik. Newton wird die astronomische Antwort später ganz naturwissenschaftlich ohne ein Liebesmodell finden, es ist einfach die Gravitationskraft, eine starke Schwerkraft aufgrund vorhandener Massen.

Trotzalledem, Aristoteles hält es mit Maß und folglich anders als Platon, er betreibt eine innerweltliche Metaphysik, und die führt ihn zu einer innerweltlichen Ethik. Er fragt nicht nach der Idee des Guten, nach einem Sittlichen an sich und seiner Geltung. Ethik ist nicht auf die Erkenntnis eines ewigen, unveränderlichen Ideals gerichtet, sondern auf die Einsicht in das dem Menschen erreichbar Gute, ein praktisches Gutes, das nach Geschlecht, Stand und Beruf verschieden sein kann, das Vielfalt zulässt. Wenn es ein Gutes an sich gäbe, wäre es für den Menschen weder ausführbar noch erreichbar. „Auch wäre es sonderbar, was es einem Weber oder Zimmermann für sein Gewerbe nutzen sollte, das Gute an sich zu kennen, oder wie einer ein besserer Arzt oder Stratege werden sollte, wenn er die Idee des Guten geschaut hat" (Nikomachische Ethik Buch I, 1097a). Platon war in den Augen von Aristoteles eben nur ein Dichter. Das Gute ist in jeder Kunst und jeder Handlung das, wonach alles hinstrebt, also der Zweck des betreffenden Dinges. Für die Heilkunst mag das die Gesundheit sein, für die Kriegskunst der Sieg, für die Wirtschaftskunst der Reichtum, für die Dichtkunst das Werk und für die gestaltende Kunst die Plastik oder Architektur. Als Maßstab gilt die bloße Nützlichkeit. Das Ziel ist hier nicht mehr eine Erkenntnis, sondern das praktische Handeln selber. Und das ganz pragmatisch, fast sophistisch. Aristoteles verzichtet von vornherein darauf, eine Ethik als Wissenschaft zu begründen, was er ansonsten in allen Feldern probiert. Er begnügt sich mit empirischen Begriffsbestimmungen und moralphilosophischen Betrachtungen, mit Empfehlungen. Sie heißt ja auch „Nikomachische Ethik" und ist dem Nikomachos gewidmet, einem Vornamen, den sein Vater trug, aber auch sein Sohn. Eine innerfamiliäre Angelegenheit sozusagen, keine staatstragende Anweisung.

Die Zeit der großen Entwürfe in der Antike ist damit beendet. Es wird kleinteiliger, nach dem Hang zu großer Außenwirkung kommt eine Konzentration auf das Private, das eigene Leben. Die Polis ist nicht mehr die wichtigste Referenz.

Epikur – Glück durch Rückzug in private Freundschaften

Epikur (341–271 v. Chr.) wurde auf Samos geboren, gelehrt hat er ihn Athen, dem zwischenzeitlichen Zentrum der Philosophie. Er kannte die Akademie von Platon und das Lykeion von Aristoteles, die großen Schulen. Auch zu Epikur kennen wir nur die Anekdoten des Diogenes Laertios. Er gründete auf der Insel Lesbos seine eigene Schule und zog mit ihr 306 v. Chr. nach Athen. Dazu kaufte er ein Gartengrundstück vor den Toren der Stadt, daher der Akademiename „Garten des Epikur". In seiner Schule waren vermutlich neben Männern auch Paare, Frauen und Sklaven als Schüler zugelassen. Er war ein Zeitgenosse von Alexander dem Großen, erlebte dessen Tod und den anschließenden Zerfall des Reiches. Es waren politisch unsichere Zeiten, für die Philosophie war Politik uninteressant geworden.

Philosophie soll in Epikurs Vorstellung vor allem den Weg zum Glück weisen. Das liegt nicht in Äußerlichkeiten, sondern in einer individuellen Glückseligkeit, in einer Ausgeglichenheit des Gemütszustands und in Zielen, die sich der Mensch selbst setzt. Das persönliche Glück besteht darin, dass die eigenen Wünsche erfüllt werden, man darf die Erwartung dabei aber nicht allzu zu hoch schrauben, sonst bleiben die Wünsche unerfüllbar. Lust und Schmerz zeigen ganz allgemein den Glückszustand an, es geht in erster Linie um ein Gefühl der Lust und die Vermeidung von Schmerz. „Darum behaupte ich, dass die Freude das A und O des glückselig gestalteten Lebens ist" (Brief an Menoikeus, in: Philosophie der Freude, S. 44). Damit ist allerdings keine körperliche Lustbetonung gemeint, es geht schon gar nicht um Exzesse, es geht vielmehr um die Befriedigung der notwendigen Bedürfnisse, das immerhin sorgt für eine gewisse Ausgeglichenheit. Die Epikuräer wurden in der Folgezeit als Hedonisten verunglimpft, als Philosophen, die im Vergnügen den Sinn des Lebens sehen. Zumindest auf Epikur bezogen ist das falsch, er sucht nicht den Genuss um jeden Preis, er will einfach nur frei sein von Schmerz und Aufregung, schon das reicht ihm. Am besten geht das, wenn man selbstgenügsam lebt, denn die Vergnügen des Geistes sind einfach zu verwirklichen. Das kann ein Gespräch sein, Musik, Kunst oder auch Philosophie. Luxus muss man nicht ablehnen, wenn er sich bietet, es lohnt sich aber keinesfalls, ihm hinterher zu jagen.

Es geht Epikur um Freundschaft und ihren Kern statt um Politik und die Öffentlichkeit. Er will den glücklichen Rückzug ins Private, die neuen Tugenden sind nun Zurückgezogenheit und Bescheidenheit. Zur persönlichen Freiheit kann der Mensch nur durch die Unabhängigkeit von der Umwelt gelangen. Der Philosophie geht es damit nicht mehr um die Erkenntnis des Ganzen, Epikur verlässt die Theorieebene und beschreibt stattdessen eine sinnvolle Lebenspraxis. Er kann deshalb empfehlen: „Lebe zurückgezogen" (Fr 38, in: Philosophie der Freude, S. 74), das heißt umgekehrt meide die öffentlichen Ämter. Politischer Einfluss hat für Epikuräer jedenfalls keine Bedeutung.

Zwar gibt es auch für Epikur noch Götter, aber sie haben keinerlei Funktion mehr für das Leben, ganz anders als die Götter von Homer und Hesiod. Sie hausen in anderen Welten, jedenfalls nicht der unseren, und nehmen auch keinen Einfluss darauf. Die Furcht vor Göttern ist deshalb ebenso unbegründet wie der religiöse Mythos selbst. Denn wenn sie nicht in das Schicksal eingreifen, können wir auch nichts über sie wissen. Die Menschen leben für sich und sind in ihrem Willen frei. Der Tod ist für die Epikureischen Atomisten deshalb ein Nichts, die menschlichen Atome lösen sich einfach auf. Wir können nur in unserer Wirklichkeit empfinden, existieren und erkennen, selbst der Tod ist weder gut noch schlecht, denn sobald er da ist, sind wir nicht mehr. Mehr ist nicht drin an Erkenntnis, schon gar keine Ideenschau, Seelenwanderung oder Metaphysik, die alles theoretisch binden könnte. Epikur bleibt auch in der Theorie bescheiden. Menschen leben für sich, Götter existieren für sich, und der Staat ist ein notwendiges Übel, aber kein Ort der Selbstverwirklichung. Der Mensch ist demzufolge seiner Natur nach nicht für die staatsbürgerliche Gemeinschaft geboren, stattdessen geht es um das Streben nach individuellem Glück, solange dies eben möglich ist.

Schon bald nach dem Tod von Aristoteles verschwindet damit die Vorstellung eines gesellschaftlichen Lebens, das tief in der Polis verankert ist. Für Aristoteles war die Polis jedenfalls mehr als ein Raum für ein Individuum, sein Glück und seine Ruhe.

Zenon – Pflichtgefühl und Leidenschaftslosigkeit

Zenon (333–262 v. Chr.) stammte aus Zypern. Er kam aus einer Kaufmannsfamilie und war selbst lange Zeit als Kaufmann tätig. Zenon hat seine philosophische Ausbildung bei einem Kyniker erhalten, die Quelle hierfür ist wiederum Diogenes Laertios. Er soll hager, asketisch und nächlässig im Äußeren gewesen sein, was dem kynischen Wesen entsprach. Tatsächlich hat er aber eine eigene Schule in Athen gegründet, die Stoa. Benannt ist sie nach einer Säulenmarkthalle, wo er sich mit seinen Schülern traf. Ihn verband Einiges mit den Kynikern, aber nicht Alles.

Kyniker sind eine eigenständige philosophische Richtung, die Bedürfnislosigkeit und Unabhängigkeit zu obersten Lebensmaximen erheben. Das griechische Wort „kyon" bedeutet Hund und soll die Lebensweise der Kyniker beschreiben. Vom Kyniker Diogenes (412–323 v. Chr.) wird behauptet, er habe in einer Tonne gelebt und Alexander den Großen aufgefordert, er solle ihm aus der Sonne gehen, als der ihm eine Gunst gewähren wollte. Das mag lediglich eine Anekdote sein, Tatsache ist aber, dass Kyniker Spötter sind, oftmals auch verletzend, deshalb der Begriff Zyniker. Für Kyniker ist wie für Epikuräer das Glück das oberste Lebensziel. Sie sind aber wesentlich radikaler in ihren Forderungen: Wer nichts besitzt, dem kann auch nichts genommen werden, die Unglückswahrscheinlichkeit nimmt ab. Besitzlosigkeit ist deshalb ihr Ideal. Kyniker halten nichts von sozialen Normen, sie suchen die innere Freiheit. Der Weg dahin ist ein zurückgezogenes, bescheidenes und an individuellen Tugenden orientiertes Leben.

Zenon bleibt den Kynikern verpflichtet, vor allem auf ethischem Gebiet, er bringt aber noch ein altbekanntes Prinzip dazu, den Logos nämlich. Er ist zwar wie Aristoteles ein Empiriker und glaubt, dass alle Erkenntnis von der Einzelwahrnehmung ausgehen muss, die zu einer stabilen Erfahrung führt. Der Welt unterstellt er aber eine strenge Gesetzlichkeit, eine ihr innewohnende Kraft. Mit dem Logos gibt es eine sinnvolle Ordnung im Kosmos. Da der Mensch vernunftbegabt ist, kann er die Gesetzmäßigkeiten erkennen und soll sich in einem bewussten Handeln danach richten. Das menschliche Glück besteht darin, vernunftgemäß zu leben, man kann ergänzen auch der Natur gemäß zu leben, das sorgt für eine Übereinstimmung mit sich selbst. Die persönliche Freiheit ist dann nichts anderes, als sich in die vernünftige Ordnung einzufügen. Der Mensch darf sich jedenfalls nicht von seinen Leidenschaften beherrschen lassen, Gefühle stören die Harmonie der Seele, sie sind geradezu deren Krankheit. Zenon startet empirisch wie Aristoteles, landet aber ethisch bei einem individuellen Rigorismus wie Platon. Der Wagenlenker im Seelengespann aus Platons Dialog Phaidros ist nun ein reiner Logos geworden, der die durch Pferde symbolisierten Emotionen nicht mehr zügelt, sondern zurückdrängt. Die Affekte sind ein Störfaktor, die sprichwörtliche stoische Ruhe ist dagegen ein stoisches Ertragen. Das Lebensideal ist Leidenschaftslosigkeit und Unaufgeregtheit. Äußere Güter wie Ehre, Titel, Besitz, Gesundheit oder auch das eigene Leben sind mehr oder weniger gleichgültige Dinge. Die Lebensdevise lautet dann auch, sich bloß nicht aus dem Gleichgewicht bringen lassen, schon gar nicht durch Schicksalsschläge. Das höchste individuelle Gut ist die persönliche Tugend, eine Charakterfestigkeit, die als Verhaltensform von äußeren Gegebenheiten unabhängig ist.

Die Kategorie der Tugend ist das ethische Grundprinzip der Antike überhaupt. Bei Aristoteles führt sie zur Gemeinschaft, bei den Epikuräern und Kynikern zur Privatheit. Das Spektrum ist also breit. Zenon geht davon aus, dass alles einem

Weltplan folgt, und dass es darin keinen Zufall und keine Willensfreiheit gibt. Alles geschieht nach einer festen Ordnung. Ein tugendhaftes Leben ist demzufolge eines, das aus einer inneren Ruhe heraus das Notwendige aus einer vernünftigen Einsicht heraus macht. Es geht folglich nicht nur um Duldung, es geht auch um Pflicht. Die völlige Freiheit der Person, wie die Kyniker sie vertreten, ist für Zenon deshalb kein angemessener Maßstab mehr. Er steht an einer ethischen Schwelle und folgt dem kynischen Egoismus nicht mehr, Freundschaft ist für ihn ein höheres Prinzip wie zuvor schon für Epikur.

Aber erst seine Schüler und noch späteren Nachfolger machen daraus eine Ethik, bei der die Gemeinschaft völlig im Mittelpunkt steht. Alle Vernunftwesen sind demzufolge von Natur aus über den Logos miteinander verbunden, daraus erwächst eine Pflicht. Neben der Freundschaft werden nun auch Ehe und Staat zentrale Säulen. Epikuräer leben im Verborgenen, an Öffentlichkeit haben sie keinerlei Interesse. Zenons Nachfolger haben dagegen einen Auftrag, die Stoiker drängen zurück in die Öffentlichkeit und in Ämter. Ein Rückzug in das Privatleben oder die Beschränkung auf das eigene Glück sind nicht mehr zulässig.

Das Pflichtdenken passt später zum römischen Imperium und seinen Anforderungen. Zu den Kerntugenden gehören dann nicht nur das persönliche Pflichtbewusstsein, sondern auch die Gesetzestreue sowie die Entsagung und Härte gegen sich selbst. Damit können Römer etwas anfangen, es ist ihre Deutung einer vernünftigen expansiven Ordnung. Sofern sich Römer überhaupt mit Philosophie beschäftigen, sind sie Stoiker und somit Nachfolger von Zenon. Der römische Rhetoriker und Politiker Cicero ist ein Stoiker, auch Seneca und schließlich sogar Marc Aurel, der Kaiser auf dem Thron. Ein Philosophenkönig im Sinne von Platon war aber auch Marc Aurel nicht, selbst wenn die Koinzidenz von Amt und Philosophie in der Geschichte nie wieder so eng wurde. Marc Aurel war Stoiker, nicht Platoniker, die Pflichtethik ist imperial kompatibler als die Ideenlehre. Cicero und Seneca kamen dem Thron dagegen nur nahe, sie waren Philosophenberater in politisch instabilen Zeiten, was schon bei Platon auf Sizilien nicht gut ausging. Cicero kam auf eine schwarze Liste und wurde staatsoffiziell umgebracht, Seneca sollte sich auf Befehl von Kaiser Nero selbst umbringen. Philosophen tun sich einfach schwer am Hof der Macht.

Römer – Rhetorik statt Philosophie

Die Römer haben keine eigenständige Philosophie produziert und folglich auch keine hinterlassen. Römer hatten andere Interessen, sie wollten ein Imperium aufbauen und verwalten. Was man dazu brauchte, waren Soldaten und Juristen, auch Ärzte sicherlich, und natürlich Politiker. Und denen nutzten wiederum höchstens

Rhetoriker, Sophisten also, und keine Philosophen, die nach dem Grund fragen, nach dem, was eigentlich ist. Das eigenständige Denken des Denkens war keine lohnende Angelegenheit für Römer, über allem stand die Nützlichkeit. Der Vorrang der Rhetorik bestimmte das, was gedacht wurde. Und Rhetorik beschrieb von Cicero bis Quintilian, wie man am besten redet. Es gab zwar Epikuräer und Stoiker, das schon. Aber es waren Kopisten, das heißt in dem Fall Nachahmer der Griechen. Eine neue philosophische Richtung haben sie jedenfalls nicht ins Leben gerufen. Vielleicht spielt auch die Sprache eine Rolle, Latein ist eine gradlinige, gerne eindeutige und militärische Sprache, ganz anders zumindest als die griechische Sprache, bei der ein einzelnes Wort mehrere Bedeutungen tragen kann, auch gegensätzliche, wie der Begriff „pharmakon", der Heilmittel und Gift zugleich bedeutet. Ein außerordentlich vieldeutiger Begriff wie Logos konnte in der römischen Sprache nicht entstehen. Vergil brachte den römischen Auftrag in der Äneis kurz vor der Jahrtausendwende auf den Punkt: „Römer, doch du sei bedacht ..., unter deiner Hoheit die Völker zu lenken und Regeln dem Frieden zu setzen, Unterworfene zu schonen und Stolze niederzuringen" (Aeneis, Buch 6, Vers 850). Natürlich waren die Römer nicht bildungsfern, sie hatten ja die Griechen als Vorbild und von ihnen alles geraubt oder kopiert, was es wert schien. Die adligen Kinder wurden in der Regel von griechischen Sklaven gebildet und ausgebildet. Die Römer hatten ein ausgeprägtes Schulwesen mit einem standardisierten Curriculum. Jura oder Recht war ein elementarer Teil davon. Aber was heißt Schulwesen, in Rom erhielten etwa 10 % eine Bildung, in Griechenland waren es zuvor vielleicht 5 % der Bevölkerung. Das ist eine Verdoppelung, aber die absolute Zahl blieb gering. Statt Mathematik oder Philosophie zu betreiben ging es den Römern um Mechanik und Kriegskunst. Auch poetisch passierte wenig, die Literaten kopierten lediglich griechische Vorbilder. Vergils Äneis ahmt Homers Ilias nach und liefert so einen Gründungsmythos für Augustus. Und Ovids Metamorphosen ahmen Hesiods Theogonie nach. Zwar musste er später in die Verbannung, womöglich weil sein Werk dem sittenstrengen Augustus, der strenge Ehegesetze einführte, zu libertär war. Doch eigenständig ist das alles nicht im Vergleich zu Griechenlands Mythen, Theater, Philosophie und literarischer Vielfalt. Der Begriff „Klassik" stammt übrigens von den Römern, sie meinten damit alles erhaltenswerte Griechische, eine Wertschätzung und Offenlegung der Vorbildorientierung immerhin.

Allerdings machte Ostrom später das Christentum zur Staatsreligion und damit christliche Philosophie überhaupt erst möglich. Das ist ihre Traditionsleistung im strengen Sinn, denn sie schufen die politischen und kulturellen Voraussetzungen für ein neues philosophisches Denken. Das Philosophische selbst kam aber erst wieder über Umwege nach Italien. Die Peripherie des römischen Imperiums spielte die Hauptrolle wie schon zuvor bei Griechenland. Die neuen denkerischen

Zentren nach Athen waren Alexandria und Karthago, dann das oströmische Byzanz und schließlich die arabische Welt mit ihrem Bibliothekswesen.

Zeit	Philosophen	Themen	Orte
650–450 v. Chr.	Vorsokratiker	• Übergeordnete Prinzipien statt Mythen	Kleinasien, Süditalien
427–347 v. Chr.	Platon	• Existenz ewiger Ideen des Wahren und Guten • Vergänglichkeit von Körper und Welt • Seelenwanderung • Rigider Idealstaat	Griechenland, Athen
384–322 v. Chr.	Aristoteles	• Erfahrungswissenschaft • Ideen als bloße Abstraktionen des Denkens • Systematisierung des Denkens und Wissens • Kausalität • Staaten als vernünftige Organisationen • Tugendethik	Griechenland, Athen
341–271 v. Chr.	Epikur	• Ideale von Glück und Freundschaft • Lebenspraxis statt Theorie	Griechenland, Athen
333–262 v. Chr.	Zenon	• Ideal der stoischen Leidenschaftslosigkeit und Ruhe • Pflichterfüllung und Charakterfestigkeit	Griechenland, Athen

Philosophie im Mittelalter:
Theologie beherrscht das ganze Denken

> **Zusammenfassung**
>
> Mittelalterliches Denken ist christliches Denken. Es gibt demzufolge nur ein einziges übergeordnetes Prinzip, dem alles untergeordnet wird, und das ist der christliche Gott. Er wird als unendlich und vollkommen beschrieben, menschliches Denken demgegenüber als endlich und fehlbar. Deshalb sind im Mittelalter nicht Verstand oder Vernunft das Maß der Dinge, sondern der Glaube. Für Philosophie ist das keine gute Zeit, denn sie muss sich der Theologie unterordnen. Der Verstand soll auf logischer Ebene zwar Hilfsdienste leisten, beispielsweise bei Gottesbeweisen, die Wahrheit selbst bleibt allerdings der Religion vorbehalten. Diese Gewichtsverschiebung gelingt anfangs zwar, vor allem weil die Texte der antiken Philosophen verloren sind und lediglich Platon rudimentär bekannt ist. Sobald aber die Texte von Aristoteles wieder auftauchen, verändert sich das Denken. Während Platon mit dem christlichen Jenseitsprinzip vereinbar scheint, ist das mit der strikten Erfahrungsorientierung von Aristoteles kaum machbar. Je mehr Einzeltexte von ihm auftauchen, desto schwieriger wird die Situation. Es wird zunehmend deutlich, dass es eine eigenständige antike Tradition gibt, die systematisch gedacht hat und viele Dinge besser erklären konnte. Im Mittelalter sind die Philosophen alle Theologen, und sie versuchen deshalb, Bibel, Platon und Aristoteles in Einklang zu bringen. Das führt zu ausufernden Spekulationen und abstrakten Begriffskonstruktionen, die mit der Wirklichkeit bald nicht mehr Schritt halten können. Nach der Jahrtausendwende entstehen mit wachsenden Städten erste Universitäten und ermöglichen allmählich Diskussionsräume, die Argumentationen jenseits des kirchlichen Dogmenspektrums erproben. Die Renaissance bringt schließlich ein neues Menschenbild hervor, das mit einem ganz neuen Selbstbewusstsein einhergeht. Das verstandesorientierte Erfassen der Wirklichkeit in Experimenten

und das Vertrauen auf ein vernünftiges Denken außerhalb des Glaubensspektrums lösen die Unterordnung der Philosophie unter die Theologie auf. Philosophie nähert sich einem intellektuellen Neustart.

Vorspiel

„Obschon sich also die Gier auf vielerlei richten kann, kommt uns doch, wenn nur von Libido und keinem besonderen Gegenstande der Gier die Rede ist, in der Regel fast ausschließlich die Lust in den Sinn, von der die Geschlechtsteile unseres Leibes erregt werden. Diese aber nimmt den ganzen Leib, innerlich so gut wie äußerlich, in Anspruch und bringt, da die seelische Leidenschaft sich mit dem fleischlichen Triebe vereinigt und ihn durchdringt, den ganzen Menschen in Wallung, worauf jene Wollust folgt, mit der keine andere körperliche Lust zu vergleichen ist, die, auf ihrem Höhepunkte angelangt, fast alles Denken und Wachbewusstsein auslöscht. Wer aber, der ein Freund der Weisheit und heiliger Wonnen ist und im Ehestande lebt, jedoch, eingedenk der Mahnung des Apostels sein Gefäß in Heiligung und Ehren zu behalten weiß, nicht in der Brunst der Lust wie die Heiden, möchte nicht lieber, wenn's möglich wäre, ohne Wollust Kinder erzeugen, so dass auch bei diesem Akte die hierzu erschaffenen Glieder, ebenso wie die übrigen Glieder bei den verschiedenen Verrichtungen, für die sie bestimmt sind, dem Geiste dienstbar wären und auf Willensgeheiß hin in Tätigkeit träten, aber nicht durch die Glut der Wollust angereizt würden."
(Augustinus, Vom Gottesstaat, Buch XIV, Kap. 16, S. 190)

Auch Augustinus kommt in „De civitate Dei", dem Gottesstaat, mit einem ziemlichen Paukenschlag daher. Das Buch hat er zwischen 413 und 426 geschrieben. Platon hatte die Flötenspielerin vor die Tür geschickt, um philosophieren zu können. Er hatte Musen von Philosophie getrennt und den vergänglichen Körper von der ewigen Idee, und er hatte keusche unverheiratbare Männer über den Idealstaat wachen lassen. Augustinus setzt dem noch eins drauf. Er will die Geschlechtsorgane selbst dem bloßen Willen gefügig machen. Denn sie bringen Gefahr, das Begehren des Fleisches beherrscht den ganzen Körper, auch den verheirateten, der selbst zur Kindererzeugung besser lustfrei bliebe. Das bedeutet eine lustlose Reinheit auf der Seite aller körperlichen Dinge und ein strenges Denken des strikten Willens auf der anderen. Der Körper gerät unter eine eigenwillige Herrschaft. Das ist eine angemessene Einstimmung auf die christliche Philosophie im Mittelalter. Sie wird in diesem Kontext freilich nur aus der philosophischen Brille betrachtet, nicht der theologischen.

Spätantike und Mittelalter – Jenseitsorientierung als Bruch mit der Antike

Die Eingangsfrage lautet, wann endet die Antike, und wann genau beginnt das philosophische Mittelalter? Historiker lassen die Antike gerne in eine Spätantike ausgleiten, da das römische Reich länger existierte, als die Zäsur unserer Zeitrechnung mit dem Jahr Null nahelegt. Der spätantike Beginn selbst wird dabei in aller Regel auf das Jahr 284 gelegt, als mit dem römischen Kaiser Diokletian das Reich zu zerbröckeln begann. Das Ende der Spätantike datieren Historiker dagegen recht unterschiedlich. Das kann die Absetzung des letzten Kaisers im Westen 476 sein oder der Tod des oströmischen Kaisers 565 oder auch ab 568 der Einfall der Langobarden. Etwas näher an der Philosophiegeschichte liegt die Tatsache, dass der römische Kaiser im 6. Jh. die platonische Akademie in Athen schließen ließ. Epocheneinteilungen sind immer auch eine Deutungsfrage. Ein so spätes Ende unterstellt jedenfalls eine philosophische Kontinuität von der Antike bis ins frühe Mittelalter hinein, was ideengeschichtlich allerdings nicht sonderlich plausibel ist. Augustinus wäre bei dieser Zeiteinteilung beispielsweise nicht christlich-mittelalterliche Philosophie, sondern spätantike, als würde er Platon und Aristoteles, Epikur und Zenon wie auch immer fortsetzen, was er aber definitiv nicht macht. Auch die Schließung der Akademie Platons im 6. Jh. ist nicht der Beginn von Bildungsfeindlichkeit und Wissensvernichtung, sondern schon ein starker Ausdruck des neuen Denkens, sie steht bereits mittendrin in der radikalen Jenseitsorientierung. Die Bildungs- und Philosophiefeindlichkeit setzt viel früher ein. Beides spricht für einen anderen Einschnitt, der mit dem Aufkommen des Christentums selbst verbunden ist.

Aus philosophischer Perspektive ist die Einteilung Antike, Mittelalter und Neuzeit einfacher und tragfähiger, weil sie die Orientierung des Denkens selbst deutlich macht. In der Antike entsteht Erkenntnis aus Prinzipien, im Mittelalter aus Offenbarung und in der Neuzeit dann aus Vernunft. Die Spätantike der Historiker wird philosophiegeschichtlich also besser in die Zeit christlicher Einflüsse gesetzt und bildet damit schon den Beginn der mittelalterlichen Philosophie, weil mit dem Christentum insgesamt ein anderes Wissensverständnis aufkommt.

Der einheitliche Kulturhorizont als Erfahrungs- und Wissensraum begann in Mitteleuropa schon zu zerbrechen, als Konstantin 324 seinen Sitz nach Byzanz verlegte, der Stadt den neuen Namen Konstantinopel stiftete und die sogenannte oströmische Tradition begründete. Im Westen konnten nach dieser Gewichtsverlagerung immer weniger Gelehrte griechisch lesen, und die Quellen verschwanden ebenso wie bedeutsame Städte. Die Besitzenden zogen auf das Land und übten dort ihre Hoheitsrechte aus. Die antike Traditionslinie wurde jedenfalls aufgegeben, man maß ihr keine Bedeutung mehr bei. Im Osten blühten dagegen nicht nur der Fernhandel und die Städte, der Osten archivierte auch alte griechische Texte und gab den auswandernden Gelehrten ein Asyl.

Dass das Mittelalter dunkel und finster war, haben zuerst italienische Humanisten im 14. Jh. behauptet. Sie leiteten das Ende des Mittelalters ein, wollten sich von dieser Epoche deutlich abgrenzen und sahen bereits eine neue Zeit mit neuen Prinzipien vor sich. Es gab allerdings bereits im 13. Jh. schon wieder große Städte, einen funktionierenden Handel sowie komplexe Staats- und Rechtssysteme. Beides war eine entscheidende Entwicklung für die Entstehung der Renaissance, die eine Schwelle zur Neuzeit bildet. Kleinere, relativ abgeschottete Siedlungen dominierten dagegen bis etwa Ende des 1. Jahrtausends, aufwändige Verwaltungsaufgaben waren hierfür nicht erforderlich. Entsprechend gab es auch keine Notwendigkeit für ein Bildungssystem, wie es die Römer noch kannten. Finster ist das Mittelalter vor allem dadurch, dass es vergleichsweise nur wenige Textquellen aus dieser Zeit gibt.

Mittelalter heißt historisch gesehen der Aufstieg des Christentums zur europäischen Religion, es heißt Krisenzeit nach dem Untergang des klassischen Rom, es heißt Kriege und Kreuzzüge, es heißt Machtkampf zwischen Kaiser und Papst, es heißt christliche Ordensgründer, Eiferer und Häretiker, es heißt Verfolgungen sowie staatlich befohlene Vernichtungen, und es heißt schließlich Hungersnöte sowie Pest. Eine mehr als unruhige Zeit also, das Leben war beschwerlich und in der Regel kurz. Politisch war vor allem im Frühmittelalter kaum etwas stabil, es gab kein zentrales Rechtssystem und die Reichsgrenzen verschoben sich ständig. Die Welt wurde als hinfällig erlebt, die Dinge wandelten sich schnell und massiv, es war ein Werden und Vergehen. Der Gesamtzustand schien von einem Dauerwechsel durchdrungen, denn nichts erwies sich als sonderlich beständig. Platon hatte den starken Wechselerfahrungen zu seiner Zeit das Konzept der ewigen Ideen entgegen gestellt. Der platonisierte Realitätsbegriff hat im frühen Mittelalter eine vergleichbare Funktion. Die bloße Erfahrung zeigte, dass von den irdischen Dingen nichts bleibend ist, also musste die wahre Realität, etwas hinter den Dingen, unsinnlich, ewig und gut sein. Zwar gab es ein Dauerleiden in der Welt, aber es schien auch Hoffnung zu geben auf eine Zeit danach. Wahres Glück und verlässlich Gutes waren im mittelalterlichen Weltbild nur im ewigen Jenseits zu finden. Dahinter standen massive Resignationserfahrungen, die erst im 11. und 12. Jh. mit den wieder erstarkten Städten einen Gegenpol fanden, in dem sich dann neue Wissensräume etablierten. Das waren zunächst Bologna, Oxford, Paris und Cambridge. Erst ab dieser Zeit gab es Universitätsgründungen, und das hatte wiederum weitreichende Konsequenzen für die Philosophie.

Christliche Philosophie – Mönche kassieren die Philosophie ein

Philosophisch gesehen ist das Mittelalter eine ganz besondere Epoche und ein einmaliges Paradigma. Die christliche Religion nimmt die Philosophie völlig in Besitz und will sie zu einer bloßen Magd machen, die Denkinstrumente liefern kann, mehr aber auch nicht. Glauben und Wissen sollen nun wieder eins sein. Das ist ein ziemlich erstaunliches Programm, denn die antike Philosophie hatte sich ja vom Glauben gerade emanzipiert und Prinzipien gegen das Meinen der Vielen und den Glauben der Alten ins Feld geführt, also gegen das vermeintliche Wissen der poetischen Erzählungen und ihrer Götter sowie gegen die theatralische Inszenierung. Die einmalige und neue Dominanz der Theologie steht jedenfalls selbst wiederum unter dem Papstdiktat, das keine zweckfreie Theorie zulassen will oder umgekehrt ausschließlich eine Reduktion des Denkens auf Glaubensinhalte. Das bedeutet insgesamt eine Rückkehr des Priestertums in den Bereich des philosophischen Wissens, wenn auch mit ganz neuen Vorzeichen. Der Kampf um theologische Wahrheiten durchmisst dabei ein großes Spektrum an möglichen Positionen mit vielen Häresievorwürfen, päpstlichen Prüfungen und auch Widerrufungen. Die geistige Lage erzeugt Extreme der Denkkonzepte. So gibt es die Mystik als ein Hintersichlassen des Denkens sowie der Weltlichkeit auf der einen und aufwändige gedanklich-logische Gebäude zur Beschreibung des christlichen Gottes sowie des Weltaufbaus auf der anderen Seite. Zu solchen Gedankengebäuden zählen dann scheinbar logisch begründbare Gottesbeweise und ein Denken des Unendlichen, vor allem aber Beschreibungen von Grenzen des Denkens. Denn das Denken soll vom Glauben überschritten werden.

Zu Beginn geht es in dieser Epoche ganz einfach um die theoretische Integration des Platonismus in das christliche Weltbild. Mit seiner zweigeteilten Welt und dem Vorrang der nichtmateriellen Sphäre der Ideen hat Platon ein passendes Angebot für theologische Überlegungen im gedanklichen Rucksack. Ab dem 12. Jh. kommt mit dem Wissensimport von Aristoteles über arabische Gelehrte dann eine zweite Phase hinzu. Jetzt geht es um die Integration der aristotelischen Lehre in das christliche Weltbild. Aristoteles hat die Methode des logischen Denkens und der systematischen Ableitungen mit Kausalitätszentrierung im Gepäck, aber nicht nur das, er bietet zudem einen größeren systematischen Zusammenhang an als Platon. Die doppelte Integrationsarbeit ist für die theologisch motivierte Philosophie schon eine deutlich schwierigere Aufgabe. Denn die zunehmende Kenntnis von Platon und nun auch noch Aristoteles bringt die überraschende und schmerzhafte Erkenntnis mit sich, dass es bereits vor christlicher Philosophie und ihrer neuen Zeitrechnung ein offenkundig ausgearbeitetes und vollständiges, wenn auch heidnisches philosophisches System gegeben hat. Das ist ein wirklicher

Schock für die gelehrten Zeitgenossen. Es gibt nicht nur die bereits bekannten, poetisch durchtränkten Dialoge von Platon, die überhaupt nicht mit aristotelischen Positionen übereinstimmen. Schlimmer noch, auch von Platon tauchen immer mehr Werke auf und zeigen, dass Platon selbst in sich nicht völlig homogen ist. Es folgt ein ziemlich mühsamer Versuch, beide miteinander irgendwie in Einklang zu bringen. Und ein ebenso mühsamer Versuch, Platon und seinen Kritiker Aristoteles als Vorläufer christlicher Philosophie zu etablieren. Und schließlich beide auch noch mit dem christlichem Glaubenssystem nachvollziehbar zu kombinieren, was schon allein durch die im Kern widersprüchlichen Einzelpositionen nicht vollständig gelingen kann. In der Folge gibt es viele unterschiedliche philosophische Entwürfe, die sich in der Deutung der Griechen, aber auch gegenseitig völlig widersprechen. Die mittelalterliche Philosophie ist keineswegs eine langweilige monolithische Angelegenheit. Es geht im Gegenteil ziemlich bunt zu, und die Auseinandersetzungen sind äußerst scharf.

Dabei sollen bleibende Errungenschaften des mittelalterlichen Denkens nicht vergessen werden. Sie waren für die damalige Zeit neu, wurden auch außertheologisch relevant und langfristig wirksam. Mittelalterliches Denken bringt nämlich zum einen die Entwicklung eines linearlogischen Geschichtsbewusstseins mit sich. Und gleichzeitig die Vorstellung, dass Geschichte insgesamt auf ein Ziel nicht nur hinsteuern kann, sondern es auch tatsächlich macht. Die Aufklärung wird diesen Grundgedanken einer Zielorientierung der historischen Entwicklung später wieder aufnehmen. Im antiken Denken gibt es dagegen nur zyklische Zeiten, alles ist ein Kreislauf, auch Aristoteles kennt keinen Geschichtsfortschritt trotz aller Zielgerichtetheit der Natur. Zum anderen kann sich mittelalterliches Denken erstmals ein reines Nichts vorstellen. Also nicht nur den Gegensatz von Sein und Nichts, Werden und Vergehen, Leben und Tod. Die Vorstellung des Nichts gibt es zwar auch außerchristlich, außereuropäisch, aber jedenfalls nicht in der europäischen Antike. Die spekulative Philosophie im 18. Jh. wird dem Gedanken, was es mit dem Nichts auf sich hat, dann ausgiebig folgen. Und zum Dritten entwickelt das Denken im Mittelalter schließlich einen Erkenntnisoptimismus, die Überzeugung also, dass es möglich und sinnvoll ist, mehr verstehen zu können. Dieses „Mehr" ist dabei zwar auf bestimmte Themenbereiche eingegrenzt, über die gesprochen werden kann oder darf, aber es ist in Summe ein Optimismus, der dann auch über die Grenzvorgaben irgendwann hinausschießt. Während Geschichtslinearität und das Denken des Nichts in dieser Epoche ganz neu auftauchen, ist der Erkenntnisoptimismus tatsächlich ein Erbe der Antike, das fortgesetzt wird. Die Behauptung eines möglichen Erkenntnisfortschritts wird im Mittelalter insbesondere in der sogenannten Scholastik weiter getragen. Die Scholastik ist eine hoch- und spätmittelalterliche theologisch-philosophische Richtung, die Argumente logisch systematisiert und abwägt. Ihren Namen hat sie vom lateinischen

Adjektiv „scholasticus", zu deutsch „schulisch". Damit sind Ausbildung und logisches Denken gemeint. Die Scholastik spielt in der mittelalterlichen Philosophie eine bedeutende Rolle, sie erzeugt eine ausufernde Lust am Denken und dialektischen Argumentieren mit Behauptung, Gegenbehauptung, Widerlegung und Beweisführung.

Angesichts dieser Rahmenbedingungen ist die Frage zu stellen, ob die mittelalterlich-christliche Philosophie in Europa am Ende tatsächlich Wegbereiter und Auslöser des Rationalismus wurde, also Aufklärung und Neuzeit mit herbeigeführt und bedingt hat. Denn immerhin ist auch die Aufklärung eine rein europäische Angelegenheit und konnte nicht ohne Bezugspunkt entstehen. Die Antwort fällt in diesem Fall nicht eindeutig aus. Vertreter der Kontinuitätshypothese sagen ja, mittelalterliche Philosophie ist selbst ein entscheidender Wegbereiter. Der übliche Kandidat ist das empirische Forschen und Denken, und die entsprechende Vermutung lautet, dass christlich-klösterliche oder christlich-universitäre Philosophie Empirie und damit neuzeitliches Denken hervorgebracht hat, allein schon durch die Überlieferungsleistung in den Klosterbibliotheken. Es gibt allerdings stärkere Argumente, die gegen eine solche Fortsetzung sprechen. Das frühe Mittelalter ist vom Platonismus und seinem Idealismus geprägt, über die arabische Welt kommt dann Aristoteles nach Europa und bestimmt die Zeit bis ins Hochmittelalter. Das sorgt tatsächlich für zunehmend weniger Ideenlehre und mehr Innerweltlichkeit sowie Empirie. Tatsache ist aber auch, dass es im Mittelalter keine Suche nach der Begründbarkeit von Erkenntnis und Ethik jenseits der Religion gibt. Ein systematisches Denken jenseits der religiösen Begründung entsteht erst anschließend in der Neuzeit. Gleiches gilt übrigens auch für arabische und jüdische Philosophen jener Epoche, die mit aristotelischer Empirie zwar immer verbunden waren, aber nirgendwo religiösen Auffassungen widersprechen. Auch sie haben keine Neuzeit produziert. Sie sorgen aus ideengeschichtlicher Perspektive für praktische Erkenntnisse vor allem in Mathematik, Logik, Astronomie und Medizin, steuern also rationales Wissen bei, das zu dem Zeitpunkt sicherlich weiter ist als das europäische. Aber sie bringen andererseits auch nichts hervor, was Religion hinterfragt. Christliche, jüdische und arabische Philosophen machen den letzten Wissensschritt nicht.

Warum bleibt das Mittelalter über geografische Grenzen hinweg in sich gefangen und ist nicht aktiver Katalysator eines neuen wissenschaftlichen, die Religion überschreitenden Denkens? Der Grund ist einfach: Das empirische Denken ist im Mittelalter überhaupt nicht außerhalb des göttlichen Kosmos denkbar. Die mittelalterliche Philosophie konzentriert sich theoretisch ausschließlich auf das Verhältnis von Mensch zu Gott und nicht auf das von Mensch zur Welt oder von Mensch zu Mensch wie in der Antike. Insofern hat letztendlich auch nicht die Scholastik die Empirie gefördert und entwickelt, sondern es war vielmehr das wiederentdeckte Vorbild Aristoteles, das die Scholastik zu integrieren versuchte. Die Vorstellung eines systematischen Wissens in allen Bereichen der Welt und des Menschen wurde philosophisch in der Antike gestiftet und war gerade keine eigenständige Erfindung oder ein besonderes Förderungsprogramm des Mittelalters. Empirie ist so gesehen insgesamt kein optimaler Kandidat als Veränderungsauslöser. Sie kann schon allein deshalb nicht zwangsweise oder ausschließlich die spätere Neuzeit und Aufklärung herbeigeführt haben, weil es Empirie auch im arabisch-jüdischen Raum gab, wo offenkundig keine Aufklärung folgte. Wesentliche Impulse für die Neuzeit und das Ende christlich diktierter Philosophie müssen infolgedessen auch anderswoher gekommen sein.

Die Gegenthese zur Kontinuitätshypothese lautet: Philosophie kann nicht dauerhaft Magd der Theologie sein, sondern sie emanzipiert sich nach der Phase einer argumentativen Erschöpfung der christlichen Philosophie und startet dann als Neuzeit mit einem neuen Ansatz. Für solch einen Epochenabschluss der mittelalterlichen Vorstellungswelt sprechen eine ganze Reihe innerer Gründe, die das Denken selbst in Krisen geführt haben. Dazu gehört sicherlich das Ende der Jenseitsorientierung. Es kam ganz einfach kein Ende der Welt zur eigenen Lebenszeit, was das Lebensgefühl der früheren Jahrhunderte geprägt hatte, und auch nicht zur Jahrtausendwende, einer letzten große Schwelle. In der Folgezeit wird ein zunehmend größeres Interesse für innerweltliche Dinge entwickelt. Zur intellektuellen Erschöpfung gehört darüber hinaus die argumentative Selbstaushöhlung durch die spannungsreiche Verbindung von vorchristlich-heidnischem Wissen und christlichem Glauben. Denn auch die theologisch scholastischen Sprachgirlanden können nicht darüber hinweg täuschen, dass es ein permanentes Vermittlungsrisiko gibt. Vielleicht sind Platon, Aristoteles und das Christentum ja doch nicht ganz kompatibel, vielleicht sind die mühsamen theoretischen Anstrengungen, sie zusammen zu bringen, umsonst. Ein Beispiel dafür sind die theologisch-philosophischen Diskussionen um den antiken Logos und seine Verbindung zum christlichen Gottesbild. Nirgendwo sonst gibt es derart intensive Bemühungen um eine Vernunftreligion, was schon zwei Dinge in eines bringen will, nämlich Logos und Gott. Die mittelalterliche Doppelinterpretation des Logos als Vernunft und Gott unterstellt, dass der Vernunftkeim oder Vernunftfunke wie ein göttliches Feuer in Vernunftfähige durch Schöpfung eingepflanzt ist. Mit diesem einfachen Gedanken sollen Antike und Christentum versöhnt werden. Im christlich-philosophischen Mittelalter bedeutet Logos allerdings nicht mehr – griechisch vielschichtig – menschlicher Laut, Wort, Rede, Erzählung, Sinn, Einsicht und Vernunft, sondern eine göttliche Vernunft, genauer gesagt eine Schöpfergottvernunft, was selbst eine monotheistisch gedachte Gottheit in der Antike niemals gewesen war.

Das sehr spezielle Konzept einer Vernunftreligion gab es übrigens weder im Islam noch im jüdischen Kulturkreis und auch nicht in Asien. Es konnte dort folglich auch keine derart intensiven Dispute geben wie an den sehr speziellen Universitäten in den europäischen Städten. Europa hat eine eigenständige antike Philosophietradition, und es hat diese substanziell wieder zunehmend ernster genommen. Philosophie bleibt deshalb nicht auf das bloß Praktische hin orientiert wie im Orient, und sie geht auch nicht in Theologie auf, wie im europäischen Mittelalter gewünscht.

Am Ende legt die europäische Philosophie die im Prinzip nicht vollziehbaren Syntheseversuche der Vernunftreligion ab und löst sich wieder von der Theologie. Wenn man so will, hat die Antike dabei wie ein Virus gearbeitet, der schließlich ausbricht und eine Zeitenwende herbeiführt. Für die schleichende Wahrheitskrise des Glaubenvorrangs sprechen auch die vielen innerkirchliche Spaltungen und Sekten mit ihren jeweiligen absoluten Wahrheitsansprüchen. Die Wahrheit selbst ist im ausgehenden Mittelalter nicht mehr uneingeschränkt homogen wahrnehmbar, sie wird vielstimmig. Die Theologie und ihr vermeintliches Universalwissen verlieren ihre Reinheit und Widerspruchsfreiheit. Das wird philosophisch in der Folgezeit gnadenlos ausgeschlachtet.

Es sprechen aber auch äußere Gründe für einen harten Paradigmenwechsel, vielleicht noch stärkere. Der durch das Schießpulver mitbedingte Niedergang der Burgen als schwer einnehmbare Herrschaftssitze des Feudaladels und die überraschende Entdeckung der Neuen Welt sowie der wachsende Kontakt zu China führen zur Auflösung der starren mittelalterlichen Ständeordnung und religiösen Fundierung aller gesellschaftlichen Bereiche. Der verstärkte Handel trägt zu einem neuen Menschenbild und einer neuen starken Bürgerschicht der Kaufleute bei. Und der Buchdruck sorgt Mitte des 15. Jhs. schließlich für eine Rückkehr der Schriftkultur mit einem wieder höheren Bildungsgrad der Bevölkerung und vor allem einer neuen Öffentlichkeit. Auch das sind jeweils spezifisch europäische Entwicklungen und Erfahrungen, die andere Regionen so nicht gemacht haben.

Im ausgehenden Mittelalter entstehen Zweifel und die Suche nach einem neuen, stabilen Fundament. Es entwickeln sich neue Schichten als Träger des Zweifels. Und es entsteht ganz allmählich ein neues Epochenbewusstsein verbunden mit der Erkenntnis, dass es mit der Antike bereits ein eigenständiges denkerisches Reservoir gibt, das sich in Auseinandersetzung mit poetischen Weltdeutern etabliert hatte. Die Poeten des frühen Griechenland und Rom wurden im frühen Mittelalter nicht mehr zur Kenntnis genommen. Im späten Mittelalter kommen dagegen auch antike Dichter wie Homer und Ovid wieder in den Blick. Ihnen folgen dann literarische Nachfolger mit weltlichen Themen und ganz neuen Stilen, wie Petraca mit seinem Naturerlebnis der Besteigung des Mont Ventoux (1336), Bocaccio mit seinen Novellen (1348) und davor bereits Dante (1307), der allerdings noch mit einem ziemlich religiösen Stoff. Nach der weitgehend oralen Kultur der Rittergeschichten kommt es im ausgehenden Mittelalter zu einer Rückkehr der verschriftlichten Poesie mit zeitgenössischen profanen Stilen und Inhalten. Philosophie und Literatur kopieren in der Neuzeit dann nicht einfach die Antike oder kehren unreflektiert dahin zurück, sondern entwickeln etwas Neues im Bewusstsein, dass es ein Vernünftiges außerhalb der christlichen Hoheitsdefinition geben muss, da ja schon einmal bewiesen wurde, dass es möglich ist, Erkenntnistheorie, Logik sowie Ethik zu entwerfen und Dichtung zu schaffen, ohne auf das Christentum Bezug zu nehmen. Die Antike wirkt nicht nur philosophisch, sie ist generell ein intellektueller Virus, der im europäischen Denken arbeitet.

Bildungsverlust – Auswanderung des Wissens in den Osten

Im frühen Mittelalter verschwanden die antiken Bildungsprinzipien und mit ihnen die Schriften und das Wissen. Das ist aus heutiger Sicht ein immenser Verlust, wurde damals aber nicht so erlebt. Zeit wurde in der Antike als etwas Zyklisches betrachtet, erst die Christen brachten eine Linearität der Geschichte, einen Prozess auf ein Ende hin hinein. Damit war eine extrem starke Endzeitstimmung verbunden. Es herrschte das Gefühl, es kommt jemand, der den Staat stürzt und allem ein Ende macht. Wenn das Ende aber nah ist, muss man sich auf das jenseitige Leben vorbereiten, die diesseitige Bildung erscheint als eine vergebliche Mühe. Darin waren die Christen konsequent. Sie verweigerten die Übernahme von Ämtern und den Militärdienst, ganz abgesehen von der Weigerung, an römischen Kulten teilzunehmen. Sie verweigerten auch das Wissen. Die Konfrontation mit dem Staat ging anfänglich bis zur bekannten Christenverfolgung. Doch dann wurde das Christentum römische Staatsreligion, unter Konstantin kam es 312 zur Aufhebung der rechtlichen Einschränkungen. Damit hatten Christen das gleiche Recht wie heidnische Priester. Sie waren von Steuern und vom Militärdienst befreit. Unter dem Westkaiser Gratian folgte 380 die Befreiung von der Jurisdiktion ziviler Gerichte. Das machte übrigens auch die Annahme von Nachlassschenkungen möglich, eine Basis für den künftigen Reichtum der Kirche.

Ganz so einfach war die Homogenisierung der neuen Religion allerdings nicht. Sie hatte zwar das organisatorische Vorbild des römischen Imperiums mit seiner komplexen Verwaltung, aber es gab viele unterschiedliche Strömungen, die in Einklang gebracht werden mussten. Innerkirchlich kam es zur Etablierung einer Versammlung von Bischöfen, die Gralshüter der Wahrheit in einem Meer unterschiedlicher Auffassungen wurden. Ihr Gegeninstrument waren die systematischen Kanonisierungen, also scharfe Wahrheitsdefinitionen. Es entstand eine feste Priesterschaft durch erste Bischöfe, die zunächst nur Leiter einer Gemeinde waren. Es folgte die Vorstellung, dass Priester zwischen Christen und Gott vermitteln müssen und nur sie die Bibel richtig auslegen können. Die frühen geistigen

Zentren lagen alle außerhalb des europäischen Kerngebietes, es waren Antiochia, Ephesus, Alexandria und Karthago. Rom blieb dagegen lange Zeit relativ unbedeutend. Erst mit dem Untergang des Kaiserreiches stellten Päpste dann Rom immer mehr in den Mittelpunkt. Das gedankliche, also auch philosophische Zentrum, waren zu Beginn Alexandria und Antiochia als ein exklusiver Kreis bevorzugt Wissender und Entscheider. Ein Beispiel für theologische Auseinandersetzungen ist im 4. Jh. der offene Konflikt zwischen sogenannten Arianern und Trinitariern. Der alexandrinische Presbyter Arius stand noch stark in der jüdischen Tradition und meinte, Jesus sei selbst kein Gott. Die Trinitarier folgten dagegen Athanasius, einem alexandrinischen Bischof, der meinte, Jesus sei als Gottes Sohn dennoch auch Gott. Der Konflikt wurde 325 im Konzil von Nicäa mehr schlecht als recht entschieden, denn beigelegt war er noch lange nicht. In den ersten Jahrhunderten galt Jesus als Sohn Gottes zwar als Gott, war diesem aber dennoch untergeordnet, wie auch die römischen Kaiser göttlicher Abkunft sind, aber nicht die Götter selbst. Erst mit Nicäa wurde Jesus dann wesensgleich, also göttlich gedacht. Die Sache war trotzdem vertrackt, es gab zwischen 306 und 359 allein 16 Konzile, in deren Mittelpunkt das Wesen Gottes stand. Das erledigte im Jahr 380 dann der „Cunctos populos", ein trinitarisches Glaubensedikt. Alle anderen Strömungen galten nun als Häresie und wurden verfolgt wie später die Juden und Heiden. Dabei spielte die kaiserlich-staatliche Gewalt die Hauptrolle, und weniger die streitenden Bischöfe, die schwach waren und uneins. Sie beschimpften und verfolgten sich gegenseitig. Es folgte ein kaiserliches Dekret mit Strafandrohungen, die Privilegien der heidnischen Priester und die Sonderrechte ihrer Kulte wurden parallel abgeschafft. Das drücken allein schon die Zahlen aus: 23 Edikte gegen Häretiker, 13 gegen Heiden, 6 gegen Juden. Erst der „Cunctos populos" begründete die Staatskirche institutionell mit einem ausufernden Herrschaftsanspruch und einem Generalangriff auf die kulturelle Vielfalt. Auch die Städte erlebten ihren Niedergang im untergehenden Kaiserreich, die altvertraute Welt löste sich auf, die öffentlichen Funktionen brachen auseinander. Erst damit übernahmen Kirche und Kloster zunehmend die Bildungshoheit und sorgten ihrerseits für eine eigene Kontinuität.

Haben Kirche und Kloster nun das Wissen unterdrückt oder bewahrt und geschaffen? „Sowohl als auch" müsste man sagen, aber das Pendel schlägt stärker in Richtung Vernichtung von Wissen. Allgemeines Wissen hatte nicht mehr die Bedeutung wie im Altertum, es ging um ein sehr spezifisches Wissen, das andere war überflüssig und unnütz für das Seelenheil. Toleranz im Umgang mit Wissen war ein festes Prinzip im Altertum, nicht aber im Mittelalter. Wissenschaft heißt im christlich-philosophischen Mittelalter deshalb nicht mehr Naturwissenschaft, sondern Auseinandersetzung mit Wahrheiten der Offenbarung. So kommt es rasch zu einer Ablehnung der Naturwissenschaften, denn die dürfen den Offenbarungen nicht widersprechen. Das Konzept hat weitreichende Folgen für den

Westen, es folgten die dunklen Jahrhunderte, die einfach deshalb dunkel sind, weil es wenig Quellen gibt, wenig Aufzeichnung und wenig Buchwissen außer dem einen Unhinterfragbaren. Die Zunahme der Jenseitsgläubigkeit führte umgekehrt zu einer Diesseitsauslegung als ein sündiges Jammertal. Die Ablösung der Antike mit ihren Schulen, Bibliotheken und einer gewissen Alphabetisierung sowie mit einer empirischen Wissenschaft hatte zur Kehrseite, dass die gesamte öffentliche Kultur in die neue Kirche übergehen musste. Dazu gehörten dann Denk- und Literaturfeindlichkeit und in der Folge die Schriftenvernichtung von heidnischen Autoren. Das war konzeptionell stringent, aber eben massiv bildungsfeindlich. Es war eine wilde Zeit, auch gedanklich. Philosophische Spekulation galt als Boden der Ketzerei und analytische Rhetorik als sinnlos, da es doch eigentlich um die Sprache der Seele ging. Empirie war etwas Gefährliches, das Medizinwissen verschwand, und stattdessen herrschte mit jedem Jahrhundert mehr der Glaube an Wunder und die göttliche Fügung. So galt auch die Pest als eine von Gott gesandte Strafe. Bücher verschwanden in vorauseilendem Gehorsam allein schon wegen des Häresieverdachts. Mit dem „Cunctos populos" kam es ab 380 nicht nur zu einem Niedergang der Gymnasien als Brennpunkt des Hellenismus, sondern auch die Bibliotheken verschwanden. Die platonische Akademie in Athen wurde schließlich 529 geschlossen, überlebt hat dagegen die Papstbibliothek.

Das Wissen wanderte in den Osten und mit ihm die Gelehrten. Um 600 gab es Bildung im Prinzip nur noch in Konstantinopel und Alexandria. Was in der westlichen Selektionsarbeit übrig blieb, wanderte in Klosterbibliotheken. Die Öffentlichkeit wurde vom antiken Buchwissen gänzlich ausgeschlossen. Kirchennützlichkeit war der neue Maßstab und nicht die Rettung eines alten Wissens. Was im Westreich weitergegeben wurde, durchlief ausschließlich die Mühlen des klösterlichen Kopierdienstes. Auch das blieb nicht ohne Folgen. Zwischen 400 und 900 entstanden eine ganze Reihe von systematischen Fälschungen beim Kopieren und beim Erfinden von Heiligenlegenden, von Briefen oder auch von Märtyrergeschichten. Es ging vor allem darum, die vortrinitarische Zeit zu tilgen, also eine theologische Einheit ohne die dazu gehörende Konfliktgeschichte zu überliefern oder Schenkungen zu belegen oder aber Glaubensritter stärker erstrahlen zu lassen. Das Wahrheitsverhältnis bezog sich ausschließlich auf das zu Gott und nicht auf die Diesseitigkeit. Deshalb war historische Genauigkeit auch kein Wert, keine Größe, an der man sich orientieren hätte können. Der Betrug um der guten Sache willen wurde legitim, die überprüfbare historische Wahrheit war dagegen kein Kriterium mehr, sie war zu diesseitig.

Das abendländische Wissenszentrum befand sich von nun an dort, wo Wissen noch gespeichert wurde. Das waren Konstantinopel und vor allem Alexandria. Die Stadt Alexandria war 331 v. Chr. vom makedonischen König gegründet worden. Sie war von Beginn an als Megalopolis geplant und wurde bald eine

Gelehrten- und Wissensmetropole. Bibliotheken gab es zwar bereits in Babylon, Pergamon und Ephesus, auch Aristoteles hatte eine, aber keine erreichte die Dimensionen von Alexandria. Die Stadt selbst war ein Schmelztiegel aus Ägyptern, Griechen, Juden und später auch Christen. Die Bibliothek umfasste vermutlich mehr als vierhunderttausend Sammelhandschriften und neunzigtausend Einzelrollen. Teilweise sollen hundert Wissenschaftler gleichzeitig in der Bibliothek gearbeitet haben. Die Wissensgemeinschaft existierte für rund 700 Jahre. Alexandria hatte ein komplexes Bibliothekssystem entwickelt, Übersetzer kopierten die Bücher und Rollen. Die Alexandriner betrieben vor allem auch reine Theorie. Sie behandelten im Gegensatz zu den Pythagoräern oder Athenern die Mathematik als ein von der Philosophie losgelöstes Gebiet und lieferten viele Entdeckungen. Dafür steht Euklid, der in Athen ca. 330 v. Chr. geboren ist, aber in Alexandria lebte und lehrte. Er hinterließ mit den „Elementen" ein einflussreiches mathematisches Lehrwerk mit einer Definition von Punkt, Linie, Ebene, Winkel, Kreisberechnung und logischen Axiomen. Dafür steht Archimedes, ca. 287 v. Chr. in Syrakus geboren. Er hinterließ Hydrostatik, Katapultberechnungen, Brennspiegel, Hebelgesetze und die Berechnung von Pi. Dafür steht Eratosthenes, der ca. 276 v. Chr. in Kyrene geboren ist. Er errechnete die genaue Dauer eines Jahres und glaubte die Erde sei rund. Deren Umfang errechnete er bis auf 80 km genau. Zudem entwickelte er eine Methode zur Berechnung der Primzahlen. Er initiierte auch den Kalender, den Caesar dann einführte. Dazu gehört schließlich Ptolomaios, der ca. 127 n. Chr. in Makedonien geboren ist. Zu ihm gehören Trigonometrie, ein geozentrisches Weltbild, die Einführung der Längen- und Breitengrade und eine erneute, aber dieses Mal falsche Berechnung des Erdumfangs. Dazu kamen Vorstellungen aus den alten Orphischen Mysterien. Ihnen zufolge sind Zahlen für die himmlische Harmonie verantwortlich, ob als Sphärenharmonie hörbar wie den Pythagoräern, oder auch nicht, wie bei Platon. Stadt und Bibliothek wurden vermutlich um 390 im Rahmen der systematischen Christianisierung zerstört und völlig getilgt dann schließlich durch die arabischen Eroberungsfeldzüge im 7. Jh. Auch Araber waren schließlich nicht nur Wissenstradierer. Alexandria war aber nicht nur das Zentrum wissenschaftlichen Denkens nach den Methoden der Mathematik. Es war auch ein Ort für Philologen und Philosophen.

Plotin – Abwendung vom Diesseits

Plotin (205–270) wurde wahrscheinlich in Ägypten geboren. Seine Ausbildung erhielt er in Alexandria, gelehrt hat er in Rom. Plotin hat das Gewicht des Wissens bereits verlagert, das Diesseits spielte kaum eine Rolle. Er erzählte nichts von seiner Herkunft, seinen Eltern oder seiner Heimat. Er verriet noch nicht einmal seinen Geburtstag. Er ließ es auch nicht zu, dass ein Bild oder Standbild von ihm hergestellt wurde. In Rom dozierte er auf einer Lehrkanzel, hatte also eine Hörerschaft, darunter auch Senatoren und wohl auch Frauen. Seine Schriften waren lediglich für seine Schüler bestimmt und zirkulierten erst nach seinem Tod weiter.

Plotin ist ein sogenannter Neuplatoniker, er ist ein Feind der vergänglichen Materie, auch ein Feind des eigenen Körpers und unserer Abhängigkeit von ihm. Dabei will er noch nicht einmal etwas Neues schaffen, es geht um die richtige Interpretation von Platon, er will ihn zu Ende denken, und das heißt ihn richtig deuten und kommentieren. Und Plotin will richtig leben, die Askese triumphiert bereits. Das Christentum kam etwa Mitte des 1. Jhs. nach Alexandria. Schnell mischten sich pythagoreische, platonische und christliche Ideen. Was nicht passend war, wurde von Gelehrten passend gemacht. Daraus entwickelten sich vor allem mystische Elemente, es folgte die Hinwendung zu Einsiedelei und Mönchtum. Plotin saugt das alles auf, er ist allerdings kein Christ, der Erlösungsgedanke spielt bei ihm keine Rolle. Seine Philosophie kreist um die Frage, was es mit dem Höchsten und der Welt auf sich hat. Plotins Antworten werden in der gesamten christlich-mittelalterlichen Philosophie eine Rolle spielen, er bringt Platon dem christlichen Denken näher, er bietet eine Folie an, die gut übernommen werden kann. Die Gegner sind nun ausgemacht, es sind die endliche Materie und der endliche Begriff.

Plotin verachtet den Leib und die Sinnlichkeit. Irdische Dinge sorgen nur für Überdruss. Er folgt dem Seelenfallmythos und gibt der Seele zwei Anteile. Die materiefreie Geistseele begeistert sich an sich selbst, das Dasein in der sinnlich-materiellen Welt ist allerdings ein Abfall von dem Einen, und die Abwendung von der Welt sowie eine Radikalisierung der Jenseitsewigkeit sind die logischen Konsequenzen. Schluss also mit Reflexion und hin zu ekstatischen Erlebnissen als Weg zur Schau des Höchsten. Damit sind Begriffe, Kategorien und Schlüsse untauglich geworden, Aristoteles wird überflüssig. Denn Sprache ist begrenzt und kann mit rein geistiger, unkörperlicher Ekstase nicht mithalten. Das Höchste selbst ist jetzt das Unaussprechliche. Sagbar ist immer nur, was es alles nicht ist, denn es selbst ist über alle menschlichen Begriffe hinaus. Mögliche Bestimmungen erfolgen über die Abgrenzung, es ist nicht das Weltliche und Endliche, und es hat keine zeitliche Existenz. Zulässig sind infolgedessen nur negative Prädikate: unendlich, unbegrenzt, unteilbar, unräumlich. Vielheit ist dagegen der Charakter des endlich Wirklichen. Auch davon muss das Höchste das Gegenteil sein, eine komplette Einheit, besser noch „ein wahrhaft und eigentlich Eines" (Seele-Geist-Eines, S. 25), ein reines Eines also. Nicht kontaminiert jedenfalls von Stoff oder Materie. Die Brücke zu Platons Idee ist vergleichsweise leicht zu überschreiten. Sehr begrenzt nur noch die zu Aristoteles und der reinen stofflosen Form im ersten unbewegt Bewegenden. Plotin denkt die Reinheit äußerst abstrakt. Selbst die Bestimmung als oberste Gottheit wäre für ihn schon eine unzulässige Differenzierung, ein Merkmal nämlich. Das absolute Eine hat keine Eigenschaften, es ist nicht das Gute, auch nicht das Sein, noch nicht einmal die Idee.

Damit bleibt die Frage, wie sich aus dem Einen überhaupt Vielheit ergeben kann. Es könnte schließlich auch einfach bei sich bleiben. Die Welt entsteht in Plotins Denken aus einer Überfülle des Einen. Sie entfaltet sich wie eine Quelle oder die Sonne, sie ergießt sich in die Wirklichkeit. Die Welt ist also nicht wie im sogenannten gnostischen Denken etwas ursprünglich Eigenständiges oder wie im Christentum etwas, das geschaffen und dann in eine gewisse Selbständigkeit entlassen ist. Das reine Eine ist vollkommen, es ist ewig und in sich ruhend. Genau deshalb ist die Welt nicht durch den Willensakt einer Gottheit geschaffen. Schon der Begriff Wille wäre an der Stelle nicht angebracht. Plotin muss nun erklären, wieso dennoch Welt und Wirklichkeit entstehen konnten. Dazu nimmt er einfach eine Metapher aus der platonischen Ideenlehre und verändert sie. Platon vergleicht im Höhlengleichnis die ewige Idee selbst mit der Sonne als eine wirkliche Wahrheit jenseits aller Schatten. Die Schatten sind dabei alle Dinge, die uns umgeben, und die Art, wie wir sie sinnlich wahrnehmen. Die Schatten sind für Platon nicht die tatsächlichen Dinge, sie bleiben lediglich schematische Abbilder. Plotin weitet das Bild aus, das Eine oder Wahre entspricht nun nicht mehr der Sonne, sondern es ist vielmehr Licht, das strahlt, und es ist Wasser, das sich ausbreitet. Beides verliert im Lauf der Strecke an Kraft. Das Prinzip entnimmt Plotin den Naturelementen, es ist fast wie bei den Vorsokratikern.

Die Welt entsteht in diesem Konzept aus einer göttlichen Überfülle, die keinen Mangel hat und keine Sehnsucht, etwas zu schaffen. Das Ganze funktioniert wie ein Wasserfall von oben nach unten. Das ist tatsächlich etwas Anderes als eine platonische Idee. Es gibt bei Plotin ein Stufensystem der Vollkommenheit. Der Ausgangspunkt ist das Eine, es ergießt sich als Geist und die geistige Welt oder auch die Ideen. Daraus entfaltet sich die Weltseele, die wiederum lässt den Kosmos, also die endliche Sinnenwelt, entstehen. Die Idee liegt bei Plotin anders als bei Platon erst in der zweiten Stufe, darüber gibt es noch Etwas, das Eine nämlich. Die Seele nimmt den umgekehrten Stufenweg bis zur Ekstase. In der ekstatischen Vereinigung mit dem Einen lässt der Mensch die Vielheit der Welt wieder hinter sich. Das ist noch einigermaßen kompatibel zu Platon, aber nicht mehr zu Aristoteles. Plotin ist deshalb Neuplatoniker und nicht Neuaristoteliker. Die sinnliche Wirklichkeit hat kein Gewicht mehr, Empirie schon gar nicht, die Seele und das Eine beherrschen die philosophische Szenerie.

Das ist wie Platon zwar nicht unmittelbar christlich, aber es ist auch nicht einfach nur heidnisch oder antik. Es ist ein Schema der Degradierung von Körper und Materie, das im Mittelalter stark wirkt. Die glückliche philosophische Lebensweise ist für Plotin „eine Befreiung von allen Erdenfesseln, ein Leben ohne irdisches Lustgefühl, eine Flucht des einzig Einen zum einzig Einen" (Die Enneaden, S. 451). Das allerdings hat mit antikem Denken nur noch wenig zu tun. Plotins Werke wirken in der weiteren Philosophiegeschichte indirekt, er wird aufgegriffen, wobei einzelne Motive immer wieder nur punktuell auftauchen. In vollständigen Übersetzungen wird er nämlich erst im 15. Jh. bekannt. Die Gedanken werden vor allem von seinen Schülern weiter getragen, Augustinus ist damit allerdings gedanklich noch stark konfrontiert.

Augustinus – Gottesstaat und gerechte Kriege

Augustinus (354–430) war ein in Algerien geborener Nordafrikaner. In der theologischen Welt gilt er als einer der Kirchenväter. Dabei startete er von einem ganz anderen Punkt aus. Augustinus war zunächst Dichter, als Student verfasste er Schauspiele und unterhielt vielfältige Liebschaften. Er wurde später Lehrer der Rhetorik in Karthago, Rom und Mailand. Die persönliche Wende und anschließende Taufe kamen erst mit 33 Jahren. Er verließ anschließend Mailand, ging zurück nach Nordafrika und gründete ein Laienkloster. Er wurde Gehilfe des Bischofs von Hippo und später selbst Bischof. Augustinus war Zeitzeuge der wilden Jahre des römischen Imperiums. Der Streit um den Wesensstatus von Jesus war erneut entbrannt, der Kaiser seiner Jugendzeit hing dem Arianismus an. Der Nachfolgekaiser wollte dann sogar den alten Götterglauben wieder einführen, eine kurze Episode, die mit seinem Tod endete. Mit dessen Nachfolgekaiser wurde das Christentum dann Staatsreligion, und die alten Kulte wurden verboten. Die von Asien nach Europa einfallenden Hunnen drängten gleichzeitig die ostgermanischen Stämme, wie die Vandalen, weiter in den Westen. Das römische Reich zerfiel, und die Vandalen setzen zu Eroberungszügen nach Nordafrika über. Augustinus war Zeitzeuge dieser politisch unruhigen Zeit, er erlebte das alles.

Geistig wandelt sich Augustinus vom Saulus zum Paulus. Kern der Veränderung ist ein individuelles Bekehrungserlebnis, er will wissen, was wirklich gut und böse ist. Er empfindet sich selbst als Sünder und will stattdessen ein eifrig Bekennender sein. Das beschreibt sein Hauptwerk „Bekenntnisse", die erste umfassende Autobiografie überhaupt, die seine Absage an die Philosophie auf der einen und den Sektenglauben auf der anderen Seite manifestiert. Der jugendliche Augustinus ist zunächst noch ein Manichäer. Das ist eine eigenständige Offenbarungsreligion, die schlicht zwischen Gut und Böse teilt, zwischen dem Reich des Lichts und dem der Finsternis, während zwischen beiden ein ewiger Kampf toben soll, bis das Licht den Sieg davon tragen wird. Die materielle Welt selbst steht für Manichäer unter der Herrschaft der Finsternis, bis ein Bote des Lichtreichs die Vorherbestimmten aus dem Reich des Todes in das Reich des Lichts rettet. Der Neuplatonismus bietet Augustinus zunächst einen philosophischen Ausweg aus dem Manichäismus. Er sichert vor allem die Freiheit des menschlichen Willens und überwindet gleichzeitig die Zweiteilung der Welt. Das Böse ist im Neuplatonismus nämlich nichts Substanzielles mehr, sondern das Fehlen von Etwas an einer Substanz. Das hatte schon Plotin vertreten und stimmte jedenfalls besser mit dem Monotheismus zusammen, denn die Geistigkeit und Vollkommenheit Gottes konnte ja nicht wirklich in eine ursprüngliche Auseinandersetzung verwickelt sein.

Augustinus macht mit seiner christlichen Taufe und der neuen Gnadenlehre damit dann aber Schluss. Dem Menschen ist es jetzt nicht mehr möglich, sich durch Nachdenken und sittliches Wollen auf die Gnade vorzubereiten. Gott ist zwar gerecht, aber wir können ihn mit unserem irdischen Gerechtigkeitsbegriff überhaupt nicht erfassen. Deshalb hat die Religion Vorrang vor philosophischer Erkenntnis. Die Bibel bekommt das Schwergewicht und bestimmt den Wissenshorizont, philosophische Schriften sind demgegenüber defizitär, schwach und zweitrangig. Die allegorische Ausdeutung der Bibel, eine ehemals alexandrinische Kompetenz, verliert an Bedeutung, Philosophie muss ihren Thron ganz verlassen. Auch die Vernunft ist nun kein wesentlicher Charakterzug des Menschen mehr, da die Glückseligkeit immer unter dem Vorbehalt des göttlichen Willens steht. Durch die von Paulus übernommene Erbsündenvorstellung und die eigene Gnadenlehre bestimmt Augustinus schließlich die intellektuelle Selbstverständigung des westlichen Denkens bis weit ins 12. Jh. hinein.

Der späte Augustinus ist Verfasser des „Gottesstaats", dort skizziert er die Höllenstrafen akribisch, dort wird die mittelalterliche Vorstellung eines Fegefeuers eingeführt. Er entwirft insgesamt eine rigide Sexualmoral und radikalisiert Jenseitsvorstellungen. Augustinus ist zwar nicht der Erfinder der Leibfeindlichkeit, er setzt Plotins Degradierung der Körperlichkeit aber stark verschärft fort. Aus Askese wird bei ihm Sexualitätsfeindlichkeit. Und er folgt gedanklich dem „credo quia absurdum", das vermutlich von Tertullian stammt, einem christlichen Schriftsteller, der im 2. Jh. in Karthago lebte. „Ich glaube, weil es unvernünftig ist", das ist ein frühmittelalterliches Programm, das der Vernunft gar nichts zutraut. Der Glaube muss der Erkenntnis qualitativ und in allen Belangen immer voraus gehen, auch und gerade gegen alle Logik. Augustinus ist in den hitzigen Auseinandersetzungen der Zeit Kämpfer und Glaubensideologe, er ist kein Mystiker wie Plotin. Er hat Interessen, er ist praktisch orientiert und trotz aller Jenseitsorientierung nicht vergeistigt. Es geht ihm um Ordnung im Chaos, nicht um persönlichen Rückzug. Dabei steht es mit seiner Bildung schon ziemlich dürftig. Die griechischen Quellen waren in Westeuropa längst versiegt. Auch Augustinus kann kein Griechisch mehr, er stammt aus der Provinz und hat sich als Rhetoriker bis zum Kaiserhof in Mailand hochgearbeitet. Was schriftlich von ihm erhalten ist, hat er erst nach seiner Taufe geschrieben. Alles, was davor entstanden ist, sah er als revisionsbedürftig an. Was dem fehle, sei die richtige Lehre von der Gnade als ein Akt des souveränen Gottes, der Heil oder Unheil auswählt, ohne auf den sittlichen Willen des Menschen zu achten. Augustinus kritisiert damit an sich selbst, dass er früher zu sehr der Philosophie und zu wenig der Offenbarung gefolgt sei. Zwar hat er das Himmelreich im platonischen Gegensatz von sinnlicher und geistiger Welt beschrieben, das immerhin schien ihm richtig gewesen zu sein, aber falsch sollte nun sein, dass er Jesus als gewaltlos gedacht habe, falsch auch, dass das glückselige Leben darin bestehe, dem Geist gemäß zu leben. Richtig sei vielmehr, Gott gemäß zu leben, und dies auch kämpferisch zu vertreten. Im Grunde kritisiert Augustinus den eigenen Versuch, Philosophie und Christentum zu verbinden. Das Pendel schlägt um in Richtung Theologie, und das für Jahrhunderte.

Die „Bekenntnisse", die seine persönliche Wende beschreiben, sind ein ungewöhnliches Buch von außerordentlicher Selbstbezogenheit und strenger Ichprüfung. Es gibt dafür kein Beispiel oder Muster, Augustinus ist innovativ darin. Der Mensch in seiner Selbsterfahrung, mit dem harten Blick auf das Innere, steht im Zentrum und nicht mehr der Mensch inmitten des Kosmos wie in der Antike. Augustinus nimmt sich selbst wichtig wie niemand zuvor, allerdings als einer, der Sünden begeht, der das verschriftlicht und sich somit selbst reflektiert. Er zögert zunächst lange, Christ zu werden, denn er will eine begründbare Religion, das Ganze sollte widerspruchsfrei sein, selbst wenn im Kern ein Mysterium haust. Die Frage lautet, wie das Böse in die Welt kommen kann, wenn Gott vollkommen gut ist und alles geschaffen hat. Die Lösung von Augustinus ist ziemlich einfach und Plotin verpflichtet. Der Mangel steckt nicht schon im Anfang, sondern kommt erst später dazu, wenn die Fülle nicht mehr vollständig ist, wenn die Stufenleiter nach unten führt. „Was ich fand, war nicht ein Wesen, sondern die Verkehrtheit eines Willens (…), der sich zum Niederen abkehrt, der sein Innerstes an die Außenwelt wirft und sich dort aufbläht" (Bekenntnisse, S. 187). Das Defizit an Gutem ist nichts, was geschaffen wird, sondern einfach etwas, was daran fehlt. Das Argument ist sophistisch, es geht darum, eine Vollkommenheit zu retten. Schlecht ist keine eigenständige Qualität, sondern einfach ein Mangel an Gutem, ein Abfall von der Vollkommenheit. Vielfalt, Vergänglichkeit und Unruhe gelten dagegen als Wesen des Menschen und Kennzeichen der Diesseitigkeit. Dahinter steckt die spezifische Zeiterfahrung von Chaos, Ohnmacht und Elend der Menschen. Die Unerfassbarkeit Gottes bleibt demgegenüber ein ewiges Geheimnis, Nachdenken und Vernunft können kein wirkliches Wissen über Gott erlangen, nur die Offenbarung und der Glaube können das. Die absolute Freiheit liegt nur bei Gott, die Menschen sind prädestiniert zum ewigen Leben nach dem Tod, ob so oder so. Persönliche Freiheit ist damit obsolet.

Spitzfindig ist Augustinus auch, wenn es darum geht, die Existenz Gottes zu belegen. Er liefert einen frühen verstandesmäßigen Gottesbeweis. Der Mensch entdeckt in sich Vernunft, das ist eine Feststellung. Über der vernünftigen, aber eben auch immer irrenden Seele stehen die unwandelbaren Gesetze von Gleichheit, Einheit und Wahrheit, das ist auch eine Feststellung. Da der menschliche Geist selbst wandelbar ist, muss die universelle ewige Wahrheit erhaben sein über den wandelbaren und irrenden menschlichen Geist, sie muss davon unabhängig sein. Etwas Unvollkommenes kann schließlich nicht etwas Vollkommenes hervorbringen, das ist die Behauptung. Genau diese Wahrheit und Unabhängigkeit ist Gott, das ist die Schlussfolgerung. Es muss einen Maßstab geben, an dem gemessen werden kann, ob die menschliche Vernunft Anteil an der Wahrheit hat oder eben auch nicht. Auch der Maßstab muss höher sein als die menschliche Vernunft und außerhalb liegen. Das ist ein Zirkelschluss und Muster für spätere Versuche, die Existenz Gottes zu beweisen. Der Beweiswunsch immerhin ist erstaunlich, weil nach Augustinus der Glaube der Philosophie ja vorausgehen soll. Die Frage, wozu es dann noch eines Beweises bedarf, ist berechtigt.

Der „Gottesstaat" hat mit 13 Jahren eine ziemlich lange Entstehungsdauer. Die historische Situation im Römischen Imperium war zur Zeit, als Augustinus sie schrieb, äußerst kritisch. Die Westgoten zerstörten im Jahr 410 Rom. In der Folge wurde Christen vorgeworfen, dass dies eine Strafe der heidnischen Götter sei, die nicht mehr verehrt würden. Umgekehrt schien das Römische Imperium für Zeitgenossen auch nicht gerade das kommende Reich Gottes vorzubereiten, es befand sich schließlich in Auflösung.

Augustinus geht in dieser Gemengelage in Verteidigungsposition. Sein Gegenargument lautet: Krisen gab es schon früher in Rom, kein Staat ist für die Ewigkeit gemacht, der irdische Staat ist nur die Heimat der Begierden, und allein der Gottesstaat ist ewig. Wer allerdings ein gerechtes und tugendhaftes Leben führt, bewohnt ihn annäherungsweise schon hier auf Erden. Die Geschichte selbst ist der Schauplatz des Streits zwischen dem Gottesreich und dem Reich der Welt. Das klingt nach früherer manichäischer Denkweise, und der Vorwurf wurde Augustinus auch tatsächlich am Beispiel seiner Gnadenlehre gemacht. Der Abfall der Engel ist demzufolge der Geschichtsbeginn, Jesus ist die Mitte, und das Weltgericht ist das Ende sowie die Verwirklichung des Gottesreichs. Dieser Dreiklang begründet die lineare Geschichtsphilosophie, auch wenn sie bei Augustinus noch völlig theologisch daherkommt. Er übernimmt die Erbsündenlehre von Paulus mit Adam und Eva als Erbsündenstifter und gibt ihr eine andere Richtung. Die lustvolle Sexualität ist nun der völlige Absturz aus dem Paradies. Bei Adam und Eva wird Sexualität als frei von Lust und die Geburt als frei von Schmerz unterstellt. Lust und Geburtsschmerz entstehen gleichermaßen als Strafe Gottes für den Sündenfall. Deshalb ist Sexualität für Augustinus nur zur Kinderzeugung erlaubt. Das Ideal besteht aus Heiraten, lustfreier Kindererzeugung, und anschließender Keuschheit. Platons Idealstaat erscheint dagegen harmlos, immerhin war Enthaltsamkeit nur den Wächtern auferlegt. Im Paradies waren dagegen „alle Glieder ohne Ausnahme dem Willen gefügig gewesen" (Vom Gottesstaat, S. 202). Der Sündenfall hat zur Folge, dass das Begehren dem Willen nicht mehr untergeordnet ist oder umgekehrt, dass überhaupt ein Begehren entsteht und nicht mehr aus der Welt zu schaffen ist. Deshalb braucht es Enthaltsamkeit, eine Leistung des Willens unter Bedingungen eines ständigen Begehrens. Diese Gefahr ist abzuwenden wie die Vandalen. „Das Christentum gab dem Eros Gift zu trinken: – er starb zwar nicht daran, aber entartete, zum Laster" (KSA, Bd. 5, S. 102), meint Nietzsche.

Der „Gottesstaat" ist eine Kampfschrift und liefert ein Modell des gerechten Krieges. „Krieg führen und durch Unterwerfung von Völkern das Reich erweitern (ist) nur nach Ansicht böser Menschen ein Glück, nach Ansicht der guten allenfalls eine Notwendigkeit. Immerhin, da es noch ärger wäre, wenn Übeltäter über Gerechtere herrschten, kann man auch das mit einigem Recht Glück heißen" (Vom Gottesstaat, S. 190). Unterwerfung unter die Gerechtigkeit ist deshalb nicht ungerecht, nichts jedenfalls, was den Handelnden in irgendeinen Zweifel stürzen sollte. „Was, in der Tat, ist denn überhaupt so falsch am Krieg? Dass Menschen sterben, die ohnehin irgendwann sterben werden, damit jene, die überleben, Frieden finden können? Ein Feigling mag darüber jammern, aber gläubige Menschen nicht (…). Niemand darf jemals die Berechtigung eines Krieges bezweifeln, der in Gottes Namen befohlen wird, denn selbst das, was aus menschlicher Gier entsteht, kann weder den unkorrumpierbaren Gott noch seinen Heiligen etwas anhaben. Gott befiehlt Krieg, um den Stolz der Sterblichen auszutreiben, zu zerschmettern und zu unterwerfen" (Contra Faustum Manichaeum, Buch XXII, Kap. 74).

Das ist aus heutiger Perspektive nicht mehr verdaulich. Krieg ist die Bereitschaft, die Androhung und die Anwendung von zerstörender Gewalt zwischen Staaten. Gerecht kann er nur sein durch Gründe und zur Verteidigung bzw. Durchsetzung der Gerechtigkeit. Soweit geht das antike Erbe. Die Römer nannten das „jus ad bellum", also das Recht zum Krieg. Die Legitimation der Verteidigung geht dabei bis auf Platon zurück. Für ihn ist Krieg zur Verteidigung der gerechten Ordnung eines Staates gerechtfertigt, nicht aber aus Habsucht oder Eroberungssucht wie im peloponnesischen Krieg zwischen Athen und Sparta, der ja nur zur Vormachtstellung von Athen führen sollte. Auch für Aristoteles ist Krieg zur Verteidigung eines legitimen Staates gerechtfertigt, darüber hinaus aber auch für Völker, die zur Führung befähigt sind, wie die Griechen, gegen solche, die zur Gefolgschaft bestimmt sind, wie die Barbaren. Das rechtfertigt dann Alexanders imperiale Eroberungsfeldzüge. Cicero erweitert das Modell und führt vier formale Voraussetzungen ein, die erfüllt sein müssen: die Androhung und Erklärung des Krieges; eine feindliche Ungerechtigkeit, wie die Verletzung der Bündnistreue, die aus imperialen Gründen eine notwendige Bestrafung nach sich ziehen muss; die Maßeinhaltung im Rächen und Bestrafen, d. h. Schuldige ja, Unschuldige nein, was umgekehrt auch das eigene Risiko begrenzt hält und ein „ius in bello", ein Recht im Krieg begründet; sowie schließlich die Tatsache, dass Verträge und Rechtsabsprachen nicht mehr möglich sind.

Augustinus hat dagegen etwas Anderes zum Ziel. Er liefert eine Rechtfertigung gegen den strikten Pazifismus der frühen Christen und damit eine Möglichkeit, den Krieg moralisch auch für Christen legitimierbar zu machen. Immerhin standen die Feinde vor Rom und vor Nordafrika. Und immerhin galt es Gebiete für den Glauben zurückzuerobern. Augustinus denkt argumentativ imperial für Rom und imperial für das Christentum gleichermaßen. Wie Cicero entwickelt auch Augustinus Regeln für einen gerechtfertigten Krieg, er führt Gründe an. Da ist zum einen die Ahndung von Unrecht. Beispielsweise wenn ein Volk sich weigert, Übergriffe zu bestrafen oder zurückzugeben, was durch Unrecht weggenommen wurde. Da ist zum anderen die gerechte Gesinnung, die nicht aus Rache oder Lust an der Grausamkeit handelt. Das sollte Privatfehden, Bürgerkriege und reine Eroberungskriege delegitimieren. Und da ist schließlich der Verstoß gegen die göttliche Ordnung. Es geht ihm schließlich um die Verbreitung der Gerechtigkeit im Sinne des Christentums, ein Krieg also in Stellvertretung einer göttlichen Strafe mit einem höheren Auftrag. „So verstießen keineswegs gegen das Gebot ‚Du sollst nicht töten', die auf Gottes Veranlassung Kriege führten, oder die als Träger obrigkeitlicher Gewalt nach seinen Gesetzen, das heißt nach dem Gebot vernünftiger Gerechtigkeit, Verbrecher mit dem Tode bestrafen" (Vom Gottesstaat, S. 39). Augustinus liefert eine neuplatonische Rechtfertigung, die ins Praktische gedreht ist. Schlechtes ist keine eigene Qualität, auch keine ethische, sondern ein Mangel an Vollkommenheit. Die wieder herzustellen ist das Ziel, und das legitimiert die Mittel zum Zweck. „Nur die Ungerechtigkeit der gegnerischen Seite zwingt ja den Weisen zu gerechter Kriegsführung. Und diese Ungerechtigkeit muss ein Mensch an Menschen betrauern, auch wenn keine Nötigung zu Kriegen daraus erwächst" (Vom Gottesstaat, S. 541). Augustinus stellt schärfer als Cicero das Ziel eines gerechtfertigten Krieges heraus. Es geht zwar um Frieden mit dem besiegten Gegner, nicht um dessen Vernichtung, aber es geht vor allem um die Unterwerfung unter die richtige Vorstellung von Gerechtigkeit. Gerechtigkeit ist mehr wert als Leben, das immer voll ist von Lastern, körperlichen in der Lust, geistigen in der Ungerechtigkeit. Augustinus beschreibt wie Cicero mehrere Kriterien für einen gerechten Krieg. Er muss dem Frieden dienen und diesen wiederherstellen. Er darf sich nur gegen begangenes, dem Feind vorwerfbares Unrecht richten, das wegen des feindlichen Verhaltens fortbesteht. Das immerhin schließt Präventivkriege aus. Und eine legitime Autorität muss den Krieg anordnen. Der Kriegsbefehl darf dabei nicht gegen Gottes Gebote verstoßen außer dem einen, das den Mord untersagt. Der Soldat muss ihn somit als Dienst am Frieden einsehen und ausführen können, er darf demzufolge keine Unschuldigen einbeziehen. Auch das ist trotz alledem eine äußerst riskante Argumentation, die philosophisch nicht tragfähig ist. Zwar der Krisenzeit und wirren Findungsphase des frühen Christentums geschuldet, aber eben auch eine kriegerische Blaupause für die künftige Zeit.

Eine prinzipiell andere Antwort auf die Frage nach dem gerechten Krieg wird dann Kant geben. Für ihn ist es ein Gebot der Vernunft, dass Menschen ihre Handlungsfreiheit nach allgemeinen Gesetzen beschränken: „Das Recht ist also der Inbegriff der Bedingungen, unter denen die Willkür des einen mit der Willkür des anderen nach einem allgemeinen Gesetze der Freiheit zusammen vereinigt werden kann" (A 33/B 33; Bd. VIII, S. 337). Das ist ein Plädoyer für eine Rechtsgemeinschaft statt für individuelle Interessen oder Glaubenssysteme. Der Kriegszustand zwischen Staaten, also die Bereitschaft das Recht des Stärkeren umzusetzen, ist für Kant im höchsten Maß unrecht. Die Vernunft fordert seine Überwindung, und es ist daher ein „Völkerbund nach der Idee eines ursprünglichen gesellschaftlichen Vertrages notwendig" (Bd. VIII, S. 467). Ziel ist es, den Kriegszustand untereinander abzuwehren. Kants Vernunftrecht erklärt den Frieden zum höchsten politischen Gut. Es verlangt gerade die Verrechtlichung aller konfliktträchtigen Beziehungen und verpflichtet die Völker, eine kollektive Sicherheitsgemeinschaft zu bilden, um dem Kriegführen ein Ende zu machen. Die Lehre vom gerechten Krieg verliert dadurch allen Rückhalt.

Naturrechtsjuristen wie Cicero, die sich über die Bedingungen zulässiger Kriege und deren rechtliche Disziplinierung Gedanken machen, sind für Kant nur „leidige Tröster" (BA 33; Bd. XI, S. 210), die als Kriegsverhinderer stets versagen, aber als Lieferanten von Kriegsgründen gern konsultiert werden. Aus der vernunftrechtlichen Perspektive ist ein gerechter Krieg eine contradictio in adjecto, ein Widerspruch in sich, weil die Rechtsvernunft den Krieg als Rechtsmöglichkeit ausschließt. Aus heutiger Perspektive ist nach dem modernem Völkerrecht der Angriffskrieg grundsätzlich geächtet und damit das Recht zum Krieg außer Kraft gesetzt. Legitim sind allein von den Vereinten Nationen mandatierte militärische Sanktionen zum Zweck der Friedenssicherung, was auch schon eine Gratwanderung bedeutet. Eine an Kant orientierte Utopie sicherlich, die tatsächliche Wirklichkeit mag demgegenüber eine ganz andere sein. Um so schlimmer für die Wirklichkeit, würden manche Philosophen an der Stelle sagen.

Boethius – Wirklichkeit von Begriffen

Boethius (480–524) wurde in Italien geboren. Er stand der antiken Wertordnung näher als Augustinus, auch wenn er knapp 130 Jahre nach Augustinus geboren ist. Boethius entstammte einer der reichsten Familien Roms, sein Vater war Konsul, er genoss also ausgiebig Bildung und nutzte sie. Er war Politiker und kein Kleriker, wurde selbst Konsul und danach Kanzler von Theoderich. Platon und Aristoteles waren ihm vertraut, er beherrschte Griechisch und machte sich zur Aufgabe, beide ins Lateinische zu übertragen. Aristotelische Schriften fand er vermutlich in Konstantinopel, vielleicht auch in Alexandria. Boethius wollte nicht mit den Griechen konkurrieren, sondern deren Wissenschaften nachahmen. Das bedeutete nicht nur Übersetzung, sondern auch Kommentierung, so dass möglichst eine Übereinstimmung zwischen Platon und Aristoteles deutlich würde. Damit formulierte er als erster für die mittelalterliche Epoche den programmatischen Wunsch, dass sich schon das antike philosophische Denkens nicht widersprechen soll. Das ist ihm zwar nicht gelungen, aber seine Sichtweise steuerte die Aristotelesdeutung vieler Araber. Im politischen Konflikt zwischen dem oströmischen Kaiser und weströmischen Ostgotenkönig verlor Boethius am Ende seine Ämter, er wurde angeklagt und hingerichtet.

Boethius war Mathematiker und Logiker, er lehnte sich in seiner strengen Argumentationsform an Euklid an, dessen „Elemente" er ins Lateinische übersetzt hat. Von der Mathematik ausgehend war der Weg zu den logischen Schriften des Aristoteles nicht weit. Boethius hat die logischen Traktate übersetzt, also Kategorienlehre und Satz vom Grund, bis die Hinrichtung dem Übersetzungsprojekt ein abruptes Ende bereitete. Nicht übersetzt wurden entsprechend die „Physik", „Poetik", „Metaphysik", „Ethik" und „Politik", und das hatte Konsequenzen. Denn in den folgenden Jahrhunderten wird der empirische Wissenszweig mit dem ganzen Aristoteles gekappt. Bekannt war nur noch dessen Logik, wenn überhaupt, und meistens nur in Auszügen. Auch die Kenntnis von Platon war mehr als rudimentär. Man kannte im Prinzip nur noch seinen Dialog „Timaios", in dem ein Welthandwerker, ein sogenannter „Demiurg", die Welt geschaffen hat. Das passte gut zur Genesis, wo von einem göttlichen Schöpfer ein formloser Urstoff bearbeitet wird. Und das passte auch gut zur Vorstellung, dass die ganze Welt als Kosmos planvoll geordnet ist, selbst wenn es darin Böses gibt.

Boethius hat den sogenannten Universalienstreit mit herbeigeführt. Der kreist um die Frage, ob Begriffe eine eigene Realität haben, oder ob sie eine bloße Abstraktion sind. Auf die Antike bezogen heißt das platonische Ideen mit ihrem eigenen Sein – also Realität – auf der einen gegen aristotelische Begriffe als induktive Denkergebnisse – also Abstraktionen – auf der anderen Seite. In theologische Vorstellungen übersetzt heißt das trinitarische Seinswirklichkeit aller drei Wesenheiten von Gott mit Gottvater, Jesus und heiligem Geist gegenüber dem Konzept, dass Sohn und heiliger Geist keine eigenständige göttliche Seinswirklichkeit haben, sondern bloße Abkömmlinge oder Substanzen mit einem anderen Seinsstatus sind. Eine Frage, die folgende Jahrhunderte bewegen wird. Boethius interessiert sich allerdings mehr für die antike Problemlage als für die Theologie und hat dabei eine eigene Position markiert. Das Denken in Begriffen hat einen Inhalt, der auf die Dinge zielt. Es kann die Dinge aber nicht so nehmen, wie sie tatsächlich in ihrem Sein sind. Denn die Sinne geben uns lediglich Körper, in denen sich unkörperliche Dinge wie Ideen befinden. Der menschliche Geist trennt das Geeinte dann, was gesondert aber eigentlich gar nicht existiert, sondern immer verbunden ist. Jede Gattung, jede Art benötigt etwas Einzelnes, das diese jeweils ausmacht. Universalien existieren unkörperlich, sie sind aber mit den Sinnesdingen verbunden und ohne diese nicht vorstellbar. Das ist eine Sowohl-als-auch Position, tendiert aber stärker in Richtung Platon. Universalien haben für Boethius eine eigene Existenz. Das Mathematische und die Zahl mögen das dem Logiker nahe gelegt haben.

Sein Hauptwerk ist „Trost der Philosophie". Es ist ein künstlicher Dialog zwischen Boethius selbst und einer personifizierten Philosophie, die ihn tröstet und belehrt. Es enthält Prosa und Gedichte, war bis in die frühe Neuzeit eines der meistgelesenen philosophischen Bücher überhaupt und wurde früh in unterschiedliche Sprachen übersetzt. Geschrieben hat er es im Kerker nach der Verurteilung zum Tod. Boethius bleibt auch am Ende mehr Philosoph und weniger Theologe. Er wählt die dialogische Stilform und damit ein poetisches Mittel. Er sucht Trost nicht bei der Bibel, den Sakramenten und im Glauben, sondern in der Philosophie mit ihren rationalen Argumenten. Philosophie verhilft ihm dazu, das Schicksal zu akzeptieren. Inhaltlich beschließt das Buch seinen philosophischen Synthesewunsch, Boethius verknüpft platonische Vorstellungen mit aristotelischen, stoischen und neuplatonischen. Das höchste Glück und Ziel ist dabei das Gute, ein Eines. Das Böse ist demgegenüber ein Mangel an Gutem und eigentlich ein Nichts. Das kommt bekannt vor, Plotin steht gedanklich Pate.

Mittelalterliche Universitäten – Rückkehr der aristotelischen Logik

Nach Boethius passierte philosophisch lange Zeit gar nichts. Das Ende der Welt schien dem christlichen Denken nahe, das Jahr 1000 sollte die Zeitenwende sein, eschatologische Hoffnungen machten sich breit, die Endzeitstimmung beherrschte das Bild. Aber nach dem Rausch kommt bekanntlich das Aufwachen, und in dem Fall kehrt das logische Denken zurück. Über Osteuropa gab es den Handel mit den arabischen Ländern. Allmählich begann im 11. Jh. auch im Westen ein wirtschaftlicher Aufschwung. Die Produktivität in der Landwirtschaft wuchs ebenso wie die Städte. Städtische Kathedralenschulen ersetzten schnell ländliche Klosterschulen als Bildungszentrum.

Zum Ende des 11. Jhs. wurde die Universität Bologna von Laien für Laien gegründet, die Römisches Recht studieren wollten. Ab Mitte des Jahrhunderts war dort schließlich auch Kirchenrecht im Angebot, den Auftrieb brachte der Investiturstreit. Die Laiengründung selbst blieb aber die Ausnahme. Anfang des 13. Jhs. kam die Universität Paris dazu, sie konzentrierte sich auf Theologie sowie Logik und wurde zur Lehruniversität schlechthin für den klerikalen Status. Im gleichen Zeitraum entstanden Oxford und Cambridge als Universitäten ohne Anschluss an Domschulen. Sie konzentrierten sich von Beginn an auf Mathematik und Naturgeschichte. Zwischen dem 14. und 15. Jh. stieg die Zahl der Universitäten dann sprunghaft von 15 auf etwa 70 an. Die meisten waren säkulare Institutionen, von Magistraten gegründet und vom Papsttum bestätigt. Es gab keine formellen Aufnahmekriterien, nur ausreichende Lateinkenntnisse waren erforderlich, um den Vorlesungen folgen zu können. Es gab auch kein Examen für einen akademischen Grad, Bewertungen erfolgten während des gesamten Studiums. Universitäten hatten einen städtischen Sonderstatus. Sie waren rechtlich frei mit einer eigenen Gerichtsbarkeit, und die Immatrikulierten waren von Steuern befreit. Die Anwesenheitspflicht galt für die vormittäglichen Vorlesungen und die meistens öffentlichen Debatten am Nachmittag. Und das waren zunehmend intellektuelle Veranstaltungen. Der gerichtliche Sonderstatus erlaubte nämlich besondere Freiheiten. Hinzu kamen jetzt Erörterungen nach dem Motto „de quodlibet", übersetzt „was beliebt": Jeder Vortragende durfte jede Prämisse vertreten, unabhängig von der eigenen Autorität oder davon, ob sie aus kirchlicher oder politischer Sicht umstritten war oder nicht.

Das logische Argumentieren suchte sich Freiräume und nutzte sie. Unter den rund 220 Erörterungen, die an der Pariser Universität von Philosophiestudenten im Jahr 1376 eingereicht wurden, waren beispielsweise auch welche, die einfach Dinge in Frage stellten, die als unhinterfragbar richtig galten: die Dreieinigkeit, die Göttlichkeit von Jesus, die Auferstehung, die unsterbliche Seele. Mehr noch, sie behaupteten, dass Gebete sinnlos wären, und dass die Evangelien genau so voller Fabeln und Lügen wären wie alle anderen biblischen Bücher. Mehr als eine scharfe Rüge des Erzbischofs hat ihnen das nicht eingebracht. Im geschlossenen akademischen Diskussionsraum war nicht üblich, aber immerhin möglich, was öffentlich verboten war. Universitäten brachten zudem Bibliotheken und ein verändertes Quellenverhältnis mit sich. In den frühen Klöstern gab es dagegen keine Bibliothek oder auch Arbeitszimmer zum Studieren. Erst mit dem Papier und den ersten Universitäten entstanden mengenmäßig relevante Textbücher. Das Abschreiben war nicht mehr nur Sache von Klöstern und Kathedralenschulen, sondern von Schreibstuben der Universitäten, die den Buchhandel auch aus ökonomischen Interessen heraus vorantrieben und überwachten.

Dennoch, auch das scholastische Denken steht im Gegensatz zur Philosophie der Antike. Anstatt von einem Problem oder Ansatz ins Ungewisse vorzustoßen und sich dem Gedanken anzuvertrauen, wo immer das auch hinführen mag, geht es den christlichen Scholastikern darum, im Rahmen der anerkannten Dogmen das Wissen rational zu ordnen. Es ist eine Gliederungsarbeit, eine Beweisarbeit mittels der dialektischen Methode. Die Inhalte waren anschließend lehrbar. Die Scholastik denkt hierarchisch. Sie baut ein Gebäude, eine Kathedrale des Denkens. Ordnungen und Hierarchien entsprechen dabei auch dem historisch erlebten Lehenwesen. Jedes Ding hat kein volles Sein als Besitzeigenschaft aus sich heraus, sondern lediglich als ein Lehen, als Teilhabe innerhalb einer festen Rangstufe. Dabei ist die Deduktion das maßgebliche Muster, die systematische Induktion folgt erst mit den Erfahrungswissenschaften der Neuzeit. Dialektik und die logische Disputation werden im Spätmittelalter zum Grundstil christlich-mittelalterlicher Philosophie. Es geht jetzt fast juristisch zu und darum, Thesen gegen Angriffe zu verteidigen. Dabei war die lateinische Wissenschaftssprache bereits zu einer Kunstsprache geworden, kein Mensch sprach im Alltag mehr lateinisch. Allein schon deshalb wirkt der Stil oft hölzern und nüchterner als zu Zeiten von Augustinus oder Boethius.

Das Mittelalter kannte vier Fakultäten: Philosophie, Jurisprudenz, Medizin und Theologie. Philosophie galt dabei als niederste Fakultät, sie sollte nur ein Grundstudium für alle anderen Fakultäten sein, und nicht die höchste Wissenschaft. Diese Position blieb der Theologie vorbehalten. Das Grundstudium bestand aus der Lehre in den „Artes Liberales", den sieben freien Künsten als vorbereitender, aber verpflichtender Lehrstoff für die höheren Fakultäten. Zu den sieben Künsten gehörten das sogenannte „Trivium", ein unterer Lehrgang mit Grammatik, Dialektik und Rhetorik. Die Poesie fehlte im Mittelalter völlig und kam schlicht nicht vor, allenfalls als Nebengebiet der Rhetorik. Und es gehörte zu den sieben Künsten ein sogenanntes „Quadrivium", ein oberer Lehrgang mit Musik, Arithmetik, Geometrie und Astronomie. Diese Systematik der Ausbildung war allerdings eine späte Entwicklung, das Quellenwissen bezüglich antiker Autoren blieb in der Zeit zuvor mehr als dünn, es kursierten vielleicht Textauszüge, vielleicht auch nur einzelne Sätze, von denen man nicht wusste, wie präzise sie waren, und wem genau sie zugeschrieben werden sollten. Teilweise waren es Verallgemeinerungen nach dem Motto „Platon sagt", vielleicht steckten aber auch Halbsätze darin, die Platon zugeschrieben wurden, aber mit Gedanken von Plotin angesättigt waren. Dann tauchten wieder andere Äußerungen auf, die dem widersprochen haben, man ordnete sie einer Autorität zu, das mochte sachlich stimmen oder auch nicht.

Und dann brach das Wissen doch auf. Über Toledo, das seit 1085 wieder unter christlicher Verwaltung stand, und seine verbliebene arabische Übersetzungsschule kamen plötzlich arabische Werke nach Europa, die schon immer europäisch gewesen waren. Am Ende des Jahrhunderts waren in lateinischer Übersetzung dann Aristoteles für die Physik, Euklid für die Geometrie, Galen für die Medizin und

Ptolomäus für die Astronomie einigermaßen verfügbar. Die Wissenserweiterung führte dazu, auch bereits bekannte Texte neu zu lesen, wie Platons „Timaios". Analoges passierte mit Cicero und Seneca. Das Verhältnis zur Natur veränderte sich, der kontemplative Weltbezug trat zurück, Natur gewann an Eigenkraft, das Wissen bekam eine neue Diesseitigkeit. Gründe und Beweise konkurrierten plötzlich mit dem bloßen Glauben.

Paris hat sich im 13. Jh. zur dominanten Universität entwickelt. Weltkleriker und Ordensmitglieder kämpften nun auf ihren Lehrstühlen um die Deutungshoheit. Philosophie gehört seitdem nicht mehr zur Theologie, sondern zur Artistenfakultät und bekam eine neue gesicherte institutionelle Stelle, zumal die Freien Künste Vorbedingung für das Studium der anderen Fakultäten waren. Dadurch änderte sich die Methodenvorgabe. Die Pariser Artistenfakultät schrieb Mitte des 13. Jhs. verbindlich vor, alle Schriften des Aristoteles zu lesen. Der war zu dem Zeitpunkt auch tatsächlich lateinisch übersetzt, zuvor kannte man lediglich die logischen Schriften durch Boethius. Zudem kamen die neuen arabischen Kommentare hinzu, die gleich mitübersetzt wurden. Das führte zwar zunächst zu kirchlichen Aristotelesverboten, aber die augustinische Weltdeutung konnte nicht mehr mithalten und die meisten Fragen auch nicht mehr beantworten. Araber vermittelten darüber hinaus zu der Zeit unbekannte Kenntnisse in Geographie, Astronomie und Medizin. Das alles bot ganz ausdrücklich eine bibelunabhängige Orientierung. Die intellektuelle Konsequenz war klar: Wen man nicht besiegen kann, den muss man umarmen. In der Folge wurde keine gedankliche Anstrengung unterlassen, die Offenbarungsreligion mit griechischem Naturwissen und Philosophie zu versöhnen. Die Ironie der Geschichte ist, dass man auch Platon nur unvollständig kannte. Verfügbar waren in lateinischer Übersetzung vor der Neuentdeckung von Aristoteles nur wenige platonische Werke, dazu zählen die Dialoge „Menon", „Phaidon", „Timaios" und „Parmenides". Platon wurde von seinem Schüler und Kritiker Aristoteles also überholt, bevor er selbst vollständig bekannt wurde.

Anselm von Canterbury – Gottesbeweis aus dem Begriff heraus

Anselm (1033–1109) wurde in Aosta geboren, einem Ort im Piemont. Er war Benediktiner in der Normandie, danach auch rasch Prior und Abt. Es folgte der Posten des Erzbischofs von Canterbury in England, was kein einfaches Amt war. Denn Anselm stand nun mitten drin im politischen Konflikt zwischen König und Papst bei der Frage, wer die Bischöfe berufen darf und kann. Das hat ihn zumindest zeitweise ins Exil getrieben.

Anselm gilt vor allem als Vater der Scholastik. Scholastisch ist etwas, das zur Schule gehört oder zum Studium. Gemeint ist damit ein Lehrgebäude, eine Ausbildung gemäß dem methodischen Vorbild von Aristoteles mit Beweisführung im Rahmen einer pro und contra Abwägung. Es ist eine wissenschaftliche Denkweise, die an Begriffen orientiert ist und diese möglichst genau fassen will. Mit der Scholastik erreichen die angestrengten Versuche, aristotelisches Denken in das platonische Christentum zu integrieren, ihren Höhepunkt. Es geht wie in der gesamten mittelalterlichen Philosophie um das Verhältnis von Denken und Glauben, aber es gibt nun eine stärkere Orientierung an logischen Denknotwendigkeiten. So liefert Anselm beispielsweise einen logischen Gottesbeweis. Der philosophische Kernpunkt ist hierbei der Begriff des Seins, und was er alles enthalten muss. Anselms Gottesbeweis heißt deshalb „ontologisch", er fußt auf dem Wesen des Seins und ist „seinslogisch".

Weder der Glaube noch das Wissen für sich allein reichen aus, um die Wahrheit voll zu erfassen. Also kann das für Anselm nur eine Verbindung aus beidem leisten, und er meint entsprechend „ich glaube, um zu verstehen" (Proslogion, S. 21). Das ist zwar keine völlige Umkehrung von Tertullian und Augustinus, aber das Denken kommt mit einem ganz neuen Selbstbewusstsein daher, es bekommt ein eigenes Gewicht. Anselm geht davon aus, dass wenn jemand liebt, er das Geliebte auch erkennen will. Das bedeutet theologisch gewendet, dass wer Gott liebt, ihn demzufolge auch erkennen will. Im religiösen Bereich gehen Glaube und Liebe gleichermaßen der Erkenntnis voraus. Liebe ist das, was anzieht, ein Gefühl gewünschter Nähe, es setzt etwas mit Sogwirkung voraus. Das Liebesmotiv ist bereits seit Platon philosophisch bekannt. Bei ihm hatte der Eros zur Erkenntnis der Idee geführt, bei Anselm führt der Wissenseros nun als Mittler zu Gott.

Da Gott der Schöpfer von Glaube und Vernunft gleichermaßen ist, darf und kann kein Widerspruch in beidem liegen. Widerspruchsfreiheit ist ein Kernpunkt des wieder entdeckten aristotelischen Denkens, das scholastisches Argumentieren in die theologische Philosophie einbauen will. Damit nimmt Anselm die erste Hürde. In Konsequenz sind jetzt auch Gottesbeweise möglich, weil der Verstand selbst nichts Widersprüchliches oder Unsinniges beweist. Anselm nimmt damit die zweite Hürde, er vertraut den Fähigkeiten des logischen Denkens. Gott ist etwas, „über das hinaus nichts Größeres gedacht werden kann" (Proslogion, S. 23). Der menschliche Geist hat jedenfalls die Idee Gottes, er wird nämlich vorgestellt als die absolute Fülle der Seinsmöglichkeiten. Wenn Gott nun im Verstand existiert, muss er aber auch notwendig in der Wirklichkeit existieren. Denn nur im Verstand existieren wäre ein deutlich geringerer Zustand, dem nur vorgestellten Gott würde nämlich das Sein mangeln, die Existenz gewissermaßen.

Der Beweis unter aristotelischen Bedingungen zeigt für Anselm, dass Denken gut ist, immerhin bestätigt es seinen Glauben. Die Tatsächlichkeit Gottes wird aus dem Begriff der Vollkommenheit abgeleitet, zu dem Sein notwendig gehört, um vollkommen zu sein. Das ist auf Dauer freilich nicht haltbar. Die spätere Kritik lautet dann auch, dass Existieren selbst keine Eigenschaft ist, sondern viel weitreichender die Voraussetzung, dass etwas überhaupt ist und damit Eigenschaften erst haben kann.

Thomas von Aquin – Ausufernde Versöhnungsversuche

Thomas (1225–1274) kam aus Aquino, einer Stadt südlich von Rom. Sein Vater gehörte zum Hofadel und schickte ihn zur schulischen Ausbildung ins nahegelegene Kloster Monte Cassino. Aber statt sich für Politik zu qualifizieren, wollte Thomas lieber Mönch werden und trat schließlich den Dominikanern bei, einem Bettelorden. Das hinderte ihn allerdings nicht daran, Wein und Speisen zu mögen. Thomas war äußerst korpulent, kein Kostverächter also, und schon gar kein Asket. Auch gedanklich nicht, die Körperfeindlichkeit von Plotin und Augustinus war ihm fremd. An der Pariser Universität lehrte er schließlich Theologie und hat sie verändert, wie auch das philosophische Denken.

Zu Zeiten von Thomas ist die Krise der Theologie durch Kenntnis der tatsächlich umfangreichen aristotelischen Schriften bereits weit vorangeschritten. Philosophie ist nun keine bloß mangelhafte und unterwürfige Dienerin der Theologie mehr, sondern ein eigenständiges nachvollziehbares System, eine mögliche Wahrheit des Verstandes. In der „Summa Theologiae", einem Lehrbuch zur Ausbildung von Anfängern, beschreibt Thomas, dass jede Bibellektüre beweisen muss, dass das von Gott geschriebene Buch in Übereinstimmung mit den Werken des Aristoteles steht, die Wirklichkeit ja besser und systematischer erklären können als die sonstigen christlich-mittelalterlichen Vorstellungen. Die Methoden übernatürlicher, offenbarter Wahrheiten sollen mit den Methoden natürlicher Erläuterungen und Beweise in Einklang stehen. Das bestimmt das Wesen des menschlichen Geistes neu. Der Glaube hat es nun mit übernatürlichen Wahrheiten zu tun und nichts mehr zu suchen im Feld der Erkenntnis der Welt. Die natürliche Vernunft dagegen richtet sich auf die Wirklichkeit der Welt mittels sinnlicher Erfahrung und rationaler Einsicht, was den aristotelischen Kategorien entspricht und jetzt erlaubt ist. Die Sichtweise von Thomas sorgt für eine gemäßigte Erkenntnisposition. Die Betrachtung der Natur aus einem säkularen Blickwinkel ist plötzlich möglich, nämlich durch die klare Unterscheidung zwischen einem Reich des Natürlichen, darin herrschen Natur sowie Vernunft, und einem Reich des Übernatürlichen, darin herrschen Offenbarung sowie Gnade.

Glaube und Wissen treten in ein verändertes Verhältnis. Beides kommt von Gott, deshalb gibt es keinen Widerstreit, allerdings gibt es immer noch den Vorrang des Glaubens, weil er vollkommener ist. Aber immerhin wird die Innerweltlichkeit dogmatisch legitimiert für Formen der Erkenntnis freigegeben. Die Begründung mischt etwas Platon mit viel Aristoteles. Die Formen als Wesen der Dinge existieren ursprünglich als Ideen im Geist Gottes. Die menschliche Vernunft denkt diese Gedanken einfach nach. Thomas unterstellt ihr auf Seiten der Erkenntniskraft eine gewisse Ähnlichkeit mit dem göttlichen Geist, die Idee und die Seele, also das platonische Konzept, schwingt im Hintergrund dabei mit. Stoff ist eine bloße Möglichkeit geformt zu werden, deshalb hat die Form eine höhere Wirklichkeit als die Materie, das ist dagegen ein aristotelisches Konzept. Immerhin tilgt Thomas mit Aristoteles die platonische Leibfeindlichkeit. Es herrscht kein Dualismus mehr von Leib und Seele wie bei Platon, sondern der Mensch ist vielmehr eine Einheit aus Körper und Seele wie bei Aristoteles, eine Person. Gott ist demgegenüber eine reine Wirklichkeit ohne alle Möglichkeit, also reine Form ohne Stoff, er ist reiner Geist oder ein erstes Bewegendes, um es mit einem religiös gewendeten Aristoteles zu sagen.

Thomas ist ein Scholastiker mit umfangreichen Frage- und Antwortgebäuden, was recht amüsant sein kann. „Es steht zur Frage, ob die Wahrheit stärker sei oder aber eher der Wein, der König oder eine Frau. Es sieht so aus, 1. als ob der Wein stärker ist: Denn er verändert den Menschen in erheblichem Maße. 2. Ebenso, als ob der König stärker ist: Denn der zwingt die Menschen zu dem, was am schwersten ist, nämlich sich in Todesgefahr zu begeben. 3. Ebenso auch, als ob die Frau stärker ist: Denn sie beherrscht sogar Könige. Dagegen spricht, dass [im AT] steht, dass die Wahrheit stärker ist. Ich antworte auf das Gesagte, dass (…) unter den Dingen, die zur Veränderung bezüglich der körperlichen Disposition beitragen, der Wein die erste Stelle einnimmt, da er die Zunge löst; dass unter den Dingen, die zur Veränderung bezüglich des sinnlichen Verlangens beitragen, an erster Stelle die Erwartung von Genussreichem steht, (…) dass also diesbezüglich die Frau stärker ist. In praktischen Angelegenheiten (…) hat der König die größte Macht. In theoretischen Angelegenheiten ist aber die Wahrheit am höchsten und stärksten. Nun stehen die körperlichen Kräfte unter den vernünftigen Seelenkräften und die Kräfte der praktischen Vernunft unter denen der theoretischen. Und daher ist insgesamt gesehen die Wahrheit hervorragender und stärker" (Qaestiones Quodlibetales, Buch XII, Kap. 14, Art. 20). Das ist scholastische Logik. Die kann umgekehrt auch aufräumen mit der Abwertung des Körpers, wie Augustinus dies vorgegeben hatte. Bei Thomas bekommt die Sexualität einen eigenen Stellenwert, die Geschlechtsorgane sollen nicht mehr dem Willen unterstellt sein, auch Zeugung ist nicht deren primäre Aufgabe. „Da die Glieder des Körpers gewissermaßen Werkzeuge der Seele sind, ist der Zweck eines jeden Gliedes sein Gebrauch, wie es bei jedem anderen Werkzeug so ist. Der Gebrauch bestimmter Körperteile ist aber die leibliche Vereinigung. Also ist die leibliche Vereinigung der Zweck dieser Körperteile. Was aber Zweck irgendwelcher natürlicher Dinge ist, kann nicht an sich schlecht sein. (...) Es ist also unmöglich, daß die leibliche Vereinigung an sich böse wäre" (Summa contra gentiles, S. 215). Das ist deutlich, mit Thomas ist die mittelalterliche Philosophie, auch die christliche, nicht mehr zwingend leibfeindlich. Die Auslegung von Begriffen und Beispiele aus der Wirklichkeit erzeugen ein praktisches Wissen, das fast beliebig deklinierbar ist.

Das Ziel des Menschen im Leben ist die Erkenntnis der Wahrheit, das Glück ist im Verstehen zu finden, im Durchschauen der Dinge. Der Mensch ist ein „zoon logon echon", wie Aristoteles beschrieben hatte. Das Ziel ist zugleich, in der Gemeinschaft mit Anderen zu leben, denn das entspricht seiner Natur als „zoon politikon". Es muss nun eine Instanz geben, die den Egoismus in Grenzen hält, das ist der Staat. Der Mensch existiert konsequenterweise nicht für den Staat, sondern Staat und Gesellschaft sind für den Einzelnen da. Herrscher müssen für Thomas deshalb Diener des Gesetzes sein, das folgt ganz dem antiken Denken. Wenn sie sich dagegen zu Tyrannen aufschwingen, sollen sie durch das Volk gestürzt werden, das ist rechtmäßig, weil sie unrechtmäßig an die Macht gekommen sind. Voraussetzung ist lediglich, dass der Umsturz Aussicht auf Erfolg hat und nicht in Anarchie abzugleiten droht. Diese Radikalität hat Auswirkungen auf das Verhältnis des Einzelnen zur Kirche als Institution. Wenn sie nämlich etwas gegen das Gewissen des Menschen anordnet, kann man ihr guten Gewissens den Gehorsam verweigern, meint Thomas. Nicht nur das sorgte nach seinem Tod für heftige Auseinandersetzungen. Vor allem Franziskaner waren als Platoniker und strenge Augustinusanhänger seine Gegner. Über 200 Sätze seiner Werke galten zunächst als Ketzerei. Insgesamt setzte sich Thomas von Aquin aber auch theologisch durch, im ersten Drittel des 14. Jhs. erhielt er Heiligenstatus.

Thomas ist schillernd. Er entwirft als erster Theologe eine christliche Poetik. Augustinus kam von der Dichtung zum strengen Denken, Thomas geht umgekehrt vom strengen Denken über zum Denken der Dichtung. Die Gegenfolie der Dichtung wirkt philosophisch also auch im Mittelalter. Bekannt war das Verdikt Platons über die Dichter, nicht aber die aristotelische Poetik, die Dichtung rehabilitierte. Die wurde nämlich erst in der Frührenaissance über Cordoba und Byzanz wieder zugänglich. Man kannte vielleicht einzelne Aussagen aus der Aristotelischen Metaphysik, die beschreiben, was Dichtung in der Antike war, nämlich Verse über die Götter und den Kosmos. Mehr aber auch nicht. Der Gesamtkontext jedenfalls war poesiekritisch, und das wurde auch Aristoteles unterstellt.

Thomas will die Bibel mit ihren Gleichnissen und Aristoteles mit seiner Sprachanalytik in Form von Satz, Urteil und Beweis gegeneinander abgleichen. Das ist schwer zusammen zu bringen, Probleme liegen auf der Hand, und doch darf Aristoteles nicht widersprochen werden. Wie wichtig die Frage ist, zeigt schon das erste Kapitel der „Summa Theologiae". Dort fordert Thomas, dass jede korrekte

Bibellektüre beweisen muss, dass das von Gott geschriebene Buch mit dem, was Aristoteles geschrieben hat, durchgängig in Einklang steht. Nicht Zeile für Zeile, aber dem Inhalt nach. Da die Bibel nun in Gleichnissen geschrieben ist, also dichterische Metaphern nutzt, muss begründet werden, warum sie macht und darf, was wahrheitsorientierten Menschen verboten ist. „Es scheint, als dürfte die Heilige Schrift keine Metaphern benutzen. Dasjenige nämlich, was der untersten Doktrin gemäß ist, scheint derjenigen nicht angemessen, die unter allen anderen, die höchste Stellung einnimmt. In lauter verschiedenen Gleichnissen und Darstellungen daherzukommen, ist nun aber das Eigentümliche der Poesie, die die unterste unter allen Doktrinen ist" (Summa Theologiae I q. 1 a.9). Die logische Problemlösung von Thomas ist wiederum eine Teilung wie die von Glauben und Denken. Die Offenbarung muss einfachen Menschen einfach beigebracht werden, deshalb ist die unterste Doktrin erlaubt im Wahrheitsuniversum der Bibel. Sinnliche Zeichen nutzten ja auch Kirchen und Kathedralen, Bildhaftigkeit ist so gesehen nicht verboten. Allerdings bleibt die Gefahr, dass auch andere Bücher geglaubt werden, die poetisch daher kommen wie Homer, Hesiod oder Ovid. Metaphern bleiben schließlich trotz Anwendung im Buch der Bücher giftig. Thomas braucht ein Wahrheitskriterium, das den Unterschied markiert. Er schließt hierzu an das alte Konzept des mehrfachen Schriftsinns an, dass Wörter mehrere Dinge bedeuten können. Das hatten schon Paulus, Philo von Alexandria und Origines vertreten. Thomas systematisiert die allegorische Deutung weiter zu zwei prinzipiellen Bedeutungsebenen, die in jedem Wort stecken: eine buchstäbliche, d. h. historische Bedeutung, und eine geistliche, das heißt übertragene Bedeutung. Letztere enthält in sich die allegorische, die ethische und die eschatologische Bedeutung, so dass in Summe schließlich vier Schriftsinne entstehen. Der buchstäblichen Bedeutungsebene weist er den höchsten Rang zu, sie ist für den Glauben notwendig, alle anderen haben eine spirituelle Bedeutung, sie sind für Wissenschaften und ihre logische Stringenz notwendig. Das klingt komplizierter als es tatsächlich ist. Das bekannte Beispiel dazu ist „Jerusalem". Jerusalem ist buchstäblich die Hauptstadt Israels, allegorisch die Kirche, ethisch die menschliche Seele und eschatologisch die zukünftige Heimat bei Gott. „Ich antworte also auf alle Einwände (die gegen den mehrfachen Schriftsinn gemacht worden sind), indem ich sage: Der Autor der Heiligen Schrift ist Gott, in dessen Macht es steht, dass er nicht bloß Laute zum Bedeuten anpasst (was auch ein Mensch machen kann), sondern auch die Dinge selber. Und daher, weil ja in allen Wissenschaften die Laute etwas bedeuten, hat diese Wissenschaft vom göttlichen Wort das zu eigen, dass die Dinge selber, die von den Lauten bedeutet sind, auch etwas anderes bedeuten" (Summa Theologiae I q. 1 a.9).

In Konsequenz ist Gott nicht nur ein Schöpfer, sondern auch ein Dichter. Was ihn von Menschen unterscheidet, ist seine Größe und Allmacht. Er darf, was Menschen nicht dürfen, die Degradierung der Dichter seit Platon kann bestehen bleiben. Nur Gott darf Dinge schaffen und wie Metaphern behandeln, die sein Schaffen dann im Buch der Bücher beschreiben. Er schafft das Wort und die Welt gleichermaßen aus dem Nichts. Das ist der Horizont der göttlichen Allmacht und Wahrheit. Menschen können das nicht, sie können zwar Metaphern bilden, also bereits vorhandene Wörter zu neuem Sinn kombinieren, aber aus den menschlichen Metaphern entstehen noch lange keine Dinge. Anders in der Bibel, das Holz im Paradiesbaum weist schon voraus auf das Kreuz, das Alte Testament ist im Neuen metaphorisch aufgehoben. Aus Metapher wird Realität. Thomas kann der Homerkritik bei Platon ebenso folgen und wie der Platonkritik von Aristoteles, der in den Ideen bloß eine dichterische Phantasie sah. Der grundsätzliche Dichtervorwurf, dass Unwirkliches mit Wirklichkeit versehen wird, kann gehalten werden. Gerade noch.

Die Aufklärung wird diesen Schritt nicht mehr mitmachen. Auch sie wird die Bibel mit Platon und Aristoteles lesen, aber nun ganz anders. Homerische Epen und die Bibel können nämlich parallel gelesen werden als menschlich gemacht, als zwei Dokumente vergangener Stammeskulturen. Die Bibel wird in aufklärerischer Lesart damit selber Poesie. Eine Literatur lässt Wirklichkeit entstehen, nämlich den Glauben an Gott. Auch dieses Kritikmodell folgt im Kern dem alten Platonischen Vorwurf. Es geht lediglich über den ewigen Wahrheitsstatus der Bibel hinaus und macht auch sie zu einem Dichtungsprodukt. Die Antike ist tatsächlich ein Virus und hat viel Zeit. Die Aufwertung der Autorschaft im 17. und 18. Jh. wird dann eine neue Dichtung produzieren mit neuen Themen und neuen Stilen. Der Mensch wird wie Gott die creatio ex nihilo erhalten, die Fähigkeit aus dem Nichts zu schaffen. Der menschliche Geist wird selbst schöpferisch. Phantastisches ist dann plötzlich zulässig, was im Mittelalter noch unvorstellbar war.

Universalien – Phantasie und Wahrheit

Dichtung oder Realität, begriffliche Phantasie oder begriffliche Wirklichkeit, an der Frage hing ziemlich viel im mittelalterlichen Denken. Es war die Frage, ob Begriffe wirklich sind oder nicht, also ob sie erst Wirklichkeit schaffen. Diese Auseinandersetzung zwischen sogenannten Realisten und Nominalisten durchzog das gesamte Mittelalter. Die Realisten beriefen sich auf Platon und waren überzeugt, dass Ideen, also auch Oberbegriffe, Kategorien, Gattungen, Werte oder Tugenden eigenständig vor allen Dingen existieren. Nominalisten beriefen sich dagegen auf Aristoteles und waren überzeugt, dass nur einzelne Dinge real seien und alle Allgemeinbegriffe, die Universalien nämlich, gedankliche Abstraktionen, also bloße Bezeichnungen. Dann aber wären sie tatsächlich Schall und Rauch, ein „flatus vocis", ein von der Stimme bloß erzeugter Hauch.

Im späten Mittelalter spitzte sich der Universalienstreit zu, und zwar befeuert durch die Frage nach der Trinität. Denn Johannes Roscelinus (1050–1125) übertrug die These der Nominalisten auf die Trinität und behauptete, dass auch die Dreieinigkeit Gottes eine solche Abstraktion sei, ein Aggregat aus drei Substanzen, Personen oder Wesen, also nicht drei tatsächlich reale Figuren, sondern eben nur eine. Anselm von Canterbury stimmte ihm als überzeugter Realist nicht zu und zwang ihn in der Synode von Soissons 1092 zum Widerruf. Argumentative Schützenhilfe gab ihm sein ontologischer Gottesbeweis, demzufolge notwendig existent sein muss, was vollkommen ist. Eine Unvollkommenheit in der Trinität im Sinne einer nur Teilexistenz war unvorstellbar und durfte nicht sein. Abaelard (1079–1142) schließlich, eher ein Vertreter des Vernunftvorrangs, glaubte die logischen Fehler in der Diskussion zu erkennen und kam zu einer Kompromisslösung.

Die Universalien sind ihm zufolge in den Dingen. Begriffe sind daher nicht bloße Wortzeichen, „voces", wie die Nominalisten behaupteten, sondern „sermones", also sinnerfüllte Worte, die wir im Urteil auf eine Anzahl von Gegenständen anwenden. Was bedeutet das argumentativ? Es ist falsch anzunehmen, dass eine unsichtbare Welt der Universalien die wahre Realität ist. Denn damit würde die materielle Welt zum vergänglichen, unbedeutenden Abklatsch einer unsichtbaren Welt. Für Abaelard ist es unlogisch, dass der Begriff Menschheit reeller sein sollte als ein einzelner Mensch. Andererseits scheint es auch nicht zu stimmen, dass nur der einzelne Mensch wirklich ist und die Verallgemeinerung Menschheit nur als bloßer Laut existiert. Denn der Begriff Menschheit bezeichnet eine Menge von Eigenschaften, die alle Menschen miteinander verbindet. Deshalb muss der allgemeine Begriff mehr als eine bloße Lautfolge sein. Der Begriff Menschheit fasst nach Abaelard einfach das Allgemein-Menschliche zusammen, das in jedem Menschen vorhanden ist.

Als Aristoteliker vertrat Thomas von Aquin schließlich einen gemäßigten Realismus und schloss die Auseinandersetzung vorerst ab. Das Allgemeine hat demzufolge eine denkunabhängige Grundlage in den Einzeldingen. Es existiert zwar nicht selbst, ist aber in den Dingen realisiert. Ohne die Realisierung im Einzelding ist das Allgemeine nur ein Gedanke. Das vervielfältigt die Universalien selbst. Es gibt für Thomas Universalien „ante rem", die sich in der göttlichen Vernunft bilden und vor den Einzeldingen existieren, Universalien „in re", die als Allgemeines in den Einzeldingen selbst existieren und Universalien „post rem", die als Begriffe im Verstand des Menschen existieren, das heißt nach den Dingen. Auch hier baut er ein Gebäude, in dem alles enthalten ist. Er ist ein Gedankenbaumeister und so ziemlich der letzte in der Epoche. Der mittelalterliche Kontext spielt heute philosophisch keine Rolle mehr, ob Begriffe eine gedankenunabhängige Wirklichkeit haben, dagegen schon. Entsprechende Fragestellung sind beispielsweise: Was sind eigentlich Naturgesetze? Oder welchen Seinsstatus haben Zahlen?

Auflösungssymptome – Scholastik am Endpunkt

Die Abstraktionen waren mit der Scholastik an ihr Ende gekommen, mehr war theologisch-philosophisch nicht mehr drin. Logisch-grammatisch getragene Überlegungen und sprachlich bedingte Beweisführungen konnten eine Scheinwelt produzieren und in sich selbst kreisen. Die vermeintliche Versöhnung von Platon, Aristoteles und der christlichen Theologie kam mit der Scholastik schließlich an ihren Endpunkt. Das Vorbild Aristoteles lieferte nämlich nicht nur eine Metaphysik, sondern auch das Muster für eine innerweltliche Orientierung und half dabei, das Ganze schließlich aufzusprengen.

Das spätmittelalterliche Denken suchte zunächst aber noch verschiedene Auswege, um aus der Sackgasse der Scholastik zu entkommen. Eine Variante war ein noch stärker naturorientierter Erfahrungsbezug, ein anderer der mystische Ausstieg aus der begrifflichen Welt, ein dritter schließlich die relativierende Infragestellung tradierten Wissens. Es blieb aber auch bei diesen Wegen immer noch alles im religiösen Wahrheitsuniversum gebunden, das schien eine nicht überschreitbare Grenze zu sein. Die Versuche erwiesen sich letztendlich als vergeblich, die Neuzeit als eine tatsächlich neue Zeit stand bald vor der Tür.

Roger Bacon – Glauben, Denken, Erfahrung

Roger Bacon (1214–1294) wurde in Oxford geboren, er lehrte in Oxford und Paris. Neben Aristoteles studierte er Mathematik, Alchemie und Optik. Und ungewöhnlich genug, für Forschungen und physikalische Experimente setzte er eigenes Vermögen ein. Bacon wurde spät Franziskaner, seine Lehren galten aber schnell als gefährlich. Zu viel Aristoteles, zu viel geistige Unabhängigkeit, wohl auch zu viel Mystizismus. Am liebsten wollte er die lateinischen Aristotelesübersetzungen verbrennen lassen, wenn er die Macht dazu gehabt hätte, Aristoteles sollte man entweder im Original lesen oder gar nicht. Bacon kam letztendlich unter Arrest, Schüler hatte er keine.

Bacon singt ein Loblied auf die Erfahrungswissenschaft, die wie Mathematik nachvollziehbare Ergebnisse schafft. „Durch die Erfahrung, die (...) gemacht wurde, erlangt der Geist Gewissheit und gelangt im Glanz der Wahrheit zur Ruhe. Folglich genügt Schluss [allein] nicht, wohl aber die Erfahrung" (Opus majus, S. 33). Das heißt in scholastische Logik übersetzt, dass Versuche mehr Wissen erzeugen als Autoritäten wie Aristoteles. Damit grenzt er sich von scholastischen Begriffszerlegungen ab und führt die Wahrheit der Empirie zu, statt in Syllogismen zu schwelgen. Der Begriff Syllogismus stammt von Aristoteles und beschreibt eine logische Schlussfolgerung aus Begriffen heraus. So einfach kann man Schluss machen mit scholastischem Lehrwissen. Bacon vollzieht damit eine Aufwertung der sinnlichen Erfahrung und Beobachtung der Natur. Statt Bücherwissen sollen Erfahrungswissenschaften den Weg weisen. Scholastiker hätten sich dagegen in Wortgefechten verfangen und zu viele zu dicke Bücher geschrieben. Sie wüssten gar nicht, was Natur tatsächlich sei. Im konsequenten Anschluss an Aristoteles sollte die Natur nun wahrhaft erkannt werden. Dafür reichen einzelne Beobachtungen natürlich nicht, das wäre beliebiges Einzelwissen, sie müssen vielmehr in einen vernünftigen Zusammenhang gebracht werden. Und dieser Zusammenhang ist die Kausalität. Durch menschliche Wissenschaft ist die natürliche Kausalität erkennbar. Man muss nur die Mathematik als richtige Methode nehmen und sie auf die Natur anwenden.

Trotzdem ist Bacon ein Mönch, das religiöse Paradigma begrenzt das Denkbare, er rettet sich in Hierarchie. Die höhere Vernunft ist nämlich nur möglich durch eine göttliche Wirkung. Der Glaube ist ein erster Erkenntnisweg, Erfahrung ein zweiter, Begreifen ein dritter. Zwar bleibt die Theologie immer noch die edelste Wissenschaft, die Philosophie muss ihr dienen. Aber es hat sich bei Bacon etwas zwischen beide hineingemogelt, die Erfahrung nämlich, sie ist schon der zweite Erkenntnisweg noch vor dem Begreifen. Rein deduktives Denken gerät bei ihm ins Wanken, mehr aber auch nicht, das Ganze hält noch. Bacon bleibt trotz seiner stärkeren Mathematikorientierung im Mittelalter gefangen.

Meister Eckhart – Auf dem mystischen Weg zum Nichts

Johannes Eckhart (1260–1328) wurde in Hochheim, Thüringen, als Sohn eines Ritters geboren. Er trat früh den Dominikanern bei, studierte in Köln und später in Paris. Die Promotion machte ihn zum Magister, zu deutsch einfach „Meister", daher der Name Meister Eckhart. In seinen letzten Jahren wurde er der Häresie angeklagt, starb aber vor dem Urteil. Nach seinem Tod wurden 28 Sätze als häretisch eingestuft. Werke, die diese Sätze enthalten, wurden verboten. Das meiste davon sind Predigten.

Auch Eckhart wendet sich von der Scholastik ab. Aristoteles ist ihm vertraut, aber er erscheint ihm zu sehr der Logik verhaftet. Eckhart ist ein später Mystiker. Die Absage an die Welt führt ihn zur Abgeschiedenheit und hin zu einem Nichts, die gedacht wird als eine reine Fülle. Das ist wiederum nah an Plotin und seinem Einen dran, das sich in die Welt ergießt. Eckhart macht sich vom Verfallensein an die Dinge frei und gewinnt darüber eine reine Innerlichkeit. Die nächste Stufe der Versenkung ist eine Gelassenheit als Entsagung von allen Wünschen. Der volle mystische Weg soll schließlich zu einem Nichts führen. Die völlige Negation von Welt und Selbst gelangt zum Innersten der Seele, dem Seelengrund, der geleert wird und an dem Gott erkannt werden kann bis zur Identität von beiden. „Manche einfältigen Leute wähnen, sie sollten Gott (so) sehen, als stünde er dort und sie hier. Dem ist nicht so. Gott und ich, wir sind eins" (Deutsche Predigten und Traktate, S. 186), das klingt nicht nur gefährlich in den Ohren den Ordensbrüder, das ist es. Weil das reine Nichts keine absolute Leere ist, sondern eine Entweltlichung, kann es wie bei Plotin umschlagen in eine ungeschiedene Fülle. Dem Mystiker droht deshalb auch keine Vernichtung im Nichts, sondern eine Neugeburt. Er sieht die Welt mit neuen Augen. Gott ist nun nicht nur Sein, sondern das Sein schlechthin. Das ist gefährlich pantheistisch, auch wenn das göttliche Sein als Unerkennbares höher als sonstiges Seiendes konzipiert ist. „In diesem Einen sollen wir ewig versinken vom Etwas zum Nichts" (Deutsche Predigten und Traktate, S. 335), meint Eckhart. Darin steckt offenkundig zu viel Augenhöhe. Das ist zwar poetisch schön formuliert, aber es ist eben häretisch.

Nikolaus von Kues – Unzulänglichkeit endlicher Begriffe

Nikolaus (1401–1464) kam aus Kues an der Mosel. Er war der Sohn eines Fischers, studierte Recht in Padua und machte Karriere. Er verlor zwar seinen ersten Prozess, bekam aber dennoch kurz darauf die Berufung auf einen Lehrstuhl. Den lehnte er ab und übernahm stattdessen die Diözese Trier. Er war Teilnehmer des Konzils von Basel und verteidigte dort die Rechte des Konzils gegen den Papst. Seine Flexibilität war allerdings groß. Nikolaus wurde kurz darauf eifriger Parteigänger des Papstes, Legat und Kardinal. Er nahm an Reichstagen teil, war ein geschulter Jurist und geschickter Verhandler auch in weltlichen Fragen. Er war Pfründenjäger und Ämteranhäufer. Nikolaus war schon fast Zeitgenosse der Renaissance, sie kündigte sich zumindest schon an.

Nikolaus argumentiert theologisch-philosophisch zunächst traditionell. Gott als die absolute Unendlichkeit oder absolute Einheit oder absolut Größtes ist in seiner reinen Gegensatzlosigkeit für endliches Denken unbegreiflich und unnennbar. Gott ist „all das (...), was es sein kann" (Philosophisch-theologische Werke, Bd. 1, S. 17), also ein vollständiges Können und im endlichen Erkennen nicht erfassbar. Der Mensch kann sich Gott deshalb nur in einer Sehnsucht nähern, die Initiative selbst muss bei Gott liegen. Jede Möglichkeit mit ihm in Berührung zu kommen, entspringt aus dessen eigenster Offenbarung. Das ist alles vertraut und im Prinzip Plotin kombiniert mit der Gnadenlehre von Augustinus. Die Konsequenz des Denkens lautet dann, wenn wir Gott nicht im Wissen ergreifen können, dann eben in „belehrter Unwissenheit" (Philosophisch-theologische Werke, Bd. 1, S. 3). Nikolaus setzt damit die negative Theologie fort und nähert sich Eckhart an. Gott wird soviel wie Nichts. Der unendliche Abstand Gottes von allem Endlichen wird zu Ende gedacht. Am Ende steht ein Nichts. Vom Einen Größten gilt dann, „all das, was als sein Sein begriffen wird, ist es ebenso sehr wie es dieses nicht ist, und all das, was als Nichtsein an ihm begriffen wird, ist es ebenso sehr nicht, wie es dieses ist" (Philosophisch-theologische Werke, Bd. 1, S. 19). Etwas jedenfalls, das nicht begrifflich oder mit Eigenschaften fassbar ist. Wie ist Erkenntnis dabei möglich? Die menschliche Erkenntnis vollzieht sich in vier Stufen: die sinnliche Wahrnehmung vermittelt zusammenhanglose Eindrücke, der Verstand unterscheidet und ordnet sie, die Vernunft verknüpft zur Einheit, was der Verstand getrennt hat. Die höchste und letzte Stufe ist die Versenkung in Gott, der über allen Gegensätzen steht oder auch das Zusammenfallen aller Gegensätze ist. Etwas jedenfalls, das nicht erfasst oder begriffen werden kann, weil wir nur in Gegensätzen denken können, während Gott doch das Zusammenfallen aller Gegensätze ist, auch der von Sein und Nichts.

Gleichzeitig vertritt Nikolaus aber auch riskante Positionen, er pflegt einen neuen Ton des Wissens und Schlussfolgerns. Er steht unter dem Einfluss des pragmatischen Denkens, auch dem der humanistischen Philologie. Die brachte nämlich eine neue Fähigkeit zur Textkritik mit sich. Nikolaus zeigt erstmals mit philologischen Argumenten, dass die konstantinische Schenkung, eine angebliche Urkunde Kaiser Konstantins des Großen, auf die sich das Papsttum seit dem 11. Jh. zur Begründung von territorialen Ansprüchen in Rom stützte, eine Fälschung ist. Doch damit nicht genug. Er vollzieht einen radikalen Bruch mit dem geozentrischen Weltbild der damaligen Kosmologie, das zu seiner Zeit von Vorstellungen des Ptolemaios und Aristoteles bestimmt ist. Nikolaus denkt astronomisch lange vor Kopernikus, Galilei und Kepler. Er meint, das Universum könne nicht als begrenzt vorgestellt werden, da es keine auffindbaren Grenzen habe. Die Erde stehe auch nicht im Mittelpunkt der Welt. Und es sei zudem offenkundig, dass sie sich nicht in Ruhe befände, sondern sich bewege. Ihre Form gleiche annähernd einer Kugel und die Bahnen der Himmelskörper seien keine genauen Kreisbahnen. Unterschiedliche Welten bestünden nicht zusammenhanglos irgendwie nebeneinander, sondern sie seien in das System des einen Universums eingebunden, das sie alle umfasse. Das ist nun wirklich nicht mehr scholastisch gedacht, und es ist neu. Naturwissenschaft kann zu eigenen Erkenntnissen kommen.

Dass ihm Arrest erspart blieb, ist erstaunlich. Oder auch nicht, denn Nikolaus ist ein geschickter Taktierer, er bleibt immer flexibel und undogmatisch. Er ist ein Verwalter, der in Konflikte eingebunden wurde, er ist ein Diplomat, und er hat entsprechende Erfahrung. Er weiß, was man wann, wo und wie sagen kann, es ist auch eine Frage der Lautstärke und Wahl des Zuhörers. Denn Nikolaus verlässt das religiöse Paradigma keineswegs. Sein Hauptwerk trägt den Titel „De docta ignorantia", eine gelehrte Unwissenheit. Die Gelehrsamkeit kann demnach zu Erkenntnissen kommen und gleichzeitig sagen, dass das endliches Wissen ist und damit auch Unwissenheit ausdrücken kann. Das ist geschickt überlegt, nichts ist mehr ganz sicher.

Nikolaus betont die Individualität, auch das ist schon fast Renaissancedenken. Alles Wirkliche ist demzufolge ebenso individuell wie einmalig, es gibt nicht zweimal etwas ganz Gleiches. Und er beruft sich auf Protagoras, demzufolge der Mensch das Maß aller Dinge ist. Deshalb votiert er auch für eine Verständigung der unterschiedlichen Konfessionen mit dem Ziel eines religiösen Friedens lange vor Lessings Vorstellung einer Versöhnung der monotheistischen Religionen. Gott hat den Völkern jeweils ihre eigenen Propheten und Lehrer gesandt, meint Nikolaus und ist tolerant. Es sei richtig, die eine Religion in der Mannigfaltigkeit von Bräuchen zu erkennen und in gegenseitiger Achtung friedlich zu leben.

Das Mittelalter endet mit Nikolaus zumindest gedanklich friedlicher als es begonnen hat. Das Toleranzprinzip hat Nikolaus nach dem Fall von Konstantinopel 1453 durch die Osmanen formuliert, also nach dem Untergang des Byzantinischen Reiches. Das war ein großer historischer Einschnitt für die Philosophiegeschichte. Denn der frühere Exodus der Gelehrsamkeit infolge der Schließung der platonischen Bibliothek kehrt sich jetzt wieder um. Knapp 1 000 Jahre nach der Vertreibung des Wissens in den Osten kommt mit griechisch orientierten Gelehrten nun ein neues, aber im Prinzip altes Wissen zurück in den lateinischen Westen, vor allem nach Italien. Antike Schriften zirkulieren zunehmend, Gelehrsamkeit ist wieder da. Damit daraus aber tatsächlich eine Neuzeit werden kann, muss in Europa vieles zusammen kommen.

Zeit	Philosophen	Themen	Orte
205–270	Plotin	• Religiöse Reaktivierung von Platon • Endliche Begriffe und Materie als Mangelzustand gegenüber dem Einen • Ideal der Askese	Alexandria, Rom
354–430	Augustinus	• Christliches Ich-Bewusstsein • Lineare Geschichte auf ein Ziel hin • Körperlichkeit als Mangel • Theorie eines Gottesstaats • Gerechte Kriege	Algerien, Rom
480–524	Boethius	• Teilübersetzung von Aristoteles • Status von Allgemeinbegriffen (Universalien)	Konstantinopel, Rom
1033–1109	Anselm	• Gottesbeweis • Glaube als Voraussetzung von Vernunfterkenntnis	Canterbury

Philosophie im Mittelalter

Zeit	Philosophen	Themen	Orte
1125–1274	Thomas von Aquin	• Wissensübereinstimmung von Platon, Aristoteles und Bibel • Trennung der Erkenntnisziele von Glauben und Wissen • Aufwertung des Sinnlichen	Paris
1214–1294	Roger Bacon	• Experimente als Wissenserzeuger	Oxford, Paris
1260–1328	Meister Eckhart	• Glaubensversenkung als Erkenntnisweg	Paris, Köln
1401–1464	Nikolaus von Kues	• Grenze von Begriffen • Toleranz gegenüber anderen Religionen	Trier, Rom

Philosophie der Neuzeit und Aufklärung: Ein Neustart

Zusammenfassung

Die Neuzeit stellt den Menschen selbst in den Mittelpunkt. Die Beweiskraft der Mathematik und naturwissenschaftliche Beschreibungen sind ein Vorbild für das neue philosophische Argumentieren, das ein ebenso sicheres Fundament will. Nur noch das denkende, seiner selbst gewisse Ich bildet für Descartes den Grundpfeiler sicheren Seins und Wissens, das unabhängig von Irrtümern, Scheinwirklichkeiten oder Glaubensfragen stabil bleibt. Die Wahrheit liegt damit im Subjekt selbst, von dem die Objektwelt und kosmische Ordnung streng geschieden wird. Das ist eine fundamentale Spaltung, die die Philosophie lange begleitet und vielfältige Vermittlungsbemühungen auslöst. Mit der Aufklärung wird schließlich auch der Staat als von Menschen gemacht begriffen, die religiöse Herrscherlegitimation zerbricht philosophisch und politisch gleichermaßen, zunächst in der englischen Aufklärung, dann in der französischen. Souverän ist das Volk selbst, es gibt sich selbst eine Ordnung. Die philosophische Beschreibung der Wirklichkeit verlagert sich auf den Begriff einer unhintergehbaren, aber beobachtbaren Natur, sie löst die vormals bindende Kraft der Religion ab. Hinzu kommt die Vorstellung einer durch Menschen beeinflussbaren Geschichtsentwicklung. Es werden anfängliche Naturzustände diskutiert, aus denen heraus sich die menschliche Entwicklung vollzogen hat. Erstmals treten atheistische Grundhaltungen offensiv auf, vor allem in Frankreich, und erstmals werden Menschenrechte diskutiert und beschlossen, bei denen religiöse Motive nur noch ein Moment unter anderen bilden. Kant schließlich trennt radikaler als alle philosophischen Vorgänger das Wissen vom Glauben sowie die Vernunft von der Religion. Sie bilden getrennte Bereiche, die weder auseinander hergeleitet werden können, noch eine gemeinsame Wahrheitsebene bilden. Auch für Kant sind Mathematik und Physik Vorgaben sicherer Regelhaftigkeit, die vor aller Erfahrung liegen. Er lotet die Erkenntnisfähigkeit des Menschen aus, begrenzt sie scharf und eröffnet zugleich durch das spezifisch menschliche Vernunftvermögen einen Verwirklichungsraum für eine vernünftige Ethik und einen vernünftigen Staat. Der Austritt aus gedanklicher Unmündigkeit ist im Aufklärungsdenken sowohl möglich als auch notwendig, gehen muss ihn der Mensch aber selbst.

Vorspiel

„Die ersten Menschen mussten in ihrem Schrecken vor den Naturerscheinungen, die sie heimsuchten, wohl oder übel annehmen, dass eine erhabene, unbekannte Kraft deren Ablauf und Folgen gelenkt habe: im Wesen der Schwäche liegt es, überall Stärke zu vermuten und zu fürchten. Der menschliche Verstand steckte noch zu sehr in den Kinderschuhen, um im Schoße der Natur die Gesetze der Bewegung, diese einzigen Triebfedern des von ihm bestaunten Mechanismus auszumachen, und so hielt er es für einfacher, dieser Natur einen Antreiber zu unterstellen, anstatt sie selber als Antreiber zu verstehen; (…) Wenn tiefschürfendste Untersuchungen, reifste und besonnenste Geisteskraft mich dazu bringen, die Geheimnisse der Natur zu ergründen und zu durchdringen, und mich schließlich davon überzeugen, dass kein Bedarf für einen äußeren Beweger besteht, sobald ihr selber Bewegung innewohnt, muss ich mich dann auch noch unter das schmachvolle Joch dieser himmelsschreienden Gleisnerei zwingen lassen und aus Liebedienerei den süßesten Versuchungen des Lebens entsagen? Nein ich wäre verrückt und jener Vernunfthaftigkeit unwürdig, welche mir die Natur zukommen lässt. (…) Als hinfällige Ansammlung roher und rauher Materie werden wir zum Zeitpunkt unseres Todes, will sagen der Wiedervereinigung der Elemente, aus denen wir gebildet sind, mit den Elementen der gesamtheitlichen Materie, für immer vernichtet und gehen dann, unabhängig von unserer Lebensführung, für eine bestimmte Zeit wieder in den Schmelztiegel der Natur ein, um in anderen Formen neu zu erstehen; und dies, ohne dass derjenige, der Zeit seines Lebens wie wild die Tugend umschwänzelte, demjenigen, der sich in den entsetzlichsten Schandtaten suhlte, vorgezogen würde, da es ja nichts gibt, worüber sich die Natur erzürnt." (D. A. F. de Sade, Die neue Justin oder vom Missgeschicke der Tugend, S. 124)

Auch das ist wieder ein Paukenschlag. Geschrieben hat ihn Marquis de Sade, der gemeinhin mit speziellen psychosexuellen Neigungen assoziiert wird, und nicht mit philosophischen Fragen. Tatsächlich beschreibt er 1787 in „Justine" aber eine radikale Naturphilosophie, die nicht nur seine sexuellen Vorlieben ausmalt, sondern auch eine ethische Gleichgültigkeit für Tugend und Laster. Der Natur ist alles einerlei, dann kann es auch nach Lust und Laune zugehen. Das Recht des Stärkeren triumphiert, Moral ist nicht mal mehr ein sozialer Kitt, sie ist geradezu unvernünftig. Erlaubt ist, was möglich ist, so ist es in der Natur angelegt, so ist es richtig. De Sade baut seine Überlegungen stilistisch auf wie Platon seine Dialoge. Es gibt Protagonisten und ihre Äußerungen, es gibt Behauptungen und Einwände, es gibt Scheinfragen und Scheinwissen, am Ende obsiegen die Verfechter zügelloser Lustarrangements auch in moralischen Fragen. De Sade ist damit Aufklärer, wenn auch Vertreter einer dunklen Seite der Aufklärung, wie später Nietzsche, der große Aufräumer im 19. Jahrhundert. Falsche Moral ist demzufolge alles, was das Leben behindert.

Adorno sah in de Sade einen Vertreter des aufkommenden Liberalismus und einer insgesamt entmythologisierten Epoche. Die Affekte des Herrn dominieren demnach einen geschäftigen Betrieb aus Mägden und Knechten, um Lust als individuellen Mehrwert des Herrn zu produzieren. Dahinter steht die rein zweckrationale Indienstnahme anderer Körper und der ganzen Natur, um eigene Affekte oder auch Interessen zu befriedigen. Neuzeit und Aufklärung haben einen besonderen Blick für die Ökonomie und tragen das ökonomische Prinzip in den Naturbegriff hinein. Bei de Sade insbesondere in die Sexualität, die ja selbst Teil der menschlichen Natur ist. Man merkt schon, mit Reinheit hat das Denken im Aufklärungszeitalter nichts mehr am Hut, weder mit der platonischen noch der augustinischen. Das Denken will über das bisher Denkbare hinaus. Manchmal wird es sich dabei auch verrennen. Doch vor de Sade und der Aufklärungsphilosophie kommt zunächst einmal die Neuzeit als methodische Abkehr von mittelalterlichen Vorstellungen.

Neuzeit – Besondere Bedingungen für ein neues Menschenbild

Die philosophische Neuzeit macht Schluss mit dem vermeintlichen Wissen der Scholastik, denn das ist in ihren Augen keines. Noch Goethe wirft im „Faust" einen Blick auf diese Zeit zurück, Faust steht selbst an der neuzeitlichen Schwelle. Es ist ein Abgesang auf das alte universitäre Wissenssystem: „Habe nun, ach! Philosophie, / Juristerei und Medizin, / Und leider auch Theologie / Durchaus studiert, mit heißem Bemühn. / Da steh ich nun, ich armer Tor! / Und bin so klug als wie zuvor" (Bd. 6.1, S. 545). Faust ist in philosophischer Perspektive einfach ein vollständig zusammengefasster Wissenschaftler des Mittelalters. Denn er hat alle vier mögliche Fakultäten jener Zeit unter Leitung der Theologie durchlaufen: Philosophie als Grundstudium, dann Jura, dann Medizin und leider, wie er meint, unter theologischer Leitung. Das führt ihn aber gerade nicht zu Wissen, sondern nur in Verzweiflung. Religion ist nicht mehr das Fundament für Faust, auch nicht Alchemie oder Philosophie. Am Ende geht der Bücherwurm juristisch vor und schließt einen Vertrag mit Mephistopheles gegen seine depressive Grundstimmung. Er will einmal den Moment genießen, das Diesseits, es ist genug mit falschen Abstraktionen. Mephistopheles Lösung für Faust ist die Liebe. Aber nicht mehr Liebe zum Wissen, sondern zu einem weiblichen Wesen, schlicht zwar und einfach, aber edel soll es sein. Wie auch immer, Klugheit, Wahrheit und Sinn können jedenfalls nicht aus dem mittelalterlichen Studium erwachsen. Faust ist ein skrupelloser Skeptiker, der an sicherem Wissen gänzlich zweifelt, nachdem das mittelalterliche Wissenssystem mit seinen vermeintlichen Sicherheiten zerbrochen ist. Für Goethes Diagnose stand die Philosophie Pate, Skepsis ist auch ihre neue Ausgangsposition. Allerdings kommt sie zu ganz anderen Ergebnissen als dem Motiv der Liebe.

Warum entsteht in Europa ein neuzeitliches Denken? China hatte immerhin mehr Erfindungen, der Orient hatte eine längere Universitätstradition mit Bibliotheken, und beide Regionen trieben ausgiebig Handel. Irgendetwas muss in Europa anders sein, wieder einmal wie schon in der Antike muss es besondere Bedingungen gegeben haben. Der Übergang zur Neuzeit erfolgte nicht monokausal, auch er hatte viele Verursacher. Eindimensionale Erklärungsversuche führen jedenfalls nicht allzu weit, es ist ein ganzes Bündel, das den Bruch mit der Vergangenheit hervorbrachte und dann festigte. Die Philosophie begann in Griechenland, die Neuzeit dagegen in Italien, auch dieses Mal kam vieles zusammen, was ein neues Denken beförderte. Und es startete noch nicht einmal philosophisch. Es waren zunächst historische Entwicklungen, die Europa veränderten. Das philosophische Denken ist diesen Entwicklungen nicht voraus geeilt, sondern reagiert wie ein vergleichsweise später Reflex auf veränderte Bedingungen. Die philosophische Neuzeit beginnt zumindest zeitlich später als die historische.

Ab 1350 entstand in den norditalienischen Städten, insbesondere in Florenz, die Renaissance, wörtlich Wiedergeburt. Sie begann künstlerisch mit der Entdeckung der gemalten Perspektive, Menschen und Dinge wurden nach der realistischen Wahrnehmung im Raum angeordnet, der Mensch überhaupt wurde Thema und kam ins Zentrum. Bis dahin wurden nämlich nur biblische Themen gemalt. Gedanklich sollte das glanzvolle Zeitalter der griechisch-römischen Antike wiederbelebt werden, ein im Mittelalter vergessenes Vorbild. Dennoch, die Renaissance war in erster Linie eine ökonomische Revolution. Erfindungen führten zur Veränderung der Gesellschaft: Der Magnetkompass optimierte Entdeckungsfahrten und Handel, das Schießpulver trug durch Kanonen und Gewehre erheblich zum Sturz des Burgenrittertums und der alten Feudalordnung bei, und die mechanische Uhr erlaubte die genaue Messung der Arbeitszeit. Italien war das erste Experimentierfeld für einen neuen Erfahrungsraum und Ausgangspunkt der

Entwicklung. Warum aber gerade Italien? Italien hatte viele kleine Stadtstaaten, das heißt ungünstige Voraussetzungen für die Landwirtschaft und bessere für den Handel. Damit wiederholte sich beinahe die besondere Situation der griechischen Stadtstaaten. Florenz, Pisa, Siena, Genua, später Venedig, sie alle konkurrierten als Handelsstädte miteinander, sie alle wollten sich im Reichtum übertrumpfen, und dann auch in der Kunst. Die Fürstenkonkurrenz innerhalb der Städte kam dazu, es ging um Macht im Kreis der Adligen, Familien trugen blutige Fehden aus. Machiavelli hat vor dem Hintergrund Florentinischer Auseinandersetzungen „Il Principe" geschrieben, zu deutsch „Der Fürst". Das Buch ist ein radikaler Entwurf über die rücksichtslose, richtig ausgeübte Macht. Es geht darin um die Technik des politischen Handelns, es geht um das, was aus der Geschichte zu lernen ist. Wer politisch handelt, muss „sich zum Bösen wenden, sobald es nötig ist" (Der Fürst, S. 77), meint Macchhiavelli. Erfolg gibt immer recht, so das Fazit, das Ziel ist politische Stabilität. Schon Platon hatte diese Sehnsucht angesichts chaotischer Zeiten mit vielen Regierungswechseln.

Florenz selbst war zu der Zeit Vorreiter in Textilindustrie und Handelssystem. Als erste Stadt hat sie ein Bankenwesen mit Organisation und langfristiger Planung entwickelt, schon allein das waren ganz neue Prinzipien. Es entstand ein kaufmännischer Unternehmergeist mit dem klaren Streben nach Profit. Nun monopolisierten nicht mehr entsagungsvolle Mönche Moral und Tugend in ihrem Sinn, sondern der Mächtige, der Mutige und der sogenannte Ingenius galten als neue Vorbilder. Ihr Horizont waren Leistung und Wettbewerb. Das alles trug zur Förderung des rationalen Denkens bei, Kalkulation, Nachvollziehbarkeit und Genauigkeit dominierten. Daraus entstanden allmählich unternehmerische Mittelschichten, daraus erwuchs ein ökonomischer Individualismus, und daraus entwickelte sich ein neues Selbstbewusstsein. Die Renaissance begann in Italien, weil hier der Feudalismus am frühesten einer sich entwickelnden Geldwirtschaft wich, und weil sich gleichzeitig ein konkurrierendes Stadtstaatensystem behauptete. Feudale Königreiche gab es in anderen Ländern Europas, aber gerade nicht in Italien. Eine bessere Geldwirtschaft wurde schon deshalb notwendig, weil Ströme von Geld in das Land flossen. Und woher kam das Geld? Über Italien führten zum einen die Handelswege in den Orient. Das dabei gesammelte Kapital floss in die Industriezweige des Kunsthandwerks sowie der Textilindustrie und schuf so ein einflussreiches Bürgertum. Zum anderen flossen die kirchlichen Abgaben des christlichen Europa aus dem Ablasshandel nach Rom. Im 15. und 16. Jh. konnten Christen sich von ihren Sünden freikaufen und so die Fegefeuerzeit nach dem Tod verkürzen. Der sogenannte Petersablass sollte zudem Geld für den Bau des Petersdom in Rom einspielen. Die Päpste begannen ab etwa 1450 die Stadt auszubauen und beschäftigten schließlich mehr Künstler als je zuvor. Das erinnert an das klassische Athen, das sich mittels der Kasse des Attischen Seebundes ein kulturelles Denkmal schuf. Mehr zum Eigenruhm jedenfalls als zu dem der Anderen. Die Wiedergeburt kam also ausgesprochen wörtlich daher, als würde es darum gehen, Athen zu kopieren. Wegen der Explosion der Geldwirtschaft wurde Italien die Wiege des Bank- und Kreditgeschäfts. Noch viele unserer heutigen Ausdrücke für Finanzen sind italienisch: Konto, Girokonto, Bankrott, Kredit, Skonto. Die Hauptstadt der neuzeitlichen Banken war eindeutig Florenz und sollte es lange bleiben.

Die Renaissance veränderte den Bildungsanspruch, es wurden andere Menschentypen gebraucht, kluge, flexible, mathematisch geschulte. Die Humanisten entwickelten einen neuen Lehrplan, statt Moralgedichte wurden nun klassische Autoren gelesen. Sie wollten die Antike wiederbeleben, und zwar im Sinne des Kopierens und Anwendens. Die Antike wurde zunächst noch mit dem Ziel des Nachahmens studiert. Ausgebildet wurde für Berufsgruppen, die öffentlich auftreten mussten, die reden und schreiben können sollten, also beispielsweise Sekretäre, Geistliche und Diplomaten. Aber schon in der selbstbewussten Nachahmung steckte ein massiver Bruch mit dem mittelalterlichen Denken. Nun wurde die Eigenständigkeit der Antike als einzigartige Qualität wahrgenommen und betont. Die Antike hatte plötzlich eine Gültigkeit nach eigenem Recht und nach eigenen Regeln, ihre Überlegenheit gegenüber dem mittelalterlichen Denken wurde erfahren und betont. Dazu kam die Vermittlung arithmetischer Grundlagen, die in der Antike bereits angelegt waren. Das Zinsdenken wurde genauer, die Buchhaltung entstand mit doppelter Buchführung, und Geometrie erlaubte eine neue Architektur. Der Künstler oder Autor wurde ein „alter deus", ein Genie, das aus dem Nichts etwas noch nie Dagewesenes, etwas völlig Neues erschaffen konnte. Es folgten bald neue Stile, also nicht bloß die Befolgung alter Regeln oder die Nachahmung antiker Vorbilder. In der italienischen Renaissance liefen so Geld, Macht, Bildung und Kunst zusammen.

Ein anderer Beschleuniger der Neuzeit wurde weiter nördlich in Europa erfunden, in Mainz. Es war die Druckerpresse von Johannes Gutenberg mit ihren beweglichen Lettern. Sie revolutionierte ab 1450 den europäischen Schriftenmarkt. Zu Beginn des 16. Jhs. hatten die Pressen für den Kontinent bereits etwa 20 Millionen Druckwerke hergestellt, im Lauf des Jahrhunderts sollten es dann über 200 Millionen werden. Wo es billige Bücher gab, entstanden auch Leser. Gebildetes Lesen führte zu individueller Reflexion und zu einem stärkeren Ichbezug bis hin zum Rückzug ins Private. Leser konnten sich eine eigene Meinung bilden, sie konnten nun Bücher nebeneinander lesen, still lesen, genau lesen, nachlesen. Gleichzeitig erzeugte das Lesen einen öffentlichen Markt. Die Nachfrage nach Texten, nach Originalen, nach Quellen, nach Deutungen und Auslegungen stieg rapide an. Der mittelalterliche Klosterkopierdienst war demgegenüber ein geschlossenes System mit wenig Büchern, wenig Lesern und wenig Gelehrten. Schriften und Pamphlete begannen nun das kirchliche Wissensmonopol zu unterlaufen. Die universalistischen Ambitionen der katholischen Kirche standen zumindest nicht mehr allein da, der absolute Herrschaftsanspruch auf die Wahrheit wankte.

Ins Wanken brachte das überkommene Wissen schließlich auch die Entdeckung der Neuen Welt im Jahr 1492 durch Christoph Kolumbus. Der bislang unbekannte Kontinent zeigte nämlich ziemlich überraschend die Existenz von zwei Menschengruppen, die offenbar keinen Kontakt zueinander hatten und sich unterschiedlich entwickelten. Das warf alle traditionellen Vorstellungen über den Haufen. Bisherige Geografie, Geschichte und Theologie stimmten nachvollziehbar nicht, sie konnten offenbar nicht eindeutig und sicher sagen, was richtig ist und was wahr. Sie hatten ihren Wahrheitsanspruch überdehnt. Denn Indianer sind in der Bibel schlicht nicht erwähnt. Die Frage, woher sie eigentlich kommen konnten, bewegte die Gelehrten im ganzen Jahrhundert. Gab es etwa eine Doppelschöpfung auf zwei Kontinenten? Aber warum dann kein Wort davon im Buch der Bücher? Und was ist mit der Sintflut? Stammen nicht alle Menschen nach der Sintflut von Noah ab? Falls ja, wie konnten Indianer überhaupt auf den anderen Kontinent kommen? Bedeutsam wurde jedenfalls, dass empirische Befunde und damit die individuelle Beobachtung der traditionellen Autorität offenkundig überlegen ist. Die Entdeckung der Neuen Welt führte noch zu einer zweiten Konsequenz. Der ökonomische Schwerpunkt wurde im Lauf des 16. Jh. auf die iberische Halbinsel verlagert. Der Aufstieg Spaniens und Europas insgesamt führte zu einem ökonomischen Vorsprung vor der islamischen Welt und auch vor China. Im Zug der spanischen Eroberungen auf dem südamerikanischen Kontinent kamen neue Rohstoffe nach Europa. Zwischen 1500 und 1650 wurden etwa 180 Tonnen Gold und 160 Tonnen Silber in die Alte Welt verschifft. Das löste zunächst zwar einen Wirtschaftsboom aus. Aber schon bald folgte eine Inflation, es waren zu viel Gold und Geld im Umlauf. Im 16. Jh. führte die Verfünffachung der Preise beispielsweise zu massiven sozialen Unruhen, zu Bauernaufständen und zu gesellschaftlichen Umbrüchen. Der Kampf um die Kolonien und Schätze in Amerika schürte zudem einen aufkommenden Nationalismus.

Kriege gab es aber nicht nur um Gold und Geld. Konfessionskriege bestimmten plötzlich die Zeit. Die Kritik am Ablasshandel und die systematische Hinwendung zur persönlichen Buße führten zur Infragestellung des gesamten katholischen Kontinents mit römischer Kirche und Papst. Vielleicht sind deren Herrschaftsansprüche ja gar nicht legitim. Vielleicht ist eigenes Denken ja eine bessere Möglichkeit. Vielleicht ist jeder selbst für sein Seelenheil verantwortlich, ohne institutionelle Vermittlung und ohne Priesterbezug. Luther und die Reformation veränderten im 16. Jh. maßgeblich die persönlichen Einstellungen, auch die zum Staat selbst. Auf dem Kontinent herrschten nun zwei große Glaubensauffassungen bei gleichem Bezug auf die Bibel, und es entstanden Territorialstaaten unterschiedlicher Konfessionen. Es kam schließlich zu heftigen religiösen Bürgerkriegen und blutigen Pogromen.

Experimente spielten eine erhebliche Rolle im Umdenken. Die wissenschaftliche Revolution im 16. und 17. Jh. führte zu einem neuen, jetzt heliozentrischen Weltbild. Nicht die Erde steht demzufolge im Mittelpunkt des Universums, sondern die Sonne, um die Planeten kreisen. Die Astronomie führte wiederum zur Umwälzung in der Physik: Kopernikus stellte die Sonne ins Zentrum, Kepler machte aus Kreisbahnen elliptische Bahnen, und Newton entwickelte das Modell der Schwerkraft. Der ganze Himmel wurde dadurch der unbeschreiblichen Göttlichkeit entzogen, er war kein reines Schöpfungsgeheimnis mehr. Kosmos und Welt wurden zu einem Stück Natur, das berechenbar und beschreibbar ist. Im Kosmos und in der Welt gelten die gleichen Gesetze, es scheint etwas Einheitliches zu geben, das alles erklären kann. Parallel zu Fernrohren wurden in Holland Mikroskope entwickelt, die Suche ging ins Kleinste bis zur Entdeckung von Bakterien. Der Begriff Forschung entstand, vor allem Geografie und Mathematik galten als exakte Wahrheiten der Natur. Das bedeutete umgekehrt, dass die Offenbarung keine alles umfassende Wahrheit mehr versprach. Wissenschaft konnte vielmehr die Bibel belegen oder ihr auch widersprechen. Das war der Weg der abendländischen Neuzeit hin zur Aufklärung. Im Islam und in China gab es demgegenüber keine freie Beobachtung, die Wissenschaft blieb immer zentralistisch gesteuert. Es gab dort zwar Mathematik, aber keine zweckfreie Theorie und freies Forschen. Die Gültigkeit von Erkenntnissen wurde von den Herrschern bestimmt und blieb rein praktisch orientiert, also nicht theoretisch geleitet im Sinne einer Grundlagenforschung. Die Neugier blieb begrenzt. Das sorgte in diesen Regionen für die Verhinderung eines Wissenssprungs trotz gleich vieler Bibliotheken und trotz gleichen oder zunächst sogar größeren Wissens.

Warum in Europa an der Wende vom 15. zum 16. Jh. die Neuzeit entstand, dafür gibt es viele historische Gründe. Dazu gehören nochmals kurz zusammengefasst die italienische Renaissance für ein wettbewerbsorientiertes, diesseitig orientiertes und schöpferisches Menschenbild; der Humanismus für ein Bildungsideal, das sich ausdrücklich an der Antike als eigenständiger Epoche orientierte; die Gutenbergpresse für günstig und vielfältig verfügbare Texte sowie Bücher; die Entdeckung der Neuen Welt für eine Infragestellung des Wahrheitsgehalts biblischer Schriften; die Reformation für ein neues Verhältnis zur Obrigkeit sowie zur persönlichen Verantwortung und schließlich Beobachtungen sowie Experimente für eine bessere Beschreibung der Natur und des Kosmos. Das alles hat zur Neuzeit geführt, es gibt aber auch philosophische Gründe für die Veränderung hin zu einem neuen Denken mit anderen Ansprüchen an das Wissen.

Neuzeitliche Philosophie – Mathematik als Vorbild

Für Historiker beginnt die Neuzeit zwischen 1400 und 1500 mit der Renaissance und dem neu entdeckten Amerika. Die philosophische Disziplin ist allerdings nicht so schnell, sie braucht länger, bis sie neue Systeme vorlegen kann. Sie läuft der Zeit in dem Fall hinterher, verdaut den historischen Umbruch in seinen Konsequenzen und tritt erst dann mit einer neuen Systematik auf. Die Philosophen machen den Weg der Renaissance dabei nicht mit, sie orientieren sich gerade nicht an der Antike. Statt für eine Renaissance, also Wiedergeburt, sorgt die Philosophie in der Neuzeit für einen Bruch und für einen Neustart, der ausdrückliche Bezug auf Platon und Aristoteles ist keine Option mehr, selbst Verweise auf antike Philosophen sind rudimentär. Denn die waren in der mittelalterlichen Scholastik bereits verbraucht, einen Anschlussversuch bis hin zur vermeintlichen Synthese gab es bereits, und der war nachweislich gescheitert. Es muss etwas Neues her, das zu den neuen Erfahrungen passt und ein sicheres Wissen begründet. Die Philosophie findet schließlich ein neues System in Anlehnung an die mathematische Strenge, sie dekliniert ihr neues nur noch am Verstand orientiertes Modell dann variantenreich durch und versperrt den Weg zurück zur Theologie. Erst mit Descartes und Hobbes, also in der ersten Hälfte des 17. Jhs., wird aus philosophiegeschichtlicher Sicht ein eigenständiges an den Naturwissenschaften orientiertes philosophisches Weltbild formuliert und zudem erstmals eine alternative Staatstheorie beschrieben. Es dauert bis zur Aufklärung im 18. Jh., dass die Philosophie ihrer Zeit wieder voraus sein wird und ein hohes argumentatives Beschleunigungstempo entwickelt, dem die politischen Umbrüche in Europa erst wieder nachfolgen werden. Woher diese plötzliche Geschwindigkeitszunahme der Philosophie dann kommt, wird im Rahmen der Aufklärung beschrieben.

Die Philosophie kündigt in der frühen Neuzeit der Theologie zunächst einfach den Gehorsam als angeblicher Leitwissenschaft auf und wendet sich der eigenständigen Beobachtung der Natur zu, statt scholastische Abstraktionen zu betreiben. Es geht ihr dabei zwar um die Vorrangposition, die sie in der Antike schon einmal hatte, es geht ihr aber noch nicht um das Infragestellen von Religion selbst. Denn die neuzeitlichen Philosophen sind keineswegs Atheisten, das kommt erst später. Noch bis in Aufklärung hinein steht nicht zwingend der religiöse Glaube an sich in Frage, sondern die Absolutheit des Anspruchs, dass Religion Wissen ist oder Wissen leiten kann. Es geht um die Deutungshoheit, Richtiges über die Welt aussagen zu können, es geht aber auch um die Deutungshoheit, Richtiges über Religion zu wissen. Die Neuzeit ist eine Revolution des Wissens, aber nicht alles steht deshalb gleichermaßen in Zweifel. Das neue Erkenntnisfundament sind jetzt Mathematik und Physik als exakte Wissenschaften, daneben dominieren Logik und Vernunft, es geht um ein vernünftiges Einsehen. Noch traut man der staatlichen Ordnung. Damit ist die Neuzeit in erster Linie ein methodischer Neustart. Rationalismus und Sensualismus sind die ersten systematischen Antworten und neue Bürgen möglicher Erkenntnis. Die Fragen sind jetzt: Woher kommt Erkenntnis? Wie entsteht Wissen? Was ist sicher, was unsicher? Was bieten die Sinne, und was bietet der Verstand? Neuzeitliches Denken schaut sich vor allem den Menschen an, denn schließlich produziert der Mensch selbst Erkenntnisse und nicht das Buch der Bücher. Die Wahrheit muss in irgendeiner Weise in ihm selbst liegen und in seiner besonderen Fähigkeit wahrzunehmen, zu denken und richtige Schlüsse ziehen zu können.

Wenn der Mensch so im Mittelpunkt des Wissens steht, kommt er auch als Zentrum des Zusammenlebens in den Blick, er wird allmählich als eigentlicher Ursprung staatlicher Regelungen wahrgenommen und nicht als Teil einer für alle Zeit festgelegten, weil gottgefälligen Ordnung. Neuzeitliche Philosophie schaut deshalb hypothetisch in die Entstehungsgeschichte staatlicher Organisation zurück und entwickelt hieraus ein Verständnis für gesellschaftliche Entwicklungen. Neben eine schlüssige Theorie über die Natur soll eine Theorie über den Staat treten, die ihn aus einem ursprünglichen „Naturzustand" herleitet, der im Lauf der Entwicklung überwunden wurde, ihn aber immer noch mitbestimmen sollte. Natur wird nun der philosophische Leitbegriff für zwei Epochen sein, die Neuzeit und die Aufklärung. De Sade hatte im Eingangszitat ja schon einen Geschmack darauf gegeben, was man in der Aufklärung dann unter Natur alles verstehen kann, sofern man den Begriff radikal zu Ende denkt.

Es geht aber erst einmal darum, den Anspruch zu formulieren und ein anderes methodisches Wissensmodell zu begründen. Philosophie will in der Neuzeit Gewissheiten und orientiert sich dabei an den beweisführenden Naturwissenschaften. Das christliche Glaubenssystem bekommt anders als im Mittelalter nur noch die Funktion eines Beiboots, es ist nicht mehr das wörtliche Fundament und die Grenze des Denkens, sondern es wird akzeptiert, geduldet oder auch argumentativ so vernünftig umgeformt, dass das Weltbild aus Wissen und Glauben gerade noch homogen wirken kann. Eine gänzliche Infragestellung der Religion kommt in der Neuzeit noch nicht in Frage, aber Religion verliert ihren universellen Status in Fragen der Erkenntnis, der Wahrheit und zunehmend auch der Staatsbegründung. Die Neuzeit macht ein Denken ohne Religion denkbar, sie zieht daraus aber noch nicht alle Konsequenzen, sie schreckt vor praktischen Folgerungen, anders als später die Aufklärung, noch zurück. Die Referenzgröße für mögliche Wahrheit und Erkenntnissicherheit ist jedenfalls die Mathematik.

Descartes – Denkendes Ich als sicheres Fundament

René Descartes (1596–1650) wurde in Frankreich geboren, er war Jurist, Philosoph und Mathematiker. Er studierte am Jesuitenkolleg noch nach fast scholastischer Manier, wendete sich aber nach dem Abschluss von Jura ab. Descartes verdingte sich beim Heer, wurde militärisch ausgebildet und schließlich Offizier sowohl in katholischen wie auch in protestantischen Truppen, so genau hat er es nicht genommen. Er war ein Beobachter und nutzte die Zeit der Winterquartiere vor allem zum Schreiben. Descartes war Zeitzeuge des Dreißigjährigen Kriegs, er verließ das Heer, reiste, parlierte an Höfen, wurde Teil der Pariser Gesellschaft und zog sich dann doch zurück nach Holland, es gab dort mehr Freiräume zum Denken und Veröffentlichen. Er schrieb philosophische Werke und beschäftigte sich mit der rechnerischen Lösung geometrischer Probleme. Und er folgte der Einladung der Königin von Schweden, Descartes war berühmt. Wieder einmal ein Philosoph am Königsthron. Die Versuche, der Königin die Philosophie zu erklären, waren wohl vergeblich, es gab nur seltene Audienzen. Zu kalt alles, eine Lungenentzündung machte seinem Leben ein Ende. Die Jesuiten sorgten anschließend dafür, dass seine Schriften auf den Index kamen, es folgte ein königlicher Bann zur Verbreitung seiner Lehren in Frankreich.

Descartes arbeitet an einer rationalistischen, also am Verstand orientierten Erkenntnistheorie. Er will ein neues Fundament sicheren Wissens und findet das Muster dafür in der exakten Methode der Mathematik. Beweis, Gewissheit, Evidenz, all das wird auf das philosophische Denken übertragen. Es geht ihm um das Denken selbst und das Ich als Träger des Denkens, es geht überhaupt nicht mehr um das Wesen Gottes oder den göttlichen Bauplan der Welt. Philosophie soll nun so logisch sein wie Mathematik, sie soll auf einfachen Prinzipien aufbauen, die Erkenntnisse sollen dabei klar und deutlich sein, und es soll insgesamt das deduktive Prinzip gelten. Descartes schreibt nicht wie ein Lehrer, er ist Forscher, er beobachtet und zieht daraus seine Schlüsse. Philosophie braucht eine neue Grundlage, und alles soll aus einem methodischen Guss sein, der Bezug zum sicheren Hafen des christlich-mittelalterlichen Denkens wird gezielt abgeschnitten. Und noch etwas ändert sich. Mittelalterliche Wissenschaft schrieb in Latein, und zwar ausschließlich. 1641 werden zwar auch die „Meditationes" von Descartes in lateinisch gedruckt, aber im gleichen Jahrzehnt erscheint eine französische Übersetzung, Philosophie wird lesbarer und diskutierbar. Das ist in den Augen der Obrigkeit gefährlich, und die Philosophen werden es zu spüren bekommen.

Am Anfang der neuzeitlichen Philosophie steht ein radikaler Zweifel. Descartes stellt sich die Frage, was sicher sein kann, wenn alles falsch und unwahr wäre, wenn Wahrnehmungen nur Täuschungen sind, wenn beispielsweise ein böser Geist die Wirklichkeit vortäuscht, die es tatsächlich aber gar nicht gibt. Was wäre dann? Die Argumentation folgt stilistisch einem fragenden und an Sicherheiten zweifelnden Selbstgespräch des Ich: Wenn ich an allem zweifle, an der Welt im Ganzen, an einem gutem Gott, gibt es dann überhaupt noch eine Sicherheit? Descartes antwortet mit ja, denn auch wenn ich an allem zweifeln kann, was mich umgibt, bin immer noch ich es, der zweifelt. Der methodische Zweifel führt ihn dazu, dass zumindest der Träger des Zweifelns dennoch unterstellt werden muss. „Ich denke, also bin ich" (Entwurf der Methode, S. 30), im lateinischen Original „cogito, ergo sum", ein Seinsbeweis aus dem Zweifel geboren, das ist die Sicherheit von Descartes. Was zweifelt und denkt, muss notwendig existieren. Das Faktum der eigenen Existenz ist absolut fraglos, und das ist in der Tat ein Wendepunkt. Denn der Ort der ursprünglichen Gewissheit liegt nun nicht mehr in Gott oder in der Welt, sondern nur noch im Menschen selbst. Der Weg führt hin zu Selbstbewusstsein, zu Subjektivität und Freiheit als neuen Sicherheiten, während alles Andere unsicher ist.

Auf dieser Basis lässt sich das Haus weiter bauen, meint Descartes. Es gibt ein sicheres Fundament und eine richtige Methode, jetzt folgt der zweite Schritt. Was nämlich genau so klar erkannt werden kann, muss ebenso wahr sein. Der denkende Geist und Stoffliches in Form ausgedehnter Körper, beide sind bei allen Zweifelmöglichkeiten nicht weiter reduzierbar, also sind auch beide Gewissheiten. Damit setzt Descartes die platonische Trennung von Idee und Materie fort und gibt ihr eine neuzeitliche Richtung. Er begründet die Erkenntnis bestimmende radikale Subjekt-Objektspaltung für die folgenden Jahrhunderte. In der Welt herrscht demzufolge ein strenger Dualismus: Das Wesen des Ich ist Denken, Fühlen, Wollen, also Tätigkeiten, er nennt das „res cogitans", übersetzt denkende Substanzen. Etwas Unräumliches jedenfalls, nichts, was im Körper unmittelbar lokalisierbar wäre. Körper und Dinge sind dagegen eine ganz andere Sphäre, sie sind im Raum oder auch „res extensa", also ausgedehnte Substanzen. Philosophisch bedeutet das eine Zerreißung der Welt in denkende Subjekte auf der einen und materiehafte Objekte auf der anderen Seite. Die Spaltung geht durch den Menschen selbst hindurch. Der Geist wird verdinglicht zu einer Substanz, einer objektivierbaren eigenständigen Einheit, die dem Körper als einer anderen, räumlichen Substanz gegenüber steht. Immerhin, mit Leibfeindlichkeit hat es Descartes nicht zu tun, das trennt ihn von Platon, aber die strikte Trennung von Geist und Materie ist ein später Platonismus. Demgegenüber meinte ja schon Aristoteles, dass wir uns den Menschen mit all seinen Vermögen vorstellen müssen und nicht strikt zwischen Körper und Geist trennen können. Spätere Philosophen werden den Dualismus von Descartes dann auch nicht mehr mitmachen. Die Dinge und die Welt können bei Descartes jedenfalls seiner methodischen Entscheidung entsprechend nach Kausalitätsprinzipien untersucht werden.

Diese Kausalitätsprinzipien führen ihn dann doch wieder in eine Einbahnstraße, aus der er nicht mehr herauskommt. Descartes liefert einen späten Gottesbeweis, das Ganze der Zweifelkonsequenz ist ihm doch nicht geheuer, es ist zu radikal und zu neu. Er verwendet einen einfachen Trick, die ganze Außenwelt wieder zuverlässig und verfügbar zu machen. Wenn das Ich sicher gewusst werden kann und Logik in der Welt herrscht, warum soll dann in ihr irgendetwas falsch sein, wenn man sie logisch entschlüsselt? Durch die Hintertür der Kausalität und Widerspruchsfreiheit kommt nicht ein erstes Bewegendes wie bei Aristoteles, sondern der christliche Gott selbst wieder auf den Plan. Die Beweislast trägt dabei sein Begriff selbst. Denn mit dem Begriff Gottes und seiner „Vollkommenheit" ist das Vorspiegeln von Scheinwelten nicht vereinbar. Das wäre eine Falschheit, eine Unvollkommenheit. Am Begriff der Vollkommenheit hatte schon Anselm von Canterbury im Mittelalter einen Gottesbeweis festgemacht. Die Idee Gottes als „eines höchstvollkommenen Seienden" (Meditationen, S. 71), so Descartes, kann nicht aus dem Menschen selbst stammen, sie kann ihm nur von diesem Wesen eingepflanzt sein. Hier hat er es wieder, das stabile Gerüst der Metaphysik, ein zweites Axiom neben dem Ich gewissermaßen.

Der Rest ist dann einfach. Es gibt Ideen, deren Wahrheit durch die Vernunft erkannt werden kann. Sie sind angeboren und nicht erworben. Solche Ideen sind Gott, Geist, Körper und geometrische Figuren, wie Dreiecke. Alles ist nun wieder sicher, der Zweifel ist überwunden. Es ist angesichts des Fazits erstaunlich, dass seine Werke verboten wurden, aber auch wiederum nicht erstaunlich, weil es mittels eines methodischen Zweifels erarbeitet wird. Denn Descartes macht denkbar, dass es Sicherheiten ohne Religion gibt und noch schärfer, dass nicht Religion für Wissen und Sicherheit sorgt, sondern das eigene Nachdenken. „Meditationes de prima Philosophia" nennt er sein Hauptwerk, in dem der Zweifel entfaltet wird: Untersuchungen, Gedanken, Überlegungen zu den Grundlagen der Philosophie, genauer des Denkens selbst. Descartes hatte genug vom Dreißigjährigen Krieg gesehen, er war nicht dogmatisch religiös. Das Koordinatensystem des Wissens hat sich mit ihm verändert und vom Glauben wegbewegt. Sein Zeitgenosse Hobbes hatte auch genug von den Macht- und Religionskämpfen seiner Zeit. Er entwickelt allerdings eine andere Lösung.

Hobbes – Staatsgewalt zur Zähmung wilder Wölfe

Thomas Hobbes (1588–1679) war ein Engländer und Zeitgenosse von Descartes, etwas früher geboren und deutlich später gestorben. Er war der Sohn eines Landpfarrers, lernte früh die klassischen Sprachen, also Latein sowie Griechisch, und studierte in Oxford Logik sowie Physik. Hobbes war wie Descartes Mathematiker und Philosoph, anders als dieser aber auch Staatstheoretiker. Wie so viele Gelehrte wurde er Hauslehrer in Adelskreisen, das ermöglichte ihm ein Auskommen und Reisen. Er traf Galilei in Italien und Descartes in Frankreich. Im Streit zwischen Krone und Parlament setzte er sich für den König ein, in England lagen die Dinge aber mittlerweile anders, das Parlament war mit Hobbes Parteinahme nicht einverstanden. Er war ein strikter Verfechter des Absolutismus und musste nach Frankreich ins Exil.

Franzosen denken die richtige Erkenntnis, Engländer denken den richtigen Staat und Holländer bieten den Ort, gefährlich denken und veröffentlichen zu dürfen. So ließe sich Nordeuropa geografisch auf einer philosophischen Landkarte in der Epoche skizzieren. Denn dorthin hat sich die Philosophie in der Neuzeit verlagert, Südeuropa spielt auf philosophischem Gebiet keine Rolle mehr. Auch Hobbes will, dass die Prinzipien der Naturwissenschaft für die Philosophie gelten sollen. Das geht gegen die dogmatische Metaphysik und ist wie bei Descartes eine Abkehr vom mittelalterlichen Denken. Hobbes war zwar gläubig, meinte aber zugleich, Gott sei unerkennbar und ein Begriff wie die Seele völlig nutzlos. Er schaut sich die gesellschaftliche Wirklichkeit seiner Zeit genauer an und entwickelt vor dem Hintergrund von Bürgerkriegszuständen eine rationalistische vertragsorientierte Staatstheorie.

Die Menschen werden für Hobbes nicht von Solidarität zu anderen Menschen geleitet, sondern vom egoistischen Eigeninteresse. Er fragt sich, was wohl das Ergebnis wäre, wenn wir uns zur Begründung der Staatsform einfach das wahre Wesen der Menschen vor Augen halten würden. Zur Beantwortung der Frage entwickelt er das Gedankenexperiment eines hypothetischen Naturzustands, in dem Menschen vor aller kulturellen und staatlichen Entwicklung gelebt haben. Im Naturzustand folgen sie notwendigerweise ihrem Trieb nach Selbsterhaltung und Selbststeigerung. Allein schon um zu überleben, streben sie nach Macht. Es herrscht also ein „bellum omnium contra omnes" (Vom Menschen – Vom Bürger, S. 83), ein Krieg aller gegen alle. Von Solidarität oder Gemeinschaft keine Spur. Und das schon von Anfang an, denn alle Mittel sind begrenzt, und Armut ist eine ganz notwendige Folge. Hobbes folgt in der Beschreibung der menschlichen Natur Plautus, einem Komödiendichter im 3. Jh. v. Ch., der meinte, „homo homini lupus", der Mensch ist für den Menschen ein Wolf, ein Raubtier, durch und durch animalisch geprägt. Wenn aber jeder den anderen Menschen fürchten muss, dann braucht es ein Ordnungsprinzip gegen Mord und Totschlag. Das soll der Staat leisten und als „Leviathan", Hobbes meint damit den absolutistischen Staat, über einen allgemein bindenden Gesellschaftsvertrag für Regeln und Ruhe sorgen. Der „Leviathan" ist ein biblisches Ungeheuer aus dem Buch Hiob, ein Allesverschlinger. Genau so soll der Staat auftreten, als eine alles bestimmende Macht. Der Staat erhält von Hobbes das Machtmonopol ganz formal, um Bürgerkriege zu verhindern, und nicht etwa auf

Basis einer überlegenen Moral. Die Menschen übertragen einfach ihr Recht, Gewalt auszuüben, auf einen Einzelnen, in dem Fall auf einen Herrscher. Der Staat gründet auf einen Vertrag, den Menschen schließen, um friedlich zusammen leben zu können. Der Staat ist also für den Einzelnen da, um ihn zu schützen, er legt fest, was gut und böse ist, und er definiert damit die Moral. Er soll für Sicherheit sorgen und den Vertragsbruch ahnden. Übeltäter werden dabei zur Abschreckung bestraft und nicht zur Buße im Sinne eines moralischen Urteils. Das Gewissen des Einzelnen soll einfach die Summe der Gesetze abbilden, mehr wird nicht verlangt. Ruhe ist insgesamt das oberste Prinzip gegen den Zustand eines Krieges Aller gegen Alle. Hobbes zahlt dafür allerdings einen hohen Preis. Der Staat soll nämlich die Meinungen überwachen und Zensur ausüben, denn erst dadurch entsteht eine nun einheitliche öffentliche Meinung über die Grundlagen der öffentlichen Ordnung, und das sorgt wiederum für Ruhe und Stabilität. Die Menschen folgen demzufolge aus Einsicht in die Einheitsmeinung und nicht aus Angst vor Strafe. Über allem thront allerdings der absolute Herrscher, er ist die letzte Bastion gegen Bürgerkriegschaos und steht über den Gesetzen, die er schließlich selbst erlassen hat. Hobbes polarisiert stark als Verfechter des Staatsabsolutismus, das ist noch nicht aufklärerisch und somit seine gedankliche Grenze. Geblieben ist allerdings das vertragstheoretische Argument, es wirkt als Argumentationsrahmen bis in die Gegenwart.

Spinoza – Denkfreiheit und Pantheismus

Baruch Spinoza (1632–1677) war der Sohn einer jüdischen, von Portugal nach Holland ausgewanderten Familie. Er erhielt eine Ausbildung in der Synagogenschule, er kannte das Alte Testament und den Talmud genau. Allerdings entwickelte er starke Zweifel an zentralen Glaubenslehren, seine kritische Stimme zum Alten Testament führte zu Auseinandersetzungen mit der jüdischen Kultgemeinde und schließlich zur feierlichen Ausstoßung aus der Synagoge, noch vor der Veröffentlichung irgendeiner Schrift. Spinoza lebte anschließend zurückgezogen in Den Haag und arbeitete als Schleifer optischer Gläser. Gleichzeitig publizierte er, der Druck und die Verbreitung seiner Bücher wurden allerdings verboten. Spinoza war Jude und bekam das in der internationalen Gelehrtenwelt seiner Zeit deutlich zu spüren. Ein deutscher Philosophieprofessor nannte ihn beispielsweise einen „lichtscheuen Schreiber, lästernden Erzjuden und völligen Atheisten" (nach Weischedel, S. 145). Spinoza hatte am Fundament gesägt, er stellte die Bibel in Frage, und das öffentlich.

Dabei folgt er gedanklich zunächst wie Descartes und Hobbes einfach dem naturwissenschaftlichen Modell. Auch die Philosophie soll so klar und logisch wie eine geometrische Abhandlung sein, sein Hauptwerk heißt „Ethik nach geometrischer Methode". Das geht alles noch durch, nicht aber seine rationalistische Bibelkritik. Die beginnt vergleichsweise harmlos: Das Alte Testament steckt voller Widersprüche und Ungereimtheiten, kann also überhaupt nicht wörtlich genommen werden. Religiöse Unterweisungen sollten das Verhalten steuern und die Menschen insgesamt tugendhaft machen, nicht aber einen dogmatischen Glauben zementieren. Rituale sind für Spinoza eben nur Rituale und keine substanziellen Wahrheiten. Er denkt praktisch, und er will eine pragmatische Ethik jenseits religiöser Glaubenssätze. Und das reicht schon in einer Epoche, in der Religion den Thron absoluten Wissens verlassen musste. Alles ist danach in Aufruhr, es werden Rückzugsgefechte um Machtpositionen geführt. Der Zweifel steht vor der Tür. Spinoza meint, die Tugend trägt ihren Lohn schon in sich. Wer dagegen ein moralisches Verhalten über Mechanismen von Belohnung und Strafe in einem Leben nach dem Tod erzwingen will, fördert nur den Aberglauben. Das Gewissen hat demnach einen sozialen Ursprung und ist gerade nicht angeboren. Damit schließt er an Hobbes an: Es gibt einen gesetzlosen Urzustand, und erst dann folgt ein sozialer Zusammenschluss als freier Entschluss aus der Erkenntnis heraus, dass dies eine bessere Lösung ist.

Es geht um neue Freiräume. Spinoza erhebt die strikte Forderung nach Denkfreiheit im Staat, mehr noch, dessen Sinn und Zweck ist für ihn nichts anderes, als diese zu ermöglichen. „Der Zweck des Staates ist also in Wahrheit die Freiheit" (Theologisch-politischer Traktat, S. 308), das ist nicht mehr im Sinne des Absolutismus wie bei Hobbes gedacht, das ist vielmehr die Vorbereitung von religiöser, aber auch denkerischer Toleranz als Voraussetzung für Frieden und innere Sicherheit. Der Staat soll Rede- und Gedankenfreiheit ermöglichen, und die Kirche soll angesichts des Fanatismus von Theologen der Aufsicht des Staates unterstellt werden.

Spinoza ist nicht so atheistisch, wie seine Zeitgenossen unterstellen. Aber er vertritt jedenfalls nicht das Konzept eines persönlichen Schöpfergottes, wie die Bibel das vorgegeben hatte. Er argumentiert pantheistisch und setzt Substanz, Gott sowie Natur in eins, das erscheint den Zeitgenossen noch viel schlimmer. Gott hat die Welt nicht erschaffen in eine selbständige Existenz, sondern in Wirklichkeit ist nur Gott, er ist überall oder auch alles. Die Welt ist die Form, wie Gott selbst existiert, und der Mensch ist eine spezielle Form, die Gott denken kann. Im Pantheismus ist kein Platz für einen persönlichen Gott, der sich in Propheten oder in Christus offenbaren könnte. „Je mehr wir Einzeldinge einsehen, desto mehr sehen wir Gott ein" (Ethik in geometrischer Ordnung, S. 569), meint Spinoza. Gott ist die Summe des Seienden, und damit die Summe der Natur. Der menschliche Verstand muss sie nur zerlegen, also substrahieren und addieren gewissermaßen.

Leibniz – Logisch geordneter Kosmos

Gottfried Wilhelm Leibniz (1646–1716) war Protestant und wurde in Leipzig als Sohn eines Professors für Moralphilosopie geboren. Er studierte Philosophie, Mathematik und Jura. Er wurde später politischer Berater mit diplomatischen Missionen, vor allem aber war er ein Universalgelehrter und Erfinder, er arbeitete beispielsweise an einer Rechenmaschine für die vier Grundrechenarten und erfand die Infinitesimalrechnung. Newton veröffentlichte wenige Jahre nach ihm eine Schrift über die gleiche Methode, es kam zum Streit, wer wen plagiiert hat. Offiziell wurde Leibniz Hofbibliothekar in Hannover und Wolfenbüttel, aber seine Leidenschaft gehörte der Mathematik. Eine Anekdote berichtet, dass er die Geschichte des Welfenhauses schreiben sollte, was schließlich ausuferte. Denn er meinte, dass dies nicht ohne die Geschichte des Bodens betrachtet werden könne, den die Welfen beherrscht haben. Man müsste also vor aller Genealogie der Welfen zunächst einmal Geologie betreiben. Da das Welfengebiet aber auch ein Teil der Erde sei, müsste man eigentlich deren Entstehungsgeschichte untersuchen. Leibniz wollte schließlich eine Urgeschichte der Erde schreiben. Dazu ist es nicht gekommen. Stattdessen gründete er dann in Preußens Auftrag die Berliner Akademie der Wissenschaften.

Leibniz analysiert und ordnet die Welt. Er will sie in einer rationalistischen Synthese wieder zusammen bringen. Auch für ihn ist Mathematik dabei das Erkenntnisideal. Er probiert es mit einer logischen Verbindung aus viel Aristoteles und etwas Descartes. Die Wirklichkeit ist nicht nur Ausdehnung im Raum mit Bewegung oder Ruhe, res extensa wie Descartes meinte, sondern immer auch „Kraft" im Ruhezustand. Die Wirklichkeit ist aus sich heraus tätig, das hatte schon Aristoteles behauptet, beispielsweise in der Natur oder im Lebewesen. Das Tier ist nämlich lebendig, es ist widerständig, und es entwickelt sich. Wenn es aber nicht die bloße körperhafte Ausdehnung ist, dann ist Kraft selbst das eigentlich Reale und auch in der Ruhe immer schon als Potenzial enthalten. Heute würden wir zum Gesetz der Krafterhaltung einfach Energieerhaltung sagen. Die Wirklichkeit selbst besteht für Leibniz aus Teilen, heute würden wir dazu Atome sagen. Die Teile selbst haben eine ihnen innewohnende Kraft, sie bilden eine Einheit, es ist ein Verwirklichungsprinzip in ihnen angelegt. Nun wird es spekulativ bei Leibniz. Solche Kraftpunkte sind für ihn unteilbar, sie sind ursprünglich, und sie sind lebendig. Er nennt sie „Monaden". Was materiell erscheint, ist also nicht eigentlich Materie, sondern vielmehr die Äußerungsform einer Kraft. Die ganze Wirklichkeit wird wie bei Aristoteles nach dem Modell des Organismus gedacht. Kraft ist ein Urprinzip, Hegels Dialektik wird daraus später eine Kraft der Gegensätze machen, ein immanentes Bewegungsprinzip aller Wirklichkeit. Der unendliche Reichtum der Wirklichkeit ergibt sich einfach aus der unendlichen Vielzahl lebendiger Monaden. Sie alle sind singulär, keine gleicht der anderen. Wenn die Monaden aber in sich eigenständig sind, muss es ein Ordnungsprinzip geben, das ihr Zusammenspiel von Anfang an regelt. Leibniz ist Protestant, sein Ordnungsgarant ist Gott und nicht die Natur. Er nennt das „prästabilisierte Harmonie" (Monadologie, S. 145), Gott steht über der Welt und nicht ausschließlich in ihr wie bei Spinoza, er ist ein sehr spezieller Baumeister.

Und nun kommt in einer etwas komplizierten Argumentation die Widerspruchsfreiheit ins Spiel sowie die kausalistische Überlegung, dass nichts ohne Grund geschieht. Traum und Wirklichkeit unterscheiden sich unter anderem darin, dass die Einzelheiten von Träumen nicht zueinander passen, sie sind nämlich nicht alle gleichzeitig möglich, sie widersprechen sich. Bei der realen Welt ist das ganz anders, dort passt alles zueinander nach dem Prinzip der Widerspruchsfreiheit, denn es ist ja wirklich alles vorhanden. Kann die Welt falsch sein? Nein, die reale Welt ist nicht nur eine beliebig mögliche unter allen denkbaren. Leibniz denkt den Kosmos vom Ende her, es muss alles zusammen passen, das heißt schon von Anfang an gepasst haben. Sie muss deshalb die beste aller möglichen Welten sein, weil sie wirklich ist und nicht eine andere. Der ausgefeilte Grund liegt in den „Vollkommenheitsgraden", denn das ist „die Ursache der Existenz des Besten" (Monadologie, S. 153). Im Umkehrschluss heißt das, dass nur Gott in seiner Allwissenheit wissen kann, welche von den vielen möglichen Welten die beste ist. Gerade deshalb hat er unsere Wirklichkeit als die beste aller möglichen Welten geschaffen. Das ist nicht so gemeint, dass der derzeitige Zustand der beste wäre, Leibniz war kein Träumer oder ignorant und naiv. Es heißt vielmehr, dass die Welt in ihrer Gesamtheit, also mit ihrem Potenzial, ihrer Vielfalt und ihren Entwicklungsmöglichkeiten die beste aller möglichen ist. Sie bietet den Freiraum, sie wartet auf Veränderung, auf Optimierung und auf die Verwirklichung besserer Verhältnisse.

Gott ist bei Leibniz kein reiner Schöpfergott mehr. Er wählt nicht willkürlich irgendeine Welt aus, um sie wirklich werden zu lassen, sondern aus Gründen die beste. Das ist das einzige Kriterium, alles hängt sinnvoll zusammen, ein geschlossenes Weltbild ist für Leibniz möglich. Gott schafft in diesem Konzept nicht die logischen Wahrheiten oder die möglichen Welten an sich, sondern sie sind schon unmittelbar da. Er sorgt nur dafür, dass unsere Welt wirklich geworden ist mit allen Übeln darin, die zu ihr gehören, aber eben auch der Möglichkeit zur Veränderung. Gott schöpft nicht aus dem Nichts, er trifft die richtige Auswahl des logischen Systems Welt. Man könnte auch sagen, bei Leibniz hat sich Gott ausschließlich mit Mathematik beschäftigt.

Aufklärung – Natur und Vernunft als neue ethische Richtgrößen

Was kann eigentlich noch kommen, wenn die Welt am Ende der frühen Neuzeit als die beste aller möglichen klassifiziert ist? Nur ein neues Weltbild, das wiederum alles Bisherige in Frage stellt, weil es offenbar nicht zu Ende gedacht wurde, und die Menschen immer noch in der Dunkelheit von Unwissenheit verharren. Das Licht der Aufklärung soll die Menschen nun aus ihrem Schattendasein im Dunklen herausführen, es ist die Morgendämmerung, es ist das Tageslicht, es ist der Weg aus der Höhle, Platon lässt grüßen. Der Methodenwechsel allein, der mit der philosophischen Neuzeit vollzogen wurde, reicht nicht. Es müssen praktische Konsequenzen gezogen werden, die Gesellschaft als Ganzes und damit auch Staat und Kirche betreffen.

Die Aufklärung ist eine europäische Epoche, sie betrifft nicht ein Einzelland, sondern mit England, Niederlande, Frankreich und Preußen den ganzen europäischen Kontinent, wenn auch mit unterschiedlicher Intensität, und sie wird schließlich in das Auswandererland Amerika exportiert. Philosophie hat sich in dieser Epoche vor allem nach Nordeuropa verlagert. Es sind jetzt Städte wie Edinburgh, London, Paris, Den Haag und Königsberg, die den Ton angeben. Die Lichtmetapher machen alle in ihrer Sprache mit. Im Englischen heißt Aufklärung beispielsweise „Enlightenment", niederländisch „Verlichting" und französisch „Les Lumières". Aufklärung will schon dem Begriff nach der Dunkelheit des Mittelalters und seiner religiösen Fundierung endgültig entkommen. Statt biblischen Gewissheiten, dem irrationalen Aberglauben, religiösen Dogmen und dem durch die Kirche legitimierten staatlichem Absolutismus bedingungslos zu folgen, sollen die Menschen ihre Erkenntnisfähigkeit nutzen, sich von Unterdrückung befreien, ihr Schicksal in die Hand nehmen und die Probleme der Gesellschaft fortschreitend selbst lösen. Philosophisches Denken ist jetzt wieder Auslöser einer gesellschaftlichen Entwicklung, sie ist ihr geistiger Geburtshelfer und produziert eine Eigendynamik, die immer schneller und radikaler wird. Denn die Aufklärungsphilosophen machen einen entscheidendem Sprung. Das Verständigwerden von Sachverhalten, also ganz allgemein die Erkenntnis durch eine Verbesserung des Verstandes, soll lebenspraktisch werden und zu einer Vernunfteinsicht führen, die die Menschen moralischer und Gesellschaften insgesamt besser macht. Damit dies möglich ist, muss aber ein bislang nicht gekanntes Maß von innerer und äußerer Freiheit erreicht werden. Es geht jetzt um Denkfreiheit, Glaubensfreiheit, individuelle Freiheit und schließlich auch um politische Freiheit. Die Philosophie der Neuzeit wollte ein klares und wahres Denken, die Philosophie der Aufklärung will jetzt wesentlich mehr, sie will vor allem, dass die Menschen frei, vernünftig und selbst denken.

Träger der gesamten Entwicklung war ein erstarktes Bürgertum, das insbesondere in den Städten mit ihren Theatern, Kaffeehäusern und den intellektuellen Salons eine diskussionsinteressierte Öffentlichkeit schuf. Bücher, Zeitschriften, Abhandlungen und Pamphlete fanden eine wachsende Abnehmerschaft. Nun zirkulierten Ideen von Aufklärung, Fortschritt, Menschenrechten und humanistischen Idealen. Der Geist der Aufklärung ist vernünftig, und er ist kritisch, alles wird auf seinen Wahrheitsgehalt und seine argumentative Tragfähigkeit hin geprüft. Statt daran zu glauben, dass Gott das Leben bestimmt und die Menschen im Jenseits für ihre Taten belohnt oder bestraft werden, fordern Philosophen die Menschen dazu auf, ihr Leben zu hinterfragen, Missstände wahrzunehmen und vernünftig zu handeln. Die Gegner sind Vorurteile, Aberglaube, Schwärmerei, Fanatismus und schließlich Kirche und feudaler Staat selbst. Ein Fortschrittsoptimismus macht sich bald breit. Die Vernunft scheint erstmals fähig, alle Probleme des Menschen nach und nach lösen zu können.

Im 17. Jahrhundert herrschte noch überall in Europa der Absolutismus. Danach gingen England und die Niederlande den Weg konstitutioneller Monarchien mit einem entscheidungsfähigen Parlament, während Resteuropa weiterhin der Absolutheit seiner Herrscher folgte. Die gesamte Macht wurde im jeweils herrschenden Monarchen oder König gebündelt. Die Gesellschaft war ihrerseits ständisch organisiert, man blieb gebunden an den Stand, in den man hineingeboren wurde. Kinder von Bauern blieben Bauern, adelige Kinder blieben im Adel, und Königskinder setzten die königliche Linie fort. Der Luxus des Herrschers, des Adels und das teure Hofleben musste letztendlich durch Steuern und Abgaben getragen werden, dafür gab es schließlich Bauern, Handwerker und Kaufleute. Die Kirchen predigten dem einfachen Volk, dass das starre Feudalsystem ihr von Gott gewolltes Schicksal sei. Aberglaube war in allen Teilen der Bevölkerung weit verbreitet. Die Menschen fanden sich mit ihrer Umgebung ab, in die sie hinein geboren wurden und erklärten sich ihre Situation durch Gott und seinen Willen. Doch dann änderte sich das starre Bild. Die Aufklärung startete mit einer politischen Revolution in England, sie hatte ihren diskursiven Höhepunkt in den intellektuellen kulinarischen Salons von Paris, und sie hatte ihren philosophischen Höhepunkt im preußischen Königsberg, wo Kant eine philosophische Revolution auslöste und zugleich abschloss. Die Vernunft trat zu ihrem Siegeszug in Europa an. Es ging gegen Vorurteile und Aberglaube, es ging um Freiheit und Selbstbestimmung, es ging um gesellschaftliche und politische Mitbestimmung, es ging um Rechte und Mündigkeit, und es ging um Geschichte und Revolution. Im 17. Jh. regierte Ludwig XIV. in Frankreich noch als Sonnenkönig mit absoluter Macht und ließ sich das Schloss Versailles bauen. Ob ihm der Ausspruch „L'Etat c'est moi", der Staat bin ich, zurecht zugeschrieben wird, ist umstritten. Tatsache ist jedenfalls, dass das ausschweifende Luxusleben am Hof zu einem schleichenden Staatsbankrott führte. Politisch kulminierte die Aufklärung später in der Französischen Revolution, die Ludwig XVI. dann schließlich aufs Schafott brachte. Die Aufklärung ist historisch, politisch und philosophisch ein Epochenwandel, sie löst eine Kulturrevolution aus. Über den Kontinent hinweg wird trotz sehr unterschiedlicher Voraussetzungen in den einzelnen Ländern philosophisch an einem gemeinsamen Problem gearbeitet, nämlich der grundsätzlichen Überwindung falscher Vorstellungen auf allen Gebieten des Wissens und Handelns. Was die Aufklärungsphilosophen im Kern verbindet, und welche ideengeschichtlichen Stränge dabei die Hauptrolle spielen, wird kurz erörtert, um den Gesamtkontext sichtbar zu machen. Aufklärung wendet sich zukunftsorientiert gegen überlieferte falsche Vorstellungen der Staatslegitimation und rollt hierzu die menschliche Geschichte gedanklich noch einmal von ihrem Ursprung her auf. Auf diesem Weg sucht und findet sie ganz neue diesseitsgebunde Konzepte. Wie bereits in der frühen Neuzeit ist Natur der Schlüsselbegriff der Philosophie. Es geht nun aber nicht mehr um Beobachtung, Exaktheit, Logik, Physik und Mathematik als Vorbild, es geht vielmehr um die menschliche Natur und ihren organisatorischen Übergang in die kulturelle Entwicklung. Die ersten Gemeinschaften sollen einen wie auch immer zustande gekommenen und wie auch immer gearteten „Gesellschaftsvertrag" geschlossen haben, der das theoretische Fundament ihrer gesellschaftlichen Organisation bildet. Er ist der Beginn der Kulturgeschichte selbst. Es werden ausgiebige Diskussionen darüber geführt, was angeboren ist, also von Natur aus mitgegeben, und was erworben ist, also durch Gewohnheit oder die Gesellschaft vermittelt. Und wenn die Gesellschaft schon einmal so in den Mittelpunkt der Betrachtung rückt, dann kann auch gefragt werden, wie ein vernünftiges Zusammenleben ohne Gott und König gestaltet werden kann und schließlich auch sollte. Die ethische Grundforderung nach einer toleranten Gesellschaft führt mit den Aufklärungsphilosophen schließlich zu einer universalistischen Verallgemeinerung ethischer Prinzipien nach Vernunftgründen und nicht mehr nach Glaubensinhalten oder religiösen Geboten. Das Ethikkonzept sollte allgemein, also unabhängig von Glaubensüberzeugungen allein durch Einsicht tragfähig sein. Diese letzte Konsequenz für ethische Fragestellungen zieht erst die Aufklärung, das ist ideengeschichtlich ihre größte philosophische Leistung.

Die Aufklärungsphilosophie richtet sich damit ausdrücklich gegen konkurrierende monotheistische Religionen und Sekten, Meinungsfreiheit soll schließlich auch hier herrschen. Philosophen stellen sich angesichts der Religionskriege beispielsweise die Frage, ob Glaubensunterschiede so blutige Folgen rechtfertigen können. Der Skeptizismus wächst angesichts zweier konkurrierender Wahrheitsreligionen und etlicher Sekten, die Vertreter einer absoluten Glaubenswahrheit sind ganz offenkundig in der Wirklichkeit gescheitert, so das intellektuelle Grundgefühl. Denn es können schließlich nicht beide Versionen gleichermaßen recht haben, die absolute Wahrheit ist nicht teilbar und nicht kompromissfähig. Teilbar wird Wahrheit erst, wenn sie ihren Absolutheitsanspruch ablegt und damit eine andere relativierende Ebene betritt. Lessing argumentiert in der Geschichte um Nathan den Weisen, dass das ernsthafte Streben nach Wahrheit Grund genug für gegenseitigen Respekt sei, die Wahrheit an sich also gar nicht das Ziel. Es gibt in Lessings Geschichte keinen sicheren Zugang zur Glaubenswahrheit mehr. Ein Wahrheitsbezug bleibt zwar, aber er wird handlungsbezogen als ein ernsthaftes Bemühen gewendet. Das Ergebnis ist dann Respekt statt Dogma. Umgekehrt heißt das, dass Toleranz keineswegs relativierend gemeint sein kann, auch wenn sie diesen Nebeneffekt haben mag. Toleranz fußt schließlich auf Werten und nicht auf einer völligen Relativität, die in die Beliebigkeit führt. Toleranz macht absolute Unterschiede ertragbar, sofern auf die Absolutheit der Wahrheit verzichtet wird. Aus heutiger Perspektive würden wir sagen, das Gegenteil zu Toleranz ist Intoleranz und gerade nicht Gleichgültigkeit. Genau deshalb können Aufklärungsphilosophen ganz massiv die Intoleranz bekämpfen. Wären sie selbst relativistisch gewesen, hätte es keine Aufklärung gegeben. Die Frage ist, was Gesellschaft verbinden kann, wenn es nicht der Glaube ist. Statt Religion ist nun „Freiheit" und „Vernunft" das Bindeglied und damit der Garant von Verbindlichkeit. Es gibt wieder ein Fundament, die Epoche hat sich gefunden.

Warum entsteht die philosophische Aufklärung nur in Europa? Und darüber hinaus, was genau ist sie, eine Weiterentwicklung christlicher Grundwerte oder ein Bruch mit allen vorherigen Vorstellungen? Die Beantwortung der Frage wird klarer und einfacher, wenn man sie umdreht und neu stellt: Lösen Verstand und Vernunft die christlich-mittelalterliche Philosophie tatsächlich ab, oder säkularisieren, also verweltlichen sie bloß deren positiven ethischen Gehalt? Entwickelt die Aufklärung ein modernes Menschenbild aus den durch die Religion überlieferten Prinzipien? Auf diese Fragen gibt es grundsätzlich zwei mögliche Antworten. Die eine geht von einer kontinuierlichen Weiterentwicklung der Kulturgeschichte aus, die andere von Brüchen.

Vertreter der kontinuierlichen Weiterentwicklung folgen der Säkularisierungshypothese. Sie gehen grundsätzlich davon aus, dass aufklärerisches Denken zwar religiöse Motive verweltlicht, beispielsweise als ethisches Prinzip der Toleranz, dass es dabei aber nur neue Begründungsmöglichkeiten für ältere Gehalte findet und dem christlich religiösen Kern, ob bewusst oder unbewusst, verpflichtet bleibt. Das Argument lautet, dass solche Grundwerte bereits im christlichen Glaubenssystem beschrieben sind. Auch die Säkularisierung kann für eine spezielle europäische Entwicklung sprechen, die im Christentum und seinem Gebot der Nächstenliebe ihr ethisches Fundament hat, während andere Kulturen anderen religiösen Prinzipien verpflichtet sind und diesen Gehalt so nicht in sich tragen. Die Vertreter der Säkularisierungshypothese blicken zurück und führen in der Regel das jüdisch-christliche Abendland als homogenen Kontinuitätsraum mit großer Traditionskraft ins Feld. An dieser Stelle lassen sich allerdings auch Gegenargumente formulieren. Denn das Abendland hat von jüdischen Wurzeln bis weit ins 20. Jh. wenig bis gar nichts wissen wollen und alles Jüdische verfolgt. Juden sollten nicht dazu gehören, sie wurden religiös und kulturell dem Morgenland zugeordnet, das Neue Testament hatte das Alte Testament schließlich substanziell abgelöst. Damit bleibt als mögliche Traditionslinie eher das christliche Abendland. Auch hier lassen sich Gegenargumente formulieren. Das christliche Abendland ist immerhin deutlich jünger ist als die philosophische Antike. Schon die Versöhnungsversuche der mittelalterlichen Scholastik von christlichem Glauben und antiker Philosophie sind an den Kernunterschieden von griechischer und christlicher Philosophie gescheitert. Die christlich mittelalterliche Philosophie hat nicht nur das jüdische Denken, sondern auch das antike in seinem Kern hinter sich gelassen. Der antike Logos wurde gerade als Gegenmodell zu mythischen Glaubensvorstellungen, also gegen das geglaubte Wissen entwickelt. Ein Bezug auf den antiken Logos ist unter diesem Aspekt zumindest schwierig. Der Logos wird in der mittelalterlichen Philosophie christlich verarbeitet, aber das ursprüngliche Konzept entstammt einem ganz anderen Denkhorizont. Zudem sind Platon und Aristoteles genau wie die christlich-mittelalterliche Philosophie für das Aufklärungsdenken eine wenig interessante Vergangenheit, es gibt keinen ausgeprägten Rückbezug. Es gibt stattdessen den Blick nach vorne. Was kann alles zusammen halten, das ist die Frage. Was es nicht kann, hat die Geschichte in der Antike und im Mittelalter schon zwei Mal gezeigt.

Vertreter der Bruchhypothese unterstellen demgegenüber einen diskontinuierlichen Geschichtsverlauf. Sie bestreiten zwar nicht Traditionslinien, sie gehen aber davon aus, dass sich diese Traditionen erschöpfen und dann von einem neuen Paradigma abgelöst werden. Ein Paradigma bedeutet in dem Zusammenhang einen geistigen Horizont, in dem überhaupt gedacht und argumentiert werden kann. Demzufolge hat sowohl die Antike einen eigenständigen Wahrheitsbegriff und eine eigenständige Ethik wie auch das christliche Mittelalter, die Aufklärung selbst und später dann die Moderne. Paradigmenwechsel finden dann statt, wenn das alte Paradigma nicht mehr funktioniert, wenn es also auf drängende Fragen keine plausiblen Antworten hervorbringen kann. Das können historische Veränderungen als äußere Gründe oder nicht mehr tragfähige Konzepte als innere Gründe sein. Vertreter der Bruchhypothese müssen anführen, was in Europa neben den historischen Veränderungen dazu geführt hat, diesen argumentativen Bruch zu vollziehen. Aus philosophischer Sicht ist ein wesentliches Merkmal des Bruchs die wahrheitstheoretische Orientierung an Mathematik sowie Beobachtung. Ein anderer ist die konzeptionelle Orientierung an einer prinzipiengebenden Vernunft in allen ethischen Fragen, die mit den Vorstellungen des Logos und der Schöpfervernunft nichts mehr zu tun hat. Die Aufklärungsphilosophie entsteht in Europa vor allem, weil sie ein neues ethisches Fundament sucht, das von jedem Einzelglauben völlig unabhängig ist. Sie erfindet hierzu die Vernunft neu.

In der Aufklärungszeit verschärft sich die kritische Gegenwartsdiagnose zunehmend. Die erste Generation mit Voltaire lehnt Religion noch nicht gänzlich ab, das wird erst die zweite machen mit Diderot. Dabei kommt die ganz eigene Geschichte der Religion sowie ihre dauerhafte Verschränkung mit staatlicher Macht unter die Lupe. Staat und Kirche erscheinen aus der Perspektive als zwei Verbündete von Unterdrückung. Man könnte auch sagen, der Religion und Kirche ist die übergroße Nähe zur staatlichen Macht genau so schlecht bekommen wie Platon und anderen Philosophen, die sich dabei übernommen haben. Der zweite Kritikhebel setzt an ihrer inneren Geschichte an, es ist ihr aggressiver Kampf um die einzige Wahrheit. Die christliche Religion oder auch christliches Denken sind über die Jahrhunderte hinweg ja keineswegs homogen gewesen. Das war zwar schon immer bekannt, aber jetzt werden die nicht gerade unblutigen Konsequenzen herausgestellt. Es gab laufend Dogmen, Häresien und Kanonisierungen, es gab Sekten und Sektenverfolgung. Vor allem aber gab es mit Katholiken und Protestanten zwei große Religionsvarianten innerhalb der einen monotheistischen, die sich beide auf das gleiche Wahrheitsbuch berufen haben. Es kann aber nicht zwei Wahrheiten parallel geben. Die Verfolgungen der Häresien und die Religionskriege machen für die Aufklärer nicht nur den absoluten Wahrheitsanspruch der christlichen Religion problematisch, sondern selbst einen kleineren hinfällig, zumal wenn er mit Schwert, Feuer und Dogma durchgefochten wird. Religion kommt für sie als moralischer Maßstab nicht mehr in Frage. Stattdessen wird der Reliogion eine generelle Täuschungsabsicht unterstellt, der Begriff Priesterbetrug macht in Frankreich die Runde. Das Kritikschema erinnert an Xenophanes, der in der Antike meinte, die Menschen würden sich ihre Götter erfinden und sich damit ein falsches Prinzip geben. Die Wahrheit wurde demnach nur vorgegaukelt. Es braucht folglich ein ganz neues Wahrheitsfundament für moralisches Handeln. Das Vernunftkonzept soll diese Lücke schließen, das Licht der Aufklärung soll nun leuchten.

Die ausdrückliche Suche nach einem eigenständigen und glaubwürdigen Fundament in ethischen Fragen führt in eine neue Richtung. Die Natur ist der eine wesentliche Bezugspunkt, deshalb kommt es zu einer Aufwertung eines „Naturrechts". Auf Freiheit ruhende Vernunft ist der andere, aus dem Grund entsteht das Konzept einer „vernünftigen Verfassung". Beides läuft auf ein gleiches menschliches „Recht" für alle hinaus, statt die bloße Erfüllung eines göttlichen Plans zu sein. Das eine ist außermenschlich geschaffen, das andere muss jetzt menschlich gestiftet werden und kritische Prüfungen aushalten. Es ist nicht immer schon da, sondern muss erarbeitet und schließlich anerkannt werden. Deshalb entsteht auch der Vorrang des Subjektdenkens, anders gesagt eines erkennenden und wollenden „Ich". Es kommt eine Lust am Diskutieren dazu, am Finden von tragfähigen Meinungen und Ansichten, am Argumentieren und Ausarbeiten noch besserer Gründe und Methoden. Daraus entsteht eine Öffentlichkeit, die Vernunftprinzipien und Werte diskutiert. Theologen sind dabei Mitspieler und haben eine Meinung unter anderen, mehr aber auch nicht. So wenig ist das nicht im Übrigen, denn es sichert die Möglichkeit, auch diese Meinung zu haben und vertreten zu können. Auch das ist eine Position der aufgeklärten Toleranz.

Man kann es auch etwas vereinfacht mit Marx sagen: Die ökonomische Basis bestimmt das Bewusstsein, nicht der ideologische Überbau. Das Ende des Feudalsystems und das Entstehen bürgerlicher Schichten erfordern ein neues ethisches Prinzip, das dem entspricht. Im Mittelalter war dies die gottgewollte Ordnung mit Königen, die durch Päpste gekrönt und bestätigt wurden oder auch umgekehrt bisweilen. Die bürgerlichen Schichten wollen stattdessen Liberalität und bürgerliche Verfassungen, die ihnen Freiheitsrechte garantieren. Die antike Philosophie hatte vorchristliche Ethiken beschrieben und damit belegt, dass eine außerchristliche ethische Fundierung möglich ist.

Die Philosophie entwickelt insgesamt drei Neustartoptionen, denn es geht nach wie vor um das Ganze. Irgendetwas muss alles zusammen halten, die Erkenntnis, die Ethik, die Politik, die Ästhetik, am Ende auch die Geschichte, die vergangene und die künftige. Es braucht einen stabilen und robusten Leitfaden. Natur ist ein erstes neues Bindeglied für das Ganze, bestehend aus innerer Natur, die nur dem Mensch eigen ist, und äußerer Natur, also der Welt und dem Kosmos. Auf dem allumfassenden Naturbegriff wird später der Materialismus aufbauen. Eine zweites Bindeglied ist die „Subjektzentrierung". Das war schon in der neuzeitlichen Philosophie der neue Ausgangspunkt möglicher Erkenntnis. Aber im ethischen Bereich ist eine Subjektzentrierung schon deutlich schwieriger. Denn ein singulärer Ort des Wissens und der Beobachtung kann sich spekulativ zwar erheben und entfalten, er führt moraltheoretisch allerdings in eine Sackgasse, weil er mit der strikten Subjektfundierung den Anderen ausblendet. Das war schon bei Platon und seinem Versuch einer individualistischen Ethik sichtbar, der als letztes Kriterium ein ausgewogenes Seelengleichgewicht aufbieten musste. Die Aufklärung wird schließlich „Intersubjektivität" als neues Lösungsmodell vorschlagen, das platonische Probleme vermeidet und auf der Suche nach einem formalen und universellen Rahmen eher pragmatisch vorgeht. Am Verstand haben alle Teil, an der Vernunft können alle teilhaben, wenn sie selbst denken, so die Unterstellung. Aufklärung will nun auch die letzten Irrtümer beseitigen und kritisiert die neuzeitliche Philosophie selbst. Freiheit, Vernunft und Intersubjektivität ist ihr neuer Schlüssel. Einsichtfähigkeit ist dabei ganz einfach gedacht als ein formales Prinzip, also nicht als eine Logosimplantation oder ein göttliches Geschenk. Wissen ist jetzt Macht, der Absolutismus mit Ständegesellschaft und blindem Gehorsam gehören der Vergangenheit an. Das gedankliche Finish liefert an der Stelle dann Kant. Seine kopernikanische Wende trennt Glauben und Wissen endgültig. Er sorgt gleichzeitig für eine Begründung von ethischen, religionsfreien Prinzipien ausschließlich durch eine auf ihren Bereich beschränkte Vernunft. Die ist frei von christlicher Metaphysik, aber auch frei von platonischen und aristotelischen Vorstellungen.

Am Ende geht es auch und vor allem um Politik. Die politische Aufklärung beginnt in England. Dort hatten der anhaltende Widerstand und protestantische Verschwörungen gegen die katholikenfreundliche Politik des Königs dazu geführt, dass das Parlament dem holländischen Protestanten und Statthalter der Niederlande sowie seiner englischen Frau den Thron anbot. Das Gegengeschäft war die Aufwertung der Parlamentsrechte. Es war eine Revolution, und sie war unblutig. Beides ist mehr als ungewöhnlich für die Zeit. In der „Glorreichen Revolution" von 1688 setzten sich die Gegner des königlichen Absolutismus im Machtkampf gegen die Verfechter des Stuartkönigtums durch. In England ist seitdem der König nicht allein, sondern nur in Verbindung mit dem Parlament Träger der Staatssouveränität. Hobbes hatte sich in dem Punkt verspekuliert, er stand auf der falschen Seite, was Philosophen ja öfter tun. Die Revolution in England begründete nicht nur die Hoheitsgewalt des englischen Parlaments, auch die Kirche verlor ihr Monopol auf das Erziehungswesen und die Kontrolle über Druckerzeugnisse. Beides hatte weitreichende Konsequenzen.

Locke – Freiheit, Eigentum und Toleranz

John Locke (1632–1704) wurde in England geboren. Er studierte in Oxford klassische Wissenschaften, das hieß zu der Zeit eine Schulung in Aristoteles und der Scholastik mit Logik sowie Metaphysik, es bedeutete die Vermittlung der alten Sprachen mit Latein sowie Griechisch, und es verlangte die Lektüre der alten Autoren im Original. Locke interessierte sich zugleich auch für Naturphilosophie sowie Experimentalwissenschaften und hörte mehr oder weniger inoffiziell Vorlesungen in Medizin. Er arbeitete als Dozent in Oxford, dann als Erzieher, dann als Privatsekretär und zugleich als Hausarzt bei Lord Ashley Cooper, dem Parlamentarier und Schatzkanzler, der später Earl of Shaftesbury und Lordkanzler wurde. Nach dem Tod von Cromwell bestieg ein katholischer Stuart den Thron. Cooper wurde als Protestant im Tower inhaftiert, kam aber gegen Kaution frei und floh in die Niederlande. Es war die Zeit der Auseinandersetzungen um die Thronfolge und die Zeit der Religionskriege, Locke war mittendrin. Cooper brachte ihn zum Schreiben von Abhandlungen. Locke folgte ihm schließlich in den Wirren der englischen Politik ins Exil in die Niederlande, konnte nach 1688 aber nach England zurückkehren. Die Protestanten hatten sich dort mittlerweile durchgesetzt.

Locke ist philosophisch ein Empirist. Er entwickelt eine empiristische Erkenntnistheorie, also eine, die auf der Erfahrung als entscheidender Wissensquelle aufbaut und nicht auf einem vorgängigen oder davon unabhängigen Verstand. Wie kommen wir überhaupt zu Vorstellungen und Begriffen, das ist die Grundfrage, die auch schon die gesamte Neuzeit bewegt hatte. Für Descartes und seine rationalistische Sichtweise war beides eine Leistung des Verstandes, Lockes Antwort ist dagegen den Sinnen verpflichtet. Alles Wissen gründet demzufolge in der sinnlichen Wahrnehmung, und es gibt keineswegs angeborene Ideen oder ewige Verstandesbegriffe außerhalb von sinnlich erfahrbarer Wirklichkeit. Der Mensch ist für Locke bei seiner Geburt einfach eine „tabula rasa" (Versuch über den menschlichen Verstand, S. 107), ein leeres Blatt Papier, das auf Beschriftung wartet. Die erste Beschriftung kommt durch die Sinne, denn alle Inhalte des Bewusstseins müssen letztendlich von außen kommen. Das Wissen basiert erst in zweiter Linie auf den Reflexionsleistungen des Bewusstseins, also unseren Vorstellungen und gedanklichen Ordnungsmöglichkeiten. Damit folgt Locke der Auffassung von Hobbes: Unsere Vorstellungen sind einfach Kombinationen verschiedener Sinneseindrücke, die Gedanken verketten sich kausal nach Assoziationsregeln und verarbeiten das Material, das von außen kommt. Aber erst der innere Beobachtungszusammenhang von Dauer und Wechsel der Eindrücke macht dann schließlich das Subjekt aus. Das Ich ist aus dieser Perspektive ein bloßes Erfahrungsergebnis und damit etwas ganz Anderes als das Ich von Descartes, der es an den Anfang des sicheren Wissensgebäudes gestellt hatte. Die Erkenntnis bleibt für Locke immer begrenzt, und diese Grenzen sind anzuerkennen. Wir werden durch das geformt, was uns widerfährt, und das sind keine angeborenen Ideen, sondern sinnliche Eindrücke und darauf aufbauende Erfahrung.

Auch in der Politiktheorie ist Locke in seinen theoretischen Voraussetzungen zunächst nicht weit von Hobbes entfernt, wie dieser verfolgt er das Konzept eines Naturzustands. Der Naturzustand erfordert bestimmte Maßnahmen, das ist der Anfang von Regierung und Staatlichkeit. Locke zieht aus diesem ursprünglich gegebenen Naturzustand allerdings ganz andere Schlüsse als Hobbes, und wendet sie gegen die Zustände seiner Zeit. Die Royalisten, also Anhänger des Königs meinten, dass die Gewalt der Könige wie die des Familienvaters ursprünglich von Gott auf Adam übertragen worden wäre. Die Monarchie entspräche damit einer natürlichen durch Gott vorgegebenen Ordnung. Locke macht das nicht mit und meint, es gäbe dafür keinerlei biblische Belege. Eine göttliche Übertragung von Macht wäre auch etwas ganz Anderes als ein ursprünglicher Naturzustand, der Menschen zur Selbstorganisation zwingt. Der legitime Grund einer Regierung kann sich nur aus diesem Naturzustand herleiten, in dem sich die Menschen befanden. Das begründet Rechte und Pflichten, denen sie unterliegen. Der anfängliche Zustand der Menschen ist Locke zufolge ein Zustand „vollkommener Freiheit, innerhalb der Grenzen des Gesetzes der Natur ihre Handlungen zu regeln und über ihren Besitz und ihre Persönlichkeit so zu verfügen, wie es ihnen am besten scheint, ohne dabei jemanden um Erlaubnis zu bitten oder vom Willen eines anderen abhängig zu sein. Es ist darüber hinaus ein Zustand der Gleichheit, in dem alle Macht und Rechtsprechung wechselseitig sind" (Zwei Abhandlungen über die Regierung, S. 201). Der Naturzustand beschreibt also ein Überzeitliches, vor dessen Hintergrund sich Gesellschaften erst aufbauen können. Sie tun dies, indem sie einen Gesellschaftsvertrag schließen. Diesen Grundgedanken hatte Hobbes bereits gelegt. Locke sieht im Naturzustand nun aber insbesondere Freiheit und Gleichheit gegeben und nicht einen Kampf Aller gegen Alle, er ist von einem anderen Menschenbild überzeugt. Im vertragstheoretischen Denken geht es immer um Variationen innerhalb des gleichen Grundmodells: Nur die Übereinkunft und Zustimmung des Volkes kann die Grundlage von legitimer Herrschaft bilden. Die Gründe für die Vertragsnotwendigkeit und die Ausformung des Vertrags werden dabei unterschiedlich dargestellt, die Notwendigkeit der Volkszustimmung als Legitimation des Staates aber nicht, ob bei Hobbes, Locke oder später Rousseau. Schon das Denken eines Rechtfertigungsbedarfs staatlicher Autorität gegenüber freien Menschen unterminiert jedenfalls das System von absolutistischer Herrschaft und Feudalsystem. Denn das Modell ist ausdrücklich gegen die Annahme einer göttlichen Ordnung mit göttlichem Recht und einem Gottesgnadentum des Königs gerichtet. Das Königtum ist keine natürliche Ordnung mehr und auch keine Notwendigkeit, die monarchistische Ordnung steht also keineswegs alternativlos im Raum. Die Legitimität des Staates verlangt die allgemeine Anerkennung, sie muss sich gegenüber den Menschen rechtfertigen können. Wenn Herrscher ihre Macht nun willkürlich oder ohne Zustimmung des Volkes ausüben, dann verlieren sie ihre Ansprüche. Solch ein Machthaber „handelt ohne Autorität, und man darf ihm Widerstand leisten wie jedem anderen Menschen, der gewaltsam in das Recht eines anderen eingreift" (Locke, zwei Abhandlungen über die Regierung, S. 327). Es gibt plötzlich ein Recht auf Rebellion gegen eine Obrigkeit, die sich über Regeln hinwegsetzt. Der Staat soll sich um den Schutz der bürgerlichen Interessen kümmern, das ist seine Kernaufgabe, denn nur deshalb schließen die Menschen einen Gesellschaftsvertrag. Was dagegen keine Aufgabe des Staates ist, muss und soll ihn auch nicht kümmern. Er ist beispielsweise nicht zuständig für das individuelle Seelenheil.

Locke ist ein Rechtstheoretiker. In seinem ethischen Konzept überträgt er das Naturrecht schließlich in ein allgemeines Menschenrecht. So beschreibt es die „Zweite Abhandlung über die Regierung". Dort heißt es: „Im Naturzustand herrscht ein natürliches Gesetz, das jeden verpflichtet. Und die Vernunft, der dieses Gesetz entspricht, lehrt die Menschheit, wenn sie sie nur befragen will, dass niemand einem anderen, da alle gleich und unabhängig sind, an seinem Leben und Besitz, seiner Gesundheit und Freiheit Schaden zufügen soll" (Zwei Abhandlungen über die Regierung, S. 203). Leben, Gesundheit und Freiheit als Grundwerte, das ist vielleicht nicht ungewöhnlich. Überraschend ist dagegen der Gedanke, dass schon im ursprünglichen Naturzustand Besitz existierte und geschützt werden musste. Und das kommt so: Die Gaben der Natur stehen zunächst allen offen, aber wir können nichts benutzen, ohne es irgendwie auch zu besitzen. Das gilt schließlich auch für den Menschen selbst. Er hat ein Recht an seinem Körper und seiner eigenen Person, beides ist sein ursprüngliches Eigentum. Im zweiten Schritt dann haben Menschen Rechte an dem, was sie sich durch ihre Arbeit zu eigen machen. Menschen streben nach Besitz und Eigentum. „Eigentum" wird erstmals von Locke als ein tatsächliches Menschenrecht bezeichnet. Der Gesellschaftsvertrag soll Menschen und Eigentum nun gleichermaßen schützen. Das bedeutet zu Ende gedacht, dass dieses natürliche Recht stärker ist als die bestehende Rechtsposition des Königs oder der Regierung. Locke dreht Hobbes damit um, er legitimiert Freiheit und Eigentum statt den absolutistischen Staat. Er steht für Gewaltenteilung und eine parlamentarisch kontrollierte Regierung. Mit all dem ist er Vordenker moderner Verfassungsstaaten.

Die Volksgemeinschaft schließt selbst einen Vertrag und delegiert nicht an einen Monarchen, sondern an eine Regierung. Das monarchistische Prinzip ist schließlich nicht das älteste und schon gar nicht das einzig legitime. Damit rechtfertigt Locke die Glorreiche Revolution von 1688, die amerikanische von 1776 und die französische von 1789. Wörtliche Formulierungen aus seinen Abhandlungen werden in die amerikanische Unabhängigkeitserklärung und in die Erklärung der Menschenrechte der französischen Revolution übernommen. Das Denken von Menschenrechten erfordert das Denken von Toleranz. Locke beschreibt in „A Letter concerning Toleration", dass es darum geht, unterschiedlich behauptete Wahrheiten zu erdulden. Es geht also nicht um das eigene Fürwahrhalten, sondern um das Ertragen, dass Andere einem anderen Fürwahrhalten folgen können. Locke nimmt Abstand von gewaltsamen Bekehrungen, die nicht nur in England mit Blut und Schwert erfochten wurden. „Wer immer sich hinter das Banner Christi stellen will, der muss an erster Stelle und vor allen Dingen Krieg führen gegen seine eignen Begierden und Laster" (Ein Brief über Toleranz, S. 3). Krieg gegen eigene Laster, das klingt asketisch, gemeint ist aber der Fanatismus, der zu bekämpfen ist. Scharfe Eigenpositionen ja, der Streit um Wahrheit ja, Fanatismus nein. Locke meint, da niemand von Natur aus als Mitglied einer besonderen Kirche oder Sekte geboren wird, kann er ebenso frei wieder austreten. Zumindest das Recht hierzu ist ihm einzuräumen. Bei aller Toleranz, Locke kennt Grenzen der Duldung, auch er ist Parteigänger. Die Loyalität von Katholiken dem Staat gegenüber ist für ihn zweifelhaft, die der Atheisten sowieso, die der Fanatiker aber auch. Eine eigenartige Mischung, die Locke hier aufbietet.

Hinter der Toleranzforderung steht die besondere Erfahrung der Religionskriege, die in Europa die Länder verwüstet haben. Der Blick auf England und den Kontinent hat aus einer besonderen Wahrnehmung heraus den Toleranzwunsch entstehen lassen, der zu einem Menschenrecht der Freiheit verallgemeinert wurde. Ist das tolerante Zulassen von Widersprüchen deshalb ein eurozentrischer Gedanke? Schließlich teilen nicht alle diesen Wert. Oder kann Toleranz auch eine universalistische Idee sein? Immerhin ist festzustellen, dass keine Kultur zu keiner Zeit völlig homogen, konsistent und mit sich selbstidentisch ist. Das gilt nicht nur für die Zeit von Locke, das gilt auch für andere Nationen und Kulturräume. Sie unterscheiden sich darin, was sie an Vielfalt und Kritik zulassen, aber die schiere Tatsache von ideologisch und fanatisch motivierten Kontroversen ist jedenfalls eine universelle Erscheinung. Diese allgemeine Zustandsbeschreibung ist zumindest ein Indiz für die Möglichkeit von Universalisierbarkeit. Tolerantes Denken nivelliert nicht Meinungsunterschiede, sondern fördert die Auseinandersetzung darüber in der Hoffnung, dass sich die Extreme irgendwann abschleifen. Das mag ein Ziel sein, das nicht alle teilen wollen, aber möglicherweise können müssten, weil sich keine Glaubenswahrheit global durchsetzen lässt.

Hume – Erfahrung und Moral als Gewohnheitsprinzipien

David Hume (1711–1776) war ein schottischer Edelmann, der Sohn eines verarmten adligen Anwalts. Er lernte Latein, Griechisch, Logik und Metaphysik. Auf Druck der Familie begann er ein Jurastudium, brach es aber ab. Er begann eine kaufmännische Ausbildung und brach auch die ab. Er war drei Jahre in Frankreich als Gesellschafter eines geisteskranken Marquis, er war Sekretär eines Generals, er war Bibliothekar an der juristischen Fakultät Edinburgh und schließlich Gesandtschaftssekretär in Paris. Hume war unterhaltsam, er verkehrte in den intellektuellen Salons von Paris. Und er war offen Atheist. Alle seine Schriften landeten auf dem Index.

Hume meint wie Locke, dass es keine angeborenen Ideen gibt, sondern dass alles Wissen aus der Erfahrung stammt. Er beschreibt aber genauer, wie der Verstand arbeitet, und wie wir zu Ideen eines Jenseits kommen. Unsere Bewusstseinsinhalte bestehen entweder aus aktuellen Eindrücken oder aus Erinnerungen und Phantasien. Der Verstand kann dann aus beiden Quellen komplexe Vorstellungen entwickeln. Die folgen wiederum Assoziationsregeln, nach denen der Verstand Verbindungen herstellt. Das können Ähnlichkeiten sein, zeitliche oder räumliche Nachbarschaften oder auch Prinzipien von Ursache und Wirkung. Hume vertritt allerdings anders als Locke nicht nur einen Empirismus, also die Vorstellung, dass Wissen ausschließlich durch Erfahrung entsteht, sondern einen empirischen Skeptizismus. Das bedeutet eine Skepsis gegen jegliche Form der Metaphysik. Wahr ist demzufolge nur, was ausschließlich durch den Trichter der Sinne gegangen ist. Metaphysische Ideen und Vorstellungen sind für Hume „entweder das Ergebnis unfruchtbarer Anstrengungen der menschlichen Eitelkeit (...) oder das listige Werk des Volksglaubens" (Eine Untersuchung über den menschlichen Verstand, S. 11). Der menschliche Verstand ist zwar eine einigermaßen verlässliche Grundlage für Erkenntnisse, er soll dabei aber nicht in übersinnliche Regionen ausschweifen, sondern sich streng im Feld der Erfahrungen aufhalten. Wunder sind beispielsweise eine Verletzung der Naturgesetze, sie müssen übersinnliche Einflüsse unterstellen und können deshalb nicht wahr oder glaubwürdig sein. Denn es sind subjektive Behauptungen, die nicht durch die Sinneswahrnehmungen von allen bestätigt werden können. Sinne und Erfahrungen begrenzen somit richtig eingesetzt die Vorstellungsmöglichkeiten auf Diesseitiges.

Ohne auf sinnliche Daten Bezug zu nehmen, können Verstand und Vernunft keine Wahrheit liefern. Der Verzicht auf Sinnliches erzeugt irreale Phantasien. Dazu zählt Hume allgemeine Seinsbegriffe, wie die Idee des Selbst oder die Idee Gottes. Das Ich ist beispielsweise lediglich ein Sammelpunkt der Sinneseindrücke, aber nicht ein eigenständiger Ort als ein Selbst und auch keine besondere Substanz. Es gibt nur ein Miteinander von Empfindungen, „ein Bündel ... verschiedener Perzeptionen (d. i. Bewusstseinsinhalte, d. Verf.), die einander mit unbegreiflicher Schnelligkeit folgen und beständig in Fluß und Bewegung sind" (Ein Traktat über die menschliche Natur, Teilbd. 1, S. 309). Was fehlt, ist ein fixer Identitätsträger. Humes empirischer Skeptizismus stellt den Substanzbegriff ebenso in Frage wie den üblichen Kausalitätsbegriff. Über allem throhnt die Gewöhnung, auch das Wissen über die Natur ist demnach nicht sicher. Wir wissen zwar aus der Vergangenheit, dass Tatsachen auf eine bestimmte Weise zusammenhhängen oder auseinander folgen, aber wir können es nicht mit absoluter Sicherheit für die Zukunft sagen. Wir glauben nur, dass es so sein wird, alles was wir haben, sind Wahrscheinlichkeiten. Hume argumentiert gegen den Dogmatismus, der vorgibt etwas zu wissen, was er in Wirklichkeit aber gar nicht wissen kann. Insbesondere die Vorstellung einer geordneten Welt lässt uns glauben machen, dass Dinge und Vorgänge notwendig aus anderen folgen müssen. Das Prinzip von Ursache und Wirkung bringt aber für Hume keine zuverlässige Gewissheit, sondern ist selbst das bloße Ergebnis von Erfahrung. Bisher war es so, das reicht im Normalfall zwar aus, es ist aber dennoch kein absolutes Wissen für alle Zeiten.

Bei Hume wird der Verstand mit seinen begrifflichen Deduktionen, also all seinen Ableitungen und Schlussfolgerungen, selber problematisch. Denn solche logischen Ableitungen sind nur in der Mathematik zulässig und allgemein prüfbar. Gewiss ist für Hume einzig die Mathematik. Das verbindet ihn gerade noch mit Descartes und seiner strengen Rationalität. Aber genau gegen ihn formuliert Hume die Kritik am Kausalitätsdenken. Die englischen Empiristen sind alle erbitterte Gegner des Rationalismus, der in Frankreich vertreten wurde, und der die Verstandesbegriffe über alles setzte, auch über die Erfahrung. Im empiristischen Denken sollen dagegen nur noch die Sinneseindrücke Erkenntnis und Gegenständlichkeit vermitteln. Das Ganze der Welt wird dann nachträglich durch Vorstellungen verbunden, es sind aber unsere Vorstellungen und keine außerweltlichen Ideen.

Kulturelle Gewohnheit ist für Hume auch das Prinzip moralischer Festlegungen. Moralische Grundsätze sind weder übernatürliche Enthüllungen oder Offenbarungen, noch logische Schlussfolgerungen der Vernunft. Es sind vielmehr verallgemeinerte Empfindungen und Gefühle, die auf dem Gemeinschaftsgefühl gründen. Rationale Ansichten können jedenfalls nicht allein handlungsmotivierend sein. Denn es „läuft der Vernunft nicht zuwider, wenn ich lieber die Zerstörung der ganzen Welt will als einen Ritz an meinem Finger" (Ein Traktat über die menschliche Natur, Teilbd. 2, S. 487). Das ist zwar rational begründbar, aber wenig moralisch. Wenn wir moralisch denken und handeln, übernehmen wir Hume zufolge einfach gewohnheitsmäßig die Art und Weise, wie andere handeln. Wir lernen unter dem Eindruck von Lob und Tadel, machen daraus Maßstäbe und bilden moralische Regeln. Auch das Gewissen ensteht demnach durch Gewohnheit, man hat ein schlechtes Gefühl, weil die Handlung in vergleichbaren Situationen von anderen getadelt wurde. Hume gründet Ethik auf Gefühle, sie sind kulturell geprägt und kulturell unterschiedlich. Der Intellekt hat eine gewisse Filteraufgabe, aber er setzt dabei zumindest das Gefühl voraus, dem Verstand oder der Vernunft auch vertrauen zu wollen. Rousseau wird die Gefühlsethik im Anschluss dann weiter treiben.

Der Mensch kann für Hume genau dann sittlich handeln, wenn er selbständig beobachtet und denkt. Er braucht dazu keine religiösen Motive, die sind höchstens sinnvoll für die Masse und Menschen, die nicht selbständig denken wollen oder können. Die Vergangenheit hat allerdings gezeigt, dass das bei ihnen zu Religionskriegen, Aberglaube, Fanatismus und scheinheiliger Frömmigkeit geführt hat. All das spricht für Hume nicht dafür, dass Religion eine Tugend der Masse erzeugen kann. Am Ende geht es Hume um eine Tugendethik, eine Haltung aufgrund von Erfahrungen. Freundschaft ist dafür ein Beispiel, sie gilt ihm als größte Freude im Leben. Hume pflegt sie, er ist ein freundlicher Gesellschafter, bei dem auch gegensätzliche Ansichten der Freundschaft keinen Abbruch tun. Er hält sogar Rousseau aus, den misstrauischen Paranoiker, der sich mit mit den Pariser Aufklärern zerstritten hatte, und nimmt ihn mit nach England. Es hält allerdings nur eine kurze Zeit, Rousseau fühlt sich verfolgt und verdächtigt selbst die,

die ihn unterstützen. Hume kennt Rousseau aus den Salons, er ist ein regelmäßiger Gast bei den Enzyklopädisten in Paris, dem Ort, wo vieles zusammenläuft in dieser Zeit.

Enzyklopädisten – Streitbare Salons und gesammeltes Wissen

Die Enzyklopädisten heißen so, weil sie an der „Enzyklopädie" mitarbeiteten, einem Gemeinschaftswerk, das eine Zusammenfassung des aktuellen Wissens abbilden sollte. Die Herausgeber waren Denis Diderot, ein Schriftsteller und Theaterautor, sowie Jean-Baptiste le Rond, genannt D'Alembert, ein Mathematiker und Physiker. Geschrieben wurde die Enzyklopädie aber von vielen, jeweilige Experten auf ihrem Gebiet sollten beitragen, was sie wussten. Rousseau hat mitgeschrieben, auch Voltaire und Montesquieu. Es sollte eine „Weltkarte der Erkenntnis" werden. Die Zustandsbeschreibung des aktuellen Wissens wurde 1751 gestartet und 1772 beendet mit rund 72 000 Artikeln und 2 800 Kupferstichen auf etwa 18 000 Seiten, ein Mammutwerk also. Und ein großer Erfolg, denn bis zum Ende des Jahrhunderts wurden etwa 4 000 vollständige Ausgaben verkauft. Eine Ausgabe entsprach immerhin dem Jahresgehalt eines Handwerkers. Rechnet man Raubdrucke dazu, waren es insgesamt vielleicht 25 000 Gesamtausgaben. Das Jahrhundert war hungrig nach Wissen. Die Enzyklopädie war ein voller wirtschaftlicher Erfolg und ein Teil des französischen Aufklärungsdenkens.

Die Pariser Aufklärer des 18. Jhs. verkehrten vor allem im Salon von Paul Thiry d'Holbach. Dort trafen sich Intellektuelle und Literaten, es waren keine Berufsphilosophen, die Lehrstühle verwalteten. Debatten und Dispute und fanden längst im öffentlichen Raum statt, in Cafés, in den Clubs und privaten Salons. Zeitschriften und Buchhändler bestimmten die intellektuellen Auseinandersetzungen, allerdings unter staatlichen und kirchlichen Zensurbedingungen.

Voltaire ist vergleichsweise moderat, aber Diderot und d'Holbach sind radikale Atheisten, sie kritisieren die Religion und die Kirche gleichermaßen. Sie beschäftigen sich mit allen möglichen zeitgenössischen Denkrichtungen, mit Materialismus, mit Sensualismus und Pragmatismus. Und sie sind Relativisten, Sophisten eigentlich. Nicht zuletzt geht es ihnen um Gleichberechtigung und eine Überwindung der Sexualfeindlichkeit. Zudem entziehen sie dem Imperialismus und der Sklaverei argumentativ den Boden. Das alles ist in Summe zuviel, die Zeit ist noch nicht so weit. Historisch setzen sich Diderot und d'Holbach nicht durch, ganz anders als Voltaire und Rousseau. Sie sind zu atheistisch, zu radikal und schreiben zu wenig systematische Bücher. In der französischen Revolution werden sie dann vergessen und schließlich ganz aus dem Gedächtnis getilgt, vor allem wegen ihres radikalen Atheismus und ihrer Forderung nach einer Gesellschaft von Gleichberechtigten. Denn das wollten ja nicht alle Revolutionäre, Robespierre triumphierte am Ende, die Revolution mündete in eine Terrorherrschaft. Es ging um Macht mit einer Befehlskette und den Revolutionären an der Spitze. Totale Herrschaft braucht eine kultische Verehrung, eine Abgehobenheit, die jenseits der Gegenwart liegt. Das Utopia soll durch einen großen Führer verwirklicht werden, vielleicht nicht jetzt, aber zumindest später. Die revolutionären und fanatischen Feinde des Christentums waren in der Französischen Revolution zwar Kirchenzerstörer, aber sie waren keine Atheisten, das hatten sie vom Absolutismus gelernt. Kulte stützen die Führer. In der Französischen Revolution gab es einen Kult der Vernunft, es gab einen Kult des höchsten Wesens, und es gab führerkultische Legitimierungen von Leitfiguren wie Robespierre. Er wollte Feste zu Ehren der Wahrheit und Gerechtigkeit, aber auch Keuschheit und Mäßigung. Der hedonistische Materialismus von d'Holbach und Diderot hatte da keinen Platz. Als todeswürdige Verbrechen galten beispielsweise schon die Versuche, die Idee des Göttlichen zu zerstören und Moral auf den Prinzipien des Atheismus zu begründen. Robespierre kämpfte gegen die Enzyklopädisten, beschimpfte sie als Sekte und sollte seinen Philosophen stattdessen in Rousseau finden. In feierlichen Umzügen wurden Riesenbüsten von Rousseau durch Paris getragen, er selber später im Pantheon bestattet. Rousseau hat es also geschafft, er kam posthum bis zu einem Königsthron, einem revolutionären wenigstens.

Die Enzyklopädisten waren jedenfalls Begründer einer lebhaften Salonkultur. Sie ermöglichten eine intellektuelle, kritische Auseinandersetzung, einen Austausch von Argumenten im öffentlichen Gespräch. Voltaire war neben Rousseau und Hume regelmäßiger Gast. Dazu gehörten auch Frauen, etliche waren selbst Veranstalterinnen der Zusammenkünfte, es war eine neue Zeit. Es gab Symposien der anderen Art, ganz anders jedenfalls als die bei Platon. Die Gespräche wurden zwar offen geführt, aber die Publikationen der einzelnen Teilnehmer blieben meist anonym und meist äußerst konkurrent. Es ging um Esprit und einen Wettbewerb im aufgeklärten Denken. Ein Beispiel für diese anonyme Radikalität ist „Le christianisme dévoilé", das entschleierte Christentum. Obwohl anonym in Nancy erschienen, wird es d'Holbach zugeschrieben. D'Holbach liest darin die Bibel wortwörtlich und untersucht ihre ethischen Schlussfolgerungen. Gott hat das Universum aus dem Nichts geschaffen und den Menschen als Krone der Schöpfung. Ihm stellt er gleich eine Falle. „Eine sprechende Schlange verführt eine Frau, die über dieses Phänomen keineswegs überrascht ist. Die Frau, von der Schlange überredet, ermuntert ihren Gatten, eine Frucht zu essen, deren Genuss von Gott selbst verboten worden war" (Religionskritische Schriften, S. 79). Der isst die Frucht und bringt damit Tod, Leiden und Krankheit über seine Nachkommen. Diese wiederum sind mit moralischer Blindheit geschlagen, was Gott dazu zwingt, nahezu alle seine Kreaturen in einer großen Flut zu ertränken. Was lässt sich daraus schlussfolgern? D'Holbach kommt zu dem Ergebnis, dass Gott ein „Sultan, Despot und Tyrann" (Religionskritische Schriften, S. 69) sei mit einer offenkundig seltsamen Freude am menschlichen Leiden. Er gibt den Menschen einen freien Willen zu sündigen und gleichzeitig verdammt er sie zu Höllenqualen. Religion besteht demzufolge aus unglaubwürdigen Geschichten, und sie schafft es nicht, aus den Gläubigen bessere Menschen zu machen. Im Gegenteil, sie ist nur ein Instrument zur Unterdrückung. Der Katholizismus ist dabei die schlimmste Religion, weil er seine Gläubigen ebenso intellektuell wie moralisch schwächt und alle natürlichen Leidenschaften korrumpiert. Er bestraft nämlich schon den bloßen Gedanken an körperlichen Genuss. Christliche Religion fördert nicht Moral und gute Politik. D'Holbach stellt vielmehr fest, dass sie „gegründet auf Betrug, auf Unwissenheit und Leichtgläubigkeit, niemals den Menschen nützlich war, ausgenommen jenen, die es für einträglich halten, das Menschengeschlecht zu betrügen" (Religionskritische Schriften, S. 70). Das ist ein Angriff auf die Obrigkeit und das Glaubenssystem, das sie stützt. Das ist aber auch vor dem Hintergrund des Erdbebens von Lissabon im Jahr 1755 geschrieben, das ausgerechnet an einem christlichen Feiertag, Allerheiligen nämlich, die ganze Stadt zerstörte. Dem Erdbeben folgten eine Flutwelle und ein Großbrand, zwischen 30 000 und 100 000 Menschen starben, also mehr als ein Drittel der Stadt. Männer, Frauen und Kinder, die in den Kirchen waren oder dort Schutz suchten, kamen ums Leben. Ein Schock nicht nur für Portugal. Gebete helfen offenbar nicht, entweder Gott existiert nicht, oder er straft beliebig, das sind in den Augen der aufgekläten Denker die möglichen Konsequenzen.

Voltaire – Toleranz und vernünftige Religion

Voltaire (1694–1778) wurde als François-Marie Arouet in Paris geboren. Er erhielt eine Ausbildung im Jesuitenkolleg, das umfasste wie bei vielen Philosophen eine humanistische Bildung mit Kenntnis der alten Sprachen. Er verfasste Verse und begeisterte sich fürs Theater. Nach dem Willen des Vaters sollte er Jurist werden, schrieb sich ein, machte dann aber doch lieber Verse und Satiren, später auch Dramen. Arouet verspottete den Regenten in einer Satire und kam für ein Jahr in die Bastille. Dort änderte er seinen Namen in Voltaire. Er ging für zweieinhalb Jahre ins Exil nach England, er genoss die geistige Freiheit, es folgten Wanderjahre, er war unter anderem am Hof von Friedrich II. von Preußen. Seine Theaterstücke brachten ihm Ruhm und Einkünfte ein, Voltaire wurde verleumdet, geächtet und schließlich verbannt, seine bissigen Essays wurden verboten oder verbrannt. Er lernte daraus und veröffentlichte anonym. Wenn herauskam, dass die Schriften von ihm waren, leugnete er. Voltaire pflegte einen äußerst intensiven Briefverkehr mit allen möglichen Größen. Er verkehrte in den Salons und betrieb Aufklärung als Praxis, er war ironisch und sarkastisch. Und er machte sich lustig über Leibniz. In der besten aller möglichen Welten, wie Leibniz die Welt nannte, herrschen offenkundig Korruption, Aberglaube und Ketzerverfolgung, alles nicht sehr überzeugend für einen gelungenen Entwurf.

In den „Les Lettres Philosophiques", den Philosophischen Briefen also, oder „Letters concerning the English Nation", den Briefen über England, prangert Voltaire das französische System an und rechnet mit den Zuständen in Frankreich ab. Es ist ein Vergleich. In England gibt es religiöse Toleranz, es gibt Liberalismus in Politik und Handel, und es gibt einen großen Elan in Wissenschaft und Philosophie. Voltaire spottet zwar über die die Sekte der Quäker, ist aber zugleich von ihrem undogmatischen Brauch beeindruckt, weil ihr Glaube nicht von einer Priesterschaft bestimmt ist. Dass in England Sekten überhaupt zulässig sind, ist ihm schon Fortschritt genug, er schreibt je einen Brief über eine Sekte. England hat sich vom Despotismus der Könige und der Kirche befreit. Das sorgt schrittweise für die Einführung der Gleichheit vor dem Gesetz und für ein Steuersystem ohne Ausnahmen. In England bestimmen Fortschritt und Toleranz das Zusammenleben. „Gehen Sie an die Londoner Börse, dieser Ort ist respektierlicher als mancher Hof. Sie sehen dort die Abgesandten aller Völker zum Wohle der Menschheit versammelt. Da handeln der Jude, der Mohammedaner und der Christ einer mit dem anderen, als seien sie desselben Glaubens und bezeichnen nur die Bankrotteure als untreu" (Philosophische Briefe, S. 24). In Frankreich herrschen dagegen nach wie vor Aristokratie und Klerus. Voltaire empfiehlt Frankreich die englischen Errungenschaften: den Schutz der Rechte an der eigenen Person sowie am Eigentum, dazu noch Religionsfreiheit, Pressefreiheit und staatliche Gewaltenteilung.

In seiner Kirchenkritik argumentiert er ähnlich wie d'Holbach. Der kirchenoffizielle Glaube zeigt anstelle eines vernünftigen Gottes einfach nur ein grausames Monstrum. Dagegen entwickelt Voltaire einen eigenen sogenannten Deismus, den er in England kennengelernt hat. Deismus ist ein Gottesglaube aus Verstandesgründen, es gibt in ihm eine Schöpfung des Kosmos, aber es gibt keine Offenbarung, der Weltschöpfer hat sich zurückgezogen. Er hat eine vernunftbestimmte Welt geschaffen, greift in den Weltlauf dann aber nicht mehr ein. Der kirchenbestimmte Glaube ist für Voltaire stattdessen ein dogmenbestimmter Aberglaube, noch gefährlicher ist nur der Fanatismus, und beide hängen gefährlich eng zusammen. „Der Abergläubische ist für den Schurken, was der Sklave für den Tyrannen ist. Ja mehr noch: der Abergläubische wird vom Fanatiker beherrscht und wird selbst zum Fanatiker" (Philosophisches Wörterbuch, S. 48). Das Christentum muss also insgesamt vernünftiger werden, das ist das Ziel. Unter der Maßgabe von vernünftiger Logik versucht sich Voltaire in sehr vagen Gottesbeweisen: Nichts kommt aus dem Nichts, aber auch die Gesetze im Weltall künden einfach von einem Schöpfer. Die Vernunft ermöglicht nun zu einem reinen Begriff von Gott zu kommen, der abstrakt bleiben muss ohne konkrete Eigenschaften. Metaphysik eröffnet dagegen nur einen Raum von Ungewissheiten: „In der Metaphysik schließen wir fast nur auf Wahrscheinlichkeiten; wir schwimmen in einem Meer, dessen Gestade wir nie gesehen haben" (Philosophisches Wörterbuch, S. 111). Religion bietet für Voltaire keine Wahrheitsgarantie, sondern hat ganz praktische Gründe. Denn das Volk und die Gesellschaft brauchen gleichermaßen die Vorstellung eines belohnenden und rächenden höchsten Wesens als Begründung von Gerechtigkeit und Stabilität. Atheismus und Anarchie sind Voltaire dagegen ein Greuel. Die Vorstellung eines abstrakten Gottes ist nützlich und damit auch legitim, solange sich der irrationale Aberglaube nicht durchsetzt.

Voltaire liebte das Theater und den Applaus. Er genoss seine Berühmtheit, es zog ihn an den Königshof, um den Monarchen aufzuklären. Das Motto lautete: Alle Mitglieder einer Nation, also auch Könige, sind dem Gesetz unterworfen. Gesetzesentwürfe müssen von der Vernunft geleitet werden. Das müsste man auch einem König erklären können. 1750 war er für drei Jahre bei dem Preußenkönig Friedrich II. Er wurde zwar nicht versklavt wie Platon, musste aber ernüchtert feststellen, dass seine Ideen nicht geschätzt wurden. Friedrich II. suchte einfach Unterhaltung und ließ den Philosophen lieber die königlichen französischen Verse korrigieren, von Dichter zu Dichter gewissermaßen. Das war mehr als enttäuschend. Diderot machte übrigens ähnliche Erfahrungen. 1773 war er bei der russischen Zarin Katharina II., die seine persönliche Bibliothek gekauft hatte. Diderot wollte sie von der konstitutionellen Monarchie überzeugen, also dem englischen Modell. Sie fand aber mehr Gefallen an seiner bohemienhaften Exzentrik, für seine liberalen, antiabsolutistischen Ideen hat sie sich nicht sonderlich interessiert. Diderot schrieb schließlich enttäuscht ein Buch über Nero und Seneca, also den römischen Kaiser und seinen stoischen Philosophen. Er beschreibt Seneca darin als Heuchler, denn der lobt zwar das einfache Leben und die Entsagung in höchsten Tönen, lässt sich durch die Gunst von Nero aber zugleich zu einem der reichsten Männer des römischen Imperiums machen. Seneca führte also keineswegs ein schlichtes Dasein. Diderot verteidigt ihn dennoch. Denn wer kann schon die Nähe eines Fürsten genießen, ohne dadurch verstört zu werden. Diese Erfahrung war wohl auch seine eigene. Aufklärungsphilosophen am Königsthron, es ging gut aus dieses Mal, während Seneca Selbstmord verübte. Voltaire und Diderot stießen zwar auf taube Ohren, kamen mit dem Leben aber ganz gut davon.

Rousseau – Selbstaufgabe im allgemeinen Volkswillen

Jean-Jacques Rousseau (1712–1778) wurde in Genf geboren, er stammte aus einem Bürgerhaus, wurde calvinistisch streng erzogen, brannte aber schon früh durch. Er wurde Schreiberlehrling, Priesterzögling, Musiklehrer, Sekretär im diplomatischen Dienst, Notenschreiber, Dirigent, Opernkomponist und Dramenverfasser. Rousseau hatte offenkundig viele Talente. Und er versteckte sein Leben nicht, Rousseau war extrem im Leben und im Umgang mit Anderen. Er berichtete in seiner umfangreichen Biographie von Schlägen in der Kindheit durch seine Erzieherin, sein späterer Masochismus war ein Reflex darauf. Und er beschrieb unverhohlen seinen lebenslangen Hang zu Onanie und Exhibitionismus. Als Theoretiker der Erziehung wusste er mit seinen eigenen fünf Kindern nichts anzufangen. Er brachte sie ins Findelhaus, weil sie Lärm machten und hohe Kosten erzeugten. Am Ende wurde Rousseau ein Paranoiker, er brach mit den aufklärerischen Freunden.

Der Start ist allerdings glanzvoll. Rousseau beteiligt sich an einer Preisfrage der Akademie in Dijon. Sie lautet: „Hat die Erneuerung der Wissenschaften und Künste zur Läuterung der Sitten beigetragen?" Rousseau meint zunächst ja, berät sich aber vor der Beantwortung mit Diderot. Der meint, das wäre nur eine langweilige und mittelmäßige Antwort, die vermutlich alle geben würden. Die Antwort in Form einer Verneinung würde dem Denken dagegen neue Räume aufschließen. Rousseau folgt ihm, gewinnt den Preis und wird berühmt. Was Diderot wohl nur ironisch meinte, nimmt Rousseau wörtlich, er wird die These nicht mehr verlassen. Er dreht die Fortschrittsgeschichte um. Es wird nicht immer besser, die Menschheit entwickelt sich nicht weiter. Der Fortgang der Wissenschaften selbst ist für ihn nun geradezu ein Verfall, ein Unglück, das aus der glücklichen Unwissenheit herausreißt. Das bedeutet die Abkehr von dem neuzeitlichen Programm, dass ein Fortschritt im Wissen möglich ist. Rousseau ist weit weg von dem Impuls, den die Renaissance gegeben hatte. Dazu muss er auch das Menschenbild umdrehen. Der Mensch ist von Natur aus gut, nur die gesellschaftlichen Einrichtungen machen ihn schlecht. Der Naturzustand ist also nicht ein Krieg aller gegen alle, sondern eine paradiesische Situation von Einfachheit und unmittelbarem Gefühl. Verantwortlich für das Schlechte in der Welt ist die Gesellschaft, Rousseau ist damit Erfinder einer sehr speziellen Gesellschaftskritik.

Und er betreibt eine scharfe Vernunftkritik, es kündigt sich bereits an, dass Vernunft als alleinige Grundlage vielleicht doch überlastet ist. Für Rousseau ist die Vernunft eine unfruchtbare Verständigkeit, die einen illusionären Fortschrittsglauben füttert und den Preis nicht sieht, den sie zahlen muss. Die Gesellschaft nivelliert fälschlicherweise das authentisch „Individuelle" in einem allgemeinen Zwang. Alle Wahrheit liegt dagegen ausschließlich im Fühlen, in der unverstellten Echtheit, und keinesfalls im Denken, das abstrahiert und vom wirklichen Empfinden wegführt. Das Gewissen, also wieder ein Gefühl, soll die Letztinstanz des guten Handelns sein, es gibt ein angeborenes Prinzip der Gerechtigkeit, eine moralische Ahnung von Anfang an. Der Mensch ist zwar ein zwiespältiges Wesen, er kann gut oder schlecht sein. Aber es gibt einen Wegweiser, und der heißt: zurück zur Natur. Folgt der Mensch dem inneren Gefühl, dann ist er auch gut. Der friedvolle „Naturzustand" selbst ist zwar eine hypothetische Behauptung, eine antizivilisatorische Phantasie, doch es führt Rousseau theoretisch sehr weit, er nimmt das Gedankenexperiment absolut wörtlich. Und die analytischen Konsequenzen sind so real wie die politischen. Böses entsteht durch Vergesellschaftung, so die Behauptung. Damit ist die Gesellschaft erstmals ein Subjekt geworden, und zwar ein verantwortliches. Die Gesellschaft handelt, der Mensch denkt nur, dass er eigenständig denkt. Marx wird das später aufgreifen. Im Urzustand wird der Mensch frei geboren, aber die Knechtschaft beginnt für Rousseau schon mit Schaffung des Eigentums. Das ist unmittelbar gegen Locke gerichtet, der im Eigentum ein Grundrecht sah. Kultur ist wie Eigentum ein Übel für Rousseau, das eine lässt das Gefühl verkümmern, das andere schafft Reiche und Arme. Es führt ein Weg von Rousseau zu Marx, und es führt auch ein Weg zu den Anarchisten, die Marx seinerseits bekämpft hat. Rousseau wird geradezu zur Gallionsfigur des späteren Anarchismus. Denn Privateigentum ist jetzt der eigentliche Sündenfall der Menschheit. Voltaire hält übrigens gar nichts von dem Paradies, das Rousseau sich ausmalt. Er meint ihm gegenüber: „Noch nie wurde so viel Geist aufgewendet, um uns wieder zu wilden Tieren zu machen – man bekommt Lust, auf vier Pfoten zu laufen, wenn man ihr Werk liest" (Korrespondenz, S. 65). Immerhin, Gerechtigkeit und Tugend sind für Rousseau angeborene Prinzipien, die als Gewissen den Maßstab unseres Handelns bilden. Das könnten auch andere Philosophen mitmachen, die angeborene Ideen unterstellen. Rousseau setzt früh an beim Menschen, er ist Pädagoge, und will zuerst den moralischen Charakter bilden, bevor die intellektuelle Erziehung beginnt. Und die ist ja eigentlich schon Verfall wie das abstrakte Wissen selbst. Rousseau lässt eine natürliche Religion gelten, aber eine ohne Offenbarung und ohne Dogmen, denn sie soll den Weg eines unmittelbaren Gefühls zeigen.

Auch Rousseau ist Theoretiker eines Staatsvertrags: Der Staat gründet in einem Vertrag, den freie Menschen miteinander schließen. Das hatte auch Locke gemeint. Die wahre Freiheit ist eine freie Bindung aller an das Gesetz. Freie Bindung ist etwas anderes als Zwang, Willkür und Unterdrückung durch die Mächtigen. Er meint: „Gehorsam gegen das selbst gegebene Gesetz, ist Freiheit" (Vom Gesellschaftsvertrag, S. 23). Es gibt also ein tatsächliches Selbstbestimmungsrecht der Gemeinschaft von freien Bürgern, denn das entspricht der Natur des Menschen. Rousseau erhebt ein strenges Postulat der Volkssouveränität, das ist das Gegenteil des monarchistischen Prinzips. Das Volk steht über der Verfassung, weil es sich diese erst in einem freien Akt gibt. Es ist damit Herr der verfassungsgebenden Gewalt geworden. Zwar kann es die Souveränität an einen Herrscher abtreten, aber eben nur zur Ausübung und nicht grundsätzlich. Das macht Rousseau zu einem Aufklärungsphilosophen, der die Französische Revolution anleiten kann. Und das macht ihn in der Revolutionsphase wirkungsvoller als Voltaire. Denn Voltaire meint, dass der Prozess von oben dirigiert werden muss, er misstraut dem Volk, es ist ihm zu abergläubisch, schon von Natur aus. Für Voltaire braucht es eine intellektuelle Elite, Weise meint er oder auch einen aufgeklärten König, am besten einen von Philosophen aufgeklärten König, einen Philosophenkönig gewissermaßen, das Muster ist vertraut inzwischen. Bei Rousseau dagegen wird das Volk selbst zum zentralen politischen Akteur, es ist geleitet vom Prinzip eines Allgemeinwillens. Und es handelt richtig, wenn es wach ist. Rousseau geht davon aus, dass es die seltenen Momente geschichtlicher Dichte gibt, Ausnahmesituationen, in denen sich die Chance zur Befreiung bietet. Verstreicht sie dagegen ungenutzt, bietet sie sich demselben Volk nicht wieder. Die Zeit ist in dem Fall verstrichen, der richtige Moment wurde verpasst.

Rousseau ist wahrhaft extrem. Er schwärmt vor allem für Platon und insbesondere die „Politeia", den idealen Staat. Das hält er für das beste Erziehungsbuch in politischen Dingen. Er holt sich viele Anregungen bei Locke, beispielsweise ein positives Menschenbild und den Gesellschaftsvertrag aus Freiheit heraus, macht aus diesem Vertrag dann aber etwas ganz Anderes. Rousseau schreibt ein Buch „Du Contract Social ou Principes du Droit Politique", also vom Gesellschaftsvertrag oder Prinzipien des Staatsrechts. Es erscheint im Amsterdam, wird dann aber sofort in den Niederlanden, in Frankreich und in der Schweiz verboten. Es wird das Schlüsselwerk der Revolutionäre. „Der Mensch ist frei geboren, und überall liegt er in Ketten" (Vom Gesellschaftsvertrag, S. 5), die Anklage ist durchaus als Aufruf zu verstehen. Freiheit ist wichtig, aber Gleichheit noch wichtiger. Im Naturzustand braucht der Mensch keinen Vertrag, wohl aber wenn er eine menschliche Gemeinschaft von Gleichen bildet. Grundlage des Vertrags ist ein allgemeiner Wille, ein „volonté générale" als objektives Gesamtinteresse. Er ist also nicht nur ein Mehrheitswille oder einfach die Summe aller Einzelinteressen, das wäre ein „volonté de tous". Der „allgemeine Wille" wird von Rousseau verabsolutiert, der Einzelne ist nur Teil der Gemeinschaft: „Solange sich mehrere Menschen als eine einzige Körperschaft betrachten, haben sie nur einen einzigen Willen" (Vom Gesellschaftsvertrag, S. 115). Der allgemeine Wille geht von allen aus und zielt auf das Wohl aller, deshalb ist er gerecht. Der Gemeinwille ist die Gerechtigkeit selbst. Er ist unfehlbar, die Zustimmung aller ist eine Selbstverständlichkeit. Das ist ein Kreisverkehr aus lauter Gleichungen. Das Ideal von Rousseau ist die Einheit des Volkes, Vielfalt selbst hält er für ein Zeichen der Krise: „Je mehr Übereinstimmung bei den Versammlungen herrscht, d.h. je näher die Meinungen der Einstimmigkeit kommen, umso mehr herrscht auch der Gemeinwille vor; lange Debatten jedoch, Meinungsverschiedenheiten, Unruhe zeigen das Emporkommen der Sonderinteressen und den Niedergang des Staates an" (Vom Gesellschaftsvertrag, S. 118).

Damit wird er Herold der Französischen Revolution. In England ging es bei der Revolution um die Zähmung der absoluten Monarchie durch eine demokratische Verfassung, das war das Modell von Locke. In Frankreich dagegen wird von Rousseau eine utopische pseudodemokratische Diktatur entworfen. Sie propagiert zwar die Freiheit aller, bindet sie aber streng zusammen in einem Einheitswillen. Rousseau ist zu nah dran an Platon und seinem Wächterstaat. Engländer denken die Freiheit negativ als eine Freiheit bzw. Unabhängigkeit der Individuen von staatlichem Zwang, als einen Schutz gegen Übergriffe. Bei Locke ist Freiheit durch das Recht auf Eigentum garantiert, auch und gerade durch das an der eigenen Person. Franzosen denken die Freiheit dagegen positiv als eine tugendhafte Sorge um das öffentliche Wohl. Bei Rousseau soll der Einzelne im Kollektiv des Volkes aufgehen. Wenn Platon ein gefährlicher Sozialingenieur war, was war dann Rousseau?

Robespierre, der Advokat und Revolutionsführer, ist jedenfalls sein glühender Bewunderer. Tugend ist für ihn ein erhabenes Gefühl, das das öffentliche vor das individuelle Interesse stellt. Selbst Terror kann so gesehen ein Ausdruck dieser Tugend sein, er ist dann nichts anderes als eine unmittelbare und strenge Gerechtigkeit, also kurz gesagt, er ist legitim. Er ist eine Notwendigkeit des Gemeinwillens, er folgt dem höchsten Ziel. Schutz bietet die Gesellschaft nur ihren Bürgern, nicht aber ihren Feinden. Was Feinde sind, kann der Wohlfahrtsstaat dann locker selbst definieren: erst Royalisten, dann Verschwörer, schließlich alle Varianten von Abweichlern. Je mehr Terror die Revolutionsregierung gegenüber ihren Feinden walten lässt, desto wohltätiger ist sie gegenüber ihren Bürgern, zumindest gegenüber denen, die Rousseaus Wahrheit erkennen. Robespierre radikalisiert und fiktionalisiert daraus ein einiges Volk und die absolute Übereinstimmung dieses Volkes mit seiner Regierung. „Keine Freiheit für die Feinde der Freiheit", so wird es Saint-Just vorgeben, dem der Schlachtruf der Revolution möglichweise auch nur zugeschrieben wird. Es kommt zum Krieg im Inneren, eine Folgeerscheinung der meisten Revolutionen. Hysterie und Verfolgungswahn sind nicht fern, überall werden Veschwörungen gegen die öffentliche Wohlfahrt vermutet. All das führt dazu, dass schon persönlicher Rückzug oder mangelnder Enthusiasmus Schauprozesse rechtfertigen kann. Der neue Staat befindet sich in einem permanenten Ausnahmezustand. Es gibt kein überprüfbares verbindliches Recht, sondern nur die Interpretationsfreiheit der Jakobiner, einer politischen Gruppe, die Anhänger von Robespierre war. Sie bildet eine selbstgefällige Revolutionselite, die behauptet mit dem Volkswillen identisch zu sein. Von da aus ist der Weg zur totalen Diktatur nicht weit. Der Diktator oder auch die Partei sieht sich dann nämlich als Inkarnation des allgemeinen Volkswillens. Die Entscheidung darüber, was der Volkswille genau ist, treffen sie selbst oder eine kleine Gruppe oder der ideologische Apparat. Das alles kann der Begriff „volonté générale" begründen.

Im Gegensatz dazu stellen Aristoteles, Locke und Kant die Idee der Freiheit in den Mittelpunkt ihrer Gesellschaftstheorie. Zweck der Übereinstimmung in einer Gesellschaft muss es demnach sein, Freiheit und Vielfalt zu ermöglichen und sie eben nicht in einem vermeintlichen Einheitswillen aufgehen zu lassen. Voltaire verteidigte zu sagen und zu drucken, was wir denken, als das Recht freier Menschen. Und das Gegenteil davon bezeichnete er als Tyrannei. Er war ein erbitterter Gegner von Rousseau.

Menschenrechte – Schutz vor Institutionen und Staat

Die Erklärung der Menschenrechte war keine rein französische Erfindung. Die Engländer stifteten zuvor eine philosophische Richtung, die auf Erfahrungen mit Religionskriegen sowie einem allmächtigen Staat aufbaute und gegen beide neue Moralvorstellungen auf den Weg brachte. Im 18. Jh. wurden die Menschenrechte vor allem aus der Natur des Menschen heraus begründet. Natur ist dabei das Universelle, was allen Institutionen vorausgeht, also etwas Vorpolitisches und ganz Allgemeines. Es gilt nämlich für alle Menschen, völlig unabhängig davon, ob es bereits staatlich realisiert ist oder nicht. Das sogenannte Naturrecht schützt die Menschen insbesondere vor staatlichen Übergriffen, selbst wenn diese durch positiv geltendes Recht legalisiert sein mögen. Es schützt sie infolgedessen also nicht in erster Linie als Rahmensetzung des zwischenmenschlichen Zusammenlebens, das war noch der Horizont der biblischen Gesetze.

Locke leitet die Menschenrechte unmittelbar aus dem Naturrecht her. Die Menschen haben demnach ein unhintergehbares Recht auf den Besitz ihrer eigenen Person, sonst niemand. Dieses Recht geht damit jeglichem staatlichen Recht voraus. Das fußt nämlich auf einem ursprünglichen Gesellschaftsvertrag, den Menschen mit Menschen schließen, um Staaten zu gründen. Naturrechte können ihrerseits nicht durch die Gesetze eines Staates eingeschränkt werden, umgekehrt kann sie aber jeder Mensch gegen den Staat geltend machen. Locke bestimmt die Menschenrechte als das Interesse an Freiheit und Selbsterhaltung, das nur verwirklicht werden kann, wenn es das Interesse der Anderen mitberücksichtigt.

Rousseau führt die Naturanlage zur Achtung des Anderen stattdessen auf moralische Gefühle wie Mitleid und Solidarität zurück. Der Mensch ist ihm zufolge von Natur aus frei und gleich, wird aber von seinen Trieben bestimmt und ist deshalb nicht wirklich frei. Das ist er erst, wenn er sich frei dazu entscheidet, die sich selbst gegebenen Gesetze einzuhalten. Das Menschenrecht auf Freiheit ist für ihn die Grundlage des Staates, aber anders als bei Locke sind diese Rechte nicht gegenüber dem Staat einklagbar. Sie müssen im volonté générale, dem allgemeinen Volkswillen, aufgehen. Genau dadurch soll die natürliche Freiheit in eine sittliche, also allgemeine, übergehen. Der Staat bekommt dadurch jedenfalls das Übergewicht, persönliche Freiheit wird aufhebbar gedacht.

Die bürgerlichen Revolutionen setzen die abstrakten Ideen dann in staatliche Wirklichkeit um. Sie erklären die Menschenrechte zu Bürgerrechten, auf die sich die Staatsbürger berufen können. In der Amerikanischen Unabhängigkeitserklärung von 1776 lautet das so: „Wir halten diese Wahrheiten für selbstevident, dass alle Menschen gleich erschaffen worden, dass sie von ihrem Schöpfer mit gewissen unveräußerlichen Rechten begabt worden". In Amerika ist Gott also noch der Garant. Die Menschenrechte werden hier naturrechtlich aus der Bibel abgeleitet. Die Formulierungen stammen maßgeblich von Thomas Jefferson (1743–1826), dem Juristen und späteren amerikanischen Präsidenten, der in seinen frühen Jahren Philosophie studiert hat. Jefferson war als Gesandter in Paris, er kannte die Diskussionen der Enzyklopädisten und ihre Bücher, vor allem aber übernahm er die Gedanken und einzelne Formulierungen von John Locke.

In der Französischen Deklaration von 1789, die eine „Erklärung der Menschen- und Bürgerrechte" ist, heißt es dagegen: „Die Vertreter des französischen Volkes, als Nationalversammlung konstituiert, haben unter der Berücksichtigung, dass die Unkenntnis, die Achtlosigkeit oder die Verachtung der Menschenrechte die einzigen Ursachen des öffentlichen Unglücks und der Verderbtheit der Regierungen sind, beschlossen, die natürlichen, unveräußerlichen und heiligen Rechte der Menschen in einer feierlichen Erklärung darzulegen, damit diese Erklärung allen Mitgliedern der Gesellschaft beständig vor Augen ist und sie unablässig an ihre Rechte und Pflichten erinnert". Jefferson erlebte in Paris den Sturm auf die Bastille am 14. Juli 1789 und damit die Französische Revolution von Anfang an mit. Er nahm auf die Formulierung Einfluss, es steckt in der französischen Version aber auch viel Rousseau. Religion spielt jedenfalls gegenüber der amerikanischen Version eine deutlich geringere Rolle. Die endgültige Formulierung ist schließlich das Ergebnis langwieriger Debatten mit vielen Entwürfen, Änderungsanträgen und Korrekturen. Bürger haben Rechte, das sind natürliche, unveräußerliche und heilige, die Franzosen versuchen, möglichst alle Varianten abzudecken. Nun sind es vor allem Erfahrungen mit Regierungen sowie das Wissen um die überzeitliche Natur und Vernunft, die eine Unveräußerlichkeit tragen. Erst an dritter Stelle der Aufzählung werden die Rechte „heilige" genannt, der religiöse Bezug ist nur noch einer unter anderen, Gott taucht schon gar nicht mehr auf. Die Menschenrechte unterscheiden sich in ihrer Substanz von religiösen Regeln. Denn die formulieren zwar Pflichten und Verbote aller Menschen untereinander, aber sie beschreiben keine subjektiven Rechte des Einzelnen gegen

Institutionen, die gegen den Staat dann auch tatsächlich einklagbar wären. Das machen erst die Menschenrechte.

In der Moderne berufen sich die Konzepte der Menschenrechte stärker auf Kant. Sie gelten nämlich als ein Gesetz der Vernunft, und nicht als eines der Natur oder der Religion. Der Mensch hat ein „Recht auf Rechte" (Elemente und Ursprünge totaler Herrschaft, S. 465), wie die Philosophin Hannah Arendt dies im 20. Jh. nach den Erfahrungen mit dem Totalitarismus formuliert hat. Kant sieht die Notwendigkeit der Achtung ausschließlich in der menschlichen Vernunft angelegt. Nämlich darin, dass wir das persönliche Wollen und Handeln unter ein allgemeines Gesetz stellen, das jeden gleichermaßen achtet, sich selbst eingeschlossen. Er leitet das Menschenrecht nicht mehr aus einem Naturbegriff ab, sondern er versteht es als ein von Menschen geschaffenes Vernunftrecht, das unabhängig von historischen und kulturellen Umständen gelten muss. Er denkt es als uneingeschränkt und universell, es ist somit eine Freiheit, die unabhängig von der Willkür anderer Menschen oder Institutionen macht. Der Rechtsstaat hat dieses Grundrecht lediglich zu garantieren, gestiftet ist es für ihn aber nicht von einem Staat, sondern von der allgemeinen Vernunft. Der Staat selbst hat lediglich eine Garantiefunktion, er muss die Grundrechte nach innen durchsetzen und sichern.

Für Kant ist Freiheit grundsätzlich das höchste Menschenrecht, alle anderen, also auch das Recht auf Gleichheit, leitet sich hiervon erst ab. Sofern der Rechtsstaat das Freiheitsrecht in Frage stellt, löst er seine eigene Legitimation auf, da seine vorrangige Aufgabe genau darin besteht, dafür einzustehen. Damit ist Kant dem juristisch geschulten Denken von Locke näher als dem gefühlsbetonten von Rousseau. Den Auswirkungen der französischen Revolution steht er wesentlich skeptischer gegenüber als der englischen.

Kant – Vernunft als methodisches Verfahren

Immanuel Kant (1724–1804) wurde als Sohn eines Riemermeisters in Königsberg geboren und hat die Stadt niemals wirklich verlassen. Er kam aus einem streng pietistischen Elternhaus und lernte am Friedrichskollegium die klassischen Sprachen. Kant studierte in Königsberg Philosophie und beschäftigte sich mit Naturwissenschaften sowie elementarer Mathematik. Er verdingte sich kurzzeitig als Hauslehrer bei einem Prediger in Ostpreußen, dann bei einem Offizier, schließlich bei Adligen. Wie Leibniz kam er aus dem universitären Horizont und kehrte dorthin zurück. Er startete als Privatdozent, die Bewerbungen auf Lehrstühle misslangen dagegen. Seine Professur kam recht spät, nämlich erst 1770. Den Ruf auf einen Lehrstuhl für Dichtkunst lehnte er zuvor allerdings ab und arbeitete lieber als Schlossbibliothekar. Schließlich wurde er Professor für Logik und Metaphysik. Das Leben des alten Kant war durch einen rigoros geplanten Tagesablauf bestimmt, man soll die Uhr nach seinen Spaziergängen gerichtet haben können. Kant war allerdings nicht der berüchtigte Pedant, er war unterhaltsam, launig, scherzend, und er pflegte gesellige Mittagessen. Vielleicht ein wenig seltsam in seinen Gewohnheiten. Ein Zeitgenosse meinte: „Kant hatte eine große Neigung zum Kaffee, dass es ihn größte Überwindung kostete, ihn nicht zu trinken, besonders wenn ihn in Gesellschaft der Geruch dazu reizte; aber er hielt das Öl des Kaffees für schädlich und vermied ihn daher gänzlich" (nach Weischedel, S. 197). Nicht unterlassen konnte er dagegen kritisches Denken. Kant dachte die Vernunft rational zu Ende, Religion hatte darin keinen Platz, und er sagte das auch deutlich. Konsequenterweise bekam er die staatliche Weisung, nicht mehr über Religion zu schreiben.

Das musste er auch nicht, seine gedankliche Revolution ist eine ganz andere. Kant ist ein Wendepunkt in der Philosophiegeschichte, er begründet die moderne Philosophie. Er bearbeitet systematisch das ganze Feld der Philosophie, dazu gehören die Erkenntnistheorie, die Ethik, die Ästhetik und schließlich das Recht. Und er stellt dabei grundsätzliche Fragen: Was kann ich wissen? Was soll ich tun? Was darf ich hoffen? Drei alte Fragen also, die schließlich in eine vierte münden: Was ist der Mensch? Zu all diesen Fragen hat Kant eine kritische Untersuchung geschrieben, eine jeweilige Kritik. „Kritik" meint dabei einfach die Zurückweisung von Ansprüchen der Vernunft, die von ihr zwar erhoben werden, aber unberechtigt sind. Die Antworten münden dementsprechend in die Beschreibung von Grenzen: Es geht um die Grenze der erkennenden Vernunft, die Grenze der praktischen Vernunft oder auch Ethik sowie die Grenze der die Schönheit beurteilenden Vernunft oder auch Ästhetik. Kant arbeitet an einem System, das aus Vernunft geboren ist, das aber jetzt auch weiß, dass es Grenzen haben muss, wenn es funktionieren soll. Denn ansonsten überdehnt es seine tatsächlichen Möglichkeiten und führt zu Ergebnissen, die dann der bloßen Phantasie oder dem überzeugten Glauben entspringen, nicht aber dem vernünftigen Überlegen.

Kant fragt zunächt, ob es etwas im Menschen gibt, das seine Endlichkeit überragt. Es ist also ganz einfach die Frage nach traditionell metaphysischen Themen, wie Gott, Freiheit und Unsterblichkeit, die selbst die neuzeitliche aufgeklärte Philosophie noch umgetrieben hat. Falls es tatsächlich etwas Derartiges gibt, ist die sich unmittelbar anschließende Frage, was wir darüber sicher wissen können und was nicht. Das ist ein philosophischer Wendepunkt, denn mit Kant kommt in aller Schärfe in den Blick, was wir bei allen Anstrengungen niemals wissen können, weil es gerade unsere eigene Grenze ist, die das verhindert. Und es wird zudem deutlich, wohin der metaphysische Trieb führen kann, wozu er die Unmündigen verführt. Kant ist philosophisch gesehen der Radikalste der Aufklärer, denn er denkt das Scheitern einer unkritisch verwendeten Vernunft, ohne auf Vernunft gänzlich zu verzichten. Seine schlichte Antwort lautet: Es liegt in der menschlichen Vernunft selbst begründet, dass wir in allen metaphysischen Fragen zu keinen gesicherten Antworten kommen können. Denn die Vernunft ist ausschließlich auf den Menschen begrenzt, sie ist ein besonderes Vermögen und gerade kein kosmischer Logos oder jenseitiges Prinzip. Das Denken will den Erkenntnisbereich aber immer erweitern und erfindet schließlich hinzu, was es dafür braucht. Es will hinter die Grenzen der Physik kommen und sucht eine Metaphysik, die dann als wahr behauptet wird. Es entwickelt beispielsweise wie Platon die Idee des Guten, Schönen und Wahren und meint dann, diese Ideen seien jeweils ewig und erkennbar. Sichere Aussagen sind in dem Bereich Kant zufolge aber unsinnig, es ist also ziemlich müßig über deren Existenz zu streiten, sie sind grundsätzlich nicht beweisbar. Egal, ob das Konzept der Idee nun erfunden ist oder nicht, die Idee bleibt in beiden Fällen unerkennbar, weil sie vernünftiges Erkennen unangemessen übersteigt. Umgekehrt ist aber auch deren Nichtexistenz nicht beweisbar, die Grenze des Nichtwissens ist an der Stelle eine absolute. Deshalb muss sich eine tatsächlich vernünftige Vernunft auf das begrenzen, was sie erfassen und leisten kann. Wahrheit ist für Kant weder, dass es gar keine Wahrheit gibt, noch dass sie grundsätzlich relativ ist, sondern einzig, dass wahrheitsfähige Aussagen auf bestimmte Bereiche begrenzt sind. Darüber hinaus gibt es Dinge, die geglaubt, aber weder objektiv bestätigt noch widerlegt werden können. Ein Austausch darüber ist zwar möglich, aber immer nur auf subjektiver Behauptungsebene. Kant macht Schluss mit allen Spekulationen und ahnenden Behauptungen, er trennt das Wissen vom Glauben scharf, schärfer jedenfalls als alle Philosophen vor ihm. Er betreibt damit eine Grundlagenforschung des philosophisch möglichen Wissens.

Kant hat sich geistig im Kreis der sogenannten Berliner Aufklärer bewegt. Das war ein Netzwerk aus Juristen, Politikern, Theologen, Pädagogen und Ärzten. Sie diskutierten den richtigen Gebrauch der Gedanken und Argumente. Nach dem Wochentag der Treffen nannten sie sich Mittwochsgesellschaft. Es ging in den Diskussionen gegen Schwärmer und die Gegner der Denkfreiheit, damit waren insbesondere die Jesuiten gemeint. Manuskripte zirkulierten unter strenger Geheimhaltung. Das Sprachrohr der Mittwochsgesellschaft war die „Berlinische Monatszeitschrift", die ab 1783 aufgeklärte Gedanken verbreiten sollte. Sie wollte zu einer bürgerlichen Öffentlichkeit beitragen und war somit ein Streitmittel der argumentativen Auseinandersetzung. Die Berliner Aufklärer wollten Reformen, aber keine Revolution. Kant schrieb darin zwei grundsätzliche Artikel, die ihn weit über Königsberg und Berlin hinaus bekannt machten. Nämlich die „Idee zu einer allgemeinen Geschichte in weltbürgerlicher Absicht", die den zunehmenden Prozess bürgerlicher Freiheit aufrollt, sowie „Was ist Aufklärung?", die das Verlassen des unmündigen Daseins fordert. Dort heißt es dann: „Aufklärung ist der Ausgang des Menschen aus seiner selbst verschuldeten Unmündigkeit. Unmündigkeit ist das Unvermögen, sich seines Verstandes ohne Leitung eines anderen zu bedienen. Selbstverschuldet ist diese Unmündigkeit, wenn die Ursache derselben nicht am Mangel des Verstandes, sondern der Entschließung und des Mutes liegt, sich seiner ohne Leitung eines anderen zu bedienen. Sapere aude! Habe Mut dich deines eigenen Verstandes zu bedienen! ist also der Wahlspruch der Aufklärung" (A 481, Bd. XI, S. 53). Aufklärung selbst ist für Kant also ein immerwährender Prozess und nicht ein Zustand. Und das Selbstdenken die ständige Prüfung der Wahrheit und nicht die Wahrheit selbst. Trotzdem bleibt der öffentliche Vernunftgebrauch letztendlich der Freiheit des Gelehrten und nicht der Masse vorbehalten. Es geht gegen den Zwang der Lehrmeinungen, gegen religiöse Systeme, gegen fundamentalistische Zielvorgaben, und vor allem gegen staatlich verordnete Dogmen. Es soll stattdessen ein unbelastetes Denken geben, das dem mündigen Vernunftgebrauch entspricht. All das ist nicht ausdrücklich gegen Friedrich den Großen gerichtet, deshalb durfte es in Preußen gedacht und auch gesagt werden. Der Preußenkönig nimmt in der Aufklärungsepoche eine eigenwillige Position ein. Es soll zwar frei gedacht werden, aber sein Monarchentum soll dennoch nicht in Frage gestellt werden. Das verlangt nicht nur einen aufgeklärten König, sondern vor allem schizophrene Untertanen, die in eine Doppelfunktionen gespalten werden: Sie sind denkende Menschen und gleichzeitig Untertanen. Durch den jeweiligen Beruf sind alle Bürger ein Teil des größeren Staatsmechanismus und damit der notwendigen Regelbefolgung unterworfen. Auf der anderen Seite sind aber auch alle freie Bürger, sobald sie selbst denken. Sie sind Gebildete und sollen sich in öffentlichem Vernunftgebrauch üben, das heißt in dem Fall an der öffentlichen Diskussion teilnehmen und etwas mitteilen können. Übertragen bedeutet das, als Bürger, Offizier, Geistlicher oder Beamter muss man in Preußen jederzeit gehorchen und unterliegt dem Pflichterfüllungsgesetz, man kann sich aber gleichzeitig in Form einer Veröffentlichung seines freien Verstandes bedienen und den öffentlich freien Vernunftgebrauch proben wie ein Gelehrter. Friedrich der Große hatte keine Probleme mit Voltaire, dem Unterhaltsamen und Gebildeten, der seinerseits immer der Masse und den Revolutionären misstraute. Eine politische Veränderung oder ein offen vertretener Atheismus kam für den Preußenkönig aber nicht in Frage.

Bevor Kant seine drei berühmten Kritiken schreibt, nämlich die „Kritik der reinen Vernunft", die „Kritik der praktischen Vernunft" und die „Kritik der Urteilskraft", setzt er sich mit dem damals bekannten Spiritisten Swedenborg auseinander. Swedenborg war der Sohn eines schwedischen Bischofs und gab sich als Mystiker und Geisterseher. Er behauptete, dass es ein Geisterreich gäbe, das sich besonderen Menschen in Visionen enthüllen würde, also insbesondere Swedenborg selbst, dem Hellseher. Erfahrung ist der Schlüssel zu Erkenntnis, aber eben nicht immer wahr. So lautet bereits die empiristische Regel von Hume, der meint, dass der menschliche Verstand zwar eine verlässliche Größe für Erkenntnis sei, dass er aber nicht in übersinnliche Regionen ausschweifen soll. Er muss sich stattdessen ganz streng an das Feld der überprüfbaren Erfahrungen halten, um im Wissensbereich zu bleiben. Für Hume ist beispielsweise alles unglaubwürdig, was eine Verletzung der Naturgesetze unterstellt. Kant folgt Hume in dem Punkt, er geht aber noch einen Schritt weiter. In den von Swedenborg als objektiv unterstellten Eingebungen geht es Kant zufolge um persönliche Phantasien, denen nicht nur die Beweiskraft fehlt, wie Hume fordern würde. Es fehlt ihnen auch die diskutable Verallgemeinerbarkeit und somit die Kraft, allgemein anerkannt werden zu können. Sie zeigen sich eben nur dem Seher, alle Anderen müssen ihm blind folgen oder sich gegen ihn stellen. Ob wirre Träume, Wahngebilde, Geisterseherei oder Metaphysik, all das sind für Kant reine Phantasien, die abstruse Vorstellungen ihrer Einbildungskraft für wirkliche Dinge in der Welt halten. Die religiöse Schwärmerei verführt in das Wunderland der Metaphysik und verkauft Scheinerfahrungen, die doch bloße Erlebnisse sind. Gegen diese einsamen Privaterscheinungen stellt Kant die intersubjektive Welt gemeinsamer Erfahrungsmöglichkeit, die von allgemeiner Diskussion und Anerkennungsfähigkeit getragen ist. Träumer und Phantasten leben nur in ihrer eigenen Welt, Wache haben demgegenüber eine gemeinsame, über die sie sich austauschen können. Gegen die vermeintliche Grenzenlosigkeit der Metaphysik setzt Kant somit die Begrenzung des Wissens als Grenze der allgemeinen Zustimmungsmöglichkeit.

Damit ist das neue Fundament für Erkenntnistheorie, Ethik und Ästhetik schon vorbereitet. Ihr Fundament ist vernünftige Intersubjektivität, offene Diskussion und damit ein subjektives sowie allgemeines Fürwahrhaltenkönnen. Alles Andere ist ein bloß subjektives Meinen oder ein als objektiv gültig unterstellter Glaube. Beides ist jedenfalls niemals ganz allgemein zustimmungsfähig, es wird nämlich immer jemanden geben, der widerspricht, weil er das Geglaubte oder Gemeinte nicht teilen kann. Wissen zielt mit Kant also nicht mehr auf absolute Geltungsansprüche, wie die Wahrheit, das Gute und das Schöne. Es zielt vielmehr auf ein Wissen in seinen Grenzen und auf die Arbeit öffentlicher Auseinandersetzung. Behauptetes Wissen muss sich immer der intersubjektive Beurteilung stellen. Diesen rein menschlichen Interaktionsmodus in der Wahrheitsfrage hat zuvor kein Philosoph formuliert. Bevor Kant die philosophische Bühne betritt, wurde sie vom Rationalismus bestimmt, der davon ausgeht, dass Wahrheit ohne Erfahrung durch angeborene, allgemeine Ideen und Begriffe möglich ist. Dafür stehen inhaltlich Descartes, Spinoza und Leibniz. Auf der anderen Seite wurde sie vom Empirismus bestimmt, der meint, Wahrheit ist nur durch Erfahrung möglich, während Ideen und Begriffe bloße Abstraktionen sind. Dafür stehen inhaltlich Locke und Hume. Kant lobt an Hume ausdrücklich, dass er ihn aus dem dogmatischen Schlummer der Rationalität gerissen habe. Die radikale These von Hume lautet, dass nichts im Verstand ist, was nicht zuvor schon in den Sinnen war. Kant relativiert deshalb die eigenständigen Kräfte des Verstands, er opfert sie aber nicht völlig wie die englischen Empiristen, er lässt ihnen eine Eigenständigkeit jenseits der Erfahrung. Beides ist demnach für die Erkenntnis elementar, Verstand und Sinne tragen je etwas Eigenes zur Erkenntnis bei. Im Umkehrschluss heißt das, dass Metaphysik, also das, was hinter den Sinnen liegt, kein Feld für begriffliche Spekulationen sein darf.

Als erstes soll die Erkenntnistheorie die Quellen und vor allem die Grenzen der Erkenntnis stichhaltig belegen. Die „Kritik der reinen Vernunft" ist 1781 erschienen und eine Abrechnung mit der Metaphysik. Kant vollzieht darin eine Wende zum Konstruktivismus hin, wenn man so will, die erkannte Wirklichkeit wird darin als von Menschen gemacht verstanden. Metaphysik will zwar mehr sein als Menschenwerk, aber sie kann kein gesichertes Wissen liefern. Ihre Spekulationen folgen nämlich einem falschem Kausalitätsdenken und produzieren aus diesem heraus erst die Ideen von Seele, Welt und Gott als einem ewigen Urgrund. Kausalität ist für Kant lediglich eine Verstandeskategorie, ein logisch hilfreiches Instrument zur Strukturierung, das nur irrtümlich zu Endbegriffen führt. Irrtümlich deshalb, weil Kausalität nicht universell zuständig ist. Das war der Irrweg von Aristoteles, dem griechischen Entdecker der philosophischen Kausalität, dem Denker eines ersten unbewegt Bewegenden. Eine Metaphysik, die sich völlig von den Erfahrungen weltlicher Tatsachen abhebt, um zu einem Absoluten aufzusteigen, wie ein reines Ich, ein totalisiertes Weltganzes oder auch ein idealisierter Gott, kann ihrerseits lediglich zu Scheinbegriffen und Scheinurteilen führen. Denn was nicht allen Menschen gleichermaßen erscheint, kann auch nicht der Gegenstand von anerkanntem Wissen sein oder werden. Die Vergegenständlichung abstrakter Ideen führt zu einer falschen Idealisierung. Die Existenz Gottes ist demnach kein Gegenstand des Wissens, und kann es auch niemals werden. Sie ist somit auch kein Gegenstand der verallgemeinerungsfähigen Philosophie, sondern lediglich des nicht verallgemeinerungsfähigen Glaubens. Sie ist der Beweismöglichkeit und Beweispflicht gleichermaßen enthoben. Alle Gottesbeweise sind damit passé und alle Widerlegungen ebenfalls, beides ist völlig sinnlos. So einfach kann Kant aufräumen. Die Existenz einer höheren, transzendenten Welt ist mit ihm zumindest philosophisch obsolet geworden.

Die Frage, ob die Wirklichkeit, also alle empirischen Dinge tatsächlich existieren, oder ob die Wirklichkeit nur eine Projektion des Geistes ist, wie im systematischen Zweifel von Descartes, ist überflüssig geworden. Kant folgt stattdessen der Frage, wie Erkenntnisse und das Wissen überhaupt produziert werden. Denn für ihn bestimmen die Produktionsbedingungen selbst die Grenzen des möglichen Wissens. Das Modell funktioniert so: Die Empfindungsdaten der Sinnesorgane werden zu Anschauungsbildern verarbeitet, genauer sie werden nach den

Kategorien von Raum und Zeit strukturiert. Anschließend werden sie weiter zu Begriffen und Urteilen entwickelt, so dass aus dem Vereinzelten eine Allgemeinheit werden kann. Der Verstand bringt aber immer etwas dazu, nämlich die Verarbeitung durch Verstandesbegriffe und die Fähigkeit, überhaupt zu Schlussfolgerungen zu kommen. Kant sagt dazu auch „a priori". Es sind Leistungen, die vor aller Erfahrung liegen und zu dieser hinzukommen, sie ordnen Daten und ermöglichen so erst Erfahrung. Vor allem mathematische Sätze gelten ihm als Beispiele eines a priori. Es muss aber noch etwas Weiteres dazukommen, sonst bliebe auch das lediglich ein Bündel sortierter Einzelwahrnehmungen. Es muss für Kant darüber hinaus auch eine sogenannte „Einheit der Apperzeption" geben, also eine Verbindung aller Wahrnehmungen in einem Ich: „Das: Ich denke, muss alle meine Vorstellungen begleiten können" (B 132; Bd. IV, S. 136). Erst das zeichnet dann Erkenntnis aus, und erst das führt zu Wissen. Die Rohdaten selbst sind ihrerseits neutral, sie sind unstrukturiert und nicht erkenntnisstiftend ohne ein Ich, das sie zum einen hat, zum anderen verarbeitet und schließlich auch noch ein Bewusstsein davon hat. Es braucht für Kant ganz notwendig ein von Rohdaten und Begriffen unabhängiges denkendes Ich, um zu einem Wissen kommen zu können. Das unterscheidet ihn von Empiristen wie Hume, für die das Ich nur das nachgeordnete Ergebnis einer Gewöhnung ist. Erkenntnisse, also empirische und abstrakte Einsichten, sind in den Worten von Kant „synthetische Urteile", sie bestehen nämlich aus Sinnesdaten und Verstandesurteilen zugleich: „Gedanken ohne Inhalt sind leer, Anschauungen ohne Begriffe sind blind" (B 75; Bd. IV, S. 98). Eine Erkenntnis und das darauf aufbauende Wissen ist damit eine äußerst komplexe Konstruktionsleistung. Die wirkliche Wirklichkeit oder auch „das Ding an sich" (B 59; Bd. IV, S. 87), wie er dazu sagt, bleibt dagegen für immer unerkennbar aus dem Wissenshorizont draußen. Eine tatsächliche Erkenntnis kann sich nämlich nur auf Dinge beziehen, die in der erfahrbaren Anschauung gegeben sind, sie bleibt auf das Reich der Erscheinungen beschränkt. Deshalb sind sämtliche Ideen, die die Welt der Erscheinungen übersteigen, also beispielsweise Gott, die Totalität der Welt und die Unsterblichkeit der Seele niemals beweisbar, weil sie unerkennbar sind. Das Gebäude steht damit für Kant, die Grenzen der Mauern sind nun bekannt. Die traditionelle Metaphysik verliert ihr Fundament und wird es auch nicht wieder finden. Moses Mendelsohn, ein Aufklärer aus dem Berliner Kreis, nannte Kant zurecht einen „alles Zermalmenden" (Bd. 3.2, S. 3).

Unter dem Einfluss von Rousseau folgt nun eine Hinwendung zur Ethik und aufgeklärten Begründung von Moral. Kant sucht keine empirische Psychologie eines Gewissens oder eine praktische Anthropologie über den Weg eines „Naturzustands", sondern er will eine theoretische Fundierung. Das soll die „Kritik der praktischen Vernunft" aus dem Jahr 1788 leisten. Kant legt ein hohes Produktionstempo vor, zwei epochemachende Hauptschriften in einem Jahrzehnt. Auch die praktische Vernunft will Schluss machen mit falschem Ballast. Es geht um die Freilegung eines reinen Kerns der Moral und nicht um die Gültigkeit einzelner moralischer Sätze. Für Kant wird moralisches Handeln generell von Grundsätzen bestimmt, von Prinzipien nämlich, die unabhängig vom konkreten Einzelinhalt sind. Das allgemeinste Prinzip, also das, was alle möglichen Moralsätze gründet und deshalb übersteigen kann, soll vor aller Einzelerfahrung und vor allen inhaltlichen Einzelsätzen gültig sein, über die man ja ausgiebig streiten kann. Kant argumentiert somit äußerst abstrakt, er öffnet damit aber die Tür für unterschiedliche Konkretisierungsmöglichkeiten. Der wahrhaft moralische Mensch überlegt demzufolge unparteiisch, also nicht egoistisch, und für alle, also sittlich verallgemeinerbar. Genau dadurch unterwirft er seinen Willen in einem freien Akt den verallgemeinerungsfähigen Handlungsregeln. Darin besteht letztendlich seine moralische Würde, die ihn von niederen Instinkten oder auch vom Tier unterscheidet. Das war es im Kern methodisch auch schon, die Konsequenzen für Moral überhaupt sind freilich enorm. Denn jeder muss sich nach Kant im Handeln bewusst beschränken, damit die Würde jedes Einzelnen gewahrt bleibt. Das ist dann gleichzeitig die Wahrung der Grundrechte und die der eigenen Selbstachtung. Nur Menschen haben eine Ethik, und sie gilt auch ausschließlich für Menschen, weil nur Subjekte ein Bewusstsein allgemeiner Moral entwickeln können. Gut im moralischen Sinn ist also für Kant kein Zustand der Gewissensorientierung oder eine ewige Idee, sondern gut kann immer nur ein guter Wille sein, nicht aber eine Handlung an sich, weil der Mensch ja frei handeln kann. Diese Freiheit macht schließlich die Möglichkeit des ethischen Handelns aus. Sonst wäre es ein Automatismus oder das willenlose Befolgen einer Regel. Die Universalität, also das gut für alle, erfolgt als ein sogenannter „kategorischer Imperativ", als ein verallgemeinerungsfähiger guter Wille.

Moral hat somit nichts mehr mit einer individuellen Glückseligkeit wie in der Antike zu tun, das war der Weg von Platon und teilweise auch Aristoteles. Bei Kant heißt es: „Handle nur nach derjenigen Maxime, durch die du zugleich wollen kannst, daß sie ein allgemeines Gesetz werde" (BA 52; Bd. VII, S. 51). Das ist etwas verkürzt die ganze Vorgabe für das Individuum. Wenn dieser erste Schritt gelingt, dann kann auch der zweite Schritt zur Rechtssetzung folgen: „Handle so, daß die Maxime deines Willens jederzeit zugleich als Prinzip einer allgemeinen Gesetzgebung gelten könne" (A 54; Bd. VII, S. 140). Das ist die Vorgabe, die zu einem bürgerlich modernen Staat führt, mündige Menschen setzen sich Grenzen in einem selbstgeschaffenen Gesetz. Der kategorische Imperativ ist also nicht die Summe von klaren Gesetzen oder konkreten Geboten, sondern ein reiner Appell, eine nicht ganz anspruchslose Reflexionsarbeit und vor allem eine ständige Prüfung. So wie es für Kant keine angeborenen Ideen gibt, existiert auch keine natürliche Moral. Die französischen Versionen der Aufklärungsphilosophie befinden sich in seinen Augen in dieser Frage auf einem Irrweg, das gilt vor allem für Rousseau. Der Mensch ist frei und kann seine Handlungen der vernünftigen Prüfung unterziehen, in der Regel zumindest, sofern er die Unmündigkeit verlässt. Das ist bereits das Maximum des Erreichbaren.

Die Auflösung der ethischen inhaltlichen Substanz führt nicht zu einem moralischen Relativismus, sondern zu intersubjektiver Auseinandersetzung und damit zur Notwendigkeit von Anerkennungsprozessen. Ethik ist deshalb auch niemals abgeschlossen, sondern vielmehr offen für neue Inhalte und neue Herausforderungen. Auch Menschenrechte sind nach Kant grundsätzlich unabgeschlossen offen, ein Gemeinsames, ein Seinkönnen, und keine ewig fest geschriebenen Regeln. Sie sind ein moralisches Potenzial. Das ist etwas Anderes als für immer festgeschriebene Regeln. Kant meint, als erkennendes Wesen ist der Mensch ein Gesetzgeber der Außenwelt und als moralisches Wesen ist er sein eigener Gesetzgeber. Genau das begründet sein Freiheitsprinzip, seinen letztlich freien Wille in ethischer Perspektive. Der Mensch ist gespalten in ein Doppelwesen, das in sich den Widerstreit zwischen natürlicher Neigung und vernünftiger Sittlichkeit trägt. Tiere brauchen demgegenüber keinen kategorischen Imperativ, sie folgen nur dem Instinkt. Aus der Perspektive von Kant folgt de Sade, der zu Beginn dieses Kapitels zitiert wurde, ausschließlich hedonistisch seiner natürlichen Neigung und ist deshalb zu sittlicher Vernünftigkeit unfähig, obwohl er durchweg moralisch argumentiert. Die Natur selbst kann ebenso wenig eine Moral stiften wie ein auch immer gearteter Naturzustand. Moral ist etwas, das den Menschen über Instinkt und Trieb hinausträgt, sie ist eine reine Kulturleistung. Das Sollen folgt bei Kant nur dem eigenen reflektierten Wollen, es folgt nicht der Natur, nicht dem Staat und nicht Gott. Damit sind antike Vorstellungen, christlich-mittelalterliche und auch neuzeitliche gleichermaßen überholt. Die sich ihrer Grenzen bewusste Vernunft ist der neue Rahmen. Der Mensch folgt der Freiheit des Willens und ist nun das moralische Gesetz in sich selbst ohne die Leitung eines anderen Menschen oder einer anderen Institution: „Handle so, daß du die Menschheit, sowohl in deiner Person, als in der Person eines jeden anderen, jederzeit zugleich als Zweck, niemals bloß als Mittel brauchest" (BA 66, Bd. VII, S. 61). Was nämlich den Zweck in sich trägt, also der Mensch, darf nicht als Mittel für andere Zwecke missbraucht werden. Auch das moralisch Böse ist folglich ein Akt des Willens und nicht das bloße Ergebnis einer verführerischen Triebdynamik. Es ist vielleicht nicht selbst verursacht, aber es ist selbst verschuldet, weil der Mensch in einer Unmündigkeit verharrt.

Das alles ist im Nachhinein nicht unwidersprochen geblieben, aber es ist ein starker Ansatz, der viele Probleme anderer Ethiken umschifft. Kant ist ein Pflichtethiker, ein sogenanter Deontologe, der sich von anderen Ethikansätzen stark unterscheidet. Deontologie kommt vom griechischen Begriff „Deon", zu deutsch

Pflicht oder das Gesollte. Kant richtet sich mit seiner Pflichtethik gegen den sogenannten Eudämonismus von Platon und Aristoteles. Deren Maßstab ist das individuelle Glück des Menschen in einer idealen Polis. Kant wendet sich aber auch gegen das Naturrecht von Antike, Stoa und Mittelalter. Deren Maßstab sind unveräußerliche, von einer Natur oder einem Gott allgemein zugeschriebene Rechte und Gebote. Und schließlich wendet sich Kant auch gegen den sogenannten Utilitarismus. Dessen Maßstab ist das Glück der Mehrzahl, also die Nützlichkeit einer Handlung für möglichst Viele. Der Utilitarist muss immer ausschließen, dass es zu einer Handlung oder Regel eine bessere Alternative gibt. Er muss nämlich nach der bestmöglichen Bilanz des Guten für die Gesamtheit aller Betroffenen streben. Das wäre eine ziemlich aufwändige Reflexionsarbeit, eine aufwändigere jedenfalls als die Prüfung der Verallgemeinerbarkeit. Kant meint, das „Gute" liegt im guten Willen selbst. Was gut ist, folgt aus dem allgemeinen Sittengesetz, das zunächst ganz inhaltsleer ist, d. h. es ist eine Frage der Einstellung zur Verallgemeinerungspflicht und nicht eine Frage der ständigen und unmittelbaren Konsequenzen, die aus Handlungen entstehen.

Kant meint, Moral ist ein Wissen, das Moralgesetze erkennt. Moral ist eine Entscheidung für die Pflicht und nicht für Gelüste oder Neigungen. Sie richtet sich in aller Regel gegen die eigene Natur mit ihren Gelüsten. Natürlich ist das streng, sehr formalistisch und absolut inhaltsleer. Aber es bietet eine regulative Möglichkeitsbedingung von Moraldefinitionen schlechthin und damit die Chance auf eine größere Verallgemeinerbarkeit. Es setzt allerdings die Hoffnung auf Dialogfähigkeit voraus, das ist möglichweise eine zu große Hypothek. Kant meint jedenfalls, dass die praktische Vernunft zwar kein inhaltliches Wissen ist, also kein beweisbares, dass es aber ein notwendiges und dialogisch erreichbares ist. Ein ethischer Relativismus, wie er teilweise in der Moderne vertreten wird, wäre für Kant jedenfalls keine Moral. Der Relativismus muss davon ausgehen, dass sich Moral mit den Kulturen ändert, dass sie also ein bloßer Glaube ist, und dass es keine universellen Regeln gibt und auch keine universalisierbaren. Auch Marx hat diese Vorstellung, wenn er meint, dass sich Moralregeln mit den herrschenden Klassen ändern. Die moderne Version hierzu lautet dann, dass man sich nicht in fremde Kulturen einmischen soll. Das ist dann selbst eine absolute Moralregel. Sie kommt immer dann an ihre theoretische Grenze, wenn es um Extrembeispiele geht, so z. B. Folter, Witwenverbrennung oder Säuglingsopfer.

Wissen und Glauben sind mit Kant zwei Sphären, die niemals und nirgendwo zur Deckung kommen können: Vernunft und Religion, Moral und Religion, Wissen und Religion, das alles sind endgültig getrennte Felder. Religion ist für ihn zwar subjektiv legitim, sie darf sich aber nicht für Bereiche als zuständig erklären, für die eine sich ihrer Grenzen bewusste Vernunft zuständig ist. Religion und die christliche Glaubenslehre werden deshalb von ihm auf Vernunftfähigkeit geprüft.

Deren moralischer Gehalt ist demzufolge nur das, was auch durch die bloße Vernunft erkannt werden kann. Kant hat damit die Säkularisierungshypothese einfach umgedreht. Am Anfang steht jetzt die Vernunft, die Religion folgt ihr und kann an ihr teilhaben, wenn sie vernünftige Gehalte übernimmt. Religion ist aber niemals Auslöser dieser Gehalte, weil sie sich nicht im Wissensbereich bewegt. Philosophie hat den Thron somit auch in ethischen Fragen verteidigt. Und sie kann Religion ihrerseits deuten. Für Kant ist die Bibel kein universelles, unhinterfragbares ethisches Dogma, sondern sie kann und muss an den Maßstäben der theoretischen und praktischen Vernunft gemessen werden. Zuerst kommt philosophisch die vernünftige Moral, und auf deren Grundlage kann sich der Glaube dann entwickeln und entfalten. Denn erst Vernunft sichert die Freiheit von Religion und unterschiedlichen Glaubenspraktiken. Wenn die Religion stattdessen der Moral vorhergeht, wird sie immer ein Instrument der Glaubensdespoten sein. Der Fundamentalismus ist zumindest als Möglichkeit in ihr enthalten, das ist Kants nüchterne Beurteilung. Er ist möglicherweise eine falsch ausgelegte Religion, weil er das Dogma überzieht und absolut setzt, aber er ist jedenfalls faktisch vorhanden. Die Religionskriege haben das für die gesamte Aufklärungsphilosophie gezeigt. Religion ist am Ende der Neuzeit und Aufklärung nur noch eine Fußnote der Moral, ein subjektives Phänomen, und hat ihre Legitimität genau darin. Philosophie ist wieder Leitwissenschaft in Fragen der Ethik und Erkenntnisfähigkeit geworden. Rituale sind für Kant demgegenüber ein Fetischdienst und liegen jenseits eines guten Lebenswandels. Sie sind zwar erlaubt, aber sie können eben nicht maßgebend für eine Gesellschaft sein. „Alles, was außer dem guten Lebenswandel, der Mensch noch tun zu können vermeint, um Gott wohlgefällig zu werden, ist bloßer Religionswahn und Afterdienst Gottes" (A 246; Bd. VIII, S. 842), so das kurze Resumee des Philosophen. Kein Wunder, dass es Kant im preußischen Staat verboten wurde, noch etwas über Religion zu schreiben. Er hat sich daran gehalten.

Auch zur Französischen Revolution hat Kant eine eindeutige Haltung. Von moralischen Handlungen fordert er Verallgemeinerbarkeit, was weder für die revolutionäre Gewalt oder Bürgerkriege noch für Kriege generell gelten kann. Statt Revolution ist der vernünftige Weg also Reform, weil sie kein in ihrem Ausgang offenes, ordnungsfreies Experiment ist, dessen Begleiterscheinungen Elend und Greueltaten sind. Kant meint, die Kosten der Gewalt sind einfach zu hoch. Der Mensch kann nicht Mittel zum Zweck sein, denn er trägt den Zweck in sich. Also sind auch nicht alle Mittel gerechtfertigt, um zu einem guten Ende zu kommen. Die Verwirklichung der Freiheit darf nicht mit allen Mitteln erfolgen, Gewalt wird als zulässiges Mittel der Fortschrittsförderung kategorisch ausgeschlossen. Auch das ist ein Imperativ. Kant zielt deshalb nicht auf die Gesinnung der Menschen, sondern auf die wesentlich durch Verfassung und Rechtssystem bestimmten Bedingungen ihrer Existenz. Der richtige Weg ist für ihn der reformerisch nachhaltige, der in seiner Langsamkeit den Menschen nicht als Mittel zum Zweck missbraucht. Revolutionen sorgen demgegenüber für eine zu hohe Geschwindigkeit des Wandels, sie schießen letztendlich unsteuerbar über das Ziel hinaus. Der positive Wandel besitzt dagegen keine Plötzlichkeit, es gibt keinen Tigersprung der Geschichte, sondern die Dinge sollen sich allmählich entwickeln. Kant ist geduldig bis zu einem ewigen Frieden. Er verfolgt eine offene Teleologie des Fortrückens zum Besseren. Das geht ohne Prophetie und ohne Garantie für einen Zustand der Erfüllung oder Vollkommenheit. Der Prozess selbst bleibt eine permanente Aufgabe wie die Erklärung von Menschenrechten.

Nach der vernünftigen Erkenntnistheorie und der vernünftigen Ethik fehlt zum System noch die vernünftige Ästhetik als eine Theorie des Schönen. Kant hat eine geschrieben, auch das zeichnet ihn gegenüber anderen Aufklärungsphilosophen aus, mögen sie nun Verse und Reime geschmiedet haben wie Voltaire, oder Dramen und Opern komponiert haben wie Rousseau. Kant ist gedanklich extrem weit weg von Platon, es wundert also nicht, dass er die Dichter gerade nicht aus dem aufgeklärten Staat vertreibt, sondern ihnen eine besondere Rolle zuweist. Auch in Fragen der Schönheit ist für Kant das grundlegende Modell die Intersubjektivität. In der „Kritik der Urteilskraft" beschreibt er, dass ein Naturding „schön" zu nennen, wie etwa das Vogelgezwitscher als Naturerscheinung oder ein Gedicht als Künstlerprodukt, überhaupt nichts über das „Ding an sich" aussagt. Auch in der Ästhetik muss die tatsächliche Wirklichkeit also wie schon in der Erkenntnistheorie draußen bleiben. Etwas als schön zu bezeichnen sagt dagegen etwas über die Subjekte selbst aus, die dieses Geschmacksurteil fällen. Alle anderen Subjekte sollen dem Urteilsspruch bei allgemeiner Unterstellung von Geschmacksfähigkeit möglichst zustimmen können, das ist ihr einziges Wahrheitskriterium. Das Schöne gibt es demzufolge nicht an sich, ebenso wenig wie das Gerechte oder das Gute. Kant sieht in all dem keine von uns unabhängige Substanz am Werk, sondern ein rein menschliches Urteil, eine subjektive Beurteilung, eine Einschätzung und eine Wertung. Geschmacksurteile sind nicht beweisbar, sie zielen aber dennoch auf eine gewisse Allgemeingültigkeit. Erkenntnisse und Urteile „müssen allgemeine Mitteilungsfähigkeit" (B 28; Bd. X, S. 131) besitzen und Zustimmung gewinnen, das ist ihr ganzer Horizont von Wahrheitsfähigkeit. Es gibt für Kant deshalb keinen festen Kanon des Schönen. Ästhetische Urteile sind zwar ausschließlich subjektiv, aber sie sind zumindest theoretisch so verallgemeinerbar, dass andere Menschen zum gleichen Urteil kommen könnten. Ob sie dem folgen mögen, bleibt allerdings offen und entscheidet darüber, ob das Urteil eine bloße Einzelmeinung bleibt oder mehr leistet.

Damit steht allerdings immer noch die Frage im Raum, woher das Geschmacksurteil eigentlich kommt, wenn etwas als schön bezeichnet wird. Grundlage dafür ist ein „Wohlgefallen", also eine spezielle Empfindung. Dahinter arbeitet für Kant ein Gefühl von Lust, und im Fall der Schönheit eine besonders unspezifische. Es gibt zunächst eine Lust, die auftritt, wenn das Objekt der Begierde gerade da ist. Bei Kant heißen diese Lüste die „angenehmen", das Subjekt hat nämlich ein Interesse an der Existenz oder dem Besitz der die Lust auslösenden Objekte. Das Begehren verfälscht dabei das Geschmacksurteil, es wird vom individuellen Interesse überlagert. Die Natur oder ein Gedicht kann man allerdings nicht besitzen, es muss also noch eine andere Lust geben, die das Wohlgefallen auslöst. Eine Lust jedenfalls, die ohne Besitzinteresse an ihrem Objekt auftritt. Kant nennt eine Lust genau dann schön, wenn sie ein „reines uninteressiertes Wohlgefallen" (B 7; Bd. X, S. 117) hervorbringt, also ein erlebbares und mitteilbares Gefühl, dass etwas „schön" ist, ohne das Objekt des Begehrens zugleich haben zu wollen. Der Vergleich zwischen einem Gedicht und einer Rede kann das verdeutlichen. Für Kant kann eine Rede nicht schön sein, denn sie ist zu sehr zweckorientiert. Er muss etwas davon verstehen, denn bevor ihm ein philosophischer Lehrstuhl angeboten wurde, hatte er eine Professur für Dichtkunst bereits abgelehnt. Dichtung kann für Kant also schön sein, Rhetorik dagegen nicht. Die Rhetorik ist nämlich ganz pragmatisch auf ein Interessensziel hin orientiert, sie will überzeugen. Sie kann zwar Wohlgefallen auslösen, aber eben gerade kein interesseloses. „Beredtheit und Wohlredenheit (zusammen Rhetorik) gehören zur schönen Kunst; aber Rednerkunst (ars oratoria) ist, als Kunst, sich der Schwächen der Menschen zu seinen Absichten zu bedienen (diese mögen immer so gut gemeint, oder auch wirklich gut sein, als sie wollen), gar keiner Achtung würdig" (B 218; Bd. X, S. 267).

Umgekehrt wird nun die Poesie, also die musische Seite der Sprache, aufgewertet, weil sie die Vorstellungskraft zu ungeahnten Höhen führt und genau darin ein eigener Wert liegt. Kant eröffnet philosophisch den Weg zur Deutschen Klassik, die Literaten Goethe, Schiller und andere werden ihn dann beschreiten. Er hat mit seiner Theorie der Ästhetik den Weg der Autonomie der Künste systematisch geebnet. Die positive Kraft der Einbildung kann sich für Kant übrigens aus ganz unterschiedlichen Quellen speisen, es gibt viele Verstärker. So unterscheidet er beruhigende Drogen, wie Opium oder Bärenklau, von anderen stärkenden Drogen, die die Einbildungskraft in Schwung bringen. Zu den stärkeren Drogen gehören beispielsweise Wein, Bier oder Branntwein. Aber auch Dichtung kann die Einbildungskraft beflügeln. „Sie (die Dichtkunst) erweitert das Gemüt dadurch, daß sie die Einbildungskraft in Freiheit setzt und innerhalb den Schranken eines gegebenen Begriffs, unter der unbegrenzten Mannigfaltigkeit möglicher damit zusammen stimmender Formen, diejenige darbietet, welche die Darstellung desselben mit einer Gedankenfülle verknüpft, der kein Sprachausdruck völlig adäquat ist, und sich also ästhetisch zu Ideen erhebt" (B 215; Bd. X, S. 265). Auch hier räumt Kant auf. Ideen sind nun einfach Produkte wie die Dichtung selbst, sie werden beide durch Worte erzeugt, die über den Begriff hinausgehen, aber dennoch in keinem Jenseits existieren. Poesie führt damit nicht zu einer Katharsis wie bei Aristoteles, und sie ist auch keine Lüge wie bei Platon. Dichtung steht im Einklang mit Drogen und leitet zu Ideen, viel stärker kann man Platon am Ende des 18. Jhs. nicht umdrehen. Flötenspielerinnen werden von Kant jedenfalls ebenso wenig aus dem Philosophenhain oder Idealstaat vertrieben wie die Dichter. Ein Symposium unter Kants Vernunftregie würde anders aussehen als unter der sokratisch-platonischen Logosregie. Ganz so nüchtern war Kant offenkundig nicht.

Sein Schreiben vermittelt allerdings einen etwas anderen Eindruck. Wie Augustinus und Thomas von Aquin lässt sich Kant ausführlich über das Geschlechtsleben aus. Wer alles systematisieren will, kann auch das philosophisch nicht auslassen. „Geschlechtsgemeinschaft (…) ist der wechselseitige Gebrauch, den ein Mensch von eines anderen Geschlechtsorganen und Vermögen macht (…), und entweder ein natürlicher (wodurch seines Gleichen erzeugt werden kann), oder unnatürlicher Gebrauch, und dieser entweder an einer Person ebendesselben Geschlechts, oder einem Tiere von einer anderen als der Menschen-Gattung (…). Die natürliche Geschlechtsgemeinschaft ist nun entweder die nach der bloßen tierischen Natur, oder nach dem Gesetz. – Die letztere ist die Ehe, d. i. die Verbindung zweier Personen verschiedenen Geschlechts zum lebenswierigen wechselseitigen Besitz ihrer Geschlechtseigenschaften. – Der Zweck, Kinder zu erzeugen und zu erziehen, mag immer ein Zweck der Natur sein, zu welchem sie die Neigung der Geschlechter gegeneinander einpflanzte; aber daß der Mensch, der sich verehlicht, diesen Zweck sich vorsetzen müsse, wird zur Rechtmäßigkeit dieser seiner Verbindung nicht erfordert; denn sonst würde, wenn das Kinderzeugen aufhört, die Ehe sich zugleich von selbst auflösen. Es ist nämlich, auch unter Voraussetzung der Lust zum wechselseitigen Gebrauch ihrer Geschlechtseigenschaften, der Ehevertrag kein beliebiger, sondern durchs Gesetz der Menschheit notwendiger Vertrag, d. i., wenn Mann und Weib einander ihren Geschlechtseigenschaften nach wechselseitig genießen wollen, so müssen sie sich notwendig verehlichen, und dieses ist nach Rechtsgesetzen der reinen Vernunft notwendig" (AB 106; Bd. VIII, S. 389). Das steht in der „Metaphysik der Sitten", geschrieben 1797 im preußischen Königsberg. Kant misstraut den ungezügelten Impulsen der entfesselten Massen ebenso wie den Naturvorstellungen von Rousseau oder de Sade. Er plädiert für Maß sowie Ordnung und hat einem großen Hang zum Formalismus. Immerhin ist der nicht gefesselt an ein Substanzdenken, Kant lässt große inhaltliche Spielräume. Aber er denkt auch im Sinn der staatlichen Ordnung, die von Vernunft getragen sein muss, es braucht klare Rechtsräume. Kant spricht über alle Dinge im gleichen nüchternen Paragraphenduktus. Er wollte das und nicht die Dichtkunst. Das 19. Jh. wird das nüchterne Schreiben dann wieder einkassieren und zu einem heißen, emotionalen Schreiben umwenden. Das Gefühl kommt verstärkt zurück, auch philosophisch.

Zeit	Philosophen	Themen	Orte
1596–1650	Descartes	• Mathematikvorbild • Ich und Verstand als feste Wissensbastionen • Strenge Spaltung von Ich/Geist und Objektwelt/Materie	Frankreich
1588–1679	Hobbes	• Vertragsorientierte Staatstheorie • Naturzustand als Krieg aller gegen alle • Bändigung durch den starken Staat	England
1632–1677	Spinoza	• Sozialer Ursprung von Gewissen und Ethik • Sicherstellung von Denkfreiheit als höchste Staatsaufgabe	Holland
1632–1705	Locke	• Erfahrung als festes Wissensfundament • Freiheit und Gleichheit im Naturzustand • Volkssouveränität und Gesellschaftsvertrag • Eigentum als Grundrecht	England
1646–1716	Leibniz	• Logikvorbild • Kraft als Bewegungsprinzip aller Wirklichkeit • Kraftpunkte als kleinste Einheit • Sinnvolle Ordnung des Ganzen	Deutschland, Hannover
1711–1776	Hume	• Metaphysikskepsis • Erfahrungssicherheit • Moral als kulturelle Gewohnheit	Schottland, Paris
1694–1778	Voltaire	• Kritik an Fanatismus, Absolutismus und Klerus • Bändigung der Religion durch Vernunft	Europa, Paris
1712–1778	Rousseau	• Mensch im Naturzustand gleich, frei und gut • Entfremdung durch Gesellschaft und Staat • Gesellschaftsvertrag zur Aufhebung der Entfremdung • Aufgehen des Individuums im allgemeinen Volkswillen	Paris

Zeit	Philosophen	Themen	Orte
1724–1804	Kant	• Begrenzung falscher Machtansprüche der Vernunft • Strikte Trennung von Glauben und Wissen • Aufklärung als Dauerprozess • Gründung von Moral und Ästhetik auf Intersubjektivität und gegenseitige Anerkennungsprinzipien • Pflichtethik	Königsberg

Philosophie im neunzehnten Jahrhundert: Vom Aufstieg und Fall der Vernunftansprüche

> **Zusammenfassung**
>
> Das neunzehnte Jahrhundert ist philosophisch ein deutsches. Zuerst dehnt der Deutsche Idealismus das Ich und das Bewusstsein unendlich aus und beschreibt einen Höhenflug der Vernunft, der in das umfassende geschlossene System von Hegel mündet. Was Kant in erkennbares Wissen und seine nicht hintergehbaren Grenzen zerrissen hat, soll in einem spekulativen System schließlich wieder eins sein. Die ganze Objektwelt wird dabei in das Subjekt hineingeholt, alles scheint das Produkt eines schöpferischen Geistes zu sein. Bewusstsein und Geist werden philosophisch dabei so allumfassend konzipiert, dass das Ganze danach nur noch auseinander brechen kann. So fragwürdig wie das überdehnte Subjekt wird anschließend auch der Staat. Marx stellt Hegel auf die Füße und dem Konzept des Vernunftstaats eine materialistische Gesellschafts- und Geschichtsvorstellung entgegen. Einen Fortschritt in der Geschichte unterstellen noch beide. Die Einwände gegen die Geistphilosophie werden dann aber weiter ausgebaut. Schopenhauer und Nietzsche, die den Leib und das Leben als philosophische Grundbegriffe einführen, bringen nicht nur die Materialität des Seins ins Spiel, sondern auch eine pessimistische Weltsicht. Die Vernunft wird nicht mehr als Garant einer möglichen Einheit von Allem gesehen, sondern als Ausdruck einer nüchternen Rationalität, hinter der andere Mechanismen, wie Macht- oder Willensprinzipien arbeiten. Geschichte erscheint ihnen als Verfallsgeschichte. Auf der anderen Seite führen technische Fortschritte zu einer Wissensexplosion und einer Erfolgsgeschichte der Naturwissenschaften. Philosophie befindet sich wieder einmal in einer neuen Konkurrenzsituation um Wahrheit und muss sich neu positionieren. Verstärkt kommt jetzt Sprache als System in den philosophischen Blick, die künftige Bedeutung der Sprachphilosophie kündigt sich bereits an. An der Erfas-

sung von Sprache entscheidet sich die Wahrheitsfrage erneut. Sprache bildet den menschlichen Weltzugang, sie liefert Begriffe, die je nach philosophischer Einschätzung entweder Wirklichkeit tatsächlich erfassen können oder aber zu Scheinwirklichkeiten verführen, wie Nietzsche meint. Sprache bestimmt das Denken selbst, und die Frage steht erneut im Raum, wie fiktional die Begriffe tatsächlich sind.

Vorspiel

„*Habt ihr nicht von jenem tollen Menschen gehört, der am hellen Vormittag eine Laterne anzündete, auf den Markt lief und unaufhörlich schrie: ‚Ich suche Gott! Ich suche Gott!' Da dort gerade viele von denen zusammenstanden, welche nicht an Gott glaubten, so erregte er ein großes Gelächter. Ist er denn verlorengegangen? sagte der eine. Hat er sich verlaufen wie ein Kind? sagte der andere. Oder hält er sich versteckt? Fürchtet er sich vor uns? Ist er zu Schiff gegangen? ausgewandert? – so schrien und lachten sie durcheinander. Der tolle Mensch sprang mitten unter sie und durchbohrte sie mit seinen Blicken. ‚Wohin ist Gott?' rief er, ‚ich will es euch sagen! Wir haben ihn getötet – ihr und ich! (...) Ist nicht die Größe dieser Tat zu groß für uns? Müssen wir nicht selber zu Göttern werden, um nur ihrer würdig zu erscheinen? Es gab nie eine größere Tat – und wer nun immer nach uns geboren wird, gehört um dieser Tat willen in eine höhere Geschichte, als alle Geschichte bisher war!' Hier schwieg der tolle Mensch und sah wieder seine Zuhörer an: auch sie schwiegen und blickten befremdet auf ihn. Endlich warf er seine Laterne auf den Boden, dass sie in Stücke sprang und erlosch. ‚Ich komme zu früh', sagte er dann, ‚ich bin noch nicht an der Zeit.'"* (Friedrich Nietzsche, Bd. 3, S. 480)

Das ist kein Paukenschlag, das ist eine Diagnose. Sie stammt von Friedrich Nietzsche aus dem Jahr 1885, geschrieben in „Die fröhliche Wissenschaft". Er bringt darin nicht nur seine eigene Zeit auf den Begriff. Das ganze 19. Jh. muss sich an Kant abarbeiten und daraus alle sich ergebenden Konsequenzen entwickeln. An die Stelle Gottes tritt das moderne Ich, das nun Gott auch nicht mehr durch die Hintertür hereinholt wie Descartes, sondern die komplette Verantwortung der Weltstiftung, Welterkenntnis und Ethik tragen muss. Die Philosophie hat das verstanden, sofern sie die Augen aufmacht, meint Nietzsche, und damit vor allem sich selbst. Der tolle, also verrückte Mensch weiß um die vollständigen Auswirkungen, die Zeitgenossen aber nicht. Sie sind deshalb nicht aufgeklärt, sondern einfach ignorant. Sie haben keine Ahnung, welche Last sie tragen müssen. Dass der tolle Mensch mit einer Laterne am hellen Tag unterwegs ist, kann als ironische Note gelten. Es ist geradezu eine Aufklärung in der aufgeklärten Welt, ein zu-

Ende-denken. Was die Menschen erfunden haben, müssen sie auch wieder einkassieren. Nun müssen sie selber Götter werden und die Welt neu erfinden, eine Aufgabe für die Zukunft. Der Nihilismus, also die Zerstörung aller überlieferten Werte, steht vor der Tür, ist aber noch nicht angekommen in Europa. Die Laterne des tollen Menschen kann ihr Licht noch nicht ausbreiten.

Das lange Jahrhundert – Besondere Bedingungen in Deutschland

Unter Historikern gilt das 19. Jh. als ein überlanges, weil die großen politischen Umbrüche in der Zeit bereits davor und kurz danach liegen. Die Französische Revolution läutet 1789 die neue Epoche mit umwälzenden politischen Entwicklungen ein, und der Erste Weltkrieg bildet 1914 die nächste Zäsur. Die Phase der Verbürgerlichung, der Industrialisierung, der Nationenbildung, des Fortschrittsoptimismus, des Kolonialismus und des Imperialismus, all das liegt innerhalb dieser Zeitspanne. Der Einschnitt innerhalb der Philosophie beginnt fast zeitgleich mit den Schriften von Kant in den 90er Jahren des 18. Jhs., endet dann aber schon mit Nietzsches Büchern kurz vor 1900. Dass beide deutsche Philosophen sind, ist im Rahmen der Philosophiegeschichte nicht zufällig. Denn im ganzen 19. Jh. spielt die Philosophie im Prinzip fast nur in Deutschland, und dafür ist die ganz besondere politische Situation sowie der intellektuelle Umgang mit ihr verantwortlich. Frankreich und England können und müssen bei den geistigen Höhenflügen der Geisteuphorie und ihrer anschließenden radikalen Zerlegung jedenfalls nicht mitspielen. Und in Nordamerika entsteht erst Ende des Jahrhunderts mit dem Pragmatismus allmählich eine erste außereuropäische philosophische Richtung. Zu Beginn des Jahrhunderts zieht zunächst Kant Befürworter und Kritiker auf Lehrstühlen nach sich, bevor in der zweiten Hälfte dann frei flottierende Gelehrte jenseits der akademischen Universitätsphilosophie dem sogenannten Deutschen Idealismus die Abrechnung auftischen. Nach dem Idealismus gibt es schließlich eine Vielzahl von Strömungen, wie Materialismus, Positivismus, Utilitarismus, Neukantianismus, Vitalismus, Pragmatismus u. a., die ihn alle weit hinter sich lassen. So gesehen ist es ein ganzes Jahrhundert der Ismen, eine inhaltliche Einheit ist kaum auszumachen. Der Vernunfteuphorie folgt jedenfalls eine radikale Vernunftkritik. Das Wissen bricht auch außerhalb der Philosophie mit Einzelwissenschaften in viele Richtungen auf.

Warum ist das neunzehnte Jahrhundert philosophisch vor allem ein deutsches? Warum gibt es einen gedanklichen Turmbau mit Hegel, Marx und Nietzsche nur in Deutschland? Die Antwort liegt auch hier in sehr speziellen Gegebenheiten. England und Frankreich waren entwickelte Nationen, und sie hatten vor allem je eine bürgerliche Revolution. Deutschland hatte das nicht, es war zersplittert, ihm blieb nur die Phantasie einer nationalen Geschlossenheit, es hatte lediglich seine Gedanken. „Denk ich an Deutschland in der Nacht, / dann bin ich um den Schlaf gebracht" (Bd. 2, S. 129), spottete Heinrich Heine im Pariser Exil. Auch 1848 war nur eine kleine Revolte, die schnell im Keim erstickt war, bevor der Funke überhaupt überspringen konnte. Die Nation, die noch keine war, blieb in viele Fürstentümer geteilt. Heine sprach nicht nur von einem schlechten Traum, sondern auch davon, dass sich Deutschland in der Nacht befände, in einem tiefen Winterschlaf, statt das Licht der Aufklärung politisch umzusetzen oder zumindest eine Morgendämmerung einzuläuten. Diese Stimmung reichte weit über die Jahrhundertmitte hinaus, Marx zog daraus revolutionäre Schlüsse.

Deutschland war nicht nur politisch von einer großen Sehnsucht nach Ganzheit getragen, sondern auch intellektuell. Newton hatte mit der Schwerkrafttheorie das Universum mechanisiert und berechenbar gemacht. Damit wurde es eine kühle und herzlose Maschine, und genau so wurde auch die nüchterne Konstruktion von Staat und Ethik eingeschätzt, es fehlten Gefühl und ein Pulsschlag wie bei einem lebendigen Organismus. Die politische Entwicklung kam in Deutschland nicht voran, es fehlte etwas substanziell Bindendes, das Land war lediglich eine Ansammlung von Kleinstaaten. Deshalb gab es innerhalb von Europa nur in Deutschland in der ersten Hälfte des Jahrhunderts eine große Welle aus Deutscher Romantik, Deutscher Klassik und Deutschem Idealismus, die jeder auf eigene Art versuchten, wieder eine organische und lebendige Ganzheit herzustellen. Das „wieder" ist durchaus wörtlich gemeint, Dichter und Denker blickten wehmütig zurück in vergangene Zeiten, bevor die Vernunft zu ihrem Siegeszug angetreten war und alte Gewissheiten aufgelöst hatte. Die Orientierung an der griechischen Kultur als Vorbild kultureller Überlegenheit reicht bis zu Nietzsche am Ende des Jahrhunderts. Griechenland war wie Deutschland von Kleinstaaten geprägt und hatte dem Kontinent in der sogenannten klassischen Antike dennoch einen entscheidenden kulturellen Schub verpasst. Der Begriff „Deutsche Klassik" ist übrigens eine späte Erfindung des 19. Jahrhunderts. Weder Lessing noch Goethe oder Schiller sahen sich selbst als Klassiker. Zu ihrer Zeit war die Deutsche Klassik nämlich keineswegs die stabile Grundlage einer deutschen Kultur, das blieb ein reines Wunschdenken. Im Gegenteil, viele Klassiker wurden erst durch Editionen im 19. Jh. bekannt. Deutsche Klassik war ein Kampfbegriff, er berief sich auf die Qualitäten der Antike und war nationalstolz gegen Frankreich, die Zivilisation, sowie gegen England, die Handelsnation gerichtet.

In der zweiten Hälfte des Jahrhunderts kritisieren Philosophen dann die geistigen Versöhnungskonzepte als Irrwege. Die Religion kommt ebenso unter die Räder wie der gesamte Geistoptimismus. Das Leben soll die Hauptrolle spielen und mit ihm am Ende dann doch wieder Kunst und Sprache. Die Fokussierung auf

Kunst musste schon zu Beginn des Jahrhunderts den Verzicht auf demokratische Institutionen und politische Repräsentation kompensieren. Deutschland war eine verspätete Nation, sie suchte den Zusammenhalt in der gemeinsamen Kultur. Diese Hypothek trägt lange. Kunst galt als ein starkes Gemeinschaftsprinzip mit geradezu politischer Kraft. Deutschland machte Literatur, Kunst, Kunsttheorie und Philosophie als Kulturnation. England und Frankreich machten dagegen Revolution und Politik.

Versöhnungskonzepte – Kunst statt Politik

Am Anfang der Vermittlungsversuche steht eine selbstbewusste Poesie. Sie soll binden, was Philosophie auseinandergerissen hat. Wenn Subjekte und Objekte in zwei Welten gespalten sind, wenn Freiheit und Kausalität einander unaufhebbar gegenüberstehen, wenn Glauben und Wissen zweierlei sind, und wenn Individuum und Nation keine Einheit bilden, dann braucht es starke Kräfte, die diese Dualismen überwinden können. Den trennenden philosophischen Prinzipien Verstand und Vernunft werden auf ästhetischer Seite die synthetischen Impulse durch Kunst, Mythologie und schließlich Erziehung an die Seite gestellt. Das bildet eine Art Kunstreligion. Vor allem Dichtkunst gibt dabei die Richtung vor, sie ist allein aber zu schwach und muss deshalb starke Koalitionen eingehen. Das erzeugt dann mehrere Varianten, in allen spielt allerdings der „produktive Geist", ein Schlusselbegriff des Deutschen Idealismus, eine wesentliche Rolle.

Die erste Variante ist eine poetisch-philosophische Version. „Der Philosoph muß ebensoviel ästhetische Kraft besitzen als der Dichter. Die Philosophie des Geistes ist eine ästhetische Philosophie. (…) Die Poesie bekommt dadurch eine höhere Würde, sie wird am Ende wieder, was sie am Anfang war – Lehrerin der Menschheit; denn es gibt keine Philosophie, keine Geschichte mehr, die Dichtkunst allein wird alle übrigen Wissenschaften und Künste überleben. (…) die Mythologie muß philosophisch werden und das Volk vernünftig, und die Philosophie muß mythologisch werden, um die Philosophen sinnlich zu machen. … Ein höherer Geist, vom Himmel gesandt, muß diese neue Religion unter uns stiften, sie wird das letzte, größte Werk der Menschheit sein" (Hegel, Bd. 1, S. 235). Ein höherer Geist also, der Philosophie und Poesie zu einer neuen Mythologie verbindet, soll es richten. Geschrieben haben dieses „Älteste Systemprogramm des Deutschen Idealismus" um 1797 drei junge Studenten im Tübinger Stift, die danach Karriere machen. Es sind Hegel, Hölderlin und Schelling, die das Studierzimmer teilen. Die philosophische Vernunft soll sich mit der poetischen Einbildungskraft verbinden, um die Herzen der Deutschen zu erreichen und eine neue Gemeinschaft zu begründen. Die Französische Revolution wird von den Dreien zwar enthusiastisch begrüßt, aber sofort in den Horizont einer nur fernen Idee gedrängt. Die höchste Idee ist für sie demgegenüber die von mir selbst als einem absolut freien Wesen, ob ich das nun in der politischen Wirklichkeit bereits bin oder nicht. Frei soll das Wesen insbesondere als schöpferisches sein. Deshalb muss eine mythologische Vernunftreligion den Riss kitten, den Verstand und Vernunft in ihrer Zerlegungsarbeit hervor gebracht haben. Darin steckt jede Menge jugendliches Pathos und dichterische Überheblichkeit. Der Schmerz soll ja nur ideell gelindert werden. Die philosophische Kritik lautet später, dass die Freiheit der schöpferischen Phantasie, wie die Romantik sie propagiert, zu subjektivistisch bleibt. Sie kann niemals Lehrerin der Menschheit sein und Philosophie sich der Poesie demzufolge nicht einfach unterordnen.

Die zweite Variante ist eine poetisch-religiöse Version. Mythen dienen wie religiöse Weltbilder generell dazu, den Bestand einer Gesellschaft aus einem obersten Wert heraus abzusichern. Der große Traum der Frühromantik setzt auf die Wiedergeburt einer sehr speziellen mythisch-christlichen Kraft. Die griechische und christliche Mythologien sollen sich nämlich in einem gemeinsamen Punkt treffen und eine neue Religion schaffen. Den Schnittpunkt bildet dabei einerseits Christus und andererseits Dionysos aus dem griechischen Götterhimmel. Die Romantiker empfinden die Welt als eine, die von einen kalten Mechanismus durchdrungen ist, der im Anschluss an die nüchterne Aufklärung die früher scheinbar homogene Welt aufgelöst hat. Entzauberung, Verstand und Vernunft sind plötzlich Verlustbringer. Um den Zauber in die Welt zurückzuholen, werden mythische Modelle beschworen. Das Symbol dafür ist Dionysos als ein kommender, also ein noch ausstehender Gott. Bei Friedrich Hölderlin klingt das etwas kryptisch dann so: „Drum an den Isthmos komm! dorthin, wo das offene Meer rauscht / Am Parnaß und der Schnee delphische Felsen umglänzt, / Dort ins Land des Olymps, dort auf der Höhe Kithärons, / Unter die Fichten dort, unter die Trauben, von wo / Thebe drunten und Ismenos rauscht im Lande des Kadmos, / Dorther kommt und zurück deutet der kommende Gott" (Bd. 1, S. 287). Warum spielt ausgerechnet Dionysos eine so große Rolle? Der Dionysos-Kult eignet sich deshalb, weil er im Griechenland des Euripides und der sophistischen Kritik an den Mythen alte religiöse Überlieferungen bewahrt und weiterhin behauptet hatte. Er wurde zwar abgelöst, Euripides hat sich über die unkeuschen Götter ja lustig gemacht, aber er bietet sich an, um weiterhin Erlösungshoffnungen zu tragen. Zeus hat nämlich mit Semele, einer Sterblichen, den Gott Dionysos gezeugt, der von Hera dann mit Zorn verfolgt und in den Wahnsinn getrieben wird. Dem Mythos nach wandert Dionysos seitdem mit einer Schar von Satyrn und Bacchantinnen durch Nordafrika und Kleinasien, er ist ein „ausländischer Gott" sagt Hölderlin. Durch sein Verschwinden hat er das Abendland in die „Götternacht" gestürzt und lediglich die Erinnerung in Form des Rausches zurückgelassen. Er kann und soll aber durch

Mysterien wiedergeboren und vom Wahnsinn befreit zurückkehren. Genau darin unterscheidet er sich von allen übrigen griechischen Göttern, er ist der abwesende Gott, dessen Wiederkehr noch bevorsteht. Die Parallele zu Christus liegt auf der Hand, auch er ist gestorben und hat bis zu seiner Wiederkehr lediglich Symbole seiner Anwesenheit hinterlassen. Für Hölderlin verharrt das Abendland bereits seit seinen Anfängen in der Nacht der Götterferne. Ein taugliches Bindemittel für seine eigene Zeit findet er im antiken Griechenland und seinen Mythen, die ja älter sind als die christliche Religion des Neuen Testaments. Der Schmerz ist so groß, dass gleich zwei Stränge beschworen werden müssen, die jeder für sich offenkundig nicht stark genug waren, aber in Kombination jetzt sein sollen. Allein der Gott der Zukunft, ob Dionysos oder Christus, wird für Hölderlin die Kräfte des Ursprungs erneuern können. Damit trifft er ein Grundgefühl seiner Zeit. Die Wiederkehr eines griechischen Prinzips, das die erschlaffte Religion befeuert, soll es in dem Fall richten. Dazu ist es freilich nicht gekommen, aber noch Nietzsche folgt später dem Dionysosmodell.

Die dritte Variante ist eine poetisch-politische Version. Friedrich Schiller baut mit der „Ästhetischen Erziehung des Menschen" eine Utopie auf, bei der öffentliche Kunst binden soll, was der Aufklärung nicht möglich war. Kunst muss das machen, weil Vernunft und Religion den krankhaften Zustand nicht mehr heilen können, beide sind zu erschöpft. „Mitten in dem furchtbaren Reich der Kräfte und mitten in dem heiligen Reich der Gesetze baut der ästhetische Bildungstrieb unvermerkt an einem dritten, fröhlichen Reiche des Spiels und des Scheins, worin er dem Menschen die Fesseln aller Verhältnisse abnimmt und ihn von allem, was Zwang heißt, sowohl im Physischen als im Moralischen entbindet" (Bd. 5, S. 667). Die Verwirklichung einer authentischen Gemeinschaft soll also in einem künftigen ästhetischen Staat erfolgen. Schiller hatte ab 1789 eine Professur für Philosophie in Jena, lehrte aber als Historiker. Dem folgt auch sein bildungspolitisches Programm. Kunst soll ein Erziehungsmedium sein, das von der schöpferischen zur wahren politischen Freiheit führt. Philosophie kommt darin schon gar nicht mehr vor. Auch zu diesem Programm ist es schließlich nicht gekommen.

Alle drei Ansätze sind historisch längst vergangen, und sie sind sehr deutlich. Sie zeigen die verzweifelte Suche nach Versöhnung und Überwindung der schmerzhaft empfundenen Dualismen. Und sie beschreiben ein Klima von Erwartungen, dass es noch einen anderen Weg geben muss als den politischen. Es ist ein euphorisches Pathos des Ästhetischen. Aber der Erziehungsauftrag ist zu groß. Das kann gar nicht aufgehen und wirkt im Rückblick ziemlich bemüht und vergeistigt. Es hat allerdings in der Folgezeit vieles mitgeprägt: die Glorifizierung der griechischen Antike, das humanistische Bildungsideal mit altsprachlicher Orientierung, die starke Rolle der Geisteswissenschaften an den Universitäten, die Ausprägung eines historischen Blicks, den massiven Bau von Opernhäusern, Schauspielbühnen und Museen mit staatlicher Subventionierung wie in kaum einem anderen Land. Und schließlich auch die zentrale Rolle der Kunst in der Philosophie.

Neue Konkurrenzen – Geist, Materie und erfolgreiche Naturwissenschaften

Die Philosophie macht es der Literatur nach und beginnt Anfang des 19. Jhs. zunächst als eine Geistphilosophie. Überall wird in dieser Phase vom schaffenden und schöpferischen Geist gesprochen, einem überindividuellen Prinzip. Geist ist der Gegensatz zu Materie und wird philosophisch in alle möglichen Felder ausgedehnt, er soll allumfassend sein, vom menschlichen Geist über die Natur bis zum Kosmos. Die Welt soll wieder geschlossen sein und keine Zusammenballung geistloser Materie, die wie eine mechanische Uhr funktioniert. Die Seele, mittelalterlich unkörperlich und unsterblich auf ein Jenseits gerichtet, wird nun zum bewussten Geist umgewandelt, der über seine Erzeugnisse beobachtbar und erkennbar ist. Die ganze Natur und Welt werden ebenfalls Geist, nämlich ein materialisiertes Geistprodukt. Das ist der Aufstieg der philosophischen Epoche des Deutschen Idealismus. Auch die Religion wird dem neuen Geistprinzip unterstellt. Philosophie tritt selbstbewusst auf, sie ist zwar für diese kurze Phase nicht mehr atheistisch, sie lässt sich über Religion und Gott aus, aber sie ist nicht kirchenoffiziell. Sie deutet Religion jeweils so, wie es in ihr System passt. Kant hatte gesagt, Religion ist kein Wissen, sie hat unerkennbare Themen, die in Wissenschaften überhaupt nichts verloren haben. Der Deutsche Idealismus sagt, sie ist zwar kein Wissen, aber sie selbst ist durch Philosophie, die höchste Geistform, erkennbar und analysierbar. Eine Religion, die durch Philosophie gegangen ist, steht in einer hinteren Reihe neben Naturkunde, sie kann vielleicht eine Dienerin sein, mehr aber nicht. Das Verhältnis hat sich gegenüber dem mittelalterlichen Denken damit komplett umgekehrt, Kant hatte beide Bereiche als unvereinbar getrennt, der Deutsche Idealismus holt die Religion wieder ins Haus des Wissens hinein. Spinoza ist mit seiner Bibelkritik nun ein Referenzpunkt, vor allem aber mit seiner Verabschiedung des persönlichen Schöpfergotts und seinem Pantheismus. Die Scholastik selbst spielt keine Rolle mehr, der Faden ist abgeschnitten. Philosophie ist wieder autonom.

Dem Idealismus folgt Mitte des Jahrhunderts allerdings schon bald eine Phase des Materialismus. Ein allumfassender Geist ist einfach zu sphärisch, es kommen deshalb rasch Einwände des Körperlichen, des Materiellen, einer anderen Natur, einer anderen Geschichte. Marx und Nietzsche sind als Philosophen die stärksten Auflöser des Geistes und der Geistphilosophie. Sie sorgen für den endgültigen Fall des Deutschen Idealismus. Das 18. Jh. stand mit den Aufklärungsphilosophen noch für eine Analyse der Natur und der Moral. Mathematik war ein Orientierungsmuster. Das philosophische Programm folgte der Zerlegung und dem Neuaufbau. Das 19. Jh. steht mit dem Idealismus dagegen für eine unendliche Überhöhung des schaffenden Ich und nimmt es danach ebenso radikal unter die Lupe mit all seinen Grenzen. Affekte werden wieder aufgewertet. Die Gesetze der menschlichen Natur, des Ich und der Gesellschaft werden völlig neu und systematisch analysiert. So systematisch, dass aus der philosophischen Einheitswissenschaft dann am Ende des Jahrhunderts geisteswissenschaftliche Einzeldisziplinen werden, die eigene Fakultäten bekommen mit Psychologie, Politologie, Soziologie, Ökonomie usw. Parallel wird die Natur in den sogenannten harten Wissenschaften analysiert. Es gibt erst im 19. Jh. eine Trennung von Geistes- und Naturwissenschaften, zuvor waren beide Gebiete Teil einer einheitlichen Naturerkenntnis. Mitte des Jahrhunderts kam es mit dem Aufschwung der Naturwissenschaften beispielsweise zu Auseinandersetzungen zwischen Mechanisten, sie standen für die weitergehende Auflösung der organischen und anorganischen Natur in physikalisch-mathematische sowie chemisch-physische Prozesse, und den sogenannten Vitalisten. Der Vitalismus ist eine Naturphilosophie, die ein zusätzliches Prinzip als „Kraft" annimmt. Kraft steht dann für Leben oder auch Trieb jenseits rein mechanischer Prozesse.

Der Aufschwung der Naturwissenschaften und die zunehmende Nachfrage nach naturwissenschaftlichem Wissen kommen mit der Industrialisierung. Dafür steht beispielsweise die Erfindung der Eisenbahn. Um 1800 gibt es in Deutschland noch keine einzige Eisenbahntrasse, 100 Jahre später sind etwa 50 000 Streckenkilometer gebaut. Die Eisenbahn ist deshalb so wichtig, weil sie das Land verbindet. Eine deutsche Schienenvereinigung gewissermaßen. Es braucht dazu Eisen und Kohle zur Stahlproduktion und noch mehr Kohle für den Antrieb der Lokomotiven. In machen Regionen sind bald mehr Menschen in Industrie und Handwerk beschäftigt als in der Landwirtschaft. Die industrielle Eigendynamik setzt einen Kreislauf in Gang. Die Produktion wird mechanisiert, beispielsweise in der Textilwirtschaft. Daneben machen Medizin und Hygiene Fortschritte. Und selbst Genussmittel wie Tabak oder Zucker sind plötzlich zu haben. Gesellschaftliche Umbrüche gären, die Städte wachsen, die Menschen werden mobil, sie wandern der Arbeit hinterher, alles gerät in Bewegung. Es bilden sich Massen mit Interessen gegen die starren Ordnungen. Alles scheint sich weiter zu entwickeln und zumindest theoretisch zu einem Besseren hin. Die harten Wissenschaften schaffen es dabei, anwendbare Ergebnisse zu produzieren. Das Jahrhundert entdeckt chemische Elemente und die Spektrallinien des Lichts. Es findet Fossilien und geologische Schichten, es stößt auf Dinosaurier und Neandertaler. Es entdeckt den Elektromagnetismus, die Voraussetzung für Elektrizität. Es untersucht Eizellen und Embryonen, es beobachtet Gletscherbewegungen und kommt zu einer Theorie der Eiszeiten. Es formuliert die Hauptsätze der Thermodynamik. Es beschreibt eine Theorie der Artenentstehung und eine der Zellentwicklung. Es ortet das Sprachvermögen im Gehirn und beginnt einen Zusammenhang zwischen Treibhauseffekten und Eiszeiten zu vermuten. Es findet heraus, dass der Körper Substanzen bildet, um Blutgefäße, Organe, Nerven und Muskeln zu bewegen und zu steuern. Kurz, es ist ein Jahrhundert der erfolgreichen Forschungspioniere und Entdecker. Das Bild der Natur verändert sich und mit ihm der Mensch darin.

Der philosophische Versuch, noch einmal alles in eine Theorie zu packen, ist am Ende des Deutschen Idealismus dagegen grandios gescheitert. Das Wissen bekommt mit den aufstrebenden Naturwissenschaften einen kräftigen Zwilling, der sich rasch vom Geist entfernt. Wissen wird in Europa und Nordamerika in dieser Phase rationalistisch und instrumentell. Es geht darum, nützlich zu sein, praktisch, es sollen Zwecke erfüllt werden. Die Naturbeherrschung mündet in technische Anwendungen. All das füttert glaubhaft eine Fortschrittseuphorie, die zuvor nur von utopischen Staatstheoretikern geteilt wurde. Wissenschaftler werden nun Fachleute auf ihrem Spezialgebiet. Staaten verstehen sich als Nationen mit imperialistischen Ansprüchen, es geht um Rohstoffe, um Einflussgebiete, um Kolonien. Philosophie auf den Lehrstühlen kann nicht mithalten, sie verliert das Wissensmonopol. Sie konzentriert sich auf das bloße Sein des Menschen, auf seine Existenz, und auf die große Geschichte des Denkens. Denn das immerhin können und wollen Naturwissenschaften nicht, sie können ihr Einzelgebiet zwar besser bearbeiten, aber sie können nicht sich selbst als Teil einer größeren Kulturgeschichte außerhalb eines Fortschrittsautomatismus reflektieren. Die Philosophie bleibt dem anwendungsorientierten Wissen gegenüber skeptisch. Das Wissen um die Natur muss sie abtreten, aber für das Wissen um den Status des Menschen als Ganzes, um seine Stellung in der Welt bleibt sie zuständig, und sie stellt dem Optimismus der Epoche einen tiefen Pessimismus entgegen. Sie wird vernunftskeptisch, sie berechnet den Preis der Euphorie, sie weiß, dass der Mensch in einer metaphysikfreien Welt nicht einfach weiter machen kann, als wäre alles in Ordnung. Wenn Gewissheiten verschwinden, ist alles in Frage zu stellen. Dieses Handwerk zumindest beherrscht die Philosophie. Sie merkt, wenn die Dinge nicht zueinander passen, sie spürt die Lücken im Gedankengebäude auf, sie wandert durch die Jahrhunderte, und sie sucht nach neuen Antworten. Masse wird ein neues Thema, die Philosophen misstrauen ihr, denn die Massen sind emotional stark beeinflussbar, aber auch meinungsbildend. Marx traut ihr viel zu, Nietzsche gar nichts. Im Rückblick sind die weichen deutenden Wissenschaften nicht ganz so erfolgreich bei der Erforschung der menschlichen Natur und Gesellschaft gewesen wie die harten exakten Naturwissenschaften in der Beschreibung natürlicher Prozesse. Das hängt auch damit zusammen, dass sich ihre Felder teilweise überschneiden. Zumindest bauen ihre Ergebnisse nicht aufeinander auf, sie konkurrieren miteinander. Es werden Verteidigungslinien zur Selbstdefinition gezogen, zur Abgrenzung und intellektuellen Zuständigkeit. Interdisziplinarität ist im 19. Jh. noch weitgehend ein Fremdwort.

Beide große philosophische Strömungen des Jahrhunderts, die idealistische und die materialistische, verbindet die Vorstellung, dass es eine geschlossene Menschheitsgeschichte gibt. Das hatten schon die neuzeitlichen Philosophen mit ihren Vermutungen über einen ursprünglichen Naturzustand nahe gelegt. Das 19. Jh. macht nun Geschichte selbst zu einem zentralen und alles verbindenden Thema. Geschichte erscheint als ein homogener Entwicklungsraum, ob so oder so. Der sieht bei Hegel, Marx und Nietzsche freilich völlig unterschiedlich aus.

Deutscher Idealismus – Sehnsucht nach Ganzheit

Der als eine Substanz gedachte Vernunftbegriff des Mittelalters wurde bei Kant durch einen reflexiven Vernunftbegriff ersetzt, der im nächsten Schritt in seine einzelnen Bereiche aufgelöst wurde. Daraus entstanden die theoretische, praktische und ästhetische Vernunft mit ihren jeweiligen Grenzen. Die Einheit der Vernunft hatte bei Kant also nur noch einen formalen Charakter, wenn überhaupt, sie war das Ergebnis einer ganz bestimmten Methodenentscheidung. Erkenntnistheorie, Ethik und Ästhetik standen nun geschieden nebeneinander, das war der Preis, den die Erkenntnis vernünftiger Grenzen zahlen musste.

Für die Folgezeit ist das ein kaum aushaltbares Manko. Das Absolute muss wieder mit großer Vehemenz als Bindendes hereingeholt werden. Bei Fichte ist dieses Hereinholen das „absolute Ich", bei Schelling das „absolute Sein" und bei Hegel der „absolute Prozess", die dialektische Bewegung der Gegensätze, die alles umfassen soll. Der Ausgangspunkt ist bei allen drei Philosophen der gleiche. Wenn das Subjekt immer substanziell am Erkennen beteiligt ist, durch Wahrnehmungs- und Verstandeskategorien nämlich, die es immer selbst schon mitbringt, dann kann es keine außerhalb des Bewusstseins sicher existierende Welt geben. Wenn das Bewusstsein wie auch immer die Welt in seinen Vorstellungen konstruiert, dann ist die ganze Welt die Totalität des Bewusstseins, sozusagen alle möglichen Bewusstseinsinhalte. Das ist der Kern des Deutschen Idealismus, es erfolgt eine unendliche Ausdehnung des Ich und des Bewusstseins. Damit wird das Bewusstsein aber völlig überlastet, weil das widerständige Außerhalb aufgelöst ist, was schon allein der Alltagserfahrung des Lebens widerspricht. Den Begriff Deutscher Idealismus haben übrigens seine materialistischen Kritiker geprägt, Fichte, Schelling und Hegel haben sich selbst nicht so bezeichnet.

Wie bei Descartes kann das herausgeforderte „Ich" letztendlich nicht die ganze Last der Welt tragen. Gott wird im Deutschen Idealismus deshalb wieder herein geholt, bis dann alles auseinander bricht, weil es spekulativ überfrachtet wurde. Spekulativ heißt einfach, dass Philosophie die empirische und praktische Erfahrung verlässt, um über den Weg des begreifenden Erkennens das Wesen aller Dinge in seiner Gesamtheit zu erfassen. Das Ding an sich, das nach Kant unerkennbar draußen bleiben muss, und die Idee, nach Kant ein unzulässiges Verlassen vernünftigen Denkens, sollen wieder erkennbar werden und einen festen Platz im philosophischen Ordnungssystem erhalten. Das ist das letzte Aufbäumen einer gewünschten Totalität, eine Sehnsucht, ein Rausch des Geistes. Das philosophische Ergebnis ist zwar ein ganz anderes, aber der Weg dahin setzt wie bei Kant mit der Beobachtung des Denkens selbst an. Der Begriff spekulative Philosophie hat mit dem lateinischen „speculum" zu tun, einem Spiegel, und „speculare", beobachten. Das Denken wird einfach gewendet wie ein Spiegel, das Ich schaut sich selbst an und analysiert sich selbst als Denkendes. Kant hat darin eine Grenze gesehen, die neue Philosophie des Idealismus will aber weiter. Selbst die Vorstellung eines unerkennbaren „Ding an sich" ist für sie letztendlich nur unsere Vorstellung und damit selbst ein Bewusstseinsinhalt. Wenn aber alles Erkennen eine Vorstellung ist, dann ist das auch der richtige Weg zur mehr Erkenntnis, also doch zu weiteren Sphären der Wirklichkeit, so das ehrgeizige philosophische Programm.

Fichte – Unendliche Ichaktivität

Johann Gottlob Fichte (1762–1814) wurde in Berlin geboren, er studierte Theologie, abgeschlossen hat er das Studium aber nicht. Er finanzierte sich als Hauslehrer und meinte, man müsse die Eltern erziehen, bevor man die Kinder erziehe. Deshalb legte er ein Tagebuch auffälliger Erziehungsfehler an und verlangte von Eltern, sich daraus vorlesen zu lassen. Fichte wollte in Leipzig Prinzenerzieher werden und nah am Königsthron sein, es hat nicht geklappt. Er war umtriebig und wollte eine Zeitschrift für weibliche Bildung herausgeben, aber alles misslang. Zur Philosophie kam er über einen Umweg. Fichte brachte einem Studenten Kant bei, lernte dabei selbst Kant erst richtig verstehen, und verfasste eine Schrift „Versuch einer Kritik der Offenbarung", die anonym veröffentlicht wurde. Man hielt sie für das lang erwartete religionsphilosophische Werk von Kant, was dieser aber richtigstellte. Fichte wurde als Autor der Schrift mit einem Schlag berühmt und erhielt auf Empfehlung von Schiller eine Berufung auf den Lehrstuhl für Philosophie in Jena, später ging er nach Berlin.

Für Kant ist das Grundwesen des vernünftig denkenden Menschen die ihrer selbst gewisse Freiheit, frei zumindest in moralischer Hinsicht. Daraus folgt eine freiwillige vernünftige Moral statt dem Befolgen eines göttlichen Gebots. Fichte treibt den Gedanken weiter und entdeckt darin eine ungelöste Inkonsequenz.

In der Erkenntnistheorie von Kant ist die Selbsttätigkeit des Subjekts, also das freie Erkennen, nämlich ebenfalls eine unhintergehbare Bedingung. Aber Kant begrenzt die Erkenntnismöglichkeit, die Freiheit ist hier äußerst beschränkt durch die Grenzen der Sinne und des Verstandes. Fichte meint, man könne das Ich nicht auf der einen Seite als frei und auf der anderen Seite als beschränkt denken, frei bleibt frei. Wenn das „Ding an sich" unerreichbar draußen bleiben muss, wie Kant sagt, ist das mit der Freiheit des Ich einfach nicht vereinbar. Alle Erscheinungen sind für Fichte Vorstellungen des Ich, alles Erkennen ist also ein Tun des Ich. Der Weltentwurf, also die Erkenntnis der Wirklichkeit, ist eine Tat des rein schöpferischen Ich. Tat meint hier eine ständige Erkenntnisleistung, das muss nicht unbedingt bewusst passieren. Ich ist hier auch nicht gedacht als ein einzelnes Ich, sondern als ein Prinzip, also alle „Ich" oder das, was allen Ich logisch vorausgeht. Das Ich ist damit das „erste Prinzip aller Bewegung, alles Lebens, aller Tat und Begebenheit" (Das System der Sittenlehre, S. 90). Das heißt, es existiert nur das Ideelle, das Geistige, das Produkt des Ich. Die Welt besteht nur in unserer Vorstellung, denn sonst könnten wir nichts von ihr wissen. Wir selbst sind der Ort des Wissens. Als Subjekt steht das Ich zwar einem Objekt gegenüber, aber so, dass das „Nicht-Ich" selbst auch schon ein Erzeugnis der Ich-Tätigkeit ist. Es erscheint als außerhalb vom Ich nur als die Vorstellung einer Welt. Meiner Vorstellung nämlich, was ich über die Welt weiß, habe ich selbst erzeugt, meint Fichte. Das ist ziemlich riskant, eine steile philosophische Hypothese, die Wirklichkeit wird in ihrer Eigenständigkeit aufgelöst, es gibt kein Ding an sich mehr, das draußen wäre. Der Dichter Heinrich Heine meint, dass der Idealismus von Fichte zu den kolossalsten Irrtümern des menschlichen Geistes gehöre, und Arthur Schopenhauer möchte die „Wissenschaftslehre" von Fichte einfach „Wissenschaftsleere" schreiben. Künstlern kann Fichtes Konsequenz zwar gefallen, ihre Werke können beanspruchen, ebenfalls Wirklichkeit zu sein. Gefallen kann es aber weder der staatlichen Obrigkeit, noch der Kirche. Denn Fichte lässt die Religion aus der Moral entstehen, Offenbarung kann moralisches Denken unterstützen, aber nicht begründen. Das hatte schon Kant vertreten, aber darüber mehr nicht geschrieben. Anders Fichte, er möchte lieber aufrichtig zugrunde gehen als nachgeben. Ihm wird der Atheismusvorwurf gemacht.

Wenn das freie Ich absolut gedacht wird, also losgelöst von allem, ein reines abstraktes inhaltsleeres Prinzip, dann wird es zum leeren Ich. Außer ihm existiert gar nichts, weder ein Gott noch eine Welt noch ein anderer Mensch. Die völlige Aufhebung des Materiellen führt aber dazu, dass auch das Ich substanzlos und nur noch ein Gedachtes ist. Fichte meint: „Es gibt überall kein Dauerndes, weder außer mir, noch in mir … Ich weiß überall von keinem Sein, und auch nicht von meinem eignen. Es ist kein Sein" (Die Bestimmung des Menschen, S. 83). Die Frage nach dem Träger des Wissens stellt Fichte nicht, das war der philosophische Weg von Descartes, er musste eine denkende Substanz unterstellen. Fichte bleibt völlig auf der Spur der Freiheit, sie ist sein unhintergehbares Ideelles, mehr noch als das Ich. Die Vernichtung der Welt, also wenn kein Sein wäre in seinen Worten, würde allerdings auch die Freiheit vernichten. Der Mensch ist deshalb nicht nur eine Absolutheit, sondern auch eine Begrenztheit. Das ist der Wendepunkt, an dem eine andere Wirklichkeit als das abstrakte Ich ins Spiel kommt. Die Begrenztheit wird spätestens daran sichtbar, dass das Ich andere Wesen wie es selbst außerhalb von ihm voraussetzen muss als andere freie Wesen. Sie können nicht bloße Vorstellungen sein, auch sie sind Träger von Freiheit. Jetzt ist also nicht mehr das vereinzelte Ich der Ausgangspunkt, sondern die Gemeinschaft freier Wesen als „Reich der Geister", nämlich „die Vereinigung, und unmittelbare Wechselwirkung mehrerer selbstständiger und unabhängiger Willen miteinander" (Die Bestimmung des Menschen, S. 139). Nun geht es zu wie bei Descartes, es wird alles wieder hereingeholt, was zweifelhaft war. In der Freiheit gibt es nicht nur Freiheit, sondern mit dem Gewissen auch eine Notwendigkeit. Moral führt für Fichte letztendlich über das sinnliche Dasein hinaus, auf die Stimme des Gewissens ist zu hören. Das Verlassen der eigenen Absolutheit lässt nun das wahrhaft Absolute erkennen, die Gottheit nämlich. Fichtes religiöse Wende kommt persönlich spät, aber sie kommt wie im gesamten Deutschen Idealismus. Im Grunde ist es bei Fichte eine Mischung aus Kant und Spinoza, Moral geht jeglicher Religion autonom voraus, Gott ist in allen Dingen und deshalb ein Absolutes. Die christliche Schöpfungsvorstellung spielt jedenfalls keine Rolle, mit offizieller Religion hat das wenig bis gar nichts zu tun. Aber es wird noch einmal alles aufgeboten, was geht, nüchterne Wissenschaft kann nicht alles sein. Die Bestimmung des Menschen ist bei aller Freiheit im Erkennen die Aufhebung der Egoismen. Fichtes Staatstheorie ist eine sozialistische Staatsutopie mit Planwirtschaft und beschränktem Eigentum statt einem liberalem Verfassungsstaat. Weiter kann man kaum hinter Kant zurückfallen. Persönliches Glück erlebt man vor allem nach getaner Pflicht, meint Fichte, Rousseau könnte dem zustimmen. Der große Verfechter der Freiheit des abstrakten Ich lässt der persönlichen Freiheit des konkreten Ich am Ende keine Rolle mehr übrig. In den „Reden an die deutsche Nation" will Fichte ein Nationalgefühl wecken, er will einen deutschen Nationalstaat statt die französische Besatzung. Den Weg dahin soll die deutsche Sprache ebnen wie bei den Frühromantikern. Ihr unterstellt er einen Hang zu besonderer Tiefe. Die Nationalerziehung soll jedenfalls die deutsche Eigentümlichkeit betonen, Fichte ist wieder einmal Pädagoge.

Goethe hat einen subtilen Sinn für Philosophiegeschichte, wenn er die Übersetzungsarbeit von Faust mit Fichte enden lässt. Goethe sorgte als Minister für Fichtes Einstellung, aber auch für seine Entlassung, Fichte blieb ein Experiment. Faust sitzt im Studierzimmer und deutet die Bibel. „Geschrieben steht: ‚Im Anfang war das Wort!' / Hier stock ich schon! Wer hilft mir weiter fort? / Ich kann das Wort so hoch unmöglich schätzen, / Ich muß es anders übersetzen, / Wenn ich vom Geiste recht erleuchtet bin. / Geschrieben steht: Im Anfang war der Sinn. / Bedenke wohl die erste Zeile, / Daß deine Feder sich nicht übereile! / Ist es der Sinn, der alles wirkt und schafft? / Es sollte stehn: Im Anfang war die Kraft! / Doch, auch indem ich dieses niederschreibe, / Schon warnt mich was, daß ich dabei nicht bleibe. / Mir hilft der Geist! Auf einmal seh ich Rat / Und schreibe getrost: Im Anfang war die Tat!" (Bd. 6.1, S. 568). Faust spielt den freien Übersetzer. Seine Tat ist am Ende selber Tat eines übersetzenden Ich oder tätigen Ich, der vom Geist erleuchtet sein will, also der Geistphilosophie. Es startet mit einem Bibelzitat aus dem Johannesevangelium und dem Schöpfungsbegriff „Wort", es geht weiter über die Scholastik und Thomas von Aquin mit seinem „Schriftsinn", es geht in die Neuzeit mit Leibniz und seiner „Kraft" bis zu Fichte und seiner „Tat". Am Ende wird Faust dem Wissen nichts mehr zutrauen, Goethe hat den Deutschen Idealismus richtig eingeschätzt, auch dieser rennt in eine Sackgasse der Begriffskonstruktionen wie die Scholastik.

Schelling – Unendliche Naturaktivität

Friedrich Wilhelm Joseph Schelling (1775–1854) wurde in Leonberg bei Stuttgart geboren, er stammte aus einer schwäbischen Pfarrersfamilie und studierte evangelische Theologie mit Hölderlin und Hegel am Tübinger Stift sowie an der Universität Leipzig Mathematik, Naturwissenschaften und Medizin. Er lernte Goethe kennen und wurde mit dessen Unterstützung ordentlicher Professor in Jena. Dichterfürsten beherrschen die Philosophischen Fakultäten. Schelling hatte nun selbst Einfluss und holte Hegel nach Jena. Gemeinsam mit seinem Jugendfreund aus Tübinger Tagen gab er ein philosophisches Journal heraus. Er überlebte am Ende Hegel und füllte schließlich dessen vakanten Lehrstuhl in Berlin aus.

Schelling kritisiert, dass das absolute Ich von Fichte die äußere Wirklichkeit abwertet. Die Vernachlässigung der äußeren Natur bei Fichte wird deshalb umgekehrt zu einer immensen Aufwertung und Ausarbeitung des Naturbegriffs selbst. Fichte denkt für Schelling das Ich zu abstrakt und zu isoliert. Das Ich ist nicht einfach nur Freiheit oder Tat, sondern im Ich soll das Ewige immer schon in uns sein. Schelling muss gar keinen Umweg mehr gehen, er findet wie Spinoza das Göttliche überall, also im schöpferischen Ich und in der schöpferischen eigenständigen Natur gleichermaßen. Dazu bedarf es bloß der Reflexion. Im Erfahren seiner selbst findet der Mensch das Absolute als Allumfassendes oder das Göttliche, es ist der Grund von allem. Das Göttliche denkt Schelling aber nicht als einen christlichen Gott, sondern als das unendliche Leben, es ist pantheistisch konzipiert. Was sich zeigt, ist also nicht nur der eigene Grund als menschliches Ich, sondern der Grund aller Wirklichkeit. Das eine spiegelt sich im anderen, alles hängt entwicklungslogisch zusammen, die Naturphilosophie muss es nur entfalten. „Grundaufgabe der ganzen Naturphilosophie: die dynamische Stufenfolge in der Natur abzuleiten" (Bd. 7, S. 69). Schellings Philosophie will die obersten Erkenntnisse der Naturwissenschaften in die Philosophie einbinden. Natur ist objektiv vorhanden, aber nur in uns als Teil der Natur erkannt. Das Absolute ist für ihn spekulativ damit das Gleiche wie das absolute Ich. Es ist der voraussetzungslose Ausgangspunkt begrifflichen Denkens überhaupt. Er soll noch vor der Subjekt-Objektspaltung von Descartes liegen, es heißt also nicht „ich denke", sondern „Ich bin Ich, oder: Ich bin" (Bd. 2, S. 103), jedenfalls ein Sein. Voraussetzungslos ist hier gleichbedeutend mit unbedingt, also nicht bedingt durch ein Anderes. Das ist mystisch wie Meister Eckhart, es lässt sich darüber nur in Tautologien sprechen, Begriffe versagen, weil es als Erstes oder als Eines vorbegrifflich ist. Schelling ist äußerst abstrakt und vom Gedanken getrieben, dass es ein Prinzip geben muss, von dem aus deduktiv alles erschlossen werden kann. Zu Beginn ist das für ihn wie für Fichte das Ich, später dann nur noch die Gottheit.

Die Natur wird von Schelling mit ihrer schöpferischen Kraft und Lebendigkeit als Gesamtheit gedacht. Das unablässige Werden in der Natur entwickelt sich für ihn auf den menschlichen Geist als höchstes Naturprodukt zu. Der Mensch erfasst als Naturprodukt dann die Natur denkend. Dahinter steckt für Schelling ein Evolutionsprinzip: Der unbewusste Geist oder die Natur wird zu einem bewussten Geist oder Mensch. Natur ist also insgesamt ein werdender Geist, der sich seiner selbst im Menschen bewusst wird. Nun ist nicht die Natur ein Produkt des Geistes wie bei Fichte, sondern der Geist umgekehrt ein Produkt der Natur. Die ganze Geschichte ist evolutionär gedacht, nämlich als eine sich zunehmend enthüllende Offenbarung des Absoluten. Statt das Absolute könnte man auch sagen das Ganze. In jeder Erscheinung ist zum einen das Objektive enthalten, die Natur, zum anderen aber auch das konkret Subjektive, also der gebildete Geist und die geformte Geschichte. Je nachdem, welche Seite überwiegt, ist die Entäußerung entweder die bloße Materie als ein Extrem oder aber die Selbstdarstellung des Geistes in Philosophie und Kunst als anderes Extrem. „Kunst, Religion und Philosophie, dies sind die drei Sphären menschlicher Tätigkeit, in denen allein der höchste Geist als solcher sich manifestiert" (Zur Geschichte der neueren Philosophie, S. 137). Erst im Kunstwerk ist für Schelling Materie und Geist versöhnt als Einheit von Natur und Geist. In dieser Einheit soll alles harmonisch vollendet zusammen kommen, Welt und Ich, Reales und Ideales, unbewusstes und bewusstes Wirken der Natur. Die Natur schafft geradezu über die menschliche Freiheit ein Kunstwerk, das Stofflichkeit und Geist gleichermaßen zur Erscheinung kommen lässt. Der Mensch kann diese Symbiose lediglich ahnend und fühlend erfassen, wenn endliche Begriffe versagen. Schelling hat einen starken Zug zur Esoterik, den strengen Begriffen misstraut er jedenfalls.

Die Naturgeschichte ist ein dialektischer Prozess von Gegensätzen, das treibt sie an. Alle Gegensätze müssen einen Ursprung und ein Ziel haben, Schelling meint, das wäre die Gottheit. Der Gegensatz bleibt allerdings auch schon im Ursprung wirksam. Denn im Absoluten selbst muss bereits außer dem vernünftigen Willen auch ein unvernünftiger als Quelle des Bösen angenommen werden, nur so kann der Gegensatz schon im Anfang wirksam sein. Wenn aber auch Irrationalität und Chaos in Gott gründen, muss er selbst als widersprüchlich gedacht werden, in ihm muss schon eine Negativität liegen, er muss der Ursprung von beidem sein, nicht nur vom Sein und vom Nichtsein, sondern auch von Vernunft und Unvernunft. Dieser Gedanke einer ursprünglichen Spannung aus Positivität und Negativität wird Hegel tragen, er verknüpft einfach Fichte mit Schelling. Was der ihm allerdings übel nimmt, Schelling beschuldigt Hegel, seine Gedanken gestohlen zu haben. Das ist im Übrigen nicht ganz falsch ist, Hegel saugt alles auf, um es in eine Totalität zu binden.

Hegel – Bewusstseinsstufen und Systemoptimismus

Georg Friedrich Wilhelm Hegel (1770–1831) stammte aus Stuttgart und studierte mit Schelling evangelische Theologie in Tübingen. Er begeisterte sich für Kant und die Französische Revolution, zu deren Gedenktag er alljährlich eine Flasche Rotwein trank, auch wenn er mehr das Französische daran mochte als die Revolution. Unter Vermittlung Hölderlins wurde er Hauslehrer in Bern, mit Hilfe von Schelling erhielt er dann einen Ruf als Privatdozent nach Jena. Der Tübinger Freundeskreis produzierte Karrieren. In Jena erlebte Hegel den Einmarsch von Napoleon. Er kam ihm nicht allzu nahe, meinte aber immerhin, er habe die „Weltseele" reiten gesehen. Den Königsthron sehen und den König beraten sind aber zwei grundverschiedene Dinge. Hegel wurde infolge der Kriegswirren und eingestellter Gehaltszahlungen arbeitslos. Er verdiente sein Geld später als Redakteur in Bamberg sowie als Gymnasialdirektor in Nürnberg und wurde dann aber doch Professor in Heidelberg und Berlin. Jetzt kam er dem Thron nahe, auf der Theorieebene zumindest, Hegel wurde preußischer Staatsphilosoph.

Er ist der Philosoph der Synthese, der Aufhebung der Gegensätze in einem Prozess. Aus Fichtes subjektivem Idealismus mit seinem unendlich großen Ich sowie Schellings objektivem Idealismus mit seiner unendlich großen Natur wird ein absoluter Idealismus, der nun beides umfasst. Der gesamte Weltprozess ist für Hegel die Selbstentfaltung des Geistes mit Betonung der Geschichtlichkeit von Prozessen und Philosophie als denkerischer Erläuterung dieser Selbstentfaltung.

Hegel ist am stärksten vom Gefühl der Zerrissenheit getragen. Auf der Erkenntnisebene hatte Kant mit dem unerkennbaren Ding an sich ein Uneinholbares draußen gelassen. Das ist für Hegel genauso unerträglich wie für Fichte. Auf der Ethikebene hatte Kant den Menschen in das eigentliche Selbst, das sich des moralischen Gesetzes als Pflicht bewusst ist, und das empirische Ich mit seinen nichtmoralischen Neigungen zerlegt. Hegel will dagegen die Dualismen im Menschen wieder zwingend vereinen. Sein philosophisches Programm ist eine Synthese, die das leisten will. Dazu muss er eine neue Methode anwenden, die alte hatte ja alles auseinander gerissen. Hegels Methode ist die systematische Dialektik im Anschluss an Schelling und den Vorsokratiker Heraklit, so weit ist der Bogen gespannt. Die Gegensätze sind im dialektischen Denken elementar, und sie treiben einander nichtlinear voran. Hegel schaut wie Fichte zunächst auf den Menschen und nicht auf die äußere Natur. Und er schaut wie Kant auf die Intersubjektivität, aber auf eine ganz besondere. Das Muster für Hegels Dialektik ist die „Liebe" als ein komplexes Geschehen. Gemeint ist nicht ein Eros, der zur Wahrheit führen soll wie bei Platon, gemeint ist nicht eine asketische Liebe wie bei Augustinus, gemeint ist auch nicht der formale Rahmen einer Geschlechtsbeziehung in geordneten Verhältnissen wie bei Kant. Gemeint ist Liebe als Geschehensprozess. Am Anfang steht in diesem Modell eine Selbstsetzung des Ich, das ausschließlich bei sich ist ohne einen Anderen. In der Liebe folgt die Hingabe oder auch Entäußerung des Ich auf einen Anderen hin, sie erzeugt ein sich rückhaltloses Einlassen auf den Anderen. Das erst ermöglicht ein wirkliches Bewusstsein seiner selbst in der Liebe, das die Möglichkeit des Anderen akzeptiert und aufgenommen hat. Die Liebe ist ein Ereignis innerhalb der Wirklichkeit selbst, die Dialektik hat also ein konkretes Beispiel aus der Realität genommen, sie ist keine bloße Abstraktion, sondern innerweltlich. In Hegels philosophischem Konzept der Liebe findet sich das Leben selbst, das Schöpferische, der Seinsgrund und das Absolute, das damit selbst dialektisch ist.

Aus der dialektischen Methode heraus entwickelt er ein ganzes System der Geistphilosophie, in der alles zusammenhängt. Es gibt kein Außerhalb wie bei Kant. Es gibt bei Hegel eine klare Hierarchie von Entwicklungsstufen, im Abstrakten wie im Konkreten, es wird alles eingebunden. Geist ist vom Wesen her Selbstbewusstsein, ein werdendes und sich entwickelndes Selbstbewusstsein nämlich. Zunächst ist er ein naives Bewusstsein nach dem Motto „ich bin da". Dann entwickelt er sich zu einem sich selbst erblickenden Bewusstsein, das Ich ist für ihn ein Gegenstand, den er beobachtet. Hegel sagt dazu auch Selbstentfremdung, denn das Ich ist ein Angeschautes, also ein Anderes. Schließlich ist der Geist die Erkenntnis seiner selbst, denn die Selbstanschauung bin ich ja selbst, ein Anschauender und ein Angeschautes in einem. Die Erkenntnis des Ich wiederholt somit den Liebesprozess der Entäußerung und anschließenden Synthese. Gott wird ganz analog konzipiert als ein geschichtlich dialektisches Werden. Er ist ein träumender, absoluter Geist. Er entäußert sich als Natur, das wäre sozusagen seine Selbstentfremdung oder auch sein Weltwerden. Im die Natur anschauenden Menschen kommt Gott dann zum vollendeten Selbstbewusstsein seiner selbst, die Selbstentfremdung ist auch für ihn wieder eingeholt. Damit ist alles Geist wie bei Schelling. Gott ist das unendliche Leben und ein absoluter Geist, also nicht ein persönlicher Gott. Welt und Wirklichkeit sind ein sichtbar gewordener Geist. Welt ist nämlich die Art, wie Gott sich darstellt, Natur ist im Grunde also manifestierter Geist, das entspricht Spinoza oder auch Schelling. Nur unser beschränkter endlicher Gesichtspunkt führt uns dazu, sie sei rein materieller Natur, meint Hegel. Der menschliche Geist ist die vornehmste Darstellung Gottes in der Welt, denn am menschlichen Geist ist charakteristisch, dass er sich seiner selbst, der Natur und des Kosmos bewusst ist. Gott denkt sich im Menschen selbst, das ist Hegels Vorstellung eines vollendeten Bewusstseinskreislaufs. Mehr Spekulation geht dann auch nicht mehr.

„Sein, reines Sein, – ohne alle weitere Bestimmung. In seiner unbestimmten Unmittelbarkeit ist es nur sich selbst gleich, und auch nicht ungleich gegen Anderes, hat keine Verschiedenheit innerhalb seiner, noch nach Außen. Durch irgend eine Bestimmung oder Inhalt, der in ihm unterschieden, oder wodurch es als unterschieden von einem Anderen gesetzt würde, würde es nicht in seiner Reinheit festgehalten. Es ist die reine Unbestimmtheit und Leere. – Es ist nichts in ihm anzuschauen, wenn von Anschauen hier gesprochen werden kann; oder es ist nur dieß reine, leere Anschauen selbst. Es ist eben so wenig etwas in ihm zu denken, oder es ist ebenso nur dieß leere Denken. Das Sein, das unbestimmte Unmittelbare ist in der That Nichts, und nicht mehr noch weniger als Nichts. (…) Nichts, das reine Nichts; es ist einfache Gleichheit mit sich selbst, vollkommene Leerheit, Bestimmungs- und Inhaltslosigkeit; Ununterschiedenheit in ihm selbst. – Insofern Anschauen oder Denken hier erwähnt werden kann, so gilt es als ein Unterschied, ob etwas oder nichts angeschaut oder gedacht wird. Nichts Anschauen oder Denken hat also eine Bedeutung; beide werden unterschieden, so ist (existirt) Nichts in unserem Anschauen oder Denken; oder vielmehr ist es das leere Anschauen und Denken selbst; und dasselbe leere Anschauen oder Denken, als das reine Sein. – Nichts ist somit dieselbe Bestimmung oder vielmehr Bestimmungslosigkeit, und damit überhaupt dasselbe, was das reine Sein ist" (Bd. 5, S. 82 ff.). So kompliziert kann der Deutsche Idealismus schreiben. Es ist der Anfang von Hegels „Wissenschaft der Logik" aus dem Jahr 1812. Er beschreibt dort, dass Sein und Nichts zwar unterschieden, aber dennoch dasselbe sind und deshalb ein Werden begründen, genauer ein ineinander Übergehen, einen endlosen Prozess. Hegel ist damit vermutlich der letzte scholastische Philosoph, seine Logik beschreibt das Prinzip des Kosmos, sie ist der Gedanke Gottes vor Erschaffung der Welt. Oder andersherum, Gott und Mensch gleichen sich darin, dass sie nach dem Bewusstsein ihrer gemeinsamen Göttlichkeit streben. Das wäre schon im Sinn von Nietzsche, nur dass dieser die eine Seite der Gleichung dann einfach durchstreicht. Bei Nietzsche gibt es nur noch den Menschen, der sich seine Welt schafft. Hegel jedenfalls ist davon überzeugt, dass Denken und Sein das Gleiche sind, die ganze Fülle der empirischen Wirklichkeit müsste aus den Gesetzen des Denkens ableitbar sein. So optimistisch oder mutig war nach Hegel kein Philosoph mehr. Er geht davon aus, dass man nicht dem Ganzen seine Teile gegenüberstellen kann, sondern dass nur beides zusammen, also Allgemeines und Besonderes, Einheit und Vielheit oder auch Wesen und Erscheinung gemeinsam das ganze Wahre ausmachen. Ein abgetrenntes Allgemeines ist für Hegel abstrakt, also losgelöst, während es doch selbst wiederum nur Eines unter den Vielen ist und damit selbst zum Vielen gehört. Hegel hat sich im Gegensatz zu anderen Philosophen nicht auf die Mathematik berufen, aber er bildet Summenspiele, er zählt und weiß, dass die Summe auch nur eine Zahl unter anderen Zahlen ist. So kommt das Allgemeine zum Besonderen oder Konkreten dazu, es ist ein weiteres Konkretes. Einheit und Vielheit sind deshalb identisch und zugleich nichtidentisch. Das ist etwas kompliziert, aber genau das ist die dialektische Bewegung des Denkens und Erkennens bei Hegel. Natürlich ist das eine Begriffsakrobatik, aber eine raffinierte. Hegel kommt über diese Treppe der dialektischen Analyse von Bewusstseinsinhalten und Bewusstseinsformen problemlos zu geschichts- und sozialphilosophischen oder rechtstheoretischen Betrachtungen.

Wer die Gedanken Gottes vor der Welterschaffung denkt, der muss sich auch als Endpunkt der Philosophie sehen, als deren höchste Möglichkeit. Denn was sollte danach noch kommen? Hegel ist eitel und überheblich in seiner Geschichtsphilosophie. Er blickt nur noch zurück, er sortiert das Vergangene, das genau auf einen Punkt zuläuft, nämlich seine eigene Philosophie. „Wenn die Philosophie ihr Grau in Grau malt, dann ist eine Gestalt des Lebens alt geworden, und mit Grau in Grau lässt sie sich nicht verjüngen, sondern nur erkennen; die Eule der Minerva beginnt erst mit der einbrechenden Dämmerung ihren Flug" (Bd. 7, S. 28), schreibt er in den „Grundlinien der Philosophie des Rechts". Philosophie kann erst Erklärungen liefern, wenn die zu erklärenden Phänomene bereits Geschichte sind. Hegel spricht sich die Übersicht selbst zu, er steht am Ende der Philosophie, er fliegt als Eule der Minerva über die Geschichte der Philosophie. Philosophen können demzufolge immer nur Vergangenes deuten. Die Philosophie muss also Geschichte und Wirklichkeitserfahrung voraussetzen und darf nicht aus sich selbst heraus utopische Phantasien entwickeln. Es geht ihr immer um die Erkenntnis dessen, was ist, nicht was möglicherweise sein wird. Den konsequenten Rückblick wird Marx erben, aber mehr Prognostik aus dem Vergangenen riskieren. Individuen, Völker und Epochen sind jedenfalls für beide notwendige Durchgangsstationen im weltgeschichtlichen Prozess. Der Weltgeist – andere Begriffe sind für Hegel auch Wahrheit, Gott oder Vernunft – bedient sich der Welt und Geschichte, um sich seiner selbst bewusst zu werden. Was zu einem bestimmten Zeitpunkt historisch geworden ist, ist absolut notwendig als Durchgangsstadium und damit das zu diesem Zeitpunkt Vernünftige. Nur so kann Hegel sagen: „Was wirklich ist, das ist vernünftig" (Bd. 7, S. 24). Es ist vernünftig, weil es Teil des Ganzen ist, ob positiv oder negativ. In seiner Notwendigkeit trägt es zum Ganzen bei und treibt die Entwicklung voran, nichts daran ist überflüssig oder überspringbar.

Hegels Vorstellung des Geschichtsverlaufs saugt alles auf, selbst die Entwicklung der Philosophiegeschichte. Auch ihr wird eine ständige Weiterentwicklung unterstellt, die notwendig in die Philosophie Hegels mündet, der schließlich in allem die Stufenleiter der Tätigkeit des Geistes erkennt, ein letzter Akt der allumfassenden Reflexion. Der Geist, in dem Fall das frühe philosophische Denken, betrachtet demzufolge zunächst die Welt. Sie erscheint ihm als „Ding an sich", als eine reine äußerliche Welt. Er denkt dabei nicht an sich selbst oder sein Denken, er beschäftigt sich ausschließlich mit dem Kosmos und der Natur. Kant ist auch für Hegel der Wendepunkt. Der Geist richtet mit ihm nämlich den Blick auf sich selbst und sein eigenes Denken. Er betritt damit die Metaebene des Denkens, es geht jetzt um das eigene Erkenntnisvermögen, um die eigene Beteiligung am Erkenntnisergebnis. Schließlich mutiert er zu Hegel und erkennt, dass auch dieser Gegensatz nur eine Durchgangsstufe war, die in Hegel zur höheren Einheit des Wissens gebracht wird. In Hegels Philosophie sind Gegenstand und Bewusstsein schließlich zusammen gefallen. Dazu sagt Hegel auch „Aufhebung" (Bd. 3, S. 138 ff.), ein Sprachwitz aufgrund der Mehrdeutigkeit des Begriffs, der nur in der deutschen Sprache funktioniert. Die Phasen sind alle aufgehoben, das heißt, sie sind im dreifachen Wortsinn negiert, bewahrt und auf eine höhere gemeinsame Ebene gehoben. In dem Fall in Hegel selbst, der die ganze Philosophiegeschichte in sein System bindet. Das ist die vollständige Synthese aus These und Antithese. Die Menschen sind bloße Darsteller im Buch der Geschichte und Geburtshelfer des sich selbst erkennenden Geistes. Erst im Rückblick, also mit gehörigem zeitlichem Abstand, ist eine Erkenntnis historischer Prozesse möglich. Statt um Aufklärung geht es für Hegel nun um Abenddämmerung, er sieht sich am Ende der philosophischen Denkgeschichte, der Tag geht zur Neige. Natürlich weiß er, dass es auch nach ihm Philosophie geben wird, aber er glaubt, dass Philosophie dann nur noch zu Einzelerkenntnissen kommen kann. Sie kann das Wissen verwalten, es kann aber kein noch größeres System als sein eigenes kommen. Was die Systemphilosophie angeht, hat Hegel sogar recht, denn das System selbst, vor allem sein geschlossenes, kommt danach unter die Räder.

Auch die Epochen der Weltgeschichte werden dem dialektischen Gesetz unterstellt. Sie sind Stufen auf dem Weg zur Vervollkommnung der Freiheit, Hegel setzt Kants Gedanken der Freiheit als Motor der Entwicklung fort. Aber er geht konkret vor bis ins Kleinste: Die Entwicklung verläuft für ihn von den Orientalen über die Griechen bis zur christlichen Welt. „Die Weltgeschichte ist der Fortschritt im Bewußtsein der Freiheit – ein Fortschritt, den wir in seiner Notwendigkeit zu erkennen haben. Mit dem was ich im allgemeinen über den Unterschied des Wissens von der Freiheit gesagt habe, und zwar zunächst in der Form, daß die Orientalen nur gewußt haben, daß Einer frei, die griechische und römische Welt aber, daß einige frei sind, daß wir aber wissen, alle Menschen an sich, das heißt der Mensch als Mensch sei frei, ist auch zugleich die Einteilung der Weltgeschichte" (Bd. 12, S. 32). Das ist grammatikalisch kompliziert formuliert und meint ganz einfach, dass im Orient nur der Herrscher wusste, dass er selbst absolut frei war, während es alle anderen nicht waren, während es in der Antike dann nur die Vollbürger wussten und auch waren, und dass es in der Gegenwart schließlich alle Menschen wissen müssten. Hegel zählt die Bewusstseinssummen, es werden immer mehr Menschen, die sich ihrer Freiheit bewusst werden, selbst wenn sie es faktisch nicht sind. Allerdings hat Hegel eine besondere Vorstellung von Freiheit, denn das Bewusstsein von Freiheit ist selbst in die Vernunftgeschichte eingebunden. Der Weg zu dieser Freiheit führt über die Handlungen von Individuen, die durch die sogenannte „List der Vernunft" (Bd. 12, S. 49) glauben, ihren eigenen Interessen zu folgen. Tatsächlich sind sie in Hegels Augen aber nur Werkzeuge zur Verwirklichung des Weltgeistes wie er selbst auch. Am Ende sind es einzelne Menschen, „welthistorische Individuen" wie Alexander, Cäsar oder auch Napoleon, die der Geschichte Wendungen geben, in denen der Weltgeist also auf besondere Weise zum Ausdruck kommt. Denn in deren individuellen Interessen leuchtet das Allgemeine auf: „Dies sind die großen Menschen in der Geschichte, deren eigne partikulare Zwecke das Substantielle enthalten, welches Wille des Weltgeistes ist" (Bd. 12, S. 45). Auf diese Art wird auch die Französische Revolution als ein notwendiges Durchgangsstadium der Geschichte gedeutet. Revolutionen machen nicht die Geschichte, sondern sie folgen den Gesetzen des dialektischen Fortschreitens der Geschichte als Selbstentfaltung des objektiven Geistes. Die Gewalt in der Französischen Revolution kam notwendig dazu, weil die Revolutionäre die ganz abstrakten Begriffe von Freiheit und Tugend ganz plötzlich umsetzen wollten, also ohne Rücksicht auf das historisch bereits tatsächlich Gewachsene. Das konkrete Entwicklungsstadium war ihnen egal, sie wollten schneller sein, als historisch eigentlich möglich. Deshalb schlug die Französische Revolution in eine blutige Gewaltherrschaft um. Die Jakobiner, also die radikalen Revolutionäre, blieben für Hegel damit auf der Stufe der abstrakten Moralität stehen und fielen hinter die konkrete zurück. Die konkrete hätte an der vorhandenen Wirklichkeit angeknüpft, statt sie zugunsten abstrakter Freiheitsprinzipien gewaltsam aufzulösen. Hegel ist so verhalten wie Kant, die Beschleunigung in der Geschichte ist zu gefährlich, die Erfahrungen der Schreckensherrschaft in Frankreich verlangt Zurückhaltung in Deutschland. Zielstrebigkeit und Geduld sind besser. Eine neue Ordnung lässt sich nicht unvermittelt einrichten und eine abstrakte Freiheit nicht der konkreten Wirklichkeit in Reinform überstülpen, der Zweck heiligt nicht alle Mittel. Hegel denkt philosophisch idealistisch und nicht praktisch. Es sind ausdrücklich Ideen wie Freiheit, die Wirklichkeit verändern sollen, es sind Bewusstseinsakte. Und das jeweilige Bewusstsein ist für ihn mit der Geschichte der Ideen gekoppelt. Die Französische Revolution steht nicht isoliert im Raum, sondern ist mit der größeren geschichtliche Welle von der Reformation bis zur Aufklärung verbunden, das heißt auch die Französische Revolution ist Teil einer Gesamtrevolution des Zeitalters und nicht nur eine von bürgerlichen Interessengruppen. Die in Frankreich als illegitim erlebte Königsherrschaft ist nur ein Teil des ganzen Geistprozesses. Hegel meint, Frankreich braucht eine politische Revolution, weil ihm die Reformation fehlt, also ein geistiger Schub. In Deutschland gibt es seiner Auffassung nach dagegen eine ruhige Theorieverbesserung im Bund mit Luther, der das persönliche Gewissen befreit hat. Deshalb scheitert die Französische Revolution und mündet in Napoleon, den neuen Repräsentanten des Weltgeistes. Und deshalb braucht Deutschland keine politische Revolution, sondern eine Geistphilosophie, also Hegel.

Wo die Eule der Minerva alias Hegel das Ende der Geschichte von Philosophie, Religion und Staat einläutet, weil der voll entwickelte Geist bei sich selber angekommen ist, dürfen Kunst und vor allem Dichtung als dessen höchste, weil noch am wenigsten sinnliche Form nicht fehlen. Sie werden allerdings deutlich anders verortet als noch im ältesten Systemprogramm seiner Jugendzeit. Schulen und Universitäten sind nach Hegel unsere modernen Kirchen, nur dass hier nur noch gedacht und gedeutet wird. Dichtung wird nicht mehr degradiert wie bei Platon und dem Mittelalter oder rehabilitiert wie bei Kant, sondern einfach aufgehoben in die deutsche Geistphilosophie. Philosophie deutet Religion und Poesie gleichermaßen. Hegel hat vor allem die Lyrik Schillers und die Faust-Tragödie im Visier, also die klassische deutsche Nationaldichtung. Die Philosophie hat sich nun endgültig zur höchsten Fakultät aufgeschwungen, man erinnere sich an Faust und sein Wehklagen über die vermeintlichen Wissenschaften, die keine Erkenntnisse mehr bringen. „Was durch die Kunstwerke jetzt in uns erregt wird, ist außer dem unmittelbaren Genuß zugleich unser Urteil, indem wir den Inhalt, die Darstellungsmittel des Kunstwerks und die Angemessenheit und Unangemessenheit beider unserer denkenden Betrachtung unterwerfen. Die Wissenschaft der Kunst ist darum in unserer Zeit noch viel mehr Bedürfnis als zu den Zeiten, in welchen die Kunst für sich als Kunst schon volle Befriedigung gewährte. Die Kunst ladet uns zur denkenden Betrachtung ein, und zwar nicht zu dem Zwecke, Kunst wieder hervorzurufen, sondern, was die Kunst sei, wissenschaftlich zu erkennen"

(Bd. 13, S. 25 ff.). Das Ende der Kunst heißt also nicht, dass es keine Kunst mehr gibt, sondern dass die Weiterentwicklung des Geistes mit der wissenschaftlichen Deutung ihren Entwicklungszenit erreicht hat. Hegels Ästhetik geht vom produzierenden Geist aus, also von der Darstellungsweise eines Ideellen, nicht von der bloßen Naturerfahrung wie bei Kant. Nur Kunst kann schön sein, weil sich in ihr der Geist ausdrückt, die vermeintliche Naturschönheit ist dagegen ein bloß Zufälliges. Kunst hat damit eine höhere Priorität als Natur, sie ist eine höhere Entwicklungsstufe des Geistes, das hatte schon Schelling gemeint.

Kunst, Religion und Philosophie sind die Selbstdarstellungsformen des Geistes oder eben geistige Produkte. In der Kunst verklärt sich der Geist, in der Religion verinnerlicht er sich und in der Philosophie begreift er sich, es ist ein Dreischritt aus Scheinen, Denken und Begreifen. Kunst hat es zunächst mit dem rein Stofflichen zu tun, bis sie mit der Tragödie zum Sittlich-Religiösen übergeht. Religion hat es mit Naturreligionen zu tun, bis sie zu den abstrakten Monotheismen oder Prinzipien gelangt, die in Philosophie übergehen. Höhepunkt der Entwicklung ist schließlich die Philosophie selbst, die alles auf den Begriff bringt und sich nur noch im Medium der Reflexion entfaltet. Philosophie erkennt die aristotelische Stoff-Form Dialektik in allen sinnlichen und unsinnlichen Stufen und weiß, dass die platonische Idee nichts ist ohne ihre Erscheinung. Das Wissen des Wissens, also die Reflexion, die alle Wissenssysteme und Entwürfe durchläuft und erfasst, ist die letzte Stufe des Bildungsprozesses, in dem der Geist sich entäußert hat, um sich am Ende über alle Entäußerungsstufen hinweg in der Philosophie selbst zu begreifen. Die Hierarchie ist damit wieder geklärt, Philosophie triumphiert. „Begreifen" oder auch „Begriff" meint hier nicht einen Verstandesbegriff wie bei Kant, also eine Kategorie, oder ein Wort oder eine Abstraktion, sondern die Totalität der reflexiven begrifflichen Bewegung. Das macht es so schwierig, Hegel zu lesen, er kann keinen richtigen Punkt machen, sondern treibt die Sätze immer weiter auf den nächsten Gegensatz hin, bis auch der wieder aufgehoben wird. Aber selbst das ist dann nur eine Durchgangsstufe. Es sind die dialektischen Momente, also einzelne Prinzipien, die vollständig erfasst und über gedankliche Aufhebungsprozesse integriert werden. Genau das ist eine vollständig durchdachte Totalität im Sinne von Hegel. Er ist davon getrieben, dass die „Arbeit des Begriffs" (Bd. 3, S. 65) die Welt erfassen kann und Wahrheit selber ist. Damit kündigt sich die spätere sprachphilosophische Wende der Philosophie bereits an. Denken und Wissen sind schon für Hegel unmittelbar an Sprache gebunden, um das Denken und die Wirklichkeit zu erfassen, werden Begriffe überhöht. Sie sind für ihn jedenfalls ein taugliches, allumfassendes Medium der Wirklichkeitserfassung.

Nach Philosophie, Kunst und Religion muss noch der Staat kommen, damit das System vollständig ist. Hegels Staatsphilosophie gehört allerdings nicht zu seinen Stärken, Kant war weiter und aus heutiger Sicht moderner. Der Staat soll bei

Hegel einfach die Vernunft verwirklichen, er ist also nicht um der Bürger willen da, sondern er ist „in der Weltgeschichte die geistige Wirklichkeit in ihrem ganzen Umfange" (Bd. 7, S. 503), seine staatliche Konkretisierung. Damit ist der Preußische Staat die letzte Stufe der umfassenden Vernunft, der alles gut regelt. Die Bürger sind nur noch Diener des Idealstaates. Hegels Nachfolger gehen von hier aus in zwei unterschiedliche Richtungen weiter. Die sogenannten Rechtshegelianer machen daraus eine strenge Staatsgläubigkeit. Die Linkshegelianer betonen demgegenüber den Geschichtsprozess als unabgeschlossen, der ideale Staat steht für sie noch aus. Marx wird dieser Richtung folgen und sie systematisieren.

Nach dem Idealismus – Das Ende der Vernunftausdehnung

Hegel hat das Maximum aus dem Idealismus herausgeholt, mehr geht nicht. Alles hängt bei ihm zusammen, alles ist Geist. Philosophie, Kunst und Staat sind in seinen Augen an ihren substanziellen Entwicklungsendpunkt gekommen. Es wird Hegel allerdings wie Platon ergehen, den Aristoteles einfach zu einem Dichter uminterpretierte. Philosophen führen nun all das ins Feld, was bei Hegel unterbelichtet ist. Es kommen die Einwände des Lebens, die Materialität des Seins und die Endlichkeit der menschlichen Existenz ins Spiel.

Es sind nicht mehr allein Universitätsprofessoren, die nun philosophisches Denken voran bringen. Es sind vor allem freie philosophische Schriftsteller, sie erheben Einwände gegen die absoluten Abstraktionen im Namen von Leib, Existenz und Leben. Der Erfolg der Vernunft, die Religion als Leitdisziplin abgelöst hat, wird in der Kritik der zweiten Hälfte des 19. Jhs. zu einem generellen Vorwurf einer bloß nüchternen Rationalität umgekehrt. Im nächsten Schritt wird sie dann als reine Zweckrationalität charakterisiert, die sich zu völliger Herrschaft über Staat und Subjekt aufschwingt. Deshalb gibt es bei Hegels Nachfolgern einen extremen Hang zur Betonung der physischen Existenz als argumentatives Gegengewicht. Und es gibt eine Radikalisierung der Kritik, die nicht nur in der abstrakten Vernunft, sondern in der gesamten Vernunft nur noch eine Illusion sehen kann.

Schopenhauer – Leiden und tröstliche Kunst

Arthur Schopenhauer (1788–1860) wurde in Danzig als Sohn einer Kaufmannsfamilie geboren. Er sollte Kaufmann werden, doch eine Erbschaft machte ihn finanziell unabhängig. Er studierte Medizin in Göttingen, später dann Philosophie in Jena. Seine Mutter führte in Weimar einen literarischen Salon, in dem Goethe, die beiden Schlegelbrüder und Wieland verkehrten, Jena selbst war das philosophische Zentrum von Deutschland, mehr noch als Berlin. Ihr Salon war für Arthur Schopenhauer eine ständige Konkurrenz, denn sie war berühmt, was er nicht von sich behaupten konnte. Schopenhauer war Einzelgänger, auch Einzelkämpfer. Von Fichte hielt er nicht viel und meinte, dessen Philosophie sei Hokuspokus. Auch Hegels Begriffskonstruktionen kamen schlecht weg. Er hielt dessen Philosophie für Afterweisheit, absoluten Unsinn und Tollhäuslergeschwätz. Es kam zum Streit. Schopenhauer hatte eine Dozentur an der Berliner Universität und legte seine Vorlesungszeit zeitgleich zu der Hegels, was keine sonderlich gute Idee war. Hegel war Staatsphilosoph, bei ihm drängten sich die Studenten, Schopenhauers Veranstaltungen blieben mehr oder weniger leer. Er gab die Lehrtätigkeit auf und lebte als Privatgelehrter. Die Universitätsphilosophie verachtete er nun.

Schopenhauer bringt einen stark pessimistischen Zug in die Philosophie. Das menschliche Dasein ist in seiner Perspektive ein durchweg leidvoller Zustand. Denn das Leben ist belastet durch ständige Bedürfnisse, die in ihrer Vielzahl aber niemals befriedigt werden können. Die Existenz ist deshalb im Kern ein Leiden. Das Leben selbst ist für Schopenhauer ein dauerhafter Betrug, aus unerfüllten Wünschen entsteht notwendigerweise ein Dauerschmerz. Der Lauf des Lebens besteht einfach darin, dass der Mensch „von der Hoffnung genarrt dem Tod in die Arme tanzt" (Bd. V, S. 337). Die Endlichkeit gewinnt damit an philosophischer Brisanz. Schopenhauer dehnt den Pessimismus auf den ganzen Kosmos aus. Alles Lebendige ist dem Leiden unterworfen, denn die Natur selbst ist ein unbarmherziger Kampf ums Dasein und Überleben. Die Welt ist deshalb gerade nicht die beste aller möglichen, sondern die schlechteste aller denkbaren.

Erkenntnistheoretisch ist immer noch Kant der zentrale Bezugspunkt. Schopenhauer folgt ihm darin, dass immer nur Vorstellungen von Dingen gegeben sind, und niemals ein Ding an sich erkannt werden kann. Fast zumindest, denn er findet einen gedanklichen Hebel, doch einen Weg zu einem Ding an sich zu finden, zu einem besonderen zumindest. Der Leib ist für den Menschen nämlich nicht nur ein Ding unter anderen Dingen, sondern zugleich die Unmittelbarkeit des Fühlens als Innenperspektive und deshalb ein möglicher Berührungspunkt mit dem Ding an sich. Für Hegel war das die Analyse des Selbstbewusstseins, auch das etwas Menschliches, für Schopenhauer ist es nun der eigene Körper mit all seinen Bestrebungen. Der Leib ist für den Menschen ein unmittelbares Ding an sich, das er nur philosophisch richtig erfassen muss. In ihm erscheint ein allgemeiner „Wille", sogar Körperbewegungen sind nach Schopenhauers Ansicht Willensregungen. Es geht philosophisch nicht mehr um Bewusstsein, Denken oder Vernunft. Das alles erscheint als oberflächliche Erscheinungen, in Wirklichkeit wird der Mensch von einem Willen getrieben und gesteuert, der den Verstand in den Dienst nimmt. Vernunft als Dienerin eines unermüdlichen Wollens, das ist ein neuer Ton in der

Philosophie des 19. Jhs. Wille ist von Schopenhauer dabei nicht als ein bloßes bewusstes menschliches Wollen gemeint, sondern viel universaler als eine Kraft. Sie treibt ebenso den Keim zur Pflanze, wie sie die Erde zur Sonne zieht. Die Welt ist also insgesamt ein erscheinender Wille oder ein sich als Wirklichkeit manifestierender Wille. Das ist metaphysisch und somit ein Restprogramm aus dem Deutschen Idealismus heraus. Das Ganze ist nun einfach allgegenwärtiger Wille. Der Wille materialisiert sich als Welt wie sich bei Schelling die Welt als erscheinender Geist zeigt. Welt bleibt so oder so etwas Abhängiges.

Der abstrakte Wille ist für Schopenhauer ein blinder, unaufhaltsamer Drang und von Gegensatz sowie Streit durchzogen, er nennt dieses Prinzip „Urwille". Alle Verwirklichungen sind immer nur gegensätzlich und unharmonisch. Der Urwille ist zwar nicht überweltlich gedacht, also nicht im Sinne einer Idee Platons, er soll der Welt ja immanent sein. Damit entspricht er eher der Form bei Aristoteles oder der Kraft bei Leibniz. Aber er ist jedenfalls ein Prinzip, das alles durchdringt. Ohne Wille keine Welt, keine Materie, kein Mensch. Im Menschen kommt der Wille zur Erkenntnis seiner selbst und steht dem Tod nun mit Bewusstsein gegenüber. Der Mensch wird darüber selbst zu einem metaphysischen Lebewesen, im wesentlichen, weil er ein Zeitbewusstsein hat. Er versucht nämlich der Todesfurcht davon zu laufen. Das zeigt in Schopenhauers Augen schon das Vorhandensein von Religionen, sie sind ein früher Ausdruck der Abwehr der Todesfurcht. Das zeigt auch das Vorhandensein von Philosophie, sie ist ein später Ausdruck davon. Der Mensch entwickelt Gegengifte. Ohne Tod keine Notwendigkeit von Religion und Philosophie. Nicht Geist oder Wille sind unmittelbare Auslöser metaphysischer Bemühungen, sondern das Wissen um den Tod und die Betrachtung des Leidens. Die Überwindung oder auch Befreiung vom Leiden ist allerdings nicht durch Religion oder Philosophie möglich, sondern nur durch eine ästhetische, absichtslose Kontemplation. Es geht letztendlich um eine Überwindung der Individualität, die immer an Interesse, Zwecke und Absichten gebunden bleibt. Interesseloses Wohlgefallen war schon die Bedingung von Kant, um etwas schön nennen zu können. Eine Auflösung des zweckgebundenen Interesses sollte bei ihm über den Menschen hinaus führen. Auch für Schopenhauer ist der Blick auf Ideen eine Sache der Kunst, vor allem der Musik.

Im Kunstgenuss treten wir in eine andere Welt, „wo alles, was unseren Willen bewegt, und dadurch uns so heftig erschüttert, nicht mehr ist. (…) Glück und Unglück sind verschwunden" (Bd. 1, S. 282). Allerdings ist Kunst nur ein vorübergehendes Narkotikum, es führt nur zu einer kurzfristigen Besänftigung des Leidens. Zu ideal gewissermaßen, Kunst ist ein irrtümlicher Weg der Frühromantik und des Idealismus. Die Philosophie muss demgegenüber andere Möglichkeiten haben, davon ist Schopenhauer überzeugt. Auf Theorieebene kann der Mensch erkennen, dass das leidvolle Geschehen nur die Erscheinung des Urwillens als wahrhaft Wirkliches ist. Schopenhauer findet darin Trost, die Einsicht soll zu Gelassenheit und Askese führen. Wenn das Leben Leiden ist, leiden alle, also muss man sich darum bemühen, das eigene und das der anderen zu lindern. Mitleid wird für Schopenhauer die Grundlage aller Moral. Einsicht und Mitleiden als Weg der Überwindung des Individualismus, das ist eine sehr spezielle Intersubjektivität, die Schopenhauer anführt. Aber er trifft den Zeitgeist. Zumindest in seinen späten Jahren ist Schopenhauer anerkannt, Europa befindet sich politisch in einer pessimistischen Stimmungslage, neue Dynamik verspricht dagegen die Kunst.

Kierkegaard – Angstgetriebene Existenz

Sören Kierkegaard (1813–1855) war ein Däne, also ausnahmsweise kein deutscher Philosoph. Er kam aus einem streng religiösen, kaufmännischen Elternhaus in Kopenhagen, einer Stadt, die er kaum verließ. Er studierte Philosophie und protestantische Theologie, seine Grundstimmung war depressiv bis verzweifelt. Kierkegaard hörte in Berlin Vorlesungen von Schelling, kehrte aber schon nach fünf Monaten enttäuscht nach Kopenhagen zurück.

Die entscheidende Erkenntnis betrifft immer die eigene Existenz. Das ist die Grundüberzeugung von Kierkegaard, er findet einen ähnlichen Zugang zu einem privilegierten Ding an sich wie Schopenhauer, der es im eigenen Leib gefunden hat. Hegel hatte ein System des Denkens aufgestellt, aber es gibt kein System des Daseins, so die knappe Kritik von Kierkegaard. Wahrheit ist für ihn etwas streng Persönliches, Philosophie kann dabei nicht wirklich helfen. Denn die wirklichen Probleme im Leben sind immer an praktische Einzelfragen gebunden, es sind existenzielle Situationen, die Entscheidungen verlangen. Ob etwas für den Menschen Wahrheit werden kann, hängt davon ab, ob er sie mit voller Leidenschaft als seine persönliche fassen und annehmen kann. Existieren, Persönlichkeit und Not, davon wollte Hegel in seinem abstrakten System nichts wissen. Der Mensch ist im Leben aber von einer Grunderfahrung getragen. Und die ist eine innere Zerrissenheit, sie ist Angst, Verzweiflung und eine „Krankheit zum Tode", wie schon seit Hauptwerk heißt. Kierkegaard ist in dem Punkt nah bei Schopenhauer, findet aber eine ganz andere Wendung.

In der Angst erfährt der Mensch nämlich auch die Möglichkeit der Freiheit. Er muss sich angesichts mehrerer Möglichkeiten entscheiden, das ist eine Notwendigkeit, der er nicht entkommen kann. Sein ist deshalb immer auch ein Seinkönnen: In einem ästhetischen Stadium gibt es nur ein unverbindliches Anschauen der Möglichkeiten, es gibt keine tätige und verantwortliche Existenz. Es gibt ein bloßes Streben nach Lust und Vermeiden von Langeweile. Wer dagegen in Wahrheit existieren will, muss wählen und entscheiden. Kierkegaard sagt dazu auch ethisches Stadium, der Mensch drängt zur Wahl, zur Tat und schafft darin sein Selbst. Es wird ein Einzelner statt im Publikum und dem Geschwätz unterzugehen. Der Fluchtpunkt ist schließlich die Religion. Im religiösen Stadium wird die Ohnmacht in Richtung einer Unendlichkeit überwunden. Die Verantwortung für jede Entscheidung ist eine übergroße Last, der Mensch sucht deshalb nach einem Halt. Auch das ist wieder eine Entscheidung. Die Theologie von Kierkegaard spielt philosophisch keine Rolle, wohl aber die Betonung der Entscheidung, Kierkegaard ist der philosophische Erfinder des Existenzialismus.

Feuerbach – Körper und Gespenster

Ludwig Feuerbach (1804–1872) war der Sohn eines Rechtsgelehrten und wurde auf einem Gehöft nahe von Nürnberg geboren. Er studierte in Heidelberg Theologie, wechselte dann aber zur Philosophie. In Berlin beeindruckte ihn Hegel, er hörte dessen Vorlesungen, insbesondere die Logik. Sein Stipendiat verlangte allerdings den Abschluss in Bayern, er zog nach Erlangen um. Dort löste er sich von Hegels Philosophie und studierte Botanik, Anatomie sowie Physiologie. Den Abschluss machte er dann doch in Philosophie bis hin zur Habilitation. Feuerbach lehrte kurzzeitig als Privatdozent, erhielt aber keine Professur. Weil er, wie er stolz meinte, als ein grässlicher Freigeist, ein Atheist und leibhaftiger Antichrist galt. Er versuchte sich als Gymnasiallehrer, Hofmeister, Bibliothekar, Redakteur und Schriftsteller, alles misslang. Schließlich heiratete er die Tochter eines Porzellanfabrikanten und wurde finanziell unabhängig, aber auch das misslang, die Erträge aus der Fabrik gingen zurück, es folgte der Bankrott.

Feuerbach macht endgültig Schluss mit dem Idealismus. Der erste Gegenstand des Menschen ist nicht sein Ich oder seine Freiheit, also etwas Ideales und Unkörperliches, sondern der erste Gegenstand ist der Mensch selbst mit all seiner Leiblichkeit. Der Körper ist nämlich die unhintergehbare Grenze des sich absolut setzenden Denkens. Ein Denken, das sich von seiner Körperlichkeit entfernt, produziert dagegen nur Hirngespinste. Die einzige Wirklichkeit ist das Hier und Jetzt, die sinnlich wahrgenommene Welt. Das Ich ist nicht durch sein Denken weltoffen, sondern vor allem durch seine Leiblichkeit. Für Feuerbach ist der Leib damit der Grund der Persönlichkeit, er ist Leben, und er ist Trieb. Der Mensch ist nur abhängig von der bloßen Natur, von einer äußeren Natur, die Macht über Leben und Tod hat, und von einer inneren Natur, die sich als Trieb und Wunsch manifestiert. Die Abgrenzung zum Tier ist für Feuerbach somit nicht mehr die Vernunft, die neigt ja zu Spekulationen und Hirngespinsten, sondern es sind die Sinne, bereits mit ihnen erhebt sich der Mensch über die Gebundenheit an unmittelbare Bedürfnisse. Damit ist also kein Empirismus gemeint, wie ihn die Engländer vertreten hatten. Dort wurde der Mensch mit den Augen eines Anatomen betrachtet, das Augenmerk lag auf dem Wahrnehmungsapparat des Menschen. Feuerbach will mehr, im Mittelpunkt steht nun der konkrete Mensch in seiner tätigen und leidenden, seiner selbständigen und abhängigen, seiner selbstbezogenen und gesellschaftlichen Existenz. Er ist Anthropologe und untersucht das Wesen des Menschen. Der Schlüssel ist ein umfassender Sinnlichkeitsbegriff, denn der Mensch ist weltoffen durch seine Gefühle. Bei Hegel war Liebe das Urmodell der Dialektik, nämlich als die Entäußerung eines Selbst auf ein anderes hin. Feuerbach macht das im Prinzip mit. Auch er hat ein philosophisches Konzept von Liebe. Bei ihm ist Liebe der Weg, über den sich der einzelne Mensch über sich selbst hinaus bewegen kann. Er kann sich aus seinem „Für-sich-Sein" befreien, er kann sich reproduzieren und sich frei machen vom Gedanken an ein jenseitiges Leben. Liebe ist für ihn die einzige Möglichkeit, um aus dem Solipsismus herauszutreten, sie macht den Menschen zu einem Gattungswesen. Feuerbach startet mit der Leiblichkeit und landet bei der Gattung als Natur und Gesellschaft als Kultur.

Er geht die kulturellen „Hirngespinste" durch und findet vor allem eines: Religion. Die Idee Gottes ist für ihn eine Projektion des menschlichen Wesens in eine himmlische Sphäre, sein entäußertes Selbst bildet damit bloß ein phantasiertes allmächtiges Ideal. „Der Mensch hat sein eignes Wesen angebetet. Der Mensch hat sich vergegenständlicht, aber den Gegenstand nicht als sein Wesen erkannt" (Bd. 5, S. 47). Der Projektionsvorwurf ist so alt wie die griechische Philosophie. Aber Feuerbach geht weiter, er findet neue Motive. Der persönliche Gottesglaube ist im Kern demnach ein Egoismus, nämlich ein Streben nach Glückseligkeit. Was er zu sein wünscht, das macht er zu einem vollkommenen glückseligen Gott, den er danach verehrt. Gottesglaube ist somit eine Selbstliebe, ohne es zu wissen. Zu wahrer Liebe ist demgegenüber nur der Pantheist fähig. Eine sich wie auch immer christlich gebende Philosophie ist Heuchelei und Lüge, sie macht ein Täuschungsmanöver mit. Wenn die Philosophen des deutschen Idealismus also über die Religion spekulieren, nehmen sie christliche Glaubensinhalte als gegebene Wahrheiten hin, bauen sie in ihre Systeme ein, und beschreiben sie dann als Vernunftwahrheiten. Hegels Philosophie ist für Feuerbach der letzte rationale Zufluchtsort der Theologie. Eine solche Philosophie ist in seinen Augen nichts wert, sie ist eine reine Ideologie. Religiös zu sein, das ist menschlich, aber auch nicht mehr. Religion ist eine natürliche, eine anthropologische Tatsache wie andere auch, sie ist eine unter anderen. „Die Religion ist die Reflexion, die Spiegelung des menschlichen Wesens in sich selbst" (Bd. 5, S. 127), meint er. Spekulative Philosophie folgt dem und bindet auf dem verkehrten Weg zwangsläufig Religion ein, die so „noch als Gespenst umgeht" (Bd. 9, S. 247). Sie hält für wirklich, was sie doch selbst erfunden hat, ob Geist oder Gott. Das Göttliche ist in uns und bekommt so eine ganz andere Wendung. Es ist in uns, weil wir sein Urheber sind, es gibt kein Außerhalb für es selbst. Immerhin, wenn Religion im Kern Egoismus ist, dann ist sie eine Form der Selbstbejahung, der Durchsetzung letztendlich. Das ist die anthropologische Erkenntnis von Feuerbach, darin wird ihm Nietzsche folgen.

Einfluss hat Feuerbach aber auch auf die neu entstehenden radikaldemokratischen und kommunistischen Bewegungen seiner Zeit. Friedrich Engels hält Feuerbach für das „hervorragendste philosophische Genie in Deutschland" (MEW 2, S. 515). Die Radikalen in Deutschland und im schweizerischen oder französischen Exil beziehen sich fast alle auf seine Philosophie. Feuerbach bekennt sich zwar zum Kommunismus. Allerdings hält er wenig von politischen Theorien und vom Spekulieren über bevorstehende Gesellschaftsrevolutionen, die meisten Sozialisten sind für ihn einfach Theologen. Feuerbach traut der Sinnlichkeit, nicht aber der Theorie, auch nicht der revolutionären. Da steckt zu viel Endzeitigkeit drin.

Marx – Menschliche Praxis und Geschichtszwänge

Karl Marx (1818–1883) stammte aus Trier, er kam aus einer Anwaltsfamilie. Anfangs wollte er Dichter werden, studierte dann aber Jura und promovierte über ein philosophisches Thema. Er rechnete wie Feuerbach mit einer Professur, die ihm die preußische Regierung aber verwehrte. Er wurde zunächst Redakteur der „Rheinischen Zeitung", musste die Herausgebertätigkeit auf polizeilichen Druck aber aufgeben. Marx ging nach Paris, dann nach London. Die preußische Staatsbürgerschaft hat er aufgegeben, die britische wurde ihm verweigert, Marx blieb in der Folge staatenlos. Er führte intensive Fehden mit andersdenkenden Revolutionären, die philosophisch ungeschult waren. Er finanzierte sich über den Linkshegelianer Friedrich Engels, der als Sohn eines Baumwollfabrikanten über bessere finanzielle Mittel verfügte. Marx lebte aber immer am Rand des finanziellen Abgrunds.

Marx geht es darum, dass die gesellschaftliche Wirklichkeit als Ganzes widersprüchlich ist und auf Sicht noch unversöhnt bleibt. Er verknüpft zunächst Hegel mit Feuerbach, das ist sein erster philosophischer Ausgangspunkt. Die Wirklichkeit ist die konkrete Wirklichkeit des Menschen, nämlich die pure menschliche Existenz. Und die wiederum ist eingebettet in gesellschaftliche Verhältnisse. Mit Marx wird die Philosophie praktisch, noch praktischer als bei Feuerbach. Marx teilt mit Feuerbach die Auffassung, das sich die menschliche Praxis in einem Miteinander vollzieht und nicht in der bloßen Erkenntnis oder über Bewusstseinsphänomene wie bei Hegel. Er teilt aber nicht mit Feuerbach, dass es ein Wesen des Menschen gibt. Die Unterstellung selbst ist schon ein Ergebnis gesellschaftlicher Verhältnisse. Den Menschen gibt es also nicht, das Wesen ist eine philosophisch unzulässige Verallgemeinerung, eine Abstraktion, ein Theoriekonstrukt. Das hat weitreichende Konsequenzen, denn nun bestimmt das Sein das Bewusstsein. „Es ist nicht das Bewusstsein der Menschen, das ihr Sein, sondern umgekehrt ihr gesellschaftliches Sein, das ihr Bewusstsein bestimmt" (MEW 13, S. 10). Marx bleibt philosophisch nicht im Bereich des Gedankens, des Wesens oder des Geistes stehen, sondern es geht ihm um Veränderungen in der konkreten Wirklichkeit. Die materielle Wirklichkeit ergibt und verändert sich aus dem Handeln der Menschen heraus und nicht aus deren Denken. In den „Thesen über Feuerbach" heißt es dann auch: „Die Philosophen haben die Welt nur verschieden interpretiert, es kömmt drauf an sie zu verändern". (MEW 3, S. 534).

Wenn es das Wesen des Menschen nicht gibt, sondern nur seine Natur, was ist das dann, die menschliche Natur? Marx deutet auch den Naturbegriff um. Das menschliche Sein ist nicht zeitlos, also ewig gleich, sondern es ist geschichtlich bedingt, Sein ist Veränderung. Er nimmt die Frage nach der menschlichen Natur nicht als eine, die nur die Naturwissenschaften beantworten können. Die umfassende Beantwortung muss vielmehr die gesellschaftlichen Arbeit und deren Entwicklungsgeschichte mit einbeziehen. Der Mensch setzt sich ständig mit seinesgleichen und der äußeren Natur auseinander. Die Merkmale der menschlichen Natur sind also keine ewigen Wesenszüge, sondern immer auch Ausdruck der jeweiligen Produktionsweise: „Das menschliche Wesen ist kein dem einzelnen innewohnendes Abstraktum. In seiner Wirklichkeit ist es das Ensemble der gesellschaftlichen Verhältnisse" (MEW 3, S. 6). Auch das steht in den Thesen über Feuerbach. Die Anthropologie von Marx ist einfach: Tiere sammeln, Menschen produzieren. Bei ihnen verwandelt sich der Kampf um das bloße Dasein in einen um Güter, um gesellschaftlich produzierte nämlich, nicht mehr um bloße Überlebensmittel wie im Tierreich. Marx kritisiert die einfache Naturalisierung geschichtlich gewordener Sachverhalte. Ein Krieg aller gegen Alle, wie von Hobbes unterstellt, ist nicht überzeitlich gültig, sondern der Ausdruck einer bestimmten historischen Phase. Für den Liberalismus zu Zeiten von Hobbes mag das die richtige Wahrnehmung sein, falsch ist allerdings, hieraus eine menschliche Natur abzuleiten. Marx übernimmt methodologisch den Gedanken von Charles Darwin mit einer durchgängigen Evolution, die alles bindet. Er dreht sie aber in das soziale Gebiet weiter, ohne ein Urprinzip, einen natürlich vorgegebenen Überlebenskampf zu unterstellen. Der ist erst das Ergebnis bestimmter Besitzverhältnisse. Mit diesem Modell entgeht Marx der Gefahr, ein Sozialdarwinist zu sein, der wiederum den Menschen zu einem endgültigen Wesenszug naturalisiert.

Konsequenterweise gibt es bei Marx keine dogmatische These, worin die Natur des Menschen genau besteht und worin nicht. Die Rede von „dem Menschen" ist deshalb eine falsche Abstraktion. So weit wie an diesem Punkt hat sich Marx wohl nie von Hegel entfernt, er will ihn auf die Füße stellen. Hegel meinte, alle menschlichen Verhältnisse sind aus dem Begriff oder auch Wesen des Menschen ableitbar.

Marx weigert sich dagegen strikt, ein fest umrissenes Menschenbild zu entwerfen. Weil das Menschenbild offen ist, ist auch die Geschichte utopisch offen. Marx argumentiert genau dann historisch, wenn der Verdacht besteht, dass ein geschichtlich Bedingtes zu einem Überzeitlichen gemacht wird. Das ist sein analytisches Werkzeug. Es gibt zwar ein biologisches Sein, das nicht im geschichtlichen Wandel aufgeht, wie beispielsweise die physischen Schranken des Arbeitstags. Aber der menschlichen Natur im Allgemeinen, die nirgendwo konkretisiert wird, steht immer die in jeder Epoche historisch veränderte Menschennatur gegenüber. Dieser Gegensatz bleibt unaufhebbar bestehen. Wo das Leibliche genau aufhört, und wo die soziokulturelle Mitgift anfängt, bleibt unentschieden. Das Beharren auf der Unentschiedenheit ist eine methodologische Entscheidung. Eine durchgängig entwickelte Dialektik mit einer synthetischen Auflösung würde das Widerspenstige der Natur nämlich ignorieren und verdrängen. Eine inhaltlich tatsächlich ausgeführte Utopie riskiert selber ideologisch zu werden und ein Menschenbild zu verewigen. Die biologische Seite der Menschennatur geht in den sozialen Vermittlungen nicht vollständig auf, sondern sie stellt sich innerhalb ihrer immer wieder spezifisch neu dar. Jede Seite ist für sich unvollständig, aber sie sind beide nicht ineinander auflösbar. Die Dialektik bleibt bei Marx unabgeschlossen, sie geht nicht auf in einem Werden, das alles aufgehoben hat. Das war ja der Weg von Hegel.

Die treibende Kraft in der Geschichte ist nicht der Geist, sondern es sind die Produktionsverhältnisse. Marx übernimmt das Geschichtsmodell von Hegel mitsamt der Dialektik, er sieht aber ein anderes Bewegungsprinzip am Werk. Nicht der Widerspruch von Bewusstsein und Selbstbewusstsein ist Motor der Geschichte, sondern der von Produktionsbedingungen und der Verfügungsmacht über die Produktionsmittel, also der Kampf zwischen Arbeit und Besitzverhältnissen. Bei Hegel hieß das stattdessen noch Fortschritt im Bewusstsein von Freiheit. Geschichte war ein Bewusstseinsphänomen. Für Marx erkennt Hegel ganz richtig eine Dialektik in der Geschichte, statt einen bloßen Zufall. Aber er identifiziert ein völlig falsches Subjekt, nämlich den übergreifenden Geist. Und er irrt darin, dass der sich erkennende Geist als Weltgeist zu seinem vollendeten Selbstbewusstsein gekommen sei. Hegel meint, mit seiner Philosophie gäbe es kein unbegriffenes Wirkliches mehr, und kann folgerichtig sagen, was wirklich ist, das ist vernünftig. Marx sieht im absoluten Geist dagegen einen Mystizismus und will stattdessen die Wahrheit des Diesseits etablieren. Die Bourgeoisie gilt ihm als Überwinder des Feudalismus und als Beschleuniger der Industrialisierung. Er definiert die Geschichte neu als eine Geschichte von Klassenkämpfen, und er entwirft ein Proletariat als Gegenspieler zur Bourgeoisie. Die kapitalistische Selbstbewegung ist ein notwendiges und unvermeidliches Übel mit einer Steigerung des Klassenkonflikts hin zu einer großen, epochalen Kollision. Alle revolutionäre Kraft bündelt sich dabei im Proletariat, das der Gegner der Bourgeoisie wird. Hier kommt dann doch das Bewusstsein ins Spiel, denn der Emanzipationsweg liegt in der Bildung einer Klasse, die in Ketten liegt, sich dessen bewusst wird, sich radikalisiert und eine Revolution macht.

Marx lässt das Terrain des Geistes hinter sich und entwickelt das Geschichtsmodell des Historischen Materialismus. Der Begriff steht dafür, dass ökonomische Prozesse den Geschichtsverlauf bestimmen. Für Hegel war Leben „Geist" und nicht praktisch. Für Marx ist Leben dagegen die „materielle Existenz", also Natur, und „Lebensverhältnisse", also Kultur. Beide sind entscheidend, und beide werden durch die ökonomischen Verhältnisse bestimmt. Erst auf dieser Basis konnten sich Aufklärung, Institutionen und ein Staatswesen aufbauen. Die ökonomischen Verhältnisse bestimmen einen Möglichkeitsraum, innerhalb dessen sich Gedanken entfalten. Sie bewegen sich damit nicht in einem Freiraum des Denkens, sondern sind nur möglich in einer bestimmten historischen Situation. Philosophie, Literatur, Recht, Wahrheit, Gerechtigkeit, all das hat keine völlig eigenständige Geschichte, sondern es ist alles zurückgebunden an die soziale Gliederung der Gesellschaft und ihre Produktionsweise. Die Triebkraft für die historische Entwicklung sind Klassengegensätze, die zu Umwälzungen geführt haben und weiterhin führen. Revolutionen kommen nicht, weil Analytiker sich das so wünschen. Marx ist kein Anhänger eines ethischen Sozialismus. Denn der ignoriert die Gesetze der Entwicklung und stabilisiert unwillentlich das Bestehende, solange das System die Kritik aushalten kann. Nur der tatsächliche Stand der materiellen Produktion ist für die zivilisatorische Entwicklung bestimmend. Deshalb überwindet die entwickelte Warenwirtschaft die Sklaverei beispielsweise unmittelbarer und konsequenter, als eine humanistische Kritik, die sich auf Werte beruft, es könnte. Die Organisation der Produktion entwickelt sich in der aktuellen Gesellschaft weiter, bis die Verhältnisse anachronistisch werden und die bestehende Ordnung nicht mehr Schritt halten kann. Neue, dynamischere Klassen revoltieren dann gegen die Ordnung, allerdings erst, wenn die Widersprüche nicht mehr überdeckt werden können, wenn die Kompromissfähigkeit an ihr Ende kommt. Damit liegt das Prinzip der Kritik in der Entwicklung selbst und nicht in einem Zustand außerhalb als eine jenseitige Utopie oder in einer ursprünglichen Eigentlichkeit als Naturzustand. „Eine Gesellschaftsformation geht nie unter, bevor alle Produktivkräfte entwickelt sind, für die sie weit genug ist" (MEW 13, S. 9), meint Marx. Er beobachtet die Geschichte genauer als die Philosophen der frühen Neuzeit. Die hatten den Naturzustand verewigt und zum Ausgangspunkt einer Staatstheorie gemacht. Marx hat von Hegel gelernt, dass Geschichte nicht gradlinig verläuft, und er hat gelernt, dass unser Naturverständnis mit allen unterstellten Naturzuständen selbst geschichtlich ist.

Auch die französische Revolution ist nur ein Durchgangsstadium. In ihr ist die Freiheit auf Gewerbefreiheit reduziert worden, die legale Gleichheit ist eine, die auf private Eigentumssicherheit aufbaut. Beides dient aber den Interessen einer bestimmten Bevölkerungsgruppe. Es haben sich folglich nur Eliten geändert, statt Feudaleliten gibt es nun eine bürgerlich-kapitalistische. Eine Revolution, die sich nur auf die Veränderung der politischen, konstitutionellen und rechtlichen Verhältnisse bezieht, ist für Marx noch nicht an ihr Ende gekommen. Sie muss auch die Macht- und Besitzverhältnisse verändern, denn der Konflikt zwischen Besitzenden und Besitzlosen oder auch zwischen Herrschenden und Beherrschten ist das tragende Gerüst einer Gesellschaft, nicht das, was sie denkt oder institutionell verankert. Im römischen Imperium ist das dann der Kampf zwischen Patriziern und Plebejern, in der Gegenwart der zwischen der Bourgeoisie und dem Proletariat. Der Konflikt ist die eigentliche Realität. Erst die konkrete Verelendung führt zur Revolution und nicht die Idee einer Revolution. Marx kann deshalb auch den Vorwurf einer „Revolutionsmacherei" formulieren. Er wendet sich gegen Sozialisten, die Sozialromantiker sind, und gegen Anarchisten wie Bakunin, die einen dogmatischen, utopistischen und ideologischen Aktionismus predigen.

Geschichte wird von Marx als die Unvermeidlichkeit eines Naturprozesses gedacht. Die sozioökonomischen Krisensituationen führen nur an bestimmten Stellen zu einer umwälzenden Veränderung oder Revolution. Das kann kein nationales Ereignis sein, weil ja auch die ökonomischen Verhältnisse keine bloß nationalen sind. Nur eine internationale Umwälzung kann nachhaltig sein, das erging auch dem Feudalismus schon so. Eine exakte Bestimmung der Zukunftsvision fehlt deshalb bei Marx. Der Mensch ist auch in einer sogenannten „klassenlosen Gesellschaft" (MEW 42, S. 77) zwar nicht auf eine ganz bestimmte Tätigkeit oder eine feste soziale Rolle festgelegt, aber Arbeit bleibt dennoch als eine Grundbedingung bestehen, sie erledigt sich nicht selbst. Auch im Reich der Freiheit gibt es nicht nur Glück oder Selbstverwirklichung. Was in der Prognose von Marx fehlt, ist lediglich die Ausbeutung. Die „Diktatur des Proletariats" (MEW 19, S. 28) ist dabei selbst nur ein Provisorium, die klassenlose Gesellschaft ist eine spätere eschatologische Zukunft, eine endzeitliche, aber kaum bestimmbare. Der Kommunismus als Gesellschaftsform wird von Marx im Gegensatz zu allen Utopisten gerade nicht ausgemalt: „Der Kommunismus ist für uns nicht ein Zustand, der hergestellt werden soll, ein Ideal, wonach die Wirklichkeit sich zu richten haben wird. Wir nennen Kommunismus die wirkliche Bewegung, welche den jetzigen Zustand aufhebt. Die Bedingungen dieser Bewegung ergeben sich aus der jetzt bestehenden Voraussetzung" (MEW 3, S. 35), heißt es in „Die Deutschen Ideologie". Die Bewegung ist gerade kein Endzustand, kein Paradies, und sie bringt ihre eigenen Protagonisten hervor. Deshalb ist nur das Proletariat der Motor des nächsten Umschwungs und nicht der Intellektuelle. Das wollten die Nachfolger so nicht mitmachen und meinten, Marx hat wie Hegel die Freiheit der Handlung an die Notwendigkeit des historischen Automatismus ausgeliefert. Immerhin hat es Marx davor bewahrt, sich zum Gralshüter der Wahrheit und Zukunft aufzuschwingen. Er war eben Marx und kein Marxist. Er war auch nicht Erfinder des Kommunismus. Vor allem in Frankreich wurden kommunistische Ideen von Frühsozialisten diskutiert, wie Francois Babeuf und Charles Fourier. Sie sahen das Grundübel im Privateigentum, ein Sündenfall, der abgeschafft werden muss. Erst dann sollten Armut, Not und Elend ein Ende finden. Marx trat zwar der politischen Bewegung bei, blieb aber immer ein Analytiker, der sich nicht vom Wunschdenken fesseln ließ.

Die Theorienachfolger haben es dann eher mit Revolution als mit philosophischer Schulung. Revolutionäre Massen haben bei Marx nur die Aufgabe, mit ihrem Willen der historischen Notwendigkeit zum Durchbruch zu verhelfen. Es geht bei ihm also nicht um das Wünschen, das hat er von Hegel gelernt, es gibt einen anderen Motor. Bei Hegel ist es die List der Vernunft, die Geschichte antreibt. Bei Marx ist dann der proletarische Klassenkämpfer eine Marionette in der Hand eines ökonomischen Weltgesetzes. Der Anarchismus kippt dagegen die Bindung an die Geschichtsphilosophie, er propagiert stattdessen freie Initiative, Tatkraft und Plötzlichkeit der Aktion. Er lehnt staatliche Autorität grundsätzlich ab und sieht im Festhalten am Staat als einer Einheit eine bürgerliche Abstraktion. So gesehen wäre selbst Marx nur ein Reformer. Anarchisten wie Bakunin beharren demgegenüber auf individueller Autonomie, auf Kooperation und Solidarität. Sie folgen darin Rousseau. Marx würde sagen, sie folgen dem Liberalismus gemischt mit einem etwas falsch verstandenen Naturzustand.

Lenin weicht zu Beginn des 20. Jhs. von Marx dann gleich mehrfach ab. Er hält Revolution in Russland für möglich, also in einem agrarisch geprägten Land. Und er meint, nicht Geschichte produziert Revolutionen, sondern nur menschliches Wollen und Handeln. Für Lenin ist Revolution planbar, konstruierbar und umsetzbar. Nicht das Proletariat ist das revolutionäre Subjekt, weil es kein hinreichend klares Bewusstsein seiner selbst entwickeln kann, sondern nur eine vorauseilende intellektuelle Elite. Die Avantgarde-Partei von Lenin entwickelt sich später zu einer Partei-Avantgarde mit einem vermeintlich wissenschaftlich fundierten Sozialismus, der den richtigen Weg weiß, ohne dass historische Zufälligkeiten davon ablenken. Das ist ein später Triumph des preußischen Staatsphilosophen Hegel, der den Endpunkt der Geschichte vor Augen hat und das Reich der Vernunft verwirklicht sieht. Lenin ist Hegel näher als Marx, die Theorie oder die Gedanken bestimmen wieder die Richtung. Die Revolution kommt nur innerhalb der Avantgarde von zum äußersten entschlossenen, besonders befähigten Revolutionären zustande. Lenin nimmt den volonté générale von Rousseau ganz wörtlich. Es braucht Revolutionäre mit einem ausgeprägt sozialistischen Bewusstsein, also Berufsrevolutionäre wie ihn selber. Denn die Arbeiterklasse kommt allerhöchstens bis zu einem Gewerkschaftsbewusstsein. Lenin lehnt theoretisch konsequent alle Verbesserungen der Arbeiterklasse unterhalb der Ebene des echten Sozialismus ab, ebenso alle spontanen politischen Aktionen, sofern sie nicht durch eine von der Avantgardepartei formulierte Theorie angeleitet sind. Damit begründet er eine theokratische Gemeinschaft der Auserwählten mit einem charismatischen Führer. Die Partei selbst wird dabei organisiert wie eine straff geführte Fabrik, die totalitäre Staatsbürokratie eingeschlossen.

Im Stalinismus wird der Mensch im Namen der Revolution schließlich völlig aus dem Auge verloren, es geht nur um die Erfüllung historischer Gesetzmäßigkeiten, die einfach exekutiert werden. Der Allgemeinwille soll in einer Führerfigur zu seiner Erfüllung kommen. Marx meinte dagegen, es lohnt sich nur für das einzutreten, was sich im Horizont des Möglichen bewegt. Alles Wünschen, Wollen oder Führen hilft nichts, wenn sich die Wirklichkeit in eine andere Richtung bewegt hat oder gerade bewegt. Nur wenn in der gegenwärtigen Gesellschaft bereits erkennbare Organisationsprinzipien für eine klassenlose Gesellschaft schon vorfindbar sind, kann es zu einem Umsprung kommen. Marx will die Kettenreaktion des stärkeren Modells, und wie alle Kettenreaktionen erfolgt die gewaltsam, revolutionär und unumkehrbar. Der Gedanke einer Evolution war ihm an der Stelle zumindest fremd. Im ausgehenden 20. Jh. verblasst dann die Attraktivität des Begriffs Revolution angesichts des Terrors in der ersten Hälfte des Jahrhunderts.

Nietzsche – Wahrheit als Trieb

Friedrich Nietzsche (1844–1900) kam aus einem protestantischen Pfarrhaus wie viele Philosophen im 19. Jh., er stammte aus Röcken in der Nähe von Leipzig. Nietzsche studierte klassische Philologie und bekam schon vor Abschluss der Promotion eine Professur in Basel. Aber er wurde kaum wahrgenommen, es erging ihm wie Schopenhauer, nach 10 Jahren beendete er die Lehrtätigkeit, auch aus gesundheitlichen Gründen. Nietzsche war ständig unterwegs, er reiste in ein besseres Klima und pendelte ständig zwischen der Riviera, Oberitalien und dem Engadin. Nach dem Umzug nach Basel war er staatenlos und mittlerweile halbblind. Nietzsche las nicht mehr, konnte er auch kaum mit seinen Augen, sondern schrieb stattdessen. Er schleuderte aphoristische Werke heraus, die an der Grenze von Philosophie und Dichtung liegen. Nietzsche hielt sich selbst für ein besonderes Schicksal und kommentierte sich selbst und seine früheren Werke. Ab 1889 war er isoliert und vereinsamt, insbesondere nach seinem geistigen Zusammenbruch infolge einer progressiven Paralyse. Er lebte noch 11 Jahre im Haus seiner Mutter, betreut von ihr und seiner Schwester, die seinen schriftlichen Nachlass manipulierte, indem sie aus vereinzelten Aufzeichnungen ein vermeintliches Hauptwerk konstruierte.

Nietzsche entwickelt kein philosophisches System, sondern ein zeitkritisches Experimentierfeld radikaler Gedanken. Er ist ein Zeitdiagnostiker und sieht sich als einen Zertrümmerer von Vorstellungen und Werten der eigenen Gegenwart, die in seinen Augen der Ausdruck einer kompletten Verfallsgeschichte sind. Auch Nietzsche deutet die Geistesgeschichte als einen homogenen Raum, sie ist für ihn eine Bergbahn von Platon bis zur Gegenwart, aber sie führt nicht hinauf, sondern hinab. Er betrachtet also wie Hegel und Marx die gesamte abendländische Geschichte als einen Entwicklungsprozess, sieht sich aber nicht wie Hegel als Endpunkt oder wie Marx als Zukunftsprognostiker einer Fortschrittsgeschichte, sondern einfach als Wendepunkt einer Verblendungsepoche.

Von Anfang an ist Nietzsche ein Philologe, er misstraut der Eindeutigkeit von Worten. Jeder Begriff trägt ein Übersetzungsmoment schon in sich, es gibt keine wahren Begriffe. Sein diagnostischer Blick lässt die Wahrheit zwar als notwendig, aber eben auch falsch erscheinen. „In irgendeinem abgelegenen Winkel des in zahllosen Sonnensystemen flimmernd ausgegossenen Weltalls gab es einmal ein Gestirn, auf dem kluge Tiere das Erkennen erfanden. Es war die hochmütigste und verlogenste Minute der ‚Weltgeschichte'; aber doch nur eine Minute. Nach wenigen Atemzügen der Natur erstarrte das Gestirn, und die klugen Tiere mußten sterben. – So könnte jemand eine Fabel erfinden und würde doch nicht genügend illustriert haben, wie kläglich, wie schattenhaft und flüchtig, wie zwecklos und beliebig sich der menschliche Intellekt innerhalb der Natur ausnimmt. Es gab Ewigkeiten, in denen er nicht war; wenn es wieder mit ihm vorbei ist, wird sich nichts begeben haben. Denn es gibt für jenen Intellekt keine weitere Mission, die über das Menschenleben hinausführte. Sondern menschlich ist er, und nur sein Besitzer und Erzeuger nimmt ihn so pathetisch, als ob die Angeln der Welt sich in ihm drehten. Könnten wir uns aber mit der Mücke verständigen, so würden wir vernehmen, dass auch sie mit diesem Pathos durch die Luft schwimmt und in sich das fliegende Zentrum dieser Welt fühlt. Es ist nichts so verwerflich und gering in der Natur, was nicht durch einen kleinen Anhauch jener Kraft des Erkennens sofort wie ein Schlauch aufgeschwellt würde" (Bd. 1, S. 875). Der Mensch steht nicht im Zentrum des Universums, hält sich aber dafür. Er projiziert sich dorthin, er ist vermessen und hält sein Eigenprodukt für Wahrheit. Der Projektionsvorwurf ist bekannt, Xenophanes und Feuerbach hatten ihn auf die Religion angewendet. Für Nietzsche ist Wahrheit nun genauso falsch wie Religion. Daraus ergibt sich für ihn eine skeptische Perspektivensicht: Wahrheit ist relativ und immer ein Produkt des Wahrheit machenden Menschen, deshalb gibt es keine absolute Wahrheit und auch kein Ding an sich. Damit vertritt Nietzsche im Grunde eine sophistische Position, es gibt nur noch die eine absolute Wahrheit, dass der Mensch sie macht.

Das Modell der Verfallsgeschichte wird in der „Geburt der Tragödie" entwickelt, die Nietzsche noch als Altphilologe geschrieben hat. Wenn die ganze abendländische Philosophie eine Selbstverkennung ist, eine irrtümliche Wahrheitsgeschichte, dann muss man zurück an den Anfang, wo sie erfunden wurde. Nietzsche trennt die Vorsokratiker von Platon so strikt wie niemand vor ihm. Und er riskiert seinen Ruf als Wissenschaftler. Denn er nimmt es mit dem Antikebild der Klassik und der Überhöhung der Antike im 19. Jh. auf. Als Grundzug der Griechen galt demzufolge eine edle Einfalt und stille Größe, sie wurden als wahre Kulturschaffende gesehen, als Lichtgestalten der Geschichte. Nietzsche dreht das Bild um. Die Griechen waren demzufolge kein heiteres schöpferisches und naiv glückliches Volk, sondern von einer tragischen Grundstimmung geprägt. In ihrer Zeit gab es archaische Vernichtungskämpfe, Instabilität und dauernde Zerstörung. Allein um das Dasein zu ertragen haben sie in Nietzsches Deutung eine lebensbejahende Götterwelt erfunden und diese in Künsten dargestellt. Aus dem Götterhimmel holt Nietzsche mit Dionysos und Apoll zwei Zentralfiguren heraus, die in ihrem Gegensatz Urprinzipien darstellen sollen. Dionysos steht dabei für Musik und Apoll für bildnerische Kunst, als konträre Kunstpole bilden sie den kulturellen Ausdruck eines Grundgefühls. Nietzsche schließt damit indirekt an die Frühromantik und die Hervorhebung des Dionysos an, er löscht aber deren Koppelung mit Christus. Christus wird nun stattdessen mit Platon und Sokrates verbunden, sie sind eine ideologische Einheit und der Untergang griechischer Seinstiefe. Denn sie stehen für die Verachtung des Materiellen-Körperhaften. Das Dionysische ist ein orgiastischer Akt, ein Rauschzustand, ein Hinausgehen über alle Grenzen und ein Verbundensein mit dem Ganzen des Kosmos sowie dem unbändigen Willen zum Leben. Dionysische Festexzesse sind musikalisch begleitet, sie sind für Nietzsche Ausdruck eines Kollektivkörpers, der die Individuation aufhebt. Dionysos steht dann erweitert für Leidenschaften, Rausch, Ekstase, Auflösung, Entgrenzung, schöpferische Lebensmacht und einen triebhaften Willen. Das Apollinische liegt dagegen in der maßvollen Begrenzung, in der Form, in der Welt der Bilder und Vorstellungen. Apoll steht erweitert für Klarheit, festen Umriss, hellen Traum, Sprache und Dialektik, Plastik und Architektur. Er produziert nicht nur die Kunst, sondern auch den Abstand und die intellektuelle Leistung. Für Nietzsches war den frühen Griechen bewusst, dass das Leben den schützenden Raum von Nichtwissen, Illusion und Täuschung braucht, um kraftvoll bejahend sein zu können. Die apollinische Konstruktion war in seinen Augen eine bewusste Selbsttäuschung.

Historisch funktioniert das so: In der griechischen Tragödie, die aus den Satyrspielen hervorging, vereinen sich für Nietzsche noch beide Elemente. Die griechische Tragödie enthält nämlich einen dionysischen Chor, der sich in einer apollinischen Bilderwelt entlädt. Deshalb stellt die frühe Tragödie „das Zerbrechen des Individuums und sein Einswerden mit dem Ursein" (Bd, 1, S. 62) dar. Mit dem Untergang der Tragödie bricht dagegen die Zeit der Reflexion an, das Dionysische tritt ganz zurück. Der Tragödiendichter Euripides bringt die Herrschaft des Rationalen und Analytischen in die Tragödie hinein und führt sie so zum künstlerischen Selbstmord. Das Schöne wird mit Platon plötzlich an das Wahre gekoppelt und nicht mehr an ein Kollektivereignis. Auf philosophischer Seite vertritt Sokrates eine neue, lebensverneinende Reflexionsphilosophie. Das Sokratische Denken feiert statt Kunst, Tragödie oder Dichtung nun die Wissenschaft, die jenseitig orientiert ist. Sie führt nämlich die monotheistische Wahrheit ein statt den Doppelgrund mit apollinischem Traum und dionysischem Rausch. Sie glaubt an Wahrheit, statt den notwendigen Prozess der Illusionsbildung zu akzeptieren. Anders die Epoche der Vorsokratiker, sie stehen vor dem Bruch und sehen den Schein als Wert und Lebensnotwendigkeit. „Denn nur als ästhetisches Phänomen ist das Dasein (…) gerechtfertigt" (Bd. 1, S. 47), so das Fazit von Nietzsche. Der Mensch ist keine metaphysische Existenz, das war der Irrweg von Sokrates bis in die Gegenwart, sondern er ist ein bloßes Oberflächenphänomen. Er kommt und vergeht, aber er ist immerhin mit einem schöpferischen Trieb ausgestattet, der schließlich auch die Liebe produziert. „Jedenfalls lügt man gut, wenn man liebt, vor sich hin und über sich: man scheint sich transfiguriert, stärker, reicher, vollkommener, man ist vollkommener … Wir finden hier die Kunst als organische Funktion: wir finden sie eingelegt in den engelhaftesten Instinkt des Lebens: wir finden sie als größtes Stimulans des Lebens – Kunst somit als sublim zweckmäßig auch noch darin, daß sie lügt" (Bd. 13, S. 299). Liebe als Zentralmotiv begleitet die Philosophiegeschichte nachhaltig. Für Nietzsche ist sie das lebenspraktische Beispiel einer nützlichen Selbsttäuschung, die zum Erhalt der Gattung beiträgt. Bei Kant führten die Stimulanzien oder guten Drogen oder Kunst oder Dichtung noch zu Ideen, also zu dem, was jenseits der begrifflichen Erfassbarkeit liegt, aber nicht tatsächlich unterstellt werden kann. Bei Nietzsche führen sie dagegen zum Leben selbst.

Wenn die ganze europäische Entwicklung seit der Antike eine Krankheitsgeschichte darstellt, muss Nietzsche eine genauere Diagnose aller ihrer zentralen Symptome erstellen. Das macht er mit einer Analyse der Wurzeln des metaphysischen Denkens wie schon vor ihm Feuerbach und Marx. Sein Ergebnis lautet, dass wir uns zwangsweise in eine Epoche des Nihilismus hinein bewegen, weil alle Werte fragwürdig sind. Das Leben ist ohne Sinn, metaphysische Wahrheiten sind nicht mehr haltbar und Pessimismus beherrscht das philosophische Grundklima. Die Erkenntnis, dass es keine absolute Wahrheit gibt, leitet er sprachtheoretisch her. „Was ist also Wahrheit? Ein bewegliches Heer von Metaphern, Metonymien, Anthropomorphismen, kurz eine Summe von menschlichen Relationen, die, poetisch und rhetorisch gesteigert, übertragen, geschmückt wurden und die nach langem Gebrauch einem Volke fest, kanonisch und verbindlich dünken: die Wahrheiten sind Illusionen, von denen man vergessen hat, daß sie welche sind, Metaphern, die abgenutzt und sinnlich kraftlos geworden sind, Münzen, die ihr Bild verloren haben und nun als Metall, nicht mehr als Münzen, in Betracht kommen" (Bd. 1,

S. 880). Sprache lügt nicht nur, wenn sie poetisch daherkommt, das hatte Platon behauptet, sondern sie lügt immer und ganz besonders, wenn sie mit philosophischen Begriffen arbeitet. Sprache ist ein Gefängnis, dem nicht zu entkommen ist, eine Universallüge, wenn auch eine notwendige und nützliche.

Daran schließen sich alle anderen Lügendiagnosen an, das Abendland geht Platon permanent auf den Leim. Nietzsches Moraldiagnose besagt, dass sich Moral gegen das Leben selbst gerichtet hat. Das Christentum entstand demzufolge als Antwort der Unterdrückten auf den Römischen Imperialismus, die jüdische Doktrin des Auge um Auge wurde zur radikalen Nächstenliebe umgedreht. Aber auch dem Christentum ging es letztendlich um Macht und Kontrolle, es versteckte das zwar geschickt, wollte sich tatsächlich aber als einzig legitimen Kult durchsetzen. Die Sklavenmoral, wie Nietzsche sie nennt, war auf die Unterwerfung der Römer ausgelegt und bleibt ein Moralsystem der Untertanen, das Europa bestimmt. Nietzsches Religionsdiagnose besagt, dass Religion eine menschliche Projektion ist, eine dekadente Entwicklung seit der Doppelung Sokrates/Christentum. Die physische Welt und das Leben selbst werden zugunsten eines erdachten, also nicht existenten Ideals abgelehnt. In der christlich-metaphysischen Welt feiern danach Mittelmäßigkeit und Sklavenmoral Siege. Die Existenz um ihrer selbst willen wird zugunsten eines künftigen Paradieses abgewertet. Nietzsches Metaphysikdiagnose besagt, dass Seele, Geist und Subjekt reine Erfindungen sind, die das organische Werden, den Leib und den Trieb entwerten. Sie sehen das Materielle als minderwertig an, als eine Täuschung, deshalb braucht es eine Umwertung aller überkommenen Werte, es geht um Richtigstellungen. „Niemand kam je auf den Einfall, seinen Magen als einen fremden, etwa einen göttlichen Magen zu verstehen: aber seine Gedanken als ‚eingegeben', seine Wertschätzungen als ‚von einem Gott eingeblasen', seine Instinkte als Tätigkeit im Dämmern zu fassen – für diesen Hang und Geschmack des Menschen gibt es aus allen Altern der Menschheit Zeugnisse" (Bd. 11, S. 565). Der Mensch sollte stattdessen erkennen und akzeptieren, dass er selbst der Erfinder von Werten ist. Nietzsches Herrschaftsdiagnose besagt schließlich, dass in Europa eine Herdentiermoral vorherrscht. Das gilt für den Sozialismus und die Idee der Gleichheit. Das gilt für das Christentum als Todfeind der Sinnlichkeit. Es macht die Welt zum Jammertal, während das Heil nur im Jenseits winkt. Das gilt für den Antisemitismus, eine Weltanschauung der Zukurzgekommenen. Das gilt schließlich auch für den Nationalismus, der Herdenmenschen erzeugt. Deutsche sind „unterwürfig nach oben neidisch gegen einander" (Bd. 2, S. 448), und damit im europäischen Vergleich rückständig, auch kulturell. Der Deutsche liebt einfach „die Wolken und Alles, was unklar, werdend, dämmernd (…) ist: das Ungewisse, Unausgestaltete (…) fühlt er als ‚tief'" (Bd. 5, S. 185). Nietzsches Schwester hat aus nachgelassenen Aufzeichnungen dann etwas Anderes gemacht, er wurde dadurch in der nationalsozialistischen Ideologie vereinnahmbar. Es gibt die Herrenmenschpassagen bei Nietzsche, aber sie stehen nicht allein, und sie sind jedenfalls nicht nationalistisch verankert. Überhaupt bietet sich sein aphoristisches Werk als Steinbruch an, bei dem Dieses und Jenes herausgeklaubt werden kann, um eigene Positionen mit pointierten Zitaten aufzuladen. Der ganze Nietzsche ist aber weniger greifbar, zu vielschichtig, zu leidend und auch zu selbstkritisch.

Nietzsche war in jüngeren Jahren von der Musik Richard Wagners und der Philosophie Arthur Schopenhauers begeistert. In der Diagnosephase hat er das dann allerdings anders gesehen. Auch deren Pessimismus ist lebensverachtend und muss überwunden werden. Selbst hinter dem Pessimismus steht für Nietzsche noch eine idealistische Sehnsucht nach Wahrheit und Objektivität, die aber nicht gefunden werden kann, weil es sie nicht gibt. Auch die Vernunft als Alternative zur Religion kommt unter die Räder, sie ist im Kern nur eine zweckrationale Vernunft, hinter der sich ein „Wille zur Macht", ein Wunsch nach Herrschaft, verbirgt. Den hat Nietzsche bereits der Religion unterstellt, auch Vernunft soll schließlich nur durchgesetzt werden mit Wahrheitsansprüchen, die sie niemals erfüllen kann. Der große Vernunftverfechter war Kant, dem aus Sicht von Nietzsche gleich mehrere Fehler vorzuwerfen sind. Er hat eine Zweiweltentheorie aufgestellt, es gibt bei ihm neben der erkennbaren Welt auch eine unerkennbare, selbst wenn sie kein religiöses Jenseits bildet. Die Zweiteilung selbst bleibt bestehen, lediglich die Erkenntnisfähigkeit wird von Kant begrenzt. Die Fortschritte des Wissenszuwachses erweitern zwar die erkennbare Welt, aber sie verändern sie nicht radikal, der Mensch bleibt passiv beobachtend. Er ist bei Kant kein tragisches Wesen, sondern lebt immer noch in der Welt geborgen. Auch das Erhabene bei Kant, also das Gefühl der Ohnmacht und des Überwältigtwerdens angesichts von Erfahrungen, die nicht in Begriffen auflösbar sind und die Individuation überschreiten, ist für Nietzsche Metaphysik, sie kommt nur raffinierter daher. Kant hatte zum Erhabenen Naturereignisse gezählt wie Vulkane, Gewitter und Stürme auf See, aber auch Kulturprodukte, wie die Pyramiden. Bei ihm schafft das Gefühl des Erhabenen einen Zugang zu Ideen, da es auf sie verweist, ohne beweisen zu müssen oder zu können, dass sie tatsächlich existieren. Für Nietzsche ist auch Kant repressiv gegen das Leben, weil er sich weigert, die rationale Kontrolle ganz aufzugeben. Er sitzt damit einem Willen zur Macht auf, ohne sich dies einzugestehen, er stülpt der Wirklichkeit ein Zweiweltenmodell über. In der Philosophiegeschichte folgt für Nietzsche auf den Idealismus ein Pessimismus als Abwehrhaltung, der in einen Nihilismus als Folge der Entwertung überkommener Werte mündet. Pessimismus und Nihilismus sind ein notwendiges Übergangsstadium, das schließlich in Richtung einer Positivität überwunden werden muss.

Nietzsches Version der Positivität ist eine Lebensbejahung im Angesicht aller Wahrheitsverluste. Erst im Verzicht auf Tröstungen von äußeren Sinngebungen gewinnt der Mensch demnach seine Größe. In den Fängen des Christentums/ Platons war das nicht möglich, sie produzierten eine Sklavenmoral. Nach dem Tod Gottes, den der Mensch in der Aufklärung selbst herbeigeführt hat, muss der Mensch selber zum die Welt schaffenden Gott werden, Nietzsche sagt dazu auch Übermensch. Allerdings muss er sich noch als solchen verstehen. Dann erst gewinnt er eine vorchristliche Heiterkeit wieder, in Freiheit zu bejahen, was notwendig geschehen muss: das Werden und Vergehen, das Leben und der Tod. Nach der Umwertung aller christlich-platonischen Werte ist der höchste Wert nun das Leben selbst. Statt an der Relativität von Wahrheit zu verzweifeln, wie im Pessimismus und Nihilismus, kommt eine Lebensbejahung als ein schaffendes, wollendes und wertendes Ich zum Vorschein. Nichts anderes ist der sogenannte Übermensch im Bewusstsein des Scheins als einzig wirklicher Realität. Statt purer Sinnlosigkeit in der Welt ist für ihn das Grundprinzip ein „Wille zur Macht" (Bd. 4, S. 149). Daraus ergibt sich ein ewiges, wertfreies Schaffen und Zerstören ohne Ziel und Zweck. Es gibt also keine Evolution und keinen Fortschritt wie bei Hegel oder Marx. Nichts wird besser durch Veränderung, dennoch ist die ständige Veränderung notwendig, weil nichts Halt bieten kann. Das Symbol dafür ist eine ewige Wiederkehr des Gleichen, ein im Ergebnis offener Zyklus, ein Kreislauf, in dem es keinen Fortschritt und kein Ergebnis gibt. Nietzsche verlässt die lineare Geschichtsauffassung und kehrt zum antiken zyklischen Denken zurück.

Das 19. Jh. ist mit einem umfassenden Begriffsrausch gestartet und endet mit einem großen Begriffskater. Für Nietzsche sind Begriffe kein allumfassendes Medium der Wirklichkeitserfassung mehr, sie sind ein produktives Gefängnis, dem nicht zu entkommen ist. Sprache selber ist für ihn schon immer metaphorisch, ein Betrug, ein Schein, der Realität keineswegs erfasst. Sie ist eine nützliche Kernlüge, die vergessen hat, dass sie eine ist und bleiben wird. Statt romantischer Universalpoesie gilt nun die Universallüge, ein Trieb zur Stiftung von Wirklichkeit. Nietzsche beschreibt das Sprachgefängnis positiv, im Prinzip ist alles Dichtung, eine Äußerung des Lebens selbst. Eine wahre Sprache ist demgegenüber unmöglich, Begriffe können Wirklichkeit nicht fassen.

Die Materialität von Sprache – Sprechdenken

Das 19. Jh. hat neue Sprachräume entdeckt, ägyptische Hieroglyphen wurden entschlüsselt und das indische Sanskrit wissenschaftlich erschlossen. Es entstanden systematisch und historisch vergleichende Sprachwissenschaften als eigenständige Disziplinen. Besonders gegen Ende des 19. Jhs. begannen Versuche, die Denkgesetze aus einer Zergliederung sprachlicher Ausdrücke zu gewinnen. Logik, Grammatik und Sprachwissenschaft bilden neue Wissensgemeinschaften, Denken ohne Sprache erscheint zunehmend als unmöglich. Das wird zu Beginn des 20. Jhs. zur Auffassung von Ludwig Wittgenstein führen, dass man nicht außerhalb seiner jeweiligen Sprache denken kann. Philosophisch wird das als „Linguistic Turn" bezeichnet, als die sprachphilosophische Wende der Philosophie. Sie bedeutet den Übergang von der Vorstellung, dass das Denken einer verborgenen Struktur der Dinge folgt, zu derjenigen, dass das Denken einfach der Struktur der Sprache entspricht.

Die These ist bei Wilhelm von Humboldt (1767–1835), dem wie sein Bruder viel Gereisten, bereits vorbereitet. Er vollzieht den Übergang von der Vernunft zur Sprache in der Beobachtung ihrer individuellen Erscheinungsformen. Die einzelne Sprache ist demnach die historische Bedingung des jeweiligen Denkens. Humboldt untersucht die Struktureigenschaften der jeweiligen Sprache und meint, „Sprache ist das bildende Organ des Gedanken" (Bd. 3, S. 191). Sie bestimmt unsere Weltsicht und ist das dialogische Prinzip unserer menschlichen Existenz. Die Sprache wird demzufolge als geistiger Akt immer wieder neu erzeugt, allerdings aufgrund von Voraussetzungen, über die der einzelne Mensch selbst keine Gewalt hat. Für Humboldt ist es umgekehrt, die Sprache übt eine Art Gewalt gegen den Menschen aus. Der Mensch spricht die Sprache ebenso, wie die Sprache den Menschen spricht. Dieses Modell wird in der strukturalen Sprachwissenschaft des 20. Jhs. zur vollen Entfaltung kommen. Das Denken wird dabei nicht nur allgemein als von der Sprache abhängig angesehen, sondern auch von jeder einzelnen bestimmten. Das heißt nicht nur, dass unsere Weltsicht von der Sprache mit determiniert ist, sondern bedeutet auch, dass Sprachphilosophie ein Philosophieren nicht über die Sprache, sondern mit und durch die Sprache ist. Sprache garantiert die Verbindung zwischen Subjekt oder Mensch und Objekt oder Welt. Der Mensch lebt nach Humboldts Auffassung mit den uns umgebenden Gegenständen so, wie die Sprache sie uns zuführt. Wer wie Eskimos viele verschiedene Begriffe für die Farbe Weiß hat, kann viele Schneezustände erfassen und begreifen. Durchschnittliche Mitteleuropäer können das dagegen nicht.

Auf philosophischer Seite hat Nietzsche das nicht völlig anders formuliert. Sprache stiftet über Begriffe die Fiktion von Wahrheiten. Wahrheit ist umgekehrt nur ein sprachlicher Effekt, ein lebensnotwendiger zwar, denn wir sind Gesellschaftswesen und müssen im Alltag unterstellen, dass es wahr ist, dass die Schwerkraft alle Dinge zu Boden fallen lässt. Aber daraus lassen sich keine metaphysischen Wahrheiten mehr ableiten, es sind vielmehr nützliche Konstrukte. Die Philosophie im 20. Jh. wird von dieser Konstruktionsvorstellung getragen, Sprache ist ihr neues großes Thema.

Die Materialität von Sprache – Sprechdenken

Zeit	Philosophen	Themen	Orte
1762–1814	Fichte	• Absolutes abstraktes Ich • Freies Ich erkennt Begrenzung	Jena, Berlin
1775–1854	Schelling	• Alleserschaffende Natur • Dialektischer Prozess der Naturgeschichte • Kunst als höchste Geistform	Jena, Berlin
1770–1831	Hegel	• Dialektik der Gegensätze • Weltgeschichte als Weg der Vernunft • Welt als Selbstentfaltung des Geistes	Jena, Berlin
1788–1860	Schopenhauer	• Blinder Urwille • Vorstellungswelt als Willensprodukt • Kunst als Aufhebung des Egoismus • Mitleidsethik	Berlin, Frankfurt
1813–1855	Kierkegaard	• Angst als Grundkategorie der Existenz • Selbstverwirklichung	Kopenhagen
1804–1872	Feuerbach	• Aufwertung des Sinnlichen • Religion als menschliche Projektion	Heidelberg, Nürnberg
1818–1883	Marx	• Produktionsverhältnisse bestimmen das Denken • Geschichtsautomatismus durch Revolutionen • Aufhebung der Entfremdung im Kommunismus	Paris, London
1844–1900	Nietzsche	• Platon und Christentum als Beginn einer Verfallsgeschichte • Kritik lebensfeindlicher Moral • Werte als willkürliche Setzungen	Schweiz, Oberitalien

Philosophie im zwanzigsten Jahrhundert: Intersubjektivität als Maßstab

Zusammenfassung

Die erneute Auseinandersetzung um die Leitwissenschaft hat die Philosophie zu Beginn des Jahrhunderts verloren, sie kann und will kein geschlossenes Dach mehr anbieten. Die Naturwissenschaften haben ihr den Rang abgelaufen, und selbst die Geisteswissenschaften differenzieren sich zunehmend in Einzeldisziplinen aus, die keine Philosophie mehr zusammen halten kann. Sogar der Materialismus verliert als letzte philosophische Großtheorie, die noch einmal das Ganze beschreiben will, an Nachweiskraft und Bedeutung. Mathematiker sowie Logiker drängen in das philosophische Feld und beabsichtigen, die an Wahrheit orientierte Sprache von metaphysischen Voraussetzungen zu reinigen. Als analytische Philosophie bearbeitet sie anschließend philosophische Fragen mit der rationalen Schärfung von Begriffen, die zu größerer Klarheit führen sollen. Aber auch dieser Optimismus hat seine Grenzen, wer Sprache wirklich verstehen will, muss sie in ihrer praktischen Verwendung untersuchen, statt auf bereinigte wahrheitsfähige Idealsprachen zu setzen. Die analytische Philosophie wird deshalb zunehmend sprachpragmatisch und untersucht, was alltäglich beim Sprechen passiert, und was das für philosophische Begriffe bedeutet. Ein philosophisches Gegenmodell bilden demgegenüber kulturtheoretisch orientierte Entwürfe, die naturwissenschaftliche Exaktheit in allen Lebens- und Wissensbereichen nicht als Fortschritt, sondern als Ausdruck einer blinden Eindimensionalität begreifen. Der Existenzialismus, die Kritische Theorie und der Poststrukturalismus sind wissensskeptisch und stellen das ausschließlich an Naturwissenschaften orientierte Wissensmodell als geschichtlich bedingten Weg einer zunehmenden Rationalisierung dar, der alles Andere aufsaugt. In der Moderne können sie lediglich den Ausdruck einer technologiefixierten Zerstörungsgeschichte am Werk sehen. Die Erfahrungen aus den beiden Weltkriegen haben dabei ihre Spuren hinterlassen. Was die gesamte Philosophie im 20. Jh. theoretisch verbindet, ist eine konzeptionelle Orientierung an der Intersubjektivität. Nicht mehr der Einzelne steht isoliert im Zentrum der Untersuchung, sondern intersubjektive Prozesse wie lebensweltliche Bezüge, Rechtfertigungen, Verständigungen, Zustimmungsfähigkeit und Anerkennung. Das macht auch die analytische Sprachphilosophie mit, denn Sprechen setzt unter der pragmatischen Perspektive immer Adressaten als ein Gegenüber und nicht nur Sprache als ein Symbolsystem voraus. Philosophie hat damit den theoretischen Solipsismus isolierter Individuen, wie ihn die Neuzeit mit Descartes und seiner Subjekt-Objektspaltung geprägt hat, als nicht tragfähig hinter sich gelassen. Es geht zunehmend um das menschliche Eingebundensein in die Welt, die Sprachverankerung im weitesten Sinn und das auf Zwischenmenschlichkeit angelegte Verhalten, das den Anderen, ob bewusst oder unbewusst, immer einbeziehen muss. Naturwissenschaften setzen Philosophie und ihre Themen zwar unter Druck, können ihrerseits aber trotz neurowissenschaftlicher Fortschritte komplexe Phänomene wie Bewusstsein, Erfahrung oder auch nur die konkrete Erlebnisqualität einer Wahrnehmung in ihren Modellen nicht plausibel fassen oder auflösen. In der Beschäftigung mit geistigen Fähigkeiten findet die Philosophie deshalb zum Ende des Jahrhunderts zu Themen zurück, die sprachanalytisches Denken und Naturwissenschaften gleichermaßen hinter sich lassen wollten. Die philosophische Brücke ins 21. Jh. hinein bilden schließlich Fragen zum Selbstbewusstsein, zum freien Willen und zur Begründung von moralischen Normen. Es geht wieder mehr um unsere besonderen Fähigkeiten und um Werte wie Gerechtigkeit, Toleranz und Menschenwürde. Die Globalisierung und aktuelle Krisen sorgen schließlich für eine Rückkehr der politischen Philosophie und philosophischen Ethik.

Vorspiel

„Im Rahmen einer mündlichen Physikprüfung an der Universität stellte der Professor die Frage: ‚Beschreiben Sie, wie man die Höhe eines Wolkenkratzers mit einem Barometer feststellt.' Die verblüffende Antwort eines Prüflings lautete: ‚Sie binden ein langes Stück Schnur an den Ansatz des Barometers und senken es dann vom Dach des Wolkenkratzers zum Boden. Die Länge der Schnur plus die Länge des Barometers entspricht der Höhe des Gebäudes.' Diese in hohem Grade originelle Antwort entrüstete den Prüfer dermaßen, dass er den Prüfling sofort entließ. Der Physikstudent ließ das jedoch nicht auf sich sitzen, er bestand darauf, dass seine Antwort unbestreitbar korrekt war. Die Universität ernannte daraufhin einen unabhängigen Schiedsrichter, um den Fall zu entscheiden. Dieser urteilte, dass die Antwort in der Tat korrekt war,

aber kein wahrnehmbares Wissen von Physik zeigt. Um das Problem zu lösen, wurde entschieden, den Kursteilnehmer nochmals herein zu bitten und ihm sechs weitere Minuten zuzugestehen, in denen er erneut eine Antwort geben konnte. Für fünf Minuten saß der Kursteilnehmer still, den Kopf nach vorne, in Gedanken versunken. Der Schiedsrichter erinnerte ihn, dass die Zeit lief, worauf der Physikstudent antwortete, dass er einige extrem relevante Antworten hätte, aber sich nicht entscheiden könne, welche er verwenden sollte. Als ihm geraten wurde, sich zu beeilen, antwortete er: ‚Erstens könnten Sie das Barometer bis zum Dach des Wolkenkratzers nehmen, es über den Rand fallen lassen und die Zeit messen, die es braucht, um den Boden zu erreichen. Die Höhe des Gebäudes kann mit der Formel H = 0,5g × t im Quadrat berechnet werden. Das Barometer wäre allerdings dahin! Oder, falls die Sonne scheint, könnten Sie die Höhe des Barometers messen, es hochstellen und die Länge seines Schattens messen. Dann messen Sie die Länge des Schattens des Wolkenkratzers, anschließend ist es eine einfache Sache, anhand der proportionalen Arithmetik die Höhe des Wolkenkratzers zu berechnen. Wenn Sie aber in einem hohen Grade wissenschaftlich sein wollten, könnten Sie ein kurzes Stück Schnur an das Barometer binden und es schwingen lassen wie ein Pendel, zuerst auf dem Boden und dann auf dem Dach des Wolkenkratzers. Die Höhe entspricht der Abweichung der gravitationalen Wiederherstellungskraft T = 2 Pi im Quadrat. Oder, wenn der Wolkenkratzer eine äußere Nottreppe besitzt, würde es am einfachsten sein, da hinaufzusteigen, die Höhe des Wolkenkratzers in Barometerlängen abzuhaken und oben zusammenzählen. Wenn Sie aber bloß eine langweilige und orthodoxe Lösung wünschen, dann können Sie selbstverständlich das Barometer benutzen, um den Luftdruck auf den Dach des Wolkenkratzers und auf dem Grund zu messen und den Unterschied bezüglich der Millibare umzuwandeln, um die Höhe des Gebäudes zu berechnen. Aber da wir ständig aufgefordert werden, die Unabhängigkeit des Verstandes zu üben und wissenschaftliche Methoden anzuwenden, würde es ohne Zweifel viel einfacher sein, an der Tür des Hausmeisters zu klopfen und ihm zu sagen: Wenn Sie ein nettes neues Barometer möchten, gebe ich Ihnen dieses hier, vorausgesetzt Sie sagen mir die Höhe dieses Wolkenkratzers.'" (Viele Varianten im Internet; bspw.: http://www.uni-heidelberg.de/studium/journal/2007/02b/bohr.html, 2016)

Ob das eine bloße Anekdote ist oder der wirklichen Prüfung nahekommt, ist umstritten. Jedenfalls soll es die Promotionsprüfung von Nils Bohr an der Universität in Kopenhagen aus dem Jahr 1916 beschreiben. Bohr war ein Physiker und Nobelpreisträger, er untersuchte Atome sowie die von ihnen ausgehende Strahlung und entwickelte daraus ein neues Atommodell. Es mag überraschen, eine Beschreibung der Philosophie des 20. Jh. mit einer Anekdote aus der Naturwissenschaft zu eröffnen. Aber genau das ist ihre besondere Situation zu der Zeit, als Leitdisziplin hat sie wieder einmal abgedankt. Ihre Themen kommen genauso unter Beschuss wie ihre Methoden. Im Mittelalter wurde ihr der Rang von der Theologie abgelaufen, in der späten Moderne nun von den Naturwissenschaften. Sie kann nicht mithalten, dieses Mal beherrschen Technik und Ingenieurwissen das Geschehen. Auch auf dem Theoriegebiet sind ihr die Naturwissenschaften enteilt, sie produzieren laufend neue und vor allem nachprüfbare Erkenntnisse. Sie entwickeln ihre Modelle weiter, und sie bestimmen das Weltbild der Zeitgenossen. Philosophie muss sich zu Beginn des Jahrhunderts neu sortieren. Entweder sie geht neue Koalitionen ein, oder sie zeigt, dass adäquate Antworten auf anerkannte Fragen immer noch fehlen, oder aber sie findet neue Themen. Es ist nicht sonderlich verwunderlich, dass sie alle drei Wege geht, um sich zu behaupten.

Das Ende philosophischer Großentwürfe – Neue Geltungsfragen

Im 19. Jh. hat sich die Philosophie noch einmal richtig hoch geschwungen und wurde dann aber ihrer Grundlage beraubt, weil ihre Ansprüche zu hoch waren. Nach der Religion wurden nämlich auch Natur und Vernunft als Systeme, auf denen alles gründen kann, hinterfragt und schließlich abgelegt. Der idealistische Höhenflug von Kant bis Hegel mündete großtheoretisch in den Materialismus, ein letzter Versuch, die Dinge zusammen zu halten und zu bündeln. Sein Aufschwung reicht bis in die erste Hälfte des 20. Jh., danach verliert er an Bedeutung. Der Aufstieg der Naturwissenschaften unterstützt zunächst diesen Materialismus, höhlt ihn dann aber zunehmend aus. Naturwissenschaften und Empirismus zielen auf eine exakte Naturerkenntnis und Naturbeherrschung, das Effizienzdenken hält Einzug. Es geht nicht um das Behaupten starrer Wahrheiten, es geht um das Funktionieren. Wahrheit hat damit nur noch den Status von Modellbildung, die einzelnen Konzepte werden vergänglich und sind abhängig von ihrem Erfolgsnachweis austauschbar. Für den philosophischen Materialismus stellt sich die Lage allerdings etwas anders dar. Er kommt in Schwierigkeiten, weil seine eigene Basis, nämlich die Materie selbst und damit die materielle Objektwelt an Stabilität und Greifbarkeit verliert. Die Naturwissenschaften können die Atome in subatomare Sphären auflösen und in der Quantenphysik Unschärfen unterstellen, Philosophen müssen sich dagegen fragen, was die objektive Welt noch ist, wenn Materie nichts Starres oder Festes mehr darstellt. Der an dieser Stelle unverfängliche Materialist Lenin reagiert darauf beispielsweise sophistisch. „Die einzige ‚Eigenschaft' der Materie, an dessen Anerkennung der philosophische Materialismus gebunden ist, ist die Eigenschaft objektive Realität zu sein, außerhalb unseres Bewusstseins zu existieren" (Materialismus und Empiriokritizismus, S. 311). Er bestimmt den Materialismus nicht mehr im Sinne eines Kausalmechanismus, sondern als eine wie auch immer geartete Objektivität außerhalb unseres Denkens. Das ist nicht mehr viel an Beschreibung und hat nur noch wenig mit dem Materiebegriff der früheren Philosophie zu tun. Ob Materie dabei aufgelöst wird, ist Lenin jedenfalls egal. Es ist nur noch die Betonung eines abstrakten Materiebegriffs gegenüber den historisch wechselnden Ansichten, was materielle Strukturen denn konkret sind. Das ist ein theoretischer Winkelzug, löst aber nicht das grundsätzliche Problem, dass der Materialismus sein Fundament verloren hat. Im Prinzip ist schon alles auch Energie, also eine Kraft, die sich vielfältig manifestieren kann.

Bereits für Nietzsche war zum Ende des 19. Jh. hin die Notwendigkeit der Wertesetzung eine menschliche Grundbedingung, die jenseits der materiellen Außenwelt angesiedelt ist. Philosophen etablieren in der Folge Werte als eigenständige und konkurrierende Sphäre zu naturwissenschaftlichen Kausalbeschreibungen. Der Materialismus bekommt damit nicht nur durch die Naturwissenschaften, sondern auch durch die Philosophie selbst Gegenwind. Darauf kann die Philosophie im frühen 20. Jh. aufbauen. Der sogenannte Neukantianismus, eine philosophische Strömung der Jahrhundertwende, führt nämlich die unleugbare Bedeutung von nichtmaterialistischen Sphären ins Feld. Gegen das Vorherrschen genealogischer Beschreibungen – also wie wurde, was ist – beschreibt er eine systematische Sein-Sollen-Differenz. Der Unterschied zwischen Sein und Sollen ist vereinfacht der zwischen Tatsachen und Werten. Aus dem, was ist, kann man ethisch oder ästhetisch nämlich gerade nicht ableiten, dass es auch so sein soll. Man kann auch nicht daraus schließen, was eigentlich sein sollte. Philosophisch gesprochen: Genesis und Geltung sind zwei völlig unterschiedliche Bereiche, die nicht auseinander abgeleitet werden können. Wer beides vermischt, begeht einen systematischen Fehlschluss, das hatte schon Hume im 18. Jh. gesagt. Ethische Bewertungen sind nämlich keine natürlichen Eigenschaften von Dingen oder Tatsachen, sondern sie kommen durch uns erst hinzu. Sie existieren offenkundig, da sie Geltung beanspruchen, aber Gutes kommt in der freien Natur nicht vor, es ist also weder naturwissenschaftlich noch materialistisch nachweisbar. Heute würden wir sagen, unsere ethischen Grundsätze kommen durch nachvollziehbare Übereinkünfte zustande, wie auch immer die im Einzelnen begründet werden. Der Neukantianismus unterstellt dagegen auch objektive Werte, also eine tatsächliche Seinsqualität und überzieht das Argument somit in Richtung Wertewahrheit, was in dieser Absolutheit aber gar nicht erforderlich wäre. Denn das ist ein Platonismus oder scholastische Philosophie und folglich auf Dauer nicht haltbar.

Die Wertefrage bringt die Naturwissenschaften erstmals in Bedrängnis und zeigt deren Grenze. Der Soziologe Max Weber (1864–1920) sagt beispielsweise, dass Wissenschaft ihre Kraft zwar beeindruckend bewiesen habe und vom Lebensalltag bis zum Krieg erfolgreich sei, dass sie aber keine Sinnfragen beantworten könne. Sie kann machen, aber nicht darüber entscheiden, ob es auch richtig ist zu machen. Sie hat keine naturwissenschaftliche Metaebene, die ethisch mithalten kann. Wertentscheidungen über die Frage, wie wir leben sollen, sind gerade nicht auf abstrakte Objektivität gründbar. Wer dies versucht, macht es laut Weber immer auf der Grundlage von eingestandenen oder uneingestandenen Weltanschauungen. Auch in der scheinbar entzauberten Welt bleiben Wertfragen somit unbeantwortet. Philosophie findet im 20. Jh. aber auch noch andere Wege, um sich gegenüber den Naturwissenschaften zu behaupten.

Neuansätze – Sprache, Rationalitätskritik und Fragen der Ethik

Ein philosophisches System, das alles umfassen könnte, ist im 20. Jh. keine echte Option mehr. Philosophie beschäftigt sich zwar immer noch mit dem großen Ganzen, beispielsweise mit der Frage nach Wahrheit oder Geschichte, aber sie versucht nicht mehr, Erkenntnistheorie, Logik, Sprachphilosophie, Geschichtsphilosophie, politische Philosophie und Ethik in einem Gesamtentwurf als System zu bündeln. Auf den Angriff der Naturwissenschaften gibt es zwei gegensätzliche philosophische Bewegungen, nämlich auf der einen Seite eine Übernahme des naturwissenschaftlichen Fortschrittsideals und auf der anderen Seite eine Abwehr der naturwissenschaftlichen Absolutheitsansprüche.

Naturwissenschaftler drängen mit einem Mal selbst in das philosophische Gebiet, sie haben eine Methode der überprüfbaren Experimente und einen an Exaktheit erprobten Wahrheitsbegriff, den sie der Philosophie gerne überstülpen wollen. Es sind Mathematiker und Logiker, die in ehemals philosophische Kernfragen vorpreschen. Mit Metaphysik wollen sie alle nichts zu tun haben, dieses Thema ist im 19. Jh. erledigt worden, insbesondere Nietzsche hat dafür gesorgt. Nietzsche ist zusammen mit Humboldt auch für die sprachkritische Wende in der Philosophie mitverantwortlich. Sprache ist demzufolge eine unhintergehbare Existenzbedingung des Menschen und die Fixierung von Wahrheit eine menschliche Setzung, eine Konvention, in Nietzsches Perspektive einfach eine sozial nützliche Illusion. Statt Metaphysik zu betreiben, wird in der Philosophie nun Sprache selbst wissenschaftlich streng als der unhintergehbare Weltzugang untersucht, Sprachphilosophie geht Koalitionen mit der Logik und später auch der Linguistik ein, Philosophie rüstet methodisch auf. Wie viel Wahrheit in sprachlichen Äußerungen stecken kann, und was das für unser Denken und Handeln heißt, ist eines der großen Themen des 20. Jhs. Allerdings wird auch hier Wahrheit zunehmend lebensweltlich gedeutet.

Auf der anderen Seite gibt es philosophische Richtungen, die ebenfalls metaphysikkritisch sind, die aber weder die Naturwissenschaften noch deren Exaktheit als ihr Vorbild ansehen. Stattdessen betten sie den naturwissenschaftlich orientierten Wahrheitsbegriff in die abendländische Ideengeschichte ein und deuten ihn als ein falsches Ziel. Er dominiert demzufolge zwar in der Moderne, steht aber insgesamt in einem größeren Entwicklungszusammenhang, der geschichtlich bedingt ist. Er ist nämlich Ausdruck einer ganz bestimmten Haltung, die Wissen objektivieren und falsifizieren will. Philosophie als Kritikerin der Dominanz der Naturwissenschaften setzt dieser Entwicklung vor allem zwei Antworten entgegen. Der Mensch lebt in einer konkreten Umwelt zusammen mit anderen Menschen, er ist lebensweltlich verankert und gebunden. Er lebt eben nicht theoretisch, sondern konkret praktisch. Wahrheitsfähigkeit im Sinne nachprüfbarer Gültigkeit ist ein Anspruch an Theorien, die selbst wiederum nur einen kleinen Teil unserer praktischen Wirklichkeit und Tätigkeit darstellen. Die alltägliche Lebenswelt vollzieht sich im tatsächlichen Leben aber ganz anders. Entsprechend rücken die Praxisbezüge ins Zentrum statt die exakte Wahrheit von Aussagen, es geht mehr darum, dass und wie wir unsere Sinnbezüge herstellen und aushandeln. Die zweite kritische Antwort bindet den naturwissenschaftlichen Weltzugriff in die große Kulturgeschichte ein und formuliert eine scharfe Technikkritik. Demzufolge unterliegen wir gewissen Automatismen, die unser objektivierendes Verhältnis zu Menschen und Dingen bestimmen. Diese Selbstläufer werden wiederum als Teil eines verhängnisvollen Geschichtsverlaufs gedeutet. Auch aus dieser Perspektive kann ein Metaphysikvorwurf bis hin zu einer massiven Vernunftkritik formuliert werden. Schwer greifbare Machtmechanismen suggerieren den Menschen demnach, sie seien Subjekte und frei, während sie doch in diesem Glauben nur ein seit langem wirksames Programm verwirklichen und darin weder Subjekte noch frei sind. Sie sitzen in dieser Sichtweise einer Ideologie auf.

Philosophie ist immer auch geschichtlich gebunden, sie ist ein Seismograph gesellschaftlicher Entwicklungen und sucht Antworten, die vor dem Hintergrund der Erfahrung großer Einschläge formuliert werden müssen. Das zwanzigste Jahrhundert ist voll von solchen Einschlägen, es muss philosophisch viel verarbeiten und verdauen. Das selbstgefällige Ich wird in den Schützengräben des Ersten Weltkriegs zerlegt. Nach dem Zweiten Weltkrieg, dem Völkermord an Juden mitten in Europa und dem Abwurf von zwei Atombomben scheint Vernunft kein möglicher Beleg der Menschheitsgeschichte mehr zu sein, als Maßstab verliert sie jedenfalls an Zuverlässigkeit. Der Aufstieg von Amerika zum Imperium sowie der Aufstieg und Zerfall kommunistischer Staaten bringen gesellschaftstheoretische, geschichtsphilosophische und moralische Themen schließlich erneut ins Bewusstsein. Der gesellschaftliche Fortschritt ist offenbar trotz des technischen Fortschritts kein zwingendes Ergebnis der Entwicklung. Die sich beschleunigende Globalisierung führt zum Ende des Jahrhunderts schließlich in neue Krisen, das Finanz- und Wirtschaftssystem steht in Frage, schon die Vorstellung der Verwirklichung von Gerechtigkeit rückt in weite Ferne, von ethischen Gewissheiten ganz zu schweigen. Naturwissenschaften erscheinen in ihrem Geltungsbereich begrenzt, auch wenn sie zentrale philosophische Konzept wie beispielsweise die Vorstellung eines freien Willens ablehnen. Es gibt jedenfalls viele Fragen, die sie nicht beantworten können, und der Ruf nach Vernunft wird wieder lauter.

Freud – Zwischen Naturwissenschaft und Kulturgeschichte

Sigmund Freud (1856–1939) wurde als Sohn jüdischer Eltern in Mähren geboren, die Familie zog bald darauf nach Wien. Er wollte ursprünglich Jura studieren, begann aber stattdessen ein Medizinstudium. Freud arbeitete ganz traditionell im Bereich der Neurophysiologie und beschäftigte sich insbesondere mit Pharmakologie. So intensiv, dass er danach zeitlebens kokainabhängig blieb. Die wissenschaftliche Wende kam mit dem Besuch der Vorlesungen von Jean Martin Charcot in Paris, einem berühmten Psychiater. Er lernte dort Hypnose und Suggestion als neue Methoden zur Therapie von Hysterikerinnen kennen, wandte sich aber wieder davon ab, weil sich Hypnotisierte in den Therapeuten verliebten, später machte er daraus das Modell der Übertragungsliebe. Freud entdeckte die sogenannte „talking cure", das sind im Gespräch frei artikulierte Assoziationen, die eine reinigende Wirkung haben, weil sie Verdrängungen auflösen können. Die neue Therapiemethode machte ihn berühmt, er sammelte Schüler um sich und gründete 1908 die Wiener Psychoanalytische Vereinigung, 1910 folgte die internationale Assoziation. Im Rückblick war sein Erfolg in Amerika größer als in Europa. Freud arbeitete besessen, tagsüber kamen Patienten und vor allem Patientinnen zu ihm, abends nach dem Essen schrieb er seine Abhandlungen und Vorträge. 1938 floh er vor den Nazis und emigrierte nach London. Freud wurde 12 Mal für den Nobelpreis für Medizin vorgeschlagen und einmal für Literatur. Erhalten hat er keinen.

Freud ist als Theoretiker kein Philosoph, er ist noch nicht einmal ausgebildet in Philosophie und hat sie dennoch beeinflusst. Er ist auch kein reiner Naturwissenschaftler mehr, er ist ein Pionier und steht zwischen dem Naturwissen und Kulturphänomenen. Zunächst einmal ist Freud ein Arzt und will zu seiner Zeit das Problem lösen, dass Hysterikerinnen leiden und offenkundige Symptome haben, für die keine körperlichen Ursachen erkennbar sind. Die Physiologie kommt angesichts unerklärbar Traumatisierter an ihre Grenzen, es gibt etwas, was sie nicht richtig fassen kann. Die klassische Medizin konnte weder eine angemessene naturwissenschaftliche Theorie für die körperlichen Symptome anbieten noch eine wirksame Therapie zur Linderung oder Heilung. An dieser Stelle verlässt Freud die traditionellen Pfade. Seine Lösung bewegt sich jenseits der rein naturwissenschaftlichen Begriffswelt, er knüpft an eine philosophische Linie an.

Das psychoanalytische Modell mit „Ich", „Über-Ich" und „Es" als affektgeladenen inneren Instanzen beendet die Vorstellung eines Ich, das seine Gedanken, Entscheidungen und Taten vollständig im Griff haben könnte. Freud weiß genau, was er da macht, in den „Vorlesungen zur Einführung in die Psychoanalyse" aus dem Jahr 1915/1916 bringt er das so auf den Punkt: „Zwei große Kränkungen ihrer naiven Eigenliebe hat die Menschheit im Laufe der Zeiten von der Wissenschaft erdulden müssen. Die erste, als sie erfuhr, daß unsere Erde nicht der Mittelpunkt des Weltalls ist, sondern ein winziges Teilchen eines in seiner Größe kaum vorstellbaren Weltsystems. Sie knüpft sich an den Namen Kopernikus, obwohl schon die alexandrinische Wissenschaft ähnliches verkündet hatte. Die zweite dann, als die biologische Forschung das angebliche Schöpfungsvorrecht des Menschen zunichte machte, ihn auf die Abstammung aus dem Tierreich und die Unvertilgbarkeit seiner animalischen Natur verwies. (...) Die dritte und empfindlichste Kränkung aber soll die menschliche Größensucht durch die heutige psychologische Forschung erfahren, welche dem Ich nachweisen will, daß es nicht einmal Herr ist im eigenen Hause, sondern auf kärgliche Nachrichten angewiesen bleibt von dem, was unbewußt in seinem Seelenleben vorgeht" (Bd. XI, S. 294)

Das den Menschen beherrschende Element ist für Freud der Trieb, genauer der Sexualtrieb oder auch Selbsterhaltungstrieb, ob der Mensch sich das persönlich eingesteht oder nicht. Es geht um Phantasien, um Vorstellungen, die nicht auf der Bewusstseinsebene spielen, und die uns dennoch mitbestimmen. Das heißt nicht, dass unbewusste Vorstellungen uns vollständig bestimmen würden oder sollten, schließlich muss das Ich Kompromisse aushalten und uns so lebens-, liebes- und arbeitsfähig machen. Aber es heißt, dass wir immer auch Triebwesen sind und unsere Natur nicht einfach verlassen können. Die menschliche Natur ist bei Freud nicht nur ein Körper, wo messbare biochemische Prozesse spielen, sondern auch ein psychischer Raum, wo ein Trieb arbeitet, der das Überleben der Gattung garantiert. Dabei hatte die Philosophie im 19. Jh. die meisten Begriffe von Freud bereits vorweg genommen: das Unbewusste, die Verdrängung, die Sexualität, die Brüchigkeit der Person, sie hatte das souveräne Ich bereits abserviert. Freud folgt einem einfachen Prinzip, der Mensch hat sich demzufolge zwar aus dem Tier entwickelt, ist aber doch etwas anderes, er bildet andere Formen von Gemeinschaft und hat Vernunft. Seiner Naturgebundenheit bleibt er aber dennoch zeitlebens und während der gesamten menschlichen Kulturentwicklung verhaftet. Freud springt mit dem Triebkonzept von der Individualebene auf die Kollektivebene von Gesellschaft und gesamtkultureller Entwicklungsgeschichte. Zumindest die Ansprüche des Lustprinzips, also des Sexualtriebs, leben in der Kultur weiter fort und sorgen für eine Verdrängung, soweit erforderlich, und für eine Wiederkehr des Verdrängten in anderer, versteckter Form. Kultur ist damit keine völlig eigenständige Sphäre, sondern eine, in der Naturprinzipien zumindest hinein wirken.

Umgekehrt ist Kultur aber auch nicht einfach das Ergebnis eines biologischen Automatismus, sondern sie hat eigene Formen, sie hat eine eigene Geschichte, und sie kann unterschiedliche Kompromissbildungen entwickeln, um Triebbedürfnissen mehr oder weniger gerecht zu werden. Damit ist Freud ein Kulturanalytiker und bietet ein gedankliches Fundament, um das Ganze der Kulturgeschichte zu erfassen. Spätere Philosophen greifen das auf und arbeiten es zu einer kulturtheoretischen Philosophie aus. Mit dem Modell einer Geschlossenheit der Geschichte, die ganz wesentlich eine von Verdrängungsleistungen ist, wird Freud nämlich für Konzepte interessant, die innerhalb der Philosophiegeschichte selbst eine grandiose Verdrängungsgeschichte am Werk sehen. Die Kritische Theorie wird das aufgreifen, ebenso der Poststrukturalismus, zwei wesentliche philosophische Strömungen des 20. Jahrhunderts.

Was den Sexualtrieb angeht, ist Freud nicht kompromissbereit. Anders als für viele seiner ersten Mitstreiter ist der für ihn nämlich ein überzeitlich bestimmendes Prinzip. Erfahrbar und damit wissenschaftlich beobachtbar ist er allerdings nur im kulturellen Feld, nämlich in den verschiedenen Verdrängungsleistungen, die eine Kultur jeweils hervorbringt, um den Sexualtrieb einzudämmen. Die ganze Kulturgeschichte ist für Freud eine Kompromissgeschichte, in der sich der Trieb mehr oder minder offensichtlich ausdrückt. Es gibt demnach keine immaterielle Existenz des Triebs, kein metaphysisches An-sich, er kann sich nur durch den Menschen manifestieren. Der Ödipuskomplex ist beispielsweise universell für Freud, aber spezifisch menschlich und sozial bedingt. Freuds Triebbegriff ist wesentlich innerweltlicher gedacht als Schopenhauers Weltwille oder Nietzsches Wille zur Macht, der Trieb ist kein evolutionäres oder kosmisches Prinzip. Schließlich ist Freud Naturwissenschaftler und kein Irrationalist oder Dogmatiker. Aber er bezieht Geschichte mit ein und wird deshalb für die Philosophie attraktiv. Ein ahistorisches Gegenmodell zu Freuds geschichtsverhaftetem Triebkonzept ist beispielsweise das Reflex- und Bedürfnismodell von Iwan Pawlow (1849–1936), einem russischen Physiologen. Auch Pawlow zerlegt den Menschen und beobachtet seine Handlungsweisen. Aber er arbeitet mit einer physiologischen Psychologie, die keinen sozialhistorischen Kontext zulässt, also vollständig ungeschichtlich argumentiert. Seine Reiz-Reaktions-Modelle, die vor allem an Tierbeobachtungen entwickelt werden, führen nicht zu einer Kulturgeschichte, sondern nur zu einem Behaviorismus, einem Verhaltensautomatismus.

Die Mythisierung der Triebe durch Begriffe hängt bei Freud mit dem Wunsch zusammen, das beobachtete Material irgendwie in ein theoretisches Gesamtgebäude zu bekommen. Er nutzt dafür vor allem Begriffe aus der griechischen Mythologie: Narzissmus, Ödipus, Eros, Thanatos. Sie sollen etwas Überzeitliches beschreiben, Prinzipien, die dauerhaft nachweisbar sind. Die Grundlage bleibt aber immer die Beobachtung von Auffälligkeiten, die systematisiert werden. Psychoanalytische Ideen und Begriffe sind nicht die Grundmauern des Theoriegebäudes, sondern das obere Stockwerk und können deshalb ersetzt werden, was Freud auch ausgiebig macht. Seine psychoanalytische Theorie arbeitet mit korrekturbedürftigen Hilfsvorstellungen, deren Brauchbarkeit sich praktisch erweisen muss. Er pflegt einen pragmatischen Umgang mit Begriffen. Genau deshalb gibt es bei ihm keinen Dogmatismus der Begriffe, sondern laufende Überarbeitungen. Die Psychoanalyse „verträgt es so gut wie die Physik oder die Chemie, dass ihre obersten Begriffe unklar, ihre Voraussetzungen vorläufige sind, und erwartet eine schärfere Bestimmung derselben von zukünftiger Arbeit" (Bd. XIII, S. 229). Freud verarbeitet Erfahrungen, die seiner Patienten und die seiner Zeit. Er ist Zeitgenosse des Ersten Weltkriegs, der ihn dazu führt, dass es neben dem Selbsterhaltungstrieb auch einen destruktiven geben muss, einen Todestrieb, der sich in kollektiven Aggressionen entlädt.

Freud meint, dass der Trieb im Menschen zwischen einem körperlichen und einem seelischen Sein hin und her schwankt. Er ist weder ausschließlich das eine noch ausschließlich das andere. Die Effekte sind zwar beobachtbar, aber im Gehirn lassen sich keine Triebrepräsentanzen isolieren, die Hirnanatomie kann den psychischen Apparat mit seinen Instanzen nicht klar lokalisieren. Er bleibt eine Blackbox. Freud betont die Eigenständigkeit einer psychischen Wirklichkeit gegenüber der materiellen, schließlich liegen die Symptome vor ihm auf der Analytikercouch. Sexuelle, in der Wirklichkeit uneinlösbare Wunschphantasien erzwingen Kompromisse im Individuum und in der Kultur. Das formuliert Freud immer wieder und arbeitet alle möglichen Themenfelder daran ab, die Literatur, die Religion, die Kunst. Also Bereiche, in denen sich über die Jahrhunderte hinweg die Metaphysik zu Hause gefühlt hat. Für Freud spielt auch hier die Sexualität die Hauptrolle, ein ziemliches Diesseits also und ein animalisches zudem. Er entzieht metaphysischen Vorstellungen auf seine Art den Boden. Er hat aber eine grundsätzliche Abneigung, daraus eine psychoanalytische unverrückbare Weltanschauung zu produzieren. Was seine Nachfolger angeht, war er weniger optimistisch.

Wittgenstein – Sprache und die Konstruktion der Wirklichkeit

Ludwig Wittgenstein (1889–1951) stammte aus Wien. Als Sohn des größten Stahlindustriellen Österreichs, der die Künste förderte, und einer Pianistin, standen ihm alle Wege offen. Das Elternhaus war ein kultureller Mittelpunkt, Mahler und Brahms waren regelmäßige Gäste, er selbst überlegte, Dirigent zu werden. Stattdessen studierte er in Berlin an der Technischen Hochschule und bekam ein Abschlussdiplom als Ingenieur. Der Weg zur Mathematik war eröffnet, er ging nach

Cambridge und lernte dort Bertrand Russel kennen, einen englischen Mathematiker und Logiker. Wittgenstein hat als Freiwilliger in der österreichisch-ungarischen Armee am Ersten Weltkrieg teilgenommen. Eine Anekdote besagt, dass er die Notizen zu seinem einzigen Buch immer im Tornister dabei hatte. Gemeinsam mit einem Architekten baute er ein Palais für seine Schwester, das der Treffpunkt von Wiener Intellektuellen wurde. Wittgensteins einzige Veröffentlichung blieb der „Tractatus logico-philosophicus" aus dem Jahr 1921, eine konzentrierte logisch-philosophische Abhandlung von 80 Seiten mit wenigen nummerierten Sätzen und kurzen Abschnitten. Wittgenstein meinte arrogant, damit wären alle philosophischen Probleme gelöst, weil fast alle Scheinprobleme sind, vor allem die ethischen Fragen. 1939 wurde er Philosophieprofessor in Cambridge und kurz darauf britischer Staatsbürger.

Wittgenstein ist der Begründer einer neuen philosophischen Richtung, Mathematik hält Einzug und beherrscht nun das Denken. Und mit ihr ein strenges philosophisches System, der Ton wird formal. Logik ist plötzlich der Schlüssel zum Verständnis von Wirklichkeit. Die uralte philosophische Frage, was das Grundelement der Wirklichkeit ist, beantwortet Wittgenstein ganz einfach: Tatsachen, die Welt ist die Gesamtheit von Tatsachen. Eine Tatsache ist das, was tatsächlich besteht, also ein zutreffender Sachverhalt, und nicht das Spektrum, wie wir die Welt deuten. Mit Tatsachen hat es auch die Logik zu tun, sie kann nämlich Falsches von Richtigem trennen, sie urteilt über richtige und falsche Schlüsse. So lautet dann der erste Satz des Tractatus: „Die Welt ist alles, was der Fall ist" (Bd. 1, S. 11). Im Umkehrschluss bedeutet das, dass in der bisherigen Philosophie zu viel über sie gesagt wird, was nicht der Fall ist, also nicht stimmt. Es wurde zu viel spekuliert. Über die Welt können wir grundsätzlich nur dann etwas Wahres sagen, wenn Wirklichkeit und Sprache etwas Gemeinsames haben, wenn es irgendetwas zwingend Verbindendes gibt. Wittgenstein findet das in der Logik. Um philosophisch richtig zu denken, braucht man also ein strenges axiomatisches System, das die dunklen Ecken und das Ungefähre ausschließt. Begriffliche Klarheit ist das Motto. Die moderne Logik ist für Wittgenstein das erste scharfe und klare System, das überhaupt wissenschaftlich genannt werden darf. In Übertragung auf die Philosophie geht es nun auch dort um sinnvolle Sätze, die zu den Sachverhalten passen, und um den Ausschluss von unsinnigen Sätzen. Sinnvolle Sätze beziehen sich ausschließlich auf unstrittige Tatsachen. Metaphysik und Ethik basieren demgegenüber auf unsinnigen Sätzen, auf falsch verstandenen Begriffen, auf einem sprachlichen Selbstmissverständnis. Denn die Vergegenständlichungen abstrakter Vorstellungen sind nicht real, sondern falsche Schlüsse. Nur Tatsachen sind Wirklichkeiten, nicht Abstraktionen oder Spekulationen. Für Wittgenstein besteht die Welt aus einzelnen Sachverhalten, die wir sprachlich repräsentieren. Wir machen dies nur dann richtig, wenn beide die gleiche logische Form haben.

Jeder Begriff muss sich auf einen Gegenstand beziehen und ihn im Satz vertreten. Schon die Wörter zur Verbindung von Teilsätzen werden damit suspekt, weil mit ihnen Schlussfolgerungen gezogen werden, die nicht mehr den Tatsachen entsprechen müssen. Die Sprache soll Sachverhalte einfach und richtig ausdrücken, z. B. „Klaus hat einen roten Pullover an". Wenn das so ist, dann ist das eine Tatsache. Wittgenstein will eine reine Sprache, um zu wahren Aussagen zu kommen. Unsinnige Sätze sind demgegenüber Sätze, die unabhängig von Tatsachen in der Wirklichkeit wahr oder falsch sein können, das sind beispielsweise Werturteile wie gut oder schlecht. Werte können nämlich nicht in objektiven Sätzen ausgesprochen werden, es sind subjektive Haltungen. Philosophie ist für Wittgenstein damit eine wohlüberlegte Selbstbegrenzung. „Was sich überhaupt sagen lässt, lässt sich klar sagen; und wovon man nicht reden kann, darüber muss man schweigen" (Bd. 1, S. 9). Er will zeigen, wo die Sprache uns verdreht und in die Irre führt. Wittgenstein ist ein spezieller Vertreter der sprachkritischen Wende der Philosophie, des „linguistic turn". Wer die Welt analysieren und verstehen will, muss demzufolge die Sprache verstehen. Sie ist der Königsweg.

Das war es aber noch nicht, Wittgenstein ist musisch gebildet, sein eigenes Werk wird ihm fragwürdig. Die Behauptung, dass der Sinn von philosophischen Elementarsätzen eindeutig ist, wird für ihn unhaltbar. Sprache ist nämlich unweigerlich von Mehrdeutigkeiten beherrscht. Das Gebäude des Tractatus steht auf falschen Füßen, er sucht einen neuen Ansatz. Wittgenstein hat nach dem Tractatus zwar nichts mehr veröffentlicht, aber etliche schriftliche Aufzeichnungen verfasst. Und an einem Buchprojekt gearbeitet, den „Philosophischen Untersuchungen", die allerdings erst nach seinem Tod erschienen sind. Er verlässt den Vorrang der Logik und folgt nun dem Schwerpunkt der vielfältigen Regeln und der Grammatik von Sprache. Sie hat vor allem eine spezifisch sprachliche Grundstruktur, die in Logik nicht so ohne weiteres aufgeht. Wir nutzen Alltagssprachen, sie sind unser Zugang zur Welt, also muss die Philosophie sie unter die Lupe nehmen und nicht den Sonderfall einer streng logischen Theoriesprache. Wittgenstein meint, dass wir in der Regelverwendung immer schon wissen, wie Sprache funktioniert. Die Menschen sprechen und verstehen sich offenkundig auch ohne logische Ausbildung, die Anwendung von Sprache funktioniert intuitiv. Man muss sich folglich nur ansehen, wie Sprache verwendet wird, die Bedeutung von Begriffen verändert sich mit dem Zusammenhang, in dem sie verwendet werden. Das wirft einen neuen Blick auf die Naturwissenschaften. Denn in Wirklichkeit sind auch Naturgesetze eine sprachliche Aussage, sie sind eine Konstruktion und nicht die Wirklichkeit selbst. Für Wittgenstein leben wir in lauter Konstruktionen oder auch „Sprachspielen". Sprachspiele sind Äußerungen, die innerhalb bestimmter Verwendungssituationen auftreten. Die Sprache kann jedenfalls niemals in einem unmittelbaren Verhältnis zur Wirklichkeit stehen, die Grammatik und die konkrete Situation verhindern das grundsätzlich. Jedes Sprachspiel hat dabei bestimmte Regeln, denen jedes Wort und jeder Satz für den richtigen Gebrauch folgen. Am Ende sind es also Konventionen, Übereinkünfte und Gewohnheiten, die Menschen innerhalb einer Lebensform teilen. Man könnte es auch als Jargon bezeichnen. Ein Sprachspiel ist grundsätzlich immer nur in einem sozialen Kontext denkbar, und es ändert sich ständig mit dem Kontext. Die sinnlosen Texte, wie Wittgenstein sie in seiner frühen Phase genannt hat, machen nun plötzlich Sinn. „Die Menschen heute glauben, die Wissenschaftler seien da, sie zu belehren, die Dichter und Musiker etc., sie zu erfreuen. Daß diese sie etwas zu lehren haben; kommt ihnen nicht in den Sinn" (Bd. 8, S. 501). Die musische Ader bricht durch, mit dem Modell einer Idealsprache will Wittgenstein nun nichts mehr zu tun haben: „Philosophie dürfte man eigentlich nur dichten" (Bd. 8, S. 483), meint er.

Analytische Philosophie – Klarheitsoptimismus

Wittgenstein ist neben dem englischen Mathematiker und Philosophen Bertrand Russel (1872–1970) einer der Väter der „Analytischen Philosophie". Das ist eine im gesamten 20. Jh. einflussreiche Richtung, die das enge Verhältnis zur Logik- und Sprachanalyse niemals aufgegeben hat. In einer frühen Welle der analytischen Philosophie verschärfen die sogenannten „Logischen Empiristen" im Anschluss an den Tractatus des frühen Wittgenstein den Ton.

Die logischen Empiristen sind eine sehr spezielle Denkrichtung, die aus dem sogenannten „Wiener Kreis" entstanden ist. Österreich war zu Beginn des Jahrhunderts ein äußerst produktiver intellektueller Raum. Der Wiener Kreis wurde 1922 in Wien gegründet, und seine Vertreter gingen 1936 ins Exil, nachdem die Nationalsozialisten die Schriften der Mitglieder verboten hatten. Teilnehmer trafen sich zunächst in einem kleinen, der Meteorologie gewidmeten Hörsaal in Wien. Es waren vor allem Naturwissenschaftler, insbesondere Mathematiker und Logiker, aber auch Philosophen und Vertreter anderer Bereiche, die sich regelmäßig trafen, um gemeinsam wissenschaftliche Probleme zu diskutieren. Alles, was nur in die Nähe der Metaphysik führen kann, fällt für sie mit einem wissenschaftlichen Todesurteil zusammen. Nur eine Philosophie, die den strengen Prinzipien der Naturwissenschaften folgt, hat demnach eine Daseinsberechtigung, beide sollten auf dem gleichen Fortschrittsprinzip aufbauen. Vor allem in der Physik sind gewaltige Verbesserungen in der Erkenntnis deutlich, sie kommt ständig zu ganz neuen Ergebnissen, beispielsweise in der Relativitätstheorie oder der Quantendynamik. Und sie kann ihre Gültigkeitsansprüche in der Regel nachprüfbar belegen, so dass die Wirklichkeit zunehmend besser beschrieben werden kann. Philosophie muss wie die Physik Fragen stellen, die sie beantworten kann, und Fragen

Analytische Philosophie – Klarheitsoptimismus

ignorieren, bei denen schon über die Kriterien keine Einigkeit erzielbar ist, weil sie empirisch einfach nicht geprüft werden können. Dieses Urteil über unsinnige Sätze wird von den logischen Empiristen direkt vom frühen Wittgenstein übernommen. Ursprünglich speist es sich aber aus einer anderen Quelle.

Der Wiener Kreise orientiert sich an Überlegungen des deutschen Mathematikers und Logikers Gottlob Frege (1848–1924), der übrigens auch Wittgenstein und Russel geprägt hat. Frege hat großen Einfluss auch auf Paul Rudolf Carnap (1891–1970), einen der Hauptvertreter des logischen Empirismus, der seinerseits bei ihm studiert hat. Mathematik liefert wieder einmal wie in der frühen Neuzeit das Modell für Philosophie. Frege hat die auf Aristoteles zurückgehende Logik des richtigen Schließens methodisch erweitert. Sie bildet nämlich nur einen Teilbereich des viel größeren Gebiets der formalen Logik und ihrer Axiomatiken, mit der man schließlich auch Sprache als ein spezielles logisches System untersuchen und beschreiben kann. In der Folge können traditionelle philosophische Probleme mit logischen Hilfsmitteln angegangen und formal streng bearbeitet werden. Das führt nicht unbedingt zu Lösungen, aber immerhin zu Ausschlüssen von Falschem, so das Motiv. Logik ist für Frege die Grundlagendisziplin der Mathematik und der Sprachtheorie, es geht immer um die Wahrheitswerte „wahr" und „falsch" von Aussagen sowie die formalen Bedingungen, unter denen eine bestimmte Aussage dann wahr oder falsch ist. Man könnte mit Frege die Grundüberzeugung von Humboldt, dass die Sprache das bildende Organ des Gedankens sei, einfach um die Logik erweitern. Dann wäre die Logik nämlich das bildende Organ des Denkens und Sprechens, genauer des richtigen Denkens und richtigen Sprechens, das nach seinen eindeutigen Wahrheitswerten beschreibbar ist. Im Kern besteht die philosophische Arbeit dann nur noch darin, die Bedeutung zentraler Begriffe analytisch zu klären und sauber anzuwenden. Ein Wahrheitsgewinn entsteht über klare sinnvolle Aussagen, während sinnlose Aussagen, wie die der Metaphysik, nur zu Scheinproblemen führen und nichts zum Wahrheitsgewinn beitragen können. Die logischen Empiristen sind vom Glauben an logisch endgültige Schlüsse getragen, sie hoffen auf das Ende von Widersprüchen und vertrauen gleichzeitig auf die Erkennbarkeit des Ganzen. Sie suchen eine formal saubere Idealsprache, aus der alle Zweideutigkeit getilgt ist. Philosophie sollte demnach auf den festen Füßen der Empirie stehen bleiben, um wahrheitsfähig zu sein. Damit sind alle Aussagen sinnlos, wenn sie nicht prinzipiell auch empirisch, also durch Erfahrung, überprüfbar sind. Wenn in Sätzen beispielsweise Begriffe wie Wesen oder das Unendliche vorkommen, kann man mit ihnen nichts anfangen, weil man weder das eine noch das andere unmittelbar zeigen kann. Es sind für logische Empiristen lediglich sprachliche Abstraktionen ohne Fundament. Carnap meint deshalb auch, auf „dem Gebiet der Metaphysik ... führt die logische Analyse zu dem negativen Ergebnis, daß die vorgeblichen Sätze dieses Gebiets gänzlich sinnlos sind" (Scheinprobleme in der Philosophie und andere metaphysikkritische Schriften, S. 81).

Dieser grundsätzliche Angriff auf die Philosophie bedroht letztendlich aber auch die Mathematik und Logik selbst, da sie sich ja ebenfalls jenseits der reinen Empirie bewegen. Die logischen Empiristen greifen an dieser Stelle deshalb auf Kant und seine Unterscheidung zwischen analytischen und synthetischen Urteilen zurück. Analytisch sind Urteile, wenn das Prädikat im Begriff bereits enthalten ist. Aussagen nach dem Muster „alle Junggesellen sind unverheiratet" sind ganz einfach deshalb wahr, weil es zur Bedeutung des Begriffs „Junggeselle" gehört, dass er unverheiratet ist. Unverheiratet ist ein Teil des Begriffs „Junggeselle", er ist in ihm als Eigenschaft bereits enthalten. Die Sätze der Mathematik und Logik fallen ebenfalls in dieses Feld der analytischen Aussagen, sie sind ohne alle empirische Überprüfung wahr, weil sie sich innerhalb einer festen Axiomatik bewegen. Beweise werden genau in diesem Regelraum erbracht und sind deshalb ausschließlich analytisch. Anders bei synthetischen Aussagen, dort kommt das Prädikat zum Begriff hinzu und ist nicht in ihm schon logisch enthalten. Aussagen nach dem Muster „alle Raben sind schwarz" sind beispielsweise synthetisch, weil nicht ausgeschlossen werden kann, dass es irgendwo auch graue oder weiße Raben gibt. Der Wahrheitswert der Aussage kann nur empirisch überprüft werden. Denn die Wahrheit empirischer Sätze rührt von ihrer Übereinstimmung mit der beobachtbaren Wirklichkeit her, die sich verändern kann.

Der Wiener Kreis bezieht sich zwar ganz ausdrücklich auf den Tractatus von Wittgenstein, der dem aber schon recht bald nicht mehr zustimmen kann. Er teilt vor allem nicht dessen Erkenntniseuphorie. Das Missverständnis der logischen Empiristen besteht für Wittgenstein darin, dass sie glauben, Naturgesetze würden die Wirklichkeit selbst erklären. Für den späteren Wittgenstein sind aber auch diese sprachverhaftete Konstruktionen eines ganz bestimmten Sprachspiels. Wittgenstein wird somit zum Mitauslöser einer Weiterentwicklung der analytischen Philosophie, die den logischen Empirismus und sein Grundmodell einer bereinigten und deshalb ausschließlich wahrheitsverhafteten Idealsprache hinter sich lässt. Den entscheidenden Impuls hierfür geben Wittgensteins „Philosophische Untersuchungen". Die analytische Philosophie macht nun die Sprachphilosophie zur obersten Disziplin, also nicht mehr die Logik selbst. Bei ihr rückt jetzt die ganz normale, das heißt die tatsächlich gesprochene Sprache in den Mittelpunkt und wird zum Gegenstand der Analyse. Ihre Methode ist nicht mehr eine vorgängige logische Analyse, sondern eine alltäglich beobachtende Untersuchung, die herausfinden will, wie das tatsächlich funktioniert. Sie zielt nicht auf ein wahres Sprechen gemäß formaler Kriterien, sondern beschäftigt sich nur mit dem, was tatsächlich stattfindet. Fragen sind somit: Was will der Sprecher sagen? Wie und wo macht er das? Welches sind die Regeln des Sprachspiels, das hier gerade gespielt wird? Wie funktioniert Sprache in ihrem konkreten Gebrauch? Die Analyse von Sprachspielen ist nicht nur eine ständige Begriffsuntersuchung, sondern auch eine ausgiebige Anwendungsanalyse, das Feld dehnt sich aus.

Ein weiterer entscheidender Sprung der analytischen Philosophie erfolgt Anfang der 50er Jahre. Willard Van Orman Quine (1908–2000), ein amerikanischer Philosoph und Logiker, der sich selbst im Umfeld des Wiener Kreises bewegt hat und ein unbeirrbarer Empirist geblieben ist, greift die unhinterfragten Überzeugungen der logischen Empiristen selbst an. Quine macht nämlich die zunächst einleuchtende Unterscheidung zwischen analytischen und synthetischen Aussagen nicht mehr mit. Eine Aussage für sich genommen hat aus seiner Perspektive gar keine Bedeutung, sondern erhält sie erst im Zusammenhang mit anderen Aussagen. Die Trennung von analytischen und synthetischen Aussagen ist schon deshalb hinfällig, weil es gar keine rein analytischen Aussagen gibt. Schon das Wort analytisch ist Teil einer ganzen Begriffsfamilie und lässt sich nicht eindeutig aus sich heraus definieren. Selbst die vermeintliche Reinheit von Bedeutungen muss sich immer auf den Sprachgebrauch beziehen, und damit auf mehr, als die einzelne Bedeutung selbst liefern kann. Unser ganzes Denken und Sprechen ist für Quine ein Netz von Überzeugungen. Und das ist ziemlich dehnbar. Auch vermeintlich falsche Aussagen können wir als wahr beschreiben, wenn wir nur an einer anderen Stelle unseres Überzeugungssystems genügend große Veränderungen vornehmen. „Jede beliebige Aussage kann als wahr aufrechterhalten werden …, wenn wir nur anderweitig in dem System ausreichend drastische Anpassungen vornehmen" (Von einem logischen Standpunkt, S. 47), sagt Quine. Damit verschwindet die empirische Prüfung als Gradmesser von strenger Wahrheit. Es ist immer das System von Überzeugungen als Ganzes, das vor das Erfahrungsgericht treten muss. Die Behauptung, dass es nur wahre oder falsche Sätze gäbe, ist somit nicht tragfähig, es gibt keinen externen Maßstab, der darüber unabhängig entscheiden könnte. Was sich stattdessen vergleichen lässt, sind Theorien mit Theorien oder auch Sätze mit Sätzen in größeren Zusammenhängen, aber niemals Einzelsätze für sich genommen. Quine nennt Wissenschaft eine „von uns selbst gebaute Begriffsbrücke" (Theorien und Dinge, S. 11), jede Entsprechung von Sachverhalten und Theorien gibt es nur innerhalb von Theorien selbst. Das ist gar nicht weit weg von Kants Überzeugung, dass wir das Ding an sich, also die Natur und Wirklichkeit, niemals unmittelbar erkennen können. Auch nicht in Zukunft.

Wir schieben uns sogar in den exakten Wissenschaften mit theoretischen Begriffssystemen dazwischen, die ein Eigenleben haben. Selbst ganz klassische naturwissenschaftliche Begriffe wie Masse oder Elektronen können den ganz strengen Anforderungen eines empiristischen Sinnkriteriums nicht genügen. Wissenschaften haben nämlich Voraussetzungen und Bedingungen, nicht zuletzt kulturelle, historische und pragmatische, die darüber entscheiden, welche Gegenstände gerade als interessant angesehen werden. Neutrale Fakten, die dem Zusammenhang aus Theorie, Sprache und Empirie vollständig entzogen wären, sind uns in keiner Wissenschaft jemals zugänglich. Statt um die absolute Gültigkeit geht es damit um die Plausibilität und Leistungsfähigkeit von theoretischen Aussagen. Quine beendet damit die abstrakten Wahrheitsvorstellungen des logischen Empirismus und trägt den Pragmatismus in die „Analytische Philosophie" hinein. Und er billigt der Philosophie keine Sonderstellung gegenüber Einzelwissenschaften mehr zu, sie kann sich nicht mehr im Feld vermeintlich analytischer Aussagen bewegen und eine Art übergeordnete Analyse der Wissenschaftssprachen bilden, auch diese Grenze ist gefallen. Das Gleiche gilt übrigens für Logik und Mathematik. Für Quine gibt es nur noch eine Art von Erkenntnissen, nämlich die in verschiedenen Einzelwissenschaften gewonnenen, zu denen Philosophie dann als eine unter anderen gehört. Sie alle bilden zusammen die Gesamttheorie der Natur. Damit zwingt Quine Philosophie geradezu zur Koalitionsbildung mit anderen Wissenschaften, u. a. der Sprachwissenschaft.

Nach ihm wird die analytische Philosophie für lange Zeit vor allem von unterschiedlichen Sprech- und Bedeutungstheorien sowie Untersuchungen zum tatsächlichen Gebrauch von Wörtern getragen. Hierbei werden auch philosophisch gebräuchliche Wörter wie „wissen" oder „denken" unter die Lupe genommen. Es wird untersucht, für welche Kontexte sie gemacht sind, und wie sie in welchen Zusammenhängen auf welche Weise funktionieren. Das führt letztendlich zur erneuten Auseinandersetzung mit Begriffen, wie „etwas beabsichtigen", „etwas wollen", „etwas meinen" oder „etwas glauben", die in der formalen Logik keine Rolle spielen. Themen, die der logische Empirismus als nicht diskutabel hinausgeworfen hat, kehren im letzten Drittel des Jahrhunderts selbst in der analytischen Philosophie wieder mit Macht zurück.

Heidegger – Endlichkeit und Modernitätsabwehr

Martin Heidegger (1889–1976) kam aus einem kleinen Ort in Süddeutschland. Er begann ein Theologiestudium, wechselte dann aber zur Philosophie, ein bekanntes Muster. Heidegger wurde in Freiburg Assistent von Edmund Husserl, einem damals berühmten Phänomenologen. Die Veröffentlichung von „Sein und Zeit" machte ihn im Jahr 1927 mit einem Schlag berühmt, ein Jahr später folgte er auf den Lehrstuhl von Husserl. Er war vor allem mit seinem Frühwerk philosophisch originell und zog eine breite Wirkungsgeschichte nach sich. Aber es gibt auch die andere spätere Seite. Im Frühjahr 1933 wurde Heidegger Rektor der Universität und hielt eine begeisterte Rede zur Gleichschaltung der wissenschaftlichen Institution mit Freiburg als Leituniversität. Berlin sah das allerdings anders, Heidegger wurde als wild gewordener Phantast gesehen, als nicht wirklich steuerbar. Er trat 1934 zurück, wohl auch weil sein Projekt einer Philosophenakademie nicht aufgenommen wurde. Heidegger wollte nämlich in Berlin eine Dozentenakademie errichten, die alle künftigen Professoren für eine Lehrerlaubnis durchlaufen sollten. Es kam nicht zu dieser Denkerhochburg. Die erst 2014 veröffentlichten Denktagebücher aus den 30er und 40er Jahren belegen zudem, dass er rassistische und antisemitische Züge hatte, auch wenn das nicht unmittelbar aus seinen philosophischen Texten herauszulesen war. Ob die immer richtig ediert oder aber geglättet wurden, ist allerdings noch unklar. Nach 1934 wandte sich Heidegger jedenfalls von der Politik ab. Er war provinziell und blieb in Freiburg. Die Lehrbefugnis wurde ihm nach dem Krieg wegen seiner Rektoratszeit zunächst entzogen, das Lehrverbot wurde 1951 aber mit der Emeritierung aufgehoben. Freiburg lag in der französisch besetzten Zone Deutschlands, Heidegger hielt wieder Vorlesungen und wurde in Frankreich philosophisch intensiv aufgegriffen. Seine politische Vergangenheit hat er niemals als Fehler eingestanden oder beschrieben, was man von einem Philosophen erwarten muss. Manche schließen daraus, dass er sie nicht verlassen hat. Moralisch hat Heidegger jedenfalls völlig versagt. Die Philosophiegeschichte im 20. Jh. hat er dennoch maßgeblich mitbestimmt.

Heidegger startet in die Philosophie mit einem neuen Gestus und hält gar nichts von ihrer vermeintlichen Bedeutungslosigkeit. Die Philosophie beginnt für ihn nicht mit Gedanken, Logik oder Abstraktionen, sondern mit Stimmungen. Das sind beispielsweise Angst und Sorge. Er benutzt völlig neue Begriffe, die alle aus der Alltagswelt stammen und nicht aus einer komplexen Wissenschaftssprache. Heidegger folgt keinen Wahrheitsfragen, Wertfragen oder metaphysischen Prinzipien, sondern der Fragwürdigkeit des Menschen selbst. Das ist zugleich eine Abkehr von der traditionellen Philosophie, die sich in Denkgebäuden verschanzt hatte. Das neue Ziel ist nun die Analyse und das Aushalten der metaphysischen Heimatlosigkeit der Existenz. Mit der Methode der sogenannten Phänomenologie, die zu den Sachen selbst will statt zu Theorien über sie, gibt es für Heidegger eine alternative Methode zum naturwissenschaftlichen Wissenschaftsbegriff. Er setzt das Verstehen und Erkennen damit vor jeder Wissenschaft an, es wurzelt nämlich im Dasein des Menschen. Die Philosophie kann dieses besondere Wissen in einem Erkenntnisakt zum Ausdruck bringen, aber es ist schon vorhanden. Philosophie erfindet also nichts wie in vorphänomenologischen Zeiten, sondern sie findet laut Heidegger, was bereits unausgesprochen vorhanden ist. Für ihn ist wie für Schopenhauer, Feuerbach oder Kierkegaard der Weg zum Wissen unmittelbar über die eigene Person als Teil der Welt möglich. Dem Dasein geht es nämlich um sein eigenes Sein, es hat immer schon ein alltägliches Vorverständnis seiner selbst und der Dinge um es herum. Heidegger meint, dass in der gesamten Philosophiegeschichte die Frage „Was ist der Sinn von Sein?" ungenügend beantwortet ist. Aristoteles startete begrifflich mit einer Untersuchung des Seins von Seiendem, also des Seins im Ganzen, und kam auf abstrakte Kategorien, die dieses zu klassifizieren erlauben. Dem folgte die gesamte Philosophiegeschichte, wenn auch mit unterschiedlichen Ergebnissen. Er sieht darin einen zu theoretischen Zugriff, der vielleicht Seiendes erfassen kann, aber nicht das Sein des Seienden. Heideggers Ziel ist demgegenüber das Sein des Menschen, der als einziges Wesen um sein Sein weiß, und zwar weil er sich darum kümmern muss, statt bloß schlicht zu sein wie anderes Seiendes.

„Sein und Zeit" ist ein ungewöhnliches philosophisches Buch, inhaltlich und sprachlich. Wo Wittgenstein knapp und präzise bleibt, ist Heidegger ausufernd. Die Phänomenologie der eigenen Existenz, also deren genaue unvoreingenommene Untersuchung, erschließt spezifisch menschliche Kategorien: die Sorge um sich selbst und die Erfahrung der Zeitlichkeit. Das ist etwas anderes als allgemeine Kategorien wie Materie, Form oder Kausalität. Es ist unvermittelter. Der Sinn von Sein ist zunächst das „Da" (Bd. 2, S. 178) Die Grundbefindlichkeit des menschlichen Daseins ist die „Sorge" (Bd. 2, S. 254). Das bedeutet, der Mensch muss sich um sich selbst kümmern und aufgrund der Erfahrung der eigenen Zeitlichkeit, also der Endlichkeit, gedanklich zum eigenen Tod vorlaufen. Deshalb gibt es einen Rückwurf auf das eigene Dasein und die Notwendigkeit zur Entschlossenheit, weil kein metaphysisches Prinzip die Verantwortung übernehmen kann, sondern nur der Mensch selbst. Heidegger macht auf seine Art Schluss mit aller Metaphysik, sie ist ein falscher Trost, der vom Eigenen ablenkt. Existenz ist das selbst gewählte und bewusste Dasein, das perspektivisch offen ist und sich erst noch verwirklichen muss in einem bewussten Entwurf, das entspräche dem Selbst, oder eben auch unbedachten Entwurf, das entspräche dem Man. Der Mensch wählt immer zwischen einem Zu-sich-selbst-finden und einem Sich-selbst-verlieren, zwischen einer eigentlichen Existenz und einer uneigentlichen. Die Unwandelbarkeit von letzten Sinnbezügen verliert damit ihren universalistischen Geltungsanspruch. Stattdessen gibt es nun einen rein menschlichen Möglichkeitsraum vor dem Hintergrund der eigenen Endlichkeit. Die Konsequenz ist eine lebensweltlich gebundene Innerweltlichkeit der Existenz, das Sein des Menschen ist ganz elementar ein „In-der-Welt-Sein" (Bd. 2, S. 71), also niemals bezogen auf ein Jenseits. Er steht nicht einfach einer Objektwelt gegenüber, sondern ist immer schon eingebunden in sie. Die zweite Konsequenz ist eine radikale Geschichtlichkeit, auch Wahrheiten sind innerweltliche Phänomene und haben ihre eigene Geschichte als epochale Weltzugriffe. Das alles trifft einen Nerv, Heidegger bringt das damalige Zeitgefühl auf den Punkt. Der Existenz und Lebenswelt wird die ganze Last aufgebürdet, alle Fluchtwege in die Metaphysik sind abgeschnitten. Dahinter steht auch die Erfahrung des Ersten Weltkriegs, es gibt keinen sicheren Raum der Geborgenheit. Zerstreuung kann davon ablenken, aber sie führt zu Selbstvergessenheit. Überhaupt ist das In-der-Welt-sein nicht positiv besetzt, es wird inhaltlich auch nicht ausgeführt. Besinnung, Konzentration und Zurückgezogenheit sind das Modell von Authentizität, eine Eigentlichkeit, die das persönliche Nichts sieht und dennoch aushalten kann. Der Existenzialist Jean-Paul Sartre (1905–1980) und die politische Theoretikerin Hannah Arendt (1906–1975) werden das In-der-Welt-sein später dagegen positiv fassen mit politischem Engagement und Zwischenmenschlichkeit als zentralen Entwurfsmöglichkeiten. Für sie wird erst Demokratie der Verwirklichungsraum individueller Möglichkeiten. Heidegger hat diesen Weg nicht gewählt.

Nach „Sein und Zeit" kommt es zu einer theoretischen Wende und Aufwertung des Poetischen. Heidegger schließt an Nietzsches Metaphysikkritik und dessen positive Bewertung des Vorsokratischen an, allerdings wird auch Nietzsche selbst dieser Kritik unterzogen, er ist mit dem „Willen zur Macht" ein abstrakter Prinzipienvertreter und damit selbst Teil der Metaphysikgeschichte. Heidegger will zurück vor diesen Anfang. Damit geraten die historischen Umbrüche des Weltverständnisses ins Zentrum. Der Mensch hat in den unterschiedlichen Epochen ein je spezifisches Verhältnis zum Sein und versucht dieses zu objektivieren, beispielsweise in einem obersten Prinzip. Die Philosophiegeschichte wird dabei als eine Geschichte des Denkens gedeutet, das Sein in Kategorien des Seienden fixieren will. Heidegger meint, die Philosophie hat immer eine „Vor-Stellung" vor das Sein gestellt, also Seiendes gedacht, und das Sein so verkannt. Nietzsches Ausspruch „Gott ist tot" übersetzt Heidegger geschichtlich: „Gott ist der Name für den Bereich der Ideen und der Ideale" (Bd. 5, S. 216), das heißt, dass die gesamte abendländische Philosophie als Metaphysik hinfällig ist. Zwar nimmt auch die Moderne die Metaphysik nicht mehr ernst, denn Wissenschaft und Technik bestimmen die Welt. Aber selbst die moderne Technikeuphorie ist für Heidegger eine Form der Metaphysik, weil die technische Machbarkeit zum Sinn von Sein erhoben wird. In der Geschichte des Vor-Stellens ist Wirklichkeit nur noch ein Verfügbares statt „Sich-Zeigendes". Der Mensch lebt in der modernen Technikwelt seinsvergessen wie in den anderen Epochen zuvor.

Geschichte ist für Heidegger also kein kausal aufeinander bezogener Geschehenszusammenhang wie bei Hegel oder Marx, sondern die zeitliche Abfolge eines je spezifischen Verhältnisses zum Sein. Philosophien bringen diese Seinsverhältnisse lediglich unterschiedlich zur Sprache. Der Sündenfall erfolgt in der Antike, darin folgt er Nietzsche. Die Erscheinung galt nämlich bis zu Platon nicht als ein defizitärer Modus, ein Mangel an ideenhafter Fülle, sondern sie war die Erfahrung einer Offenheit des Seins als Nichtverfügbarkeit. „Alles fließt" könnte man mit Heraklit sagen oder „Alles ist" mit Parmenides. Das Mittelalter bildet eine zweite Zäsur, im Christentum ist das Sein geborgen in Gott. Gott wird dem Sein einfach „vor-gestellt", das Sein bleibt verdeckt. Ein neuer Name, ein neues Prinzip, aber keine Seinszugewandheit. Die dritte Zäsur erfolgt in der Neuzeit, das Sein ist verstellt durch den Bann der Technik. Der drückt sich in einem Machbarkeitswahn und in einer systematischen Naturbeherrschung aus. Mit dem Vorrang der Technik wird nun auch der Mensch ein Verfügbares und damit vollends seinsvergessen. Heidegger meint, die Wissenschaft und dabei insbesondere die Naturwissenschaft denkt nicht, sondern sie macht es sich in Begriffsräumen bequem. Sich selbst sieht Heidegger als Diagnostiker dieser Seinsgeschichte, er will die gesamte abendländische Philosophiegeschichte ganz prätentiös in ein Verhältnis zum Sein bündeln.

Wenn die Wege des Wissens und der Erkenntnis verbaut sind, was bleibt dann noch? Kunst, Dichtung und Sprache sollen einen alternativen Zugang zum Sein eröffnen. Es gibt beim späten Heidegger einen Vorrang des Dichterischen gegenüber den philosophischen Begriffen. Die Sprache entzieht sich dem Besitz des Menschen. „Der Mensch spricht nur, indem er der Sprache entspricht. Die Sprache spricht" (Bd. 12, S. 30), das ist verklausuliert und meint, er beherrscht sie nicht, er ist nur Teilnehmer in ihr und verhält sich zu ihr, weil sie wiederum seinen speziellen Weltzugang ausdrückt. Es bleibt bei Besinnung und Zurückgezogenheit, Heidegger wendet sich nicht dem Dialogischen zu, auch nicht dem Gesellschaftlichen. Ethische Fragen kommen außerhalb der Technikkritik nicht vor. Das Sein wird jetzt als Begriff durchgestrichen und damit formal als Begriff nicht mehr schreibbar. Das soll ausdrücken, dass es nicht in Begriffen objektivierbar ist, sondern sich im Moment der sprachlichen Fixierung schon entzieht. Dichter sollen es richten, sie haben ein anderes Verständnis von Sprache, sie sind poetisch und spielen mit den Wörtern. Heidegger ist nicht so weit weg vom späten Wittgenstein, auch wenn er Sprachspiele zu nur drei möglichen eindampft: dem technisch-wissenschaftlichen, dem philosophisch-begrifflichen und dem poetisch-offenen.

Existenzialismus – Literarisierung eines Grundgefühls

Heidegger wird vor allem in Frankreich aufgenommen. Einer der ersten ist Jean-Paul Sartre (1905–1980), ein Pariser Dramatiker und Philosoph. Er ist als Schriftsteller deutlich stärker als in seiner philosophischen Arbeit, er knüpft zwar an den frühen Heidegger an, aber er reduziert dessen Philosophie auf einen Punkt. Der Mensch ist zur Freiheit verurteilt, es gibt keine ihn bestimmenden Werte oder Normen, etwas was außerhalb seiner selbst läge. Die einzige Grenze ist die Grenze der Freiheit des Anderen. Für Sartre gründet die Selbstgewissheit des Ich im Bewusstsein seiner Selbst, darin folgt er Descartes, aber das Leben ist ein ständiger Entwurf, darin folgt er Kierkegaard und vor allem Heidegger. Das politische Engagement ist ihm eine Selbstverständlichkeit. Sartre war während des Faschismus in der Résistance tätig und lag damit politisch richtig. Nach dem Krieg behauptet er allerdings, dass in der UDSSR die volle Freiheit der Kritik herrsche, er verteidigt Stalin, Mao und Castro, der Bruch mit dem verklärten Kommunismus kommt erst 1968 durch den Prager Frühling. Heidegger betrachtet den Existenzialismus von Sartre und den Bezug auf sich übrigens ausdrücklich als einen Irrtum, er kann wenig damit anfangen. Das liegt auch daran, dass er selbst die Thesen von „Sein und Zeit" längst verlassen hatte. Sartre war im Nachkriegsfrankreich der tonangebende Intellektuelle, er schrieb, er publizierte, er gab Interviews, und er engagierte sich politisch. Äußere Bedingungen, wie sich ändernde historische Situationen und innere, wie unhintergehbare Leiblichkeit und Sterblichkeit nehmen als Faktizität, also Tatsachen, den Menschen zwar die allumfassende Freiheit. Dennoch können wir auch dazu ein reflexives Verhältnis einnehmen, die zur tatsächlichen Freiheit, der menschlichen Grundbedingung, führt. „Es gibt eine unentwirrbare Verbindung von Freiheit und Faktizität in der Situation, weil ohne die Faktizität die Freiheit nicht existierte – als ... Wahlvermögen – und ohne die Freiheit die Faktizität nicht entdeckt würde" (Das Sein und das Nichts, S. 856). Der Existenzialismus von Sartre trifft die Stimmung nach dem Zweiten Weltkrieg wie Heidegger die nach dem Ersten Weltkrieg.

Der zweite große Existenzialist ist Albert Camus (1913–1960), ein Philosoph und Journalist aus Algerien. Camus ist von einer großen atheistischen Gelassenheit getragen. Die Sinnlosigkeit des Daseins, die metaphysische Heimatlosigkeit des Menschen ist ein Schicksal, das positiv verstanden werden muss. In einer von Gott verlassenen Welt steht der endliche Mensch einer Welt gegenüber, die ihn offenkundig überdauert. Das empfindet der Mensch zwar als absurd, aber er sollte dennoch handeln wie Sisyphos. Die Figur des Sisyphos kommt aus der griechischen Mythologie, er muss auf ewig einen Felsblock den Berg hinaufrollen, der aber jedes Mal kurz vor dem Gipfel wieder ins Tal zurückrollt. Sisyphos ist in einem Wiederholungszwang gefangen, aus dem es keinen Ausweg gibt. Es ist eine sinnlose Existenz ohne ein absehbares Ende, ohne eine Hoffnung auf Sinnhaftigkeit wie das Leben selbst: „Das Gefühl der Absurdität kann an jeder beliebigen Straßenecke jeden beliebigen Menschen anspringen" (Der Mythos des Sisyphos, S. 20). Für Camus ist der Mensch ein trotziger Sisyphos, ein in seinem Schicksal glücklicher, weil er weiß, dass es keine Alternative gibt. Er verurteilt den Messianismus der Geschichtsphilosophie, ebenso Gewalt und Terror. Er ist ein Moralist sowie Antikommunist und deshalb nach dem Krieg auch ein erbitterter Gegner von Sartre. Beide haben übrigens den Nobelpreis für Literatur erhalten, Sartre hat ihn allerdings nicht angenommen.

Kritische Theorie – Gescheiterte Modernität

Die „Kritische Theorie" ist eine philosophische Richtung, die auf das 1923 von marxistischen Intellektuellen in Frankfurt gegründete „Institut für Sozialforschung" zurückgeht. Das Ziel des Instituts ist von Beginn an die Vertiefung des wissenschaftlichen Marxismus im Horizont eines undogmatischen Materialismus. Im Hintergrund steht die geschichtliche Erfahrung, dass ökonomische Kriterien offenbar nicht allein ausreichen, um den Verlauf der Geschichte zu erklären. Es muss noch andere Steuerungsfaktoren geben, ansonsten wäre es ja längst zu einer proletarischen Revolution im Ausgang des industriellen Zeitalters gekommen, wie es den Analysen von Marx entsprochen hätte. Zum Aufschwung des Instituts kommt es ab 1930 unter der Leitung von Max Horkheimer (1895–1973), der eine Verbindung zum ebenfalls neugegründeten „Institut für Psychoanalyse" herstellt. Marx und Freud sind damit die theoretischen Leitbilder der ersten Kritischen Theoretiker. Ein anderer Bezugspunkt sind die soziologischen Studien von Max Weber, der ein Modell entwickelt hat, welche emotionale Einstellung zur Ausbildung des Kapitalismus geführt hatte. Das Institut wurde 1933 durch die Nazis geschlossen, 1934 folgte die Übersiedlung in die USA, 1949 kehrten zumindest einige Mitglieder nach Deutschland zurück, darunter Adorno und Horkheimer, während Marcuse in den USA blieb. Die Kritischen Theoretiker hatten untereinander enge Verbindungen, vor allem durch die Theoriebezüge, aber auch die veränderten sich. Es ist wie in einem Verein, es gibt theoretische Freundschaften und Feindschaften, es gibt gemeinsame, und es gibt getrennte Wege.

Die Grundüberzeugung der Kritischen Theorie lautet, dass Nationalsozialismus, Sowjetsystem und die amerikanische Industriegesellschaft eng zusammen hängen. Es sind nämlich drei Varianten einer einzigen Modernität. Einer Modernität, die auf der einen Seite vom Terror bestimmt wird und auf der anderen Seite von subtilen Methoden zur Verdeckung von Machtstrukturen. Dass es überhaupt dazu kommen konnte, liegt daran, dass die Arbeiterschaft und das Bürgertum gleichermaßen historisch gescheitert sind. Eine Wende zum Besseren gibt es offenkundig nicht, zumindest ist sie nicht erkennbar. Wenn ökonomische Prozesse aber nicht automatisch zu einem fortschrittlichen Umbruch führen, dann muss das Denken rein ökonomische Theorien verlassen, es muss jedenfalls eine umfassendere Deutung geben. Das neue Thema sind die Kulturprodukte des Bürgertums selbst. Statt Produktion und Proletariat wird nun der ideologische Überbau unter die Lupe genommen, also die Kunst, die Wissenschaft, die Politik und das Recht. Das ist der Punkt, wo die Theorien des Soziologen Max Weber (1864–1920) ins Spiel kommen. Weber hatte schon 1918 die These vertreten, dass der Sozialismus unbeabsichtigt aber zwingend den Alptraum der allgemeinen Bürokratie hervorbringen würde. Denn er verschmilzt zwei Sphären, die ansonsten getrennt bleiben, die Bürokratie des Staates und die Bürokratie der Wirtschaft. Im Ergebnis muss das immer zu einer Diktatur der Beamten als einer totalitären Herrschaft führen. Weber hatte als Nationalökonom gegen das Modell von Marx zudem die These vertreten, dass die protestantische Ethik den Geist des Kapitalismus trägt, dass Kapitalismus also das Ergebnis einer Haltung sei, ein Wertesystem und nicht einfach das Ergebnis eines ökonomischen Gesetzes. Das Modell funktioniert so: Der angelsächsische Puritanismus hat eine neue Einstellung zum Wirtschaftsleben entwickelt, eine innerweltliche Askese, da Arbeit und Erfolg der von Gott vorgeschriebene Selbstzweck des Lebens überhaupt sind. Die Erträge dürfen von Puritanern aber nicht zum Genuss konsumiert werden, sondern sie müssen vielmehr als Erfolgsbeweis akkumuliert werden. Die Gewinnmaximierung ist demzufolge ein Gradmesser für Erfolg in einem ursprünglich religiösen Weltbild, kann sich aber auch ohne dieses weiter behaupten.

Der zweite Bezugspunkt der Kritischen Theorie ist Freud. Im Amerika der 50er Jahre verliert die Psychoanalyse ihre subversive Seite, psychische Probleme und persönliche Schwierigkeiten werden auf lediglich innere Vorgänge zurückgeführt. Patienten sollen wie auch immer wieder funktionsfähig werden, ihr Leiden wird nicht mehr als Auflehnung gegen bestehende Verhältnisse verstanden, das Symptom wird einseitig als persönliche Krankheit gedeutet. Zu Freuds Zeiten war das anders, die Hysterikerinnen zeigen mit ihren Symptomen eben auch die Unterdrückung sexueller Impulse im gutbürgerlichen Wien der Jahrhundertwende. Die Psychoanalyse in Amerika erfährt dagegen eine zunehmende Verwässerung, so die Diagnose. Der Kulturkritiker Freud spielt dort keine wirkliche Rolle mehr. Für die Kritische Theorie ist die Natur im Subjekt auch durch den Sexualtrieb vermittelt, das entspricht den biologischen Gattungswurzeln. Statt einer bloßen Herrschaft der Ich-Triebe und der Realitätsbeherrschung wird auch eine Herrschaft der Es-Triebe, also eine Unhintergehbarkeit der Natur ins Feld geführt. Die Verstümmelung der Triebtheorie jedenfalls führt zur Entwertung von materiellen Bedürfnissen zugunsten der geistigen. Hinter aller technischen Rationalität spielen aber auch psychische Kräfte eine Rolle, die selbst in einer Fortschrittsgeschichte niemals aufgelöst werden können, so der Grundeinwand.

Der dritte Bezugspunkt für die Kritische Theorie ist schließlich die politische Gegenwart. Der Marxismus ist durch Stalin desavouiert, schon sich Marxist zu nennen, ist nicht unverfänglich, das ist mit ideologischer Gewalt und mit purem Terror verknüpft. Der neue Begriff „Kritische Theorie" beschreibt ein neues Selbstverständnis. In modernen Industriegesellschaften hat sich nämlich eine Form totaler Herrschaft herausgebildet, in der demokratische Elemente nur noch eine Fassade bilden, so die Überzeugung. Es geht der Kritischen Theorie um die Emanzipation, um die Aufdeckung eines falschen Bewusstseins, das seine Situation überhaupt nicht klar sehen kann. Adorno schreckte seinerseits vor Gewalt zurück, anders als Marcuse, der Ideengeber der revoltierenden Studenten. Aus heutiger Perspektive ist die theoretische Gleichstellung von faschistischem Terror und kapitalistischer Bewusstseinsunterdrückung oder auch bürgerlicher Demokratie und totalitärer Herrschaft zu pauschal, undifferenziert und ohnehin überholt, sie hat sich deshalb auch überlebt. Der Generalvorwurf ist zu scharf, aber er entspricht dem damaligen Zeitgeist. Die Stärke der Kritischen Theorie besteht darin, dass sie versucht nachzuweisen, wie der gesellschaftliche und ökonomische Zwang bis in die Verhaltensweisen des Individuums hineinreicht. Das Individuum wähnt für sich zu sein und frei zu entscheiden, kann dies aber nicht wirklich. Es folgt bestimmten Mustern und nennt das dann freie Entscheidung.

Adorno – Fluchtweg Kunst

Theodor W. Adorno (1903–1969) wurde in Frankfurt als Sohn eines Großhändlers und einer Opernsängerin geboren. Wie bei Wittgenstein spielte Musik in der Familie eine große Rolle. Er studierte Philosophie, Musikwissenschaft, Soziologie und Psychologie, danach Kompositionstechnik bei Alban Berg, dem Zwölftonmusiker. Intellektuell schwankte er immer zwischen den Disziplinen. Er emigrierte 1938 in die USA. 1953 kehrte er nach Frankfurt zurück und erhielt eine Professur für Philosophie und Soziologie. Das „Institut für Sozialforschung" war in den 68er Jahren das philosophische Zentrum der Studentenunruhen neben Berlin und machte seine eigenen Erfahrungen mit Aufstand und Materialität des Seins. 1968 wurde die Frankfurter Universität unter Führung des Assistenten von Adorno besetzt und anschließend polizeilich geräumt. Adornos Vorlesungen wurden mehrfach gestört, auch von barbusigen Studentinnen, die ihm vorwarfen, dass er sich der Praxis verweigere. Beim Prozess gegen seinen Assistenten bat er das Gericht um eine rasche Befragung, weil er zu einem Ferienaufenthalt in die Schweiz müsse. Adorno war nicht wirklich im politischen Hier und Jetzt zu Hause.

Der philosophische Grundtext der Kritischen Theorie ist die „Dialektik der Aufklärung". Adorno hat sie zusammen mit Horkheimer 1947 im Exil geschrieben und beschreibt dort, wie die Vernunft zum Opfer ihrer eigenen Herrschaftsansprüche wird. Als zweckrationale Vernunft erzeugt sie nämlich den technologisch hochentwickelten massen- und völkermordenden Faschismus, der verdeckte Irrationalismen freisetzt. Und als Kulturindustrie betreibt die Vernunft nur eine vermeintliche Aufklärung als tatsächlichen Massenbetrug. Sie gibt nämlich vor, Bedürfnisse zu befriedigen, verhindert dadurch aber in Wirklichkeit alle emanzipatorischen Momente. In der Disziplinierung des Menschen durch Armee, Fabrik und moderne Verwaltung verbünden sich Rationalität und irrationale Gewalt gleichermaßen. Die Aufklärung in ihrer zweckrationalen Form ist damit zum

Komplizen der Barbarei geworden. Sie ist Täter in einem totalen Verblendungszusammenhang. Das Buch ist ohne die historische Erfahrung des Nationalsozialismus mitten in Europa nicht vorstellbar. Europa als Ursprungsregion der Aufklärung hat sich mit purer Gewalt verbündet und eine zerstörerische Rationalität im Gepäck.

Auch Adorno und Horkheimer gehen geschichtlich, wenn auch aus anderen Gründen als Heidegger, zurück bis in die Zeit vor Sokrates und Platon. Ihr Untersuchungsgegenstand ist Odysseus in der homerischen Erzählung. Der kettet sich an den Schiffsmast, um dem verführerischen Gesang der Sirenen nicht zu erliegen, während die Ruderer Wachs in den Ohren haben, um ihn nicht zu hören. Odysseus ist in den Augen von Adorno und Horkheimer ein frühes bürgerliches Subjekt, das betörenden Sehnsuchtstönen im Kunstgenuss lauscht, den Genuss aber zweckrational bindet. In der Tradition der Aufklärung ist das aufklärende Denken immer als Gegensatz zum Mythos verstanden worden. Aufklärung widerspricht dem Mythos und entzieht sich so dessen Sogkraft. Horkheimer und Adorno drehen die Geschichte um und machen daraus eine heimliche Komplizenschaft. „Schon der Mythos ist Aufklärung und Aufklärung schlägt unweigerlich in Mythologie zurück, eine Selbstverherrlichung, die Irrationalismen gebiert. Der mathematische Formalismus aber, dessen Medium die Zahl, die abstrakte Gestalt des Unmittelbaren ist, hält ... den Gedanken bei der bloßen Unmittelbarkeit fest. Das Tatsächliche behält recht, die Erkenntnis beschränkt sich auf seine Wiederholung, der Gedanke macht sich zur bloßen Tautologie. Je mehr die Denkmaschinerie sich das Seiende unterwirft, umso blinder bescheidet sie sich bei dessen Reproduktion. (...) In der Prägnanz des mythischen Bildes wie in der Klarheit der wissenschaftlichen Formel wird die Ewigkeit des Tatsächlichen bestätigt und das bloße Dasein als der Sinn ausgesprochen, den es versperrt. Die Welt als gigantisches analytisches Urteil, der einzige, der von allen Träumen der Wissenschaft übrig blieb, ist vom gleichen Schlage wie der kosmische Mythos, der den Wechsel von Frühling und Herbst an den Raub Persephones knüpfte" (Dialektik der Aufklärung, S. 6). Die moderne rationalisierte Welt ist nur scheinhaft entzaubert, sie folgt einem mythischen Beherrschungsdrang, sie bleibt die versteckte Herrschaft über eine objektivierte äußere und innere Natur. Die zweckrationale Vernunft macht deshalb nichts anderes, als Humanität zu vernichten. Sie ist verantwortlich für ein verstelltes Leben, das seiner Möglichkeiten beraubt wird. Im Heraustreten aus der alles verschlingenden Zweckrationalität findet die Kritische Theorie dann schließlich ganz verschiedene Wege.

Bei Adorno zeigt sich die Kraft des denkenden Menschen nur noch in einer besonderen Kritik. Sie soll die Gesellschaft der Unfähigkeit überführen, Vernunft zu verwirklichen. Das Denken und die Philosophie müssen nun „negativ dialektisch" werden, weil die Dialektik selbst zum Programm der universellen Verfügbarmachung gehört. Sie muss selbstkritisch gegen den Herrschaftscharakter der Begriffe arbeiten, also immer aufzeigen, worin deren Gewalt besteht, und wie man ihr entkommen kann. Diese sprachliche Vorgabe macht es nicht gerade einfach, Adorno zu lesen. Kunst jedenfalls ist ein letztes Residuum der nicht zweckrationalen Vernunft. Sie kann das beschädigte Leben ausdrücken und vorführen, sie kann den Schmerz zeigen, und sie kann die Sehnsucht unverwirklichter Utopien spüren lassen. Gute Kunst muss für Adorno deshalb immer ein Gefühl des Scheiterns hinterlassen und eher unglücklich machen statt zu besänftigen. Selbst das Idyll in einem Gedicht muss eine Sehnsucht beschreiben. Adorno hat sein Vergnügen vor allem an scheiternden Figuren, an tragischen wie Woyzeck, und an Schriftstellern, die sie beschreiben wie Beckett oder Kafka.

Marcuse – Fluchtweg Revolte

Herbert Marcuse (1898–1979) kam wie Adorno aus großbürgerlichen Verhältnissen, er war der Sohn eines Berliner Textilfabrikanten. Er studierte Literatur und Philosophie in Berlin, danach in Freiburg bei Husserl und Heidegger. Den Plan, sich bei Heidegger zu habilitieren, hat er wegen dessen politischer Einstellung in der Rektoratszeit fallen gelassen, zumal Heidegger sich nicht davon distanzierte. 1933 trat er dem Institut für Sozialforschung bei und emigrierte 1934 über Genf und Paris in die USA, 1940 hat er die amerikanische Staatsbürgerschaft erhalten. Marcuse zog es über die Columbia-University und Harvard-University zu einem Lehrstuhl an der Universität von Kalifornien in San Diego. Er war während der 60er Jahre längere Monate in Frankfurt und Berlin, er hat an Veranstaltungen und Podiumsdiskussionen während der Studentenunruhen teilgenommen, er hat Vorträge gehalten und sich anders als Adorno in das politische Geschehen eingemischt.

Marcuse verbindet die Gesellschaftsanalyse am stärksten mit der Psychoanalyse. Nicht die Konflikte der verschiedenen Ich-Instanzen sind demnach die Ursachen psychischer Störungen, sondern es sind Konflikte zwischen der Trieb- und der Gesellschaftsstruktur, also soziale Zusammenhänge. Eine Verbindung von Vernunft und natürlichen Impulsen ist ohne destruktive Auswirkungen vorstellbar, das ist die Utopie von Marcuse. Voraussetzung ist allerdings, dass der gesellschaftliche Konformitätszwang ein Ende findet. „Im Medium der Technik verschmelzen Kultur, Politik und Wirtschaft zu einem allgegenwärtigen System, das alle Alternativen in sich aufnimmt oder abstößt. Produktivität und Wachstumspotential dieses Systems stabilisieren die Gesellschaft und halten den technischen Fortschritt im Rahmen von Herrschaft. Technologische Rationalität ist zu politischer Rationalität geworden" (Der eindimensionale Mensch, S. 19). Die revolutionäre Kraft der ausgebeuteten Klassen ist vergangen und offenbar nicht tauglich für

Umbrüche. Das Proletariat ist nämlich längst im Wohlfahrtsstaat gut integriert. Eine tatsächlich nicht repressive Kultur ist erst in einer vollständig herrschaftsfreien Gesellschaft möglich. Kultur ist also nicht das Residuum oder ein Ausweg.

Die Gesellschaft selbst beruht in der Moderne auf einer ökonomisch-technischen Gleichschaltung und einem alles beherrschenden Prinzip von Produktivität. Marcuse ist am nächsten dran an Heideggers grundsätzlicher Technikkritik, er hat zwar einen völlig anderen Bezugsrahmen, politisch und philosophisch. Aber dass die Menschen bloße Marionetten einer allgemeinen Technikherrschaft sind, das verbindet ihn mit ihm. Die rationale Vernunft ist jedenfalls eine Verkümmerung der ganzen Vernunft. Daraus entsteht ein Konformismus des Denkens, ein „eindimensionaler Mensch", der Vernunft auf technologische Rationalität reduziert und ein nie zuvor erreichtes Manipulationspotenzial darstellt. Da der Spätkapitalismus wie der Faschismus die sozialen Konflikte ruhig stellt und in die Gesellschaft integriert, ist Revolte in den Augen von Marcuse der einzig mögliche Ausweg. Das revolutionäre Subjekt ist nun nicht mehr die Arbeiterklasse, sondern es sind diejenigen, die zu jung sind, um in den allgemeinen Zusammenhang der Verdummung integriert zu werden, die Studenten. Die größte Schwachstelle des Systems ist offenbar das Erziehungssystem. Das ist mutig und theoretisch nicht ungefährlich, weil alle Revolutionen, ob rechts oder links, auf die Jugend setzen. Einmal, weil ihr die Zukunft gehört, sie also ein großes Interesse an Verbesserungen hat, dann aber auch, weil sie unverformt ist und dadurch gerade manipulierbarer wird.

Habermas – Vernunftoptimismus

Jürgen Habermas (*1929) stammt aus Düsseldorf. Er studierte Philosophie, Geschichte, Psychologie, Germanistik und Ökonomie, danach arbeitete er als freier Journalist. Habermas wurde Assistent bei Adorno, konnte seine Habilitation aber nicht am Institut einreichen, Horkheimer war gegen die Arbeit, Habermas war ihm zu politisch. Er wurde 1964 Professor für Philosophie und Soziologie in Frankfurt, er folgte auf den Lehrstuhl von Horkheimer und wurde 1971 Direktor des Max-Planck-Instituts zur Erforschung der Lebensbedingungen der wissenschaftlich-technischen Welt. Habermas pendelte zwischen den Welten, den Max-Planck-Instituten und den Philosophenstühlen. Und er pendelte zwischen Europa und den USA, er hatte Forschungsaufenthalte und Gastprofessuren in Amerika, er hat die amerikanische Philosophie verarbeitet, und er hat sich immer wieder in politische Diskussionen eingeschaltet, auch in tagesaktuelle. Das reichte von den Studentenunruhen über die Notwendigkeit europäischer Institutionen bis zum Balkan-Krieg mitten in Europa oder zur amerikanischen Reaktion auf 9/11.

Habermas ist schon die zweite Generation der Kritischen Theorie. Wie sie richtet er das Augenmerk auf sozialphilosophische Fragen. Aber er geht einen völlig anderen Weg, es geht ihm um eine demokratische Evolution, um eine Rehabilitierung der Vernunft selbst. Wo Horkheimer und Adorno das Scheitern der Vernunft vor dem Hintergrund des Zweiten Weltkriegs resignativ beschreiben, will Habermas genau den Gehalt an ihr retten, der moralischen Herausforderungen standhalten kann. Die Philosophie von Habermas ist zeithistorisch in der demokratisch entwickelten Bundesrepublik angesiedelt, es geht wieder aufwärts. Er macht ein nach wie vor positives Projekt der gelingenden Aufklärung aus, die nur genügend über sich selbst aufgeklärt werden muss. Habermas hat internationales Ansehen, er ist ein kritischer Intellektueller, der die großen Debatten führt. Vernunft kann nicht ausschließlich zweckrational und autoritär sein, weil in der bürgerlichen Gesellschaft selbst die Möglichkeit zu ihrer eigenen Kritik angelegt ist. Schließlich hat sie selbst und nicht ein anderes System zu einer „Kritischen Theorie" geführt. Kein System kritisiert sich so wie Demokratie, kein System hat den Verbesserungsstachel so sehr in sich wie die Demokratie. Erst in modernen Demokratien gibt es ein Verständnis von Öffentlichkeit, die ein vernünftiges Gespräch zwischen Bürgern ermöglicht. Bürger verständigen sich in einem öffentlichen Raum und setzen sich bewusst der Kritik aus.

Eine Rationalität, der es nur um die Verfügung über den Menschen und die Natur geht, verdient das vernichtende Urteil der „Dialektik der Aufklärung", sie ist destruktiv. Nach dieser Entsorgungsarbeit kommt aber ein ganz anderer Begriff von Vernunft auf, eine kommunikative Rationalität, die der Verabsolutierung entgeht, weil sie in der Verständigung zwischen Menschen verankert ist und nicht im einzelnen isolierten Subjekt. In den 80ern vollzieht auch Habermas eine sprachphilosophische Wende, er entwickelt eine „Theorie des kommunikativen Handelns". Erst Sprache als Verständigungsmittel ermöglicht nämlich tatsächliche soziale Interaktionen, nur vor dem vertrauten Hintergrund einer Lebenswelt ist die Verständigung von Menschen untereinander überhaupt erst möglich. Lebensweltliches Wissen ist in der Sprache aber schon immer enthalten, deshalb ist Austausch möglich, das hatte schon Wittgenstein mit den Sprachspielen beschrieben. Sprachräume bestimmen mit über den möglichen Verständigungshorizont. Wer spricht, will verstanden werden, sonst würde er nicht sprechen. Menschliche Sprache trägt nun selbst ein emanzipatorisches Potenzial in sich. Wenn es keine selbstverständliche Übereinstimmung mehr gibt, wenn es Zweifel an der Berechtigung bestimmter Äußerungen gibt, dann muss darüber debattiert werden, bis sich die Kraft des besseren Arguments durchsetzt. Auch hierfür braucht Habermas ein innerweltliches Muster, er ist Pragmatiker, er will zeigen, wie es gehen kann. Das Modell ist das eines herrschaftsfreien Diskurses, verwirklicht in einer idealen Kommunikationsgemeinschaft wie der akademischen Auseinandersetzung. „Allein ein gemeinsames Wahrheitsverständnis, wie rudimentär und implizit es auch ausgeprägt sein mag, garantiert die Möglichkeit, einen Diskurs mit Gründen zu entscheiden, d. h. zu einer rational motivierten Einigung zu gelangen" (Vorstudien und Ergänzungen zur Theorie des kommunikativen Handelns, S. 443). Natürlich sind ideale Sprechsituationen und ein herrschaftsfreier Diskurs selbst im akademischen Milieu nicht tatsächlich und überall verwirklicht, geschweige denn in anderen Bereichen, aber es sind auch keine bloßen Fiktionen, es ist ein Möglichkeitsraum, eine Perspektive des Gelingens, der kontrafaktisch gegen die Wirklichkeit gestellt wird. Es ist ein Sollen und kein Sein.

Was uns in der Welt hält und Orientierung gibt, also die Sinnvorgaben, die moralischen Zielsetzungen oder die ethischen Zwecke, muss jedenfalls vernünftig begründet werden können, es braucht dafür kein unvernünftiges, irrationales, mythisches, religiöses oder auf ad hoc Entscheidungen aufbauendes Fundament. „Wahrheit, als die Berechtigung des in einer Behauptung implizierten Geltungsanspruchs, zeigt sich nicht, wie die Objektivität der Erfahrung, im erfolgskontrollierten Handeln, sondern allein in der erfolgreichen Argumentation, durch die der problematisierte Geltungsanspruch eingelöst wird" (Erkenntnis und Interesse, S. 388). Wahrheit ist so gesehen ein Kennzeichen einer inhaltlichen Auseinandersetzung, die sich der Begründbarkeit von Argumenten unterwirft. Der „herrschaftsfreie Diskurs" ist zwar alltagsweltlich verankert, denn jeder der spricht, setzt voraus, dass er verstanden werden kann und begibt sich somit auf die Ebene sprachlich getragener Argumentation. Aber auch der klammert irrationale Elemente der Sprache als fehlerhaft aus. Habermas ist ein Urdemokrat und überzeugter Europäer, aber Poesie wird wieder vertrieben aus dem idealen Argumentationsstaat, Kunst und rationale Argumentation, das geht kaum zusammen.

Habermas will die emanzipatorischen Ansprüche des „Projekts der Moderne" (Die Moderne – ein unvollendetes Projekt, S. 32 ff.) zu Ende bringen, er sucht einen Weg der Aufklärung, der aus den Sackgassen der instrumentellen Vernunft und radikalisierten Vernunftkritik hinausführt. Nicht die Entfaltung der Vernunft selbst hat zu den Pathologien der Moderne geführt, wie die Vernunftkritik behauptet. Es ist vielmehr deren einseitig instrumentelle Ausprägung bei einer gleichzeitig unvollendeten Rationalisierung der vormodernen ethischen und moralischen Elemente in unserer Lebenswelt. Wir leiden also gleichermaßen an zuviel instrumenteller Rationalität wie an zuwenig lebenspraktischer Vernunft. Es geht Habermas um die unausgeschöpften Potenziale einer kommunikativen Vernunft, es geht ihm um politische Teilhabe, und es geht ihm um eine Selbstregierung freier Bürger. Gesetze können für Habermas nur dann eine „legitime Geltung in Anspruch nehmen", wenn sie in einem „ihrerseits rechtlich verfassten diskursiven Rechtsetzungsprozeß die Zustimmung aller Rechtsgenossen finden können" (Faktizität und Geltung, S. 141). Die Betonung liegt auf „können", es ist auch hier ein Sollen, kein Sein. Dem entspricht auch sein Konzept eines Verfassungspatriotismus. Der ist nämlich kein substanzialisiertes Nationalgefühl, keine Geburtsvorgabe, sondern vielmehr ein Patriotismus, der jenseits von Abstammung und Sprache einen Weg der Zugehörigkeit zu einer Gesellschaft ermöglicht und ein positives Selbstwertgefühl tragen kann. Das klingt nicht nur nach Kant, Habermas sieht in diskursiven Anerkennungsprozessen, also wie dieser in der Intersubjektivität, den einzig gangbaren Weg einer vernünftigen Geschichtsentwicklung.

Menschenrechte – Anerkennung des Anderen

Freud und Heidegger haben den Ersten Weltkrieg verarbeitet, der Existenzialismus und die Kritische Theorie den Zweiten Weltkrieg, beides tiefe Einschnitt für Europa und das Denken. Der Zivilisationsbruch im Zweiten Weltkrieg lässt schließlich auch die Menschenrechte wieder verstärkt in den Blick kommen. Im 18. Jh. wurde das Menschenrecht im Sinne der Aufklärung als ein Universal gedacht, als etwas Allgemeines. Philosophen haben nämlich behauptet, dass Menschen in einem Naturzustand alle gleichermaßen bestimmte grundsätzliche Rechte besitzen. Naturzustand meint hier, dass sie unabhängig von Kultur und Gesellschaft gelten und insofern universell sind. Die Idee von Menschenrechten wurde in der französischen und amerikanischen Revolution gegen Ende des 18. Jh. dann auch politisch und rechtlich umgesetzt. Sie erklärten nämlich Menschenrechte zu tatsächlichen Bürgerrechten, die zumindest in ihren Staaten konkret verwirklicht sein sollten. Im 19. Jh. trat die Vorstellung eines allgemeinen Menschenrechts dagegen in den Hintergrund, starke Nationalstaaten hatten imperialistische Interessen, und sie hatten Kolonien, nahmen also nicht alle Menschen in ihrem Wert gleichermaßen ernst. Die Situation änderte sich erst wieder im 20. Jh., denn totalitäre Regimes machten die Diskussion von Menschenrechten erneut erforderlich, weil geschichtliche Entwicklungen dazu gezwungen hatten. Offensichtlich gehört es nämlich nicht zur allgemeinen Natur des Menschen oder zu einer geschichtlichen Fortschrittsentwicklung, den Menschen zu achten. Menschen können stattdessen auch in der modernen Welt Moralvorstellungen entwickeln, deren Prinzip die Unterdrückung und Vernichtung des Anderen ist. Die Begründung sollte eine vermeintliche Reinhaltung der eigenen Gruppe liefern, rassistische Motive also. Auf der moralischen Theorieebene bedeutet das eine gewaltsame Spaltung der einheitlichen Kategorie Mensch in Herrenmenschen und Untermenschen. Menschen sprechen anderen Menschen mit naturalisierten Behauptungen das Menschsein ab und behandeln sie anschließend wie Tiere oder Dinge.

Erst vor diesem Erfahrungshintergrund kommen die Vereinten Nationen 1948 zur Begründung einer erneuten Erklärung. „Da die Nichtanerkennung und Verachtung der Menschenrechte zu Akten der Barbarei geführt haben, die das Gewissen der Menschheit mit Empörung erfüllen, verkündet die Generalversammlung diese Allgemeine Erklärung der Menschenrechte". Menschenrechte sind in der zweiten Hälfte des 20. Jh. damit keine natürliche Bestimmung oder Eigenschaft mehr wie im 18. Jh., sondern sie werden als Folge einer historischen Extremerfahrung formuliert. In § 28 heißt es dann: „Jeder Mensch hat Anspruch auf eine soziale und internationale Ordnung, in der die in dieser Erklärung verkündeten Rechte und Freiheiten voll verwirklicht werden können." Es geht in den Menschenrechten nicht um das Verhältnis von Menschen zueinander oder das von Staaten untereinander, sondern in erster Linie um das von Menschen zu ihren staatlichen Institutionen und umgekehrt. Damit unterlaufen Menschenrechte die staatliche Einzelsouveränität. Menschenrechte werden in einem politischen und juristischen Zusammenhang aktualisiert und gesetzlich bindend gemacht, ihre Begründung erfolgt aber auf philosophischem Boden. Staaten verdienen nämlich nur deshalb Anerkennung und völkerrechtlichen Respekt, weil sich in ihnen eine politische Gemeinschaft selbst regiert, das ist die Position von Jürgen Habermas. Im Umkehrschluss heißt das, es kann gar keine politische Selbstregierung geben, die nicht gleichzeitig die Anerkennung der Menschenrechte einschließt, weil sich ein Volk in Freiheit niemals selbst der Menschenrechte berauben würde. Zu den Menschenrechten zählen aus philosophischer Perspektive das Recht auf Leben, Freiheit, Eigentum und formale Gleichheit, das ist die Position des amerikanischen Philosophen John Rawls (1921–2002), er beschreibt damit eine minimalistische Version, um sie möglichst globalisierungsfähig zu halten. In der maximalistischen und eher europäischen Version zählen dazu darüber hinaus freie Meinungsäußerung, politische Partizipation, die Chance zur Entwicklung neuer Ideen und der Freiraum für experimentelle Lebensformen, das ist die Position von Jürgen Habermas.

So sieht es das westliche Denken, dem schließen sich aber nicht alle Kulturkreise an. 1990 wird die Kairoer Erklärung der Menschenrechte von der Islamischen Welt formuliert. Neben und über dem westlichen Menschenrechtsverständnis soll es ein besseres geben. „Die Mitglieder der Islamischen Konferenz betonen die kulturelle und historische Rolle der islamischen Umma, die von Gott als die beste Nation geschaffen wurde und die der Menschheit eine universale und wohlausgewogene Zivilisation gebracht hat, in der zwischen dem Leben hier auf Erden und dem im Jenseits Harmonie besteht und in der Wissen mit Glauben einhergeht; und sie betonen die Rolle, die diese Umma bei der Führung der durch Konkurrenzstreben und Ideologien verwirrten Menschheit und bei der Lösung der ständigen Probleme dieser materialistischen Zivilisation übernehmen sollte." Die hier genannte Umma ist die Gemeinschaft der Muslime. Dieses Konzept wird im Westen niemand teilen, aber man muss respektieren, dass es diese Auslegung gibt und irgendwie auch damit umgehen. 1993 kommt im Rahmen der Wiener

Menschenrechtskonferenz der Vereinten Nationen schließlich noch eine weitere Auffassung hinzu, die Erklärung von Bangkok. China, Kuba, Indonesien und Iran stellen dabei die These auf, dass sowohl Freiheit als auch der Gedanke von universellen Menschenrechten überhaupt nicht universell sind, weil beide in den meisten Ländern der Erde keine Tradition besitzen. Und wenn man diese Ideale ernst nähme, müsse man auch die ökonomische Entwicklung in den Rang eines Menschenrechts erheben und zum Bestandteil jeder akzeptablen Konzeption von Freiheit machen. Welche Position man auch immer einnimmt, die inhaltlich gefüllte Vorstellung von Menschenrechten ist offensichtlich nicht homogen. Daraus ergibt sich die Frage, wie etwas Allgemeines, wie Menschenrechte, so begründet werden kann, dass es unterschiedliche Zugänge ermöglicht, und dennoch etwas gemeinsam Verbindendes verpflichtend darstellt.

Menschenrechte sind erstmals in Europa im Rahmen der Aufklärung beschrieben worden, das ist ihr Traditionsanteil. Sie sind dadurch entstanden, dass Bürger das monarchische und religiöse Paradigma verlassen und sich stattdessen auf Natur, Glaube oder Vernunft bezogen haben. In ihrer heutigen Version berufen sich Menschenrechte allerdings weniger auf diese Tradition als auf die historische Erfahrung in Europa im 20. Jh., auch das macht ihren Traditionsanteil aus. Denn sie sind erst vor dem Hintergrund westlicher Barbarei und des Totalitarismus reformuliert worden. Natur, Glaube und Vernunft waren jedenfalls keine wirksamen Garanten gegen das katastrophale 20. Jh., und deshalb steht in Frage, ob sie es im Sinne einer Universalisierung der Menschenrechte überhaupt sein könnten, zumal sich nicht alle unter dieses Banner stellen würden. Für die westliche Sicht der Menschenrechte gibt es jedenfalls zwei historische Geburtshelfer, die Aufklärung und die Katastrophe. Hannah Ahrendt meint in den 50er Jahren angesichts der Tatsache, dass Staaten selbst die Hauptbedrohung für ihre Bürger sein können, dass Menschen das „Recht auf Rechte" (Elemente und Ursprünge totaler Herrschaft, S. 465) haben. Menschen können demzufolge nicht entstaatlicht werden, sie sind immer Teil einer Gemeinschaft und haben dieser gegenüber elementare Rechte. So gesehen ist die Aufklärung ein bis heute ausschließlich westlicher Weg und damit keine global tragfähige Begründung für Menschenrechte. Die Gefahr der Katastrophe, die Menschen das Menschsein selbst abspricht, dagegen schon, denn sie kann jederzeit an jedem Ort auftreten. Damit kann sie als ein Ereignis gelten, aus dem heraus sich ein Universal ableiten lässt. Denn die Erklärung der Menschenrechte ist aus extremen Unrechtserfahrungen heraus entstanden, sie wurden nicht nur erstritten, sondern auch erlitten. Zumindest das Verarbeiten von erleidbaren Unrechtserfahrungen ist universalisierbar. So könnten andere Kulturkreise eine eigene Reformulierung hervorbringen, wenn die Zeit danach ist. Voraussetzung ist eine extreme historische Erfahrung. Im Übrigen ist die Formulierung auch im Westen mehr ein Sollen und kein perfekt umgesetztes

Sein, Menschenrechte werden immer wieder gerne unterlaufen, beispielsweise bei der Terror- und Verbrechensbekämpfung.

In der philosophischen Diskussion selbst gibt es mehrere Begründungsansätze für Menschenrechte. Aktuell herrscht Übereinstimmung, dass sie alle Menschen gleichermaßen haben, und Übereinstimmung herrscht auch darin, dass Menschenrechte in einem weltgeschichtlichen Lernprozess entstanden sind. Damit wären sie jedenfalls nicht von Natur aus vorgegeben oder ewig. Sie sind keine Eigenschaft des Menschen schlechthin, sondern ein vernünftiges gesellschaftliches Entwicklungsergebnis. Unterschiede gibt es allerdings bei den philosophischen Begründungsmöglichkeiten. Gesucht sind verallgemeinerbare Prinzipien, denn nur das bietet die Möglichkeit einer Universalisierung jenseits westlichen Denkens. Es gibt Modelle nach dem Muster eines Gesellschaftsvertrags, Menschen schließen einen Vertrag, um gut zusammen zu leben, sie sind also souveräne Staatsstifter und damit Herr im Haus. Menschen dürfen demnach niemals Mittel zum Zweck für Andere sein, sie haben ihren Zweck in sich selbst. Nach Hobbes, Locke und Kant ist das die freie Selbstführung. Weil alle Menschen moralisch dazu verpflichtet sind, den Anderen zu achten, soll auch die öffentliche Ordnung diesem Prinzip folgen, denn sie ist ein Zusammenschluss von Menschen. Das sind eher rechtstheoretische Positionen. Es gibt darüber hinaus Modelle, die vom bereits konstituierten Staat nach dem Muster einer vernünftigen Rechtfertigungsnotwendigkeit gegenüber seinen Einwohnern ausgehen. Jeder Staat muss sich demzufolge gegenüber seinen Bürgern rechtfertigen können und zwar argumentativ. Niemand würde freiwillig akzeptieren, wenn Staaten mit ihm so umgehen, dass seine Menschenrechte verletzt werden. Das verlegt den Druck in den Staat selbst, dem die Menschenrechte nicht mehr von außen übergestülpt werden. Habermas meint: „Die Idee der rechtlichen Autonomie der Bürger verlangt ja, dass sich die Adressaten des Rechts zugleich als dessen Autoren verstehen können. Dieser Idee widerspräche es, wenn der demokratische Verfassungsgesetzgeber die Menschenrechte als so etwas wie moralische Tatsachen schon vorfinden würde, um sie nur noch zu positivieren" (Die Einbeziehung des Anderen, S. 301). Also nicht das einzelne Subjekt verpflichtet sich zu Menschenrechten, sondern es ist das kollektive Subjekt, die politische Ordnung. Rawls dehnt das noch weiter zu einem „Recht der Völker als eine realistische Utopie" (Das Recht der Völker, S. 13) aus. Menschenrechte sind für ihn ein zentraler Teil des Umgangs der Völker untereinander. Wenn die Staaten sich als freie und gleiche anerkennen, dann verpflichten sie sich nicht nur nach außen, ihre Souveränität gegenseitig zu akzeptieren, sondern ebenso nach innen, ihre Souveränität zu begrenzen und den Menschen zu achten. Hinter all diesen Begründungsansätzen steht die Vorstellung einer Herrschaft der Vernunft.

Es gibt aber auch einen anderen Weg, der zu Menschenrechten führt, und der verläuft über das Gefühl. Angesichts der Schwierigkeiten, eine zwingende universelle Begründung für die Menschenrechte zu liefern, geht der amerikanische Philosoph Richard Rorty (1931–2007) pragmatisch vor und beschreibt den durch Menschenrechte erreichten sittlichen Fortschritt zunächst als Tatsache. Es ist die menschliche Gesellschaftsgeschichte selbst, die Menschenrechte hervorgebracht hat. Demnach hat der historische Prozess der Kultivierung der Gefühle und Erziehung zu einer Verinnerlichung der menschenrechtlichen Moral zumindest in den westlichen Gesellschaften geführt. Voraussetzung für diese Entwicklung ist für Rorty ein Gefühl der Sympathie und nicht eine Erkenntnisleistung der moralischen Vernunft. „Wir Pragmatisten gehen ... davon aus, dass das Auftauchen der Menschenrechtskultur einem Zuwachs an moralischem Wissen offenbar gar nichts, sondern alles dem Hören trauriger und rührseliger Geschichten verdankt" (Wahrheit und Fortschritt, S. 248). Damit steht er Hume und Rousseau näher als Kant. Rorty betont, dass die Menschenrechte das Ergebnis von Erfahrung und anschließender Bildung sind, also von aktiven Leistungen. Sympathie selbst ist keine logisch scharfe Kategorie, die zu einer Letztbegründung führen könnte. Und genau das hat Rorty auch gar nicht im Sinn, er ist im Anspruch wesentlich bescheidener. Es ist jedenfalls eine intersubjektive Öffnungskategorie, die auch für andere Kulturen einen Möglichkeitsraum darstellt. Sympathie ist mit der Einstellung einer gegenseitigen Anerkennung verbunden. Die Voraussetzung hierfür ist die menschliche Fähigkeit, jeden Menschen als Anderen mit einer je eigenen Perspektive anerkennen zu können. Rorty geht davon aus, dass diese Anerkennungshaltung eine erworbene menschliche Praxis ist, also eine Haltung, zu der Menschen aufgrund ihrer Fähigkeiten erzogen werden. Sie ist jederzeit und an jedem Ort möglich, deshalb ist es notwendig, immer mehr Partner für diese Praxis zu gewinnen. Zu der grundsätzlich vorausgesetzten Fähigkeit muss dann noch die Bereitschaft hinzukommen, diese Fertigkeit erwerben und ausprägen zu wollen. Aus dem Blickwinkel von Rorty können ein Vertrag oder die Vernunft nicht vorgängig sein, sie können eigentlich nur zu einer Menschenrechtserklärung führen, weil sie das Anerkennungsprinzip bereits voraussetzen. Zur Anerkennungsfähigkeit können nämlich weder ein Vertrag noch die Vernunft zwingen, es ist eine Haltungsfrage. Das mag als Menschenrechtsbegründung unbefriedigend wirken, aus der Sicht von Rorty ist es aber realistisch.

Die Anerkennung des Anderen ist philosophisch betrachtet eine Voraussetzung der Menschenrechte und noch nicht die Formulierung von Menschenrechten selbst. Das ist ein wesentlicher Unterschied, denn diese Voraussetzung ist vorrechtlich und auch vorpolitisch. Was Menschenrechte dann schützen, ist auf der untersten Ebene diese Fähigkeit selbst. Weil wir jeden anderen als Anderen anerkennen können, treten wir überhaupt in Vertrags- oder Rechtfertigungsbeziehungen ein. Die Anerkennungsfähigkeit ist das Grundprinzip von Intersubjektivität und von menschlicher Begegnung schlechthin. Die Stärke dieses Ansatzes besteht darin, dass die Möglichkeiten einzelne Prinzipien auszuformulieren, ihrerseits plural sind. Das kann die Würde sein oder die Evidenz, die Gerechtigkeit oder die Gottesebenbildlichkeit, die Vernunft oder die Konvention. Anerkennung des Anderen als abstraktes Prinzip ist ein neuer Hebel, denn ausschließlich die Möglichkeit pluraler Zugänge bedingt eine Globalisierungsfähigkeit. Man könnte das als Schwäche deuten, weil es unbestimmt bleibt, man kann es aber auch als Stärke deuten, weil auch das ein Ergebnis von historischen Erfahrungen ist. Die Anerkennung des Anderen ist eine prinzipielle Öffnungskategorie, weil der Andere nicht durch einen feststehenden Begriff bestimmt wird, sondern wesentlich unbestimmt bleibt. Der amerikanische Moralphilosoph Michael Walzer (* 1935) geht davon aus, dass Menschenrechte als „allumfassendes Gesetz" (Lokale Kritik – globale Standards, S. 149) keine stabile Tragfähigkeit besitzen. Das wäre ein feststehender Kanon, und es spricht nichts dafür, dass eine Einigung hierüber möglich wäre. Walzer unterscheidet deshalb davon einen anderen Universalismus, den er als „wiederholend" bezeichnet. Konkret ausformuliert sind Menschenrechte somit immer nur eine ganz bestimmte Konzeption in einer ganz bestimmten historischen Phase, was allerdings nicht heißt, dass sie damit relativ wären. Walzer beharrt auf dem Universalisierungsprinzip selbst, es gibt aber keine neutrale ewig gültige Formulierung. Der „wiederholende Universalismus" (Lokale Kritik – globale Standards, S. 144) gibt den Anspruch der Richtigkeit zwar nicht auf, lässt aber Unterschiede zu. Denn es gibt keine Wiederholung ohne eine Verschiebung. Sie setzt Prozesse in Gang und verlangt, dass der normative Gehalt der Menschenrechte erneut zur Geltung gebracht wird. Was genau dieser Gehalt dann ist, muss immer wieder neu gerechtfertigt werden, Menschenrechte begründen das Sprechen über Menschenrechte.

Ein ebenso abstrakter Begriff, der ganz unterschiedliche Konkretisierungen zulässt, ist „Person". Er spielt vor allem in der philosophischen Ethik eine zentrale Rolle. Das liegt daran, dass er für das steht, was uns einerseits alle ausmacht, und was andererseits gleichzeitig besonders an uns ist. Für den französischen Philosophen Paul Ricœur (1913–2005) erstrecken sich die ethischen Dimensionen der Person auf drei Ebenen, nämlich als „Ausrichtung auf das ‚gute Leben' mit Anderen und für sie in gerechten Institutionen" (Das Selbst als ein Anderer, S. 210). Der Personenbegriff ist ein Beispiel, wie sich unterschiedliche Traditionen in einem Konzept überlagern können, ohne völlig gleich zu sein. In ihm und im Konzept der Anerkennung des Anderen treffen sich nämlich Philosophie und Theologie. Sie haben zwar zwei völlig unterschiedliche Traditionslinien, sie beziehen sich auf ganz unterschiedliche Texte, sie bewegen sich in ganz anderen Begründungszusammenhängen, sie haben völlig unterschiedliche Bezugssysteme, und dennoch können sie sich in einem abstrakten Konzept treffen. Das mag überraschen. Sie können sich jedenfalls gegenseitig unterstellen, dass sie aus falschen

Gründen zu richtigen Ergebnissen kommen. Es ist aber beileibe keine historische Versöhnung, sondern es ist eine Kooperation aufgrund der erfahrenen Geschichte, auch gemeinsam und gegeneinander, keiner muss sich dabei in seinen Wurzeln aufgeben. Schon das ist ein Indiz, dass verallgemeinerungsfähige Prinzipien möglich sind, auch wenn man aus unterschiedlichen Richtungen kommt, zumindest die europäische Geschichte kann das belegen. Es ist angesichts der ethischen Globalisierungsaufgabe jedenfalls realistischer, die Unterschiedlichkeit der Richtungen hervorzuheben und zu bewahren, statt sie zu nivellieren. Europa hat zwei getrennte Traditionslinien, bei denen es zwar phasenweise Überschneidungen gab, es ist aber überhaupt nicht zwingend, eine davon triumphieren zu lassen, wie das der Begriff Säkularisierung nahe legt. Die vermeintlich aufklärerische Verweltlichung christlicher Gedanken ist nämlich eine vergiftete Option, es wird entweder von der Theologie unterstellt, dass die Werte religiös sind und Vernunft sie nur anders formuliert. Oder es wird umgekehrt von der Philosophie unterstellt, dass sie vernünftig sind und Religion sie nur metaphysisch überhöht hat. Aus philosophischer Perspektive ist die in der Antike initiierte Philosophiegeschichte jedenfalls die eine Schiene und das jüdisch-christliche Erbe eine andere. Die Auseinandersetzung um beide und die gegenseitige Toleranz im Sinne einer offenen Anerkennung unterschiedlicher Sphären, das Aushalten von Widersprüchen also und von Andersdenken, ist mit das Beste, was Europa hervorbringen konnte. Das strenge Kriterium in der Anerkennung ist, als Person akzeptiert zu werden, und nicht eine inhaltlich für alle Zeiten gefestigte Ausformulierung. Die Betonung liegt auch hier wieder auf dem „können", es ist offen für die Zukunft. Es gibt nur den dialogischen Prozess der ständigen Universalisierung, und der ist zu Ende gedacht unabschließbar, weil nicht nur Abstraktes immer wieder konkretisiert werden muss, sondern weil auch die unterschiedlichen Herleitungen von Werten aushaltbar sein müssen.

Menschenwürde – Intersubjektive Achtung des Anderen

Die Kategorie der gegenseitigen Anerkennung führt unmittelbar zum modernen Würdebegriff. „Die Würde des Menschen ist unantastbar", das ist eine Zentralaussage des modernen Selbstverständnisses. Wie die Menschenrechte erfuhr auch das Konzept der Menschenwürde nach dem Zweiten Weltkrieg einen Aufschwung. Ab den 90er Jahren wurde der philosophische Würdebegriff dann mit Fragen zur Bioethik, Tierethik, Umweltethik oder Sterbehilfe auf ganz neue Weise relevant. Die Menschenrechtserklärungen des 18. Jh. kennen noch keinen Bezug zur Menschenwürde. Die neue Berufung auf die Menschenwürde erlaubt es demgegenüber genauso wie der Personenbegriff, dass sich geistig und politisch gegensätzliche Positionen auf einen gemeinsamen Begriff verständigen können, der keiner Richtung allein angehört. Er ist nach dem Zweiten Weltkrieg ein Konsensbegriff, der den fundamentalen Achtungsanspruch gegenüber Menschen zum Ausdruck bringt. So gesehen muss auch er seine Universalisierungsmöglichkeit begründen können.

Was ist „Würde" aus philosophischer Sichtweise? Zunächst einmal heißt Würde ganz einfach „Wert", wenn etwas Würde hat, dann hat es einen besonderen Wert. Der antike Begriff für Würde ist „Dignitas" und meint dort die herausgehobene Stellung einer Person in der Öffentlichkeit. Der Stoiker Cicero hat sie erstmals umfassend beschrieben, es geht für ihn um Rollen, die eingenommen werden. Man kann sie deshalb erwerben, und man kann sie verlieren, sie sind mit Leistungen innerhalb der Gesellschaft verbunden. Cicero leitet die Verpflichtungen im römischen Staat aus insgesamt vier Rollen ab, die jeder Mensch einnimmt. Dazu gehört die Rolle, die unsere Herkunft verschafft. Dann die Rolle, die zu unseren eigenen Talenten passt. Weiter die Rolle, die sich jeder selbst wählt, sofern er kann. Und schließlich die Rolle, dass wir Menschen sind und keine Tiere, und deshalb Vernunft haben. Cicero leitet aus all dem ab, sich würdevoll zu verhalten, es ist für ihn eine Aktivität und keine Eigenschaft. Es geht ihm also nicht darum, die Würde anderer zu schützen oder zu respektieren. Würde ist im antiken Verständnis kein allumfassendes Prinzip und taugt nicht zur Verallgemeinerung jenseits römischer Grenzen.

Im Mittelalter wird Würde als herausgehobene Stellung des Menschen innerhalb der göttlichen Gesamtordnung bestimmt. Das ist zunächst zwar verallgemeinerungsfähig, aber nicht mit einem universellen Geltungsanspruch, weil es auch andere religiöse und zudem atheistische Überzeugungen gibt, die das religiöse Weltbild so nicht teilen. Kant formuliert demgegenüber in der Aufklärung als erster ein verallgemeinerungsfähiges Prinzip, das unabhängig von kulturellen Gegebenheiten gültig sein kann. Würde ist für ihn ein besonderes Vermögen, nämlich das zur moralisch-sittlichen Selbstbestimmung, das sich in der Fähigkeit zur moralischen Selbstgesetzgebung ausdrückt. Vereinfacht gesagt ist für Kant Würde die Fähigkeit zur Einsicht in die Geltungskraft des kategorischen Imperativs. Würde als Vermögen ist für ihn also keine schlichte Eigenschaft, nicht etwas, das zu einer Substanz hinzukommt, sondern sie beschreibt ein zwischenmenschliches Verhalten, ein Vernunftvermögen, ein Potenzial, das jedem zukommt, ob es nun tatsächlich verwirklicht ist oder nicht. Das ist nun zwar verallgemeinerungsfähig, aber Kant hat einen sehr anspruchsvollen Würdebegriff. Er meint, „Autonomie ist also der Grund der Würde der menschlichen und jeder vernünftigen Natur" (BA 77, Bd. VII, S. 69). Zumindest ein grundsätzlicher Einwand bleibt dann bestehen. Es gibt Personen, bei denen die Verwirklichungsmöglichkeit nicht unterstellt werden kann, beispielsweise geistig Behinderte, Verwirrte oder Kleinkinder, alles Menschen, die diese Fähigkeiten zumindest zeitweise nicht haben oder noch nicht haben. Man kann ihnen zwar das Potenzial zusprechen bei einer normalen Entwicklung, aber bei bestimmten Personen kann diese gar nicht eintreten. Das zumindest begrenzt eine jederzeit gültige Verallgemeinerungsfähigkeit.

Die moderne Variante des Würdebegriffs bewegt sich deshalb noch stärker auf einer Metaebene. Wir können allen Menschen unterstellen, dass ihnen an einem Leben in Selbstachtung gelegen ist. Wir unterstellen also lediglich, dass sie die Fähigkeit besitzen, dass ihnen daran gelegen ist, nicht mehr und nicht weniger. Das ist die Beschreibung eines Selbstbezugs, der zunächst etwas bescheidener ist als die Einsicht in den kategorischen Imperativ. Menschenwürde ist in dieser Perspektive die Achtung vor der grundsätzlichen Fähigkeit zur eigenen Selbstachtung von Menschen. Sie ist keinesfalls ein konkret inhaltlich ausgeführtes Recht, so behandelt zu werden, wie man es selbst für sich als würdig erachtet oder wie es andere tun. Den Ansatz der „Entwicklung von Fähigkeiten" (Gerechtigkeit oder Das gute Leben, S. 86) vertritt vor allem die amerikanische Philosophin Martha Nussbaum (*1947). Menschen haben demzufolge allein aufgrund ihres Menschseins einen unhintergehbaren Anspruch auf die Entfaltung dieser Fähigkeit. Nussbaum leitet ihren Würdebegriff von der Stoa und von Kant her, beruft sich in ihrem eigenen Ansatz aber noch stärker auf Aristoteles und den frühen Marx. Würde ist auch in diesem Konzept keine naturalistische, subjektive Kategorie, sondern eine ausschließlich zwischenmenschliche, es braucht dazu zwei, die sich gegenseitig etwas unterstellen. Wäre Würde stattdessen eine bloße Eigenschaft, die alle Menschen haben wie Organe, müsste sie nicht unbedingt als unantastbar bestimmt und besonders geschützt werden, da sie alle schon unstrittig hätten. Der Würdeschutz bezieht sich genau auf die Möglichkeit zur Verwirklichung einer Fähigkeit, die eingeräumt wird, er ist eine Möglichkeitsbedingung zur konkreten Umsetzung und dieser deshalb immer vorgängig, ein Prinzip. Nussbaum beschreibt in der Folge eine ganze Reihe von Fähigkeiten: grundlegende, das sind unausgebildete; innewohnende, das sind ausgebildete; und schließlich kombinierte, das sind ausgebildete und geeignete Verhältnisse, um sie auch wirklich ausüben zu können. Zur Verwirklichung gehört immer die Praxis ihrer Ausübung. Das baut die Brücke zu gesellschaftlichen Verhältnissen, es müssen bestimmte politische und materielle Grundbedingungen erfüllt sein, damit diese Fähigkeiten überhaupt entfaltet werden können. Es sind jedenfalls äußere Faktoren notwendig. Achtung verlangt auch schon für Aristoteles, dass Bedingungen hergestellt werden, in denen sich Fähigkeiten entwickeln und ausbreiten können.

Würde manifestiert sich immer dann konkret, wenn zumindest zwei Menschen interagieren. Menschen schreiben sie sich gegenseitig zu, indem sie sich als jeweiligen Selbstzweck anerkennen, und schützen dann diesen Selbstzweck, indem sie entsprechende Grenzen des Übertritts einhalten. Für Habermas markiert Menschenwürde „diejenige ‚Unantastbarkeit', die allein in den interpersonalen Beziehungen reziproker Anerkennung, im egalitären Umgang von Personen miteinander eine Bedeutung haben kann" (Die Zukunft der menschlichen Natur, S. 62). Die Anerkennung des Anderen als eigenständige Person mit einem freien Willen und dem Recht auf eigene Überzeugungen begründet so einen gegenseitigen Respekt, der bis zu der Grenze geht, wo der Andere mir diesen Respekt nicht entgegenbringt, selbst auch freie Überzeugungen haben zu können. Das beschreibt dann die Grenze der Toleranz, die eine Überzeugung einnehmen kann, ohne das Prinzip der gegenseitigen Anerkennung zu zerstören, wie es der Rassismus macht. Zur Anerkennung der Würde gehört beispielsweise, dass unter moralischen Gesichtspunkten verpflichtend ist, dass der lebende Körper eines Anderen oder Teile davon nicht zu meinem Eigentum werden können. Genau das bedeutet übrigens schon Kants Beschreibung, dass der Mensch seinen Zweck an sich selbst hat, und nicht bloßes Mittel für einen anderen ist.

Amerikanischer Pragmatismus – Nutzenprüfung

Der amerikanische Pragmatismus ist eine große eigenständige Strömung der Philosophie im 20. Jh. Sie kommt aus den USA und bestimmt dort nicht nur das Lebensgefühl, sondern auch das philosophische Denken. Wissen wird dabei ausschließlich in lebenspraktische Zusammenhänge gestellt, Wahrheiten mögen falsch sein oder richtig, im Grund ist das einerlei. Entscheidend ist, wozu ihre Anwendung taugt. In seiner Entstehungsgeschichte gehört der Pragmatismus zwar in das letzte Drittel des 19. Jh., richtig bedeutsam wird er aber erst im 20. Jh. Das Prinzip des Pragmatismus ist klar und einfach: Wahr ist nur, was uns nützt. Pragmatiker sind Sophisten, nur was nützt, treibt uns demnach an und interessiert uns wirklich. Das ist eine lebenspraktische Wende der Philosophie. Metaphysik wird nicht abgelehnt, weil sie unwahr ist, sondern weil sich die Frage ihres Nutzens stellt, eine wahre Welt der Ideen würde auf uns keinen Einfluss haben. Die theoretischen Voraussetzungen sind von Charles Sanders Peirce (1839–1914) gelegt, einem amerikanischen Logiker, Naturwissenschaftler und Zeichentheoretiker. Für Pierce erklärt sich die Bedeutung von Äußerungen nicht durch den einfachen Verweis auf das Bezeichnete, sondern erst aus der komplexen Beziehung von Zeichen, Objekt und Interpret. Bedeutung verstehen hat demzufolge mit dem Rahmen zu tun, in dem wir uns bewegen. Es gibt keine isolierte Bedeutung, sondern Bedeutung und Verstehen sind Bestandteile einer sozialen Praxis, sie bilden sich nur in Handlungszusammenhängen.

Das Feld sozialer Beziehungen wird nach der sprachtheoretischen Analyse philosophisch weiter aufgerollt. William James (1842–1910), ein amerikanischer

Psychologe und Philosoph meint, dass wir nur mit Fiktionen leben, und uns das intellektuell entlastet. Wir können nämlich nicht zeigen, wie Gehirn und Denken zusammen funktionieren. Deshalb können und müssen wir den Blick von Prinzipien und Kategorien wegrichten und hinkommen zu den Folgen und Tatsachen. Es geht nicht mehr um das Wesen der Dinge, sondern um Praktisches, um Nutzen und konkrete Ergebnisse. Philosophie nimmt damit nur noch Bezug auf das Leben, das einem ständigem Wandel unterworfen ist. Dogmen jedenfalls sind vor dem Hintergrund nicht haltbar. Das Denken und Erkennen, unsere Überzeugungen und Behauptungen müssen wie auch immer in unsere unmittelbare Lebenspraxis integrierbar sein. Das ist für James das tatsächlich letzte Kriterium für wahr und falsch. Er nennt das den „Barwert der Wahrheit, wenn wir sie in Erfahrungsmünze umrechnen" (Der Pragmatismus, S. 125). Wahr ist demnach, was sich in praktischen Konsequenzen bewährt. Nicht das Denken ist der Prüfstein von Wahrheit, sondern das Handeln, Wahrheit muss sich ständig neu erweisen, sie verändert sich mit neuen Erfahrungen. Der Pragmatismus von James ist offen für alles. Wenn Glauben und Religion dazu taugen, uns voran zu bringen, dann sind sie ebenso wahr wie naturwissenschaftliches Wissen. Was praktische Folgen hat, muss auch irgendwie richtig sein. Alle Wahrheiten bleiben nur subjektiv gültig, sie sind im ständigen Fluss, alles Wissen ist bloß ein Zurechtlegen unserer Erlebnisse gemäß unseren Zwecken. Wir „müssen heute mit der Wahrheit leben, die wir heute erreichen können und müssen uns darauf gefasst machen, die Wahrheit morgen einen Irrtum zu nennen" (Der Pragmatismus, S. 141). Weder Logik noch Sinne sind maßgeblich, entscheidend ist, dass unsere Wahrheiten zu unseren Erfahrungen und zu unserem Leben passen.

Der amerikanische Philosoph John Dewey (1859–1952) macht aus dem Pragmatismus ein pädagogisches Programm. Denken ist ein taugliches Instrument zu einer konkreten Problemlösung, es ist somit ein Instrument zum Handeln. Jede Idee ist wahr als Denkmittel, sofern sie der Lebensbewältigung dient. Die Idee hat demzufolge kein eigenes Sein, sondern sie ist stets situations- und sozialbezogen. Es gibt damit keine ewigen Wahrheiten, sondern nur noch Problemlösungen, bis eine nächste Schwierigkeit auftaucht. Dieser Wahrheitsbegriff entspricht dem Vorgehen in der naturwissenschaftlichen Forschung, eine unpassende Erklärung wird durch etwas Besseres ersetzt. Es gibt keine letzten Gewissheiten, denn Irrtümer können niemals ausgeschlossen werden. Überzeugungen und Meinungen müssen immer wieder überprüft und nach Möglichkeit durch bessere ersetzt werden. Im Kontext der Naturwissenschaften kommt der Philosophie für Dewey aber eine besondere Aufgabe zu, sie soll nämlich ausgehend von den jeweiligen Grundlagen des gesellschaftlichen Zusammenlebens Werte bestimmen, denen die Naturwissenschaften verpflichtet werden. Auch Naturwissenschaften sollen in letzter Instanz menschlichen Zwecke dienen. Dewey will den Pragmatismus für Politik und Pädagogik gleichermaßen fruchtbar machen. Für ihn ist das ganze Leben ein Erziehungs- und Lernprozess. Er fordert eine Abkehr vom bloßen Faktenlernen und will hin zur Förderung von Anlagen und Interessen. Die Erziehung und der Schulunterricht sollen selbständiges Denken und praktisches Handeln hervor bringen. Nur durch eine bessere Erziehung kann in seinen Augen die Gesellschaft besser werden, schließlich setzt die Demokratie gebildete Bürger voraus.

Nicht nur das amerikanische Denken ist stark vom Pragmatismus getragen, sondern auch die Ethik. Es nimmt dabei auf den sogenannten Utilitarismus Bezug, das ist ein besonderes Modell einer am Nutzen orientierten Ethik. Die Nutzenethik selbst wurde Ende des 18. Jh. und im 19. Jh. in Europa entwickelt, die Begründer sind zwei englische Empiriker und Antimonarchisten. Jeremy Bentham (1748–1832), ein Jurist und Philosoph, meint, es wäre unsinnig, das Recht und die Gesetze auf die Bibel zu gründen, auf ein persönliches Gewissen, auf vermeintliche Naturrechte oder auf den gesunden Menschenverstand. Viel bleibt dann tatsächlich nicht mehr. Den Menschen sieht er vor allem als einen Lust-Schmerz-Organismus an, und daran soll sich die Ethik halten. Gesetze haben die Aufgabe, das Wohlbefinden der Menschen zu steigern und umgekehrt den Schmerz zu verringern. Zunächst muss klassifiziert werden, wie viele Einheiten Schmerz, und wie viele Einheiten Wohlbefinden einzelne Aktionen auslösen. Dann werden daraus Glückssummen gebildet, und es wird versucht, den Glückszustand zu verbreitern, also das größte Glück der größten Zahl zu schaffen. So bekommt die Mehrheit, was sie will. Der Utilitarismus ist urdemokratisch, aber nicht ungefährlich, denn die Mehrheit kann ja auch irren und willkürlich falsch entscheiden, wenn es keine anderen ethischen Prinzipien gibt. Das hat sie in der Geschichte mehrfach bestätigt. Für Utilitaristen zählen jedenfalls nur die Konsequenzen von Gesetzen und Handlungen, nicht deren Motivation. John Stuart Mill (1806–1873), ein Ökonom und Philosoph, vereinfacht das Modell anschließend äußerst pragmatisch. Menschen können nämlich gar nicht ständig berechnen, was besser ist, also Glücksummen bilden. Das ist im Alltag schlicht unpraktikabel. Mill meint deshalb, wir sollten uns normalerweise an traditionelle Moralvorschriften halten, also an geprüfte Regeln. Dabei werden dann nur Regeln befolgt, die erfahrungsgemäß zum größten Glück der größten Zahl führen. Der Bezug auf Regeln und Erfahrungen soll vor der Tyrannei der Mehrheit schützen und mehr Vielheit ermöglichen. Der Utilitarismus als eine am Nutzen orientierte Ethik entspricht dem politischen Grundmodell einer liberalen, an Marktregeln orientierten Demokratie. Moralische Entscheidungen sind nicht endgültig, sondern sie werden einer ständigen Überprüfung unterzogen und lebenspraktisch geprüft. Das ist ein starkes Argument gegen alle Dogmen. Das demokratische Prinzip ist seine Stärke, aber auch seine Schwäche. Dass sich Ethik an einem gesunden Menschenverstand orientieren kann, ist mit der blutigen Geschichte des 20. Jh. kein überzeugendes Argument mehr. Den Massen ist ethisch zu misstrauen, sie tendieren nicht glaubhaft zu Gerechtigkeit und dem Schutz von Freiheit. Deshalb bekommen die Gegenpole des Utilitarismus, nämlich die Orientierung an einer Pflichtethik, wie Kant sie vorgelegt hat, oder an einer Tugendethik, wie Aristoteles sie gedacht hat, wieder stärkeres Gewicht.

Rawls – Fairplay

John Rawls (1921–2002) wurde im US-amerikanischen Baltimore als Sohn eines Rechtsanwalts und einer Frauenrechtlerin geboren. Beide waren politisch aktiv. Gerechtigkeitsfragen wurden ihm geradewegs in die Wiege gelegt. Rawls studierte Philosophie an der Princeton University und ging 1943 in die amerikanische Armee, es folgten 3 Jahre Pazifikkrieg. Er besuchte Hiroshima nach dem Abwurf der Atombombe, ein einschneidendes Erlebnis. Er schlug die ihm angebotene Offizierskarriere aus und kehrte zurück in die akademische Welt. Rawls promovierte in Princeton über die moralische Beurteilung menschlicher Charakterzüge, lehrte am Massachusetts Institute of Technology (MIT) und anschließend 40 Jahre in Harvard. Er war äußerst zurückhaltend und bewegte sich jenseits professoraler Selbstinszenierung, das Schreiben lag ihm näher als das Reden.

Das zentrale Thema von Rawls sind die Bedingungen der Möglichkeit von Gerechtigkeit. Er wird dabei von der Frage getragen, wie „Gerechtigkeit als Fairness" umgesetzt werden kann. Rawls legt den Schwerpunkt damit auf die Verfahrensbedingungen der Gerechtigkeit, also die einfache Frage: „Ist das fair geregelt?", und nicht auf die Ergebnisse, das grenzt ihn von jeglicher Nutzenethik ab. Wie Kant ist er entsprechend normativ formal und nicht inhaltlich substanziell. Deshalb bleibt er immer abstrakt auf Prinzipien beschränkt und sucht keine Letztbegründungen für Moral. Gerechtigkeit muss schließlich auf die menschliche Praxis Bezug nehmen, das ist der pragmatische Hintergrund. Er kombiniert Kants normative Ethik mit dem amerikanischen Pragmatismus, um gegen den vor allem in der angelsächsischen Welt weit verbreiteten Utilitarismus argumentieren zu können. Rawls sucht dabei ein allgemeines Modell, das für möglichst alle Einzelfälle tragfähig ist. Er bricht mit der Vorherrschaft der Nutzenethik und öffnet die amerikanische Ethikdiskussion für Fragen einer verteilenden Gerechtigkeit. Verteilende Gerechtigkeit heißt freilich nicht Verteilungsgerechtigkeit, Freiheit ist für Rawls immer das höherwertige Prinzip. Eine gerechte Gesellschaft räumt den Freiheitsrechten der Bürger Priorität ein, sie sorgt aber auch immer dafür, dass alle sie unter den Bedingungen fairer Chancengleichheit auch tatsächlich anwenden können.

Rawls denkt institutionalistisch im Sinne eines Gesellschaftsvertrags, individuelle Tugenden oder Pflichten werden also ausdrücklich ausgespart. In einem Gedankenexperiment schafft er eine hypothetische Situation, eine Ursituation wie Hobbes oder Rousseau, in der Menschen gemeinsam die Grundsätze für ihr Zusammenleben definieren müssen. Mit der Ursituation greift er auf ein Instrument zurück, das im Kontext der historischen Aufklärung entwickelt wurde, um ein Staatsmodell auf Basis eines neuen Menschenbildes zu entwickeln. Die Ursituation von Rawls bleibt rein hypothetisch, sie kommt also ohne historische Unterstellung aus. Die Teilnehmer kennen in diesem Modell ihre künftige Stellung innerhalb der Gesellschaft noch nicht, das soll die Unparteilichkeit ihrer moralischen Urteile sichern. Er nennt das auch „Schleier des Nichtwissens". Eine Konsequenz ist, dass übliche Einzelinteressen keine Auswirkungen auf die Entscheidungen haben. So kann zumindest in der Theorie garantiert werden, dass sich auch tatsächlich diejenigen Interessen durchsetzen, die alle Bürger teilen. Die Teilnehmer wissen in dieser Situation auch nichts über ihre Fähigkeiten, Talente oder Vorlieben, nichts über ihren sozialen Status und auch nichts über ihre Generationenzugehörigkeit, es ist ein ausgesprochen abstraktes Gedankenexperiment. Sie wissen nur, dass sie etwas Gerechtes entwerfen müssen. Der Schleier des Nichtwissens soll für den Schutz der im tatsächlichen Leben weniger Privilegierten sorgen, die Bürger müssen eine Wahl in einer völligen Unsicherheitssituation treffen, falsche Entscheidungen könnten sich also auch gegen sie selbst wenden. Rawls meint, in dieser sehr speziellen Situation würden sie Prinzipien wählen, die allen ein sicheres Minimum an Freiheit und weiteren Grundgütern sichern.

Die hypothetische Ursituation ist moraltheoretisch ein Gegenmodell zu Staaten, die für sich in Anspruch nehmen, den Menschheitstraum einer gerechten Gesellschaft tatsächlich realisiert zu haben. Im real existierenden Sozialismus entstanden daraus aber nur Zwangsbürokratien, die gerechte Gesellschaft war nicht realisiert, die Behauptung bloße Propaganda. Bei Rawls schreibt nicht die Gesellschaft dem Einzelnen vor, wie eine gerechte Ordnung auszusehen hat, sondern die Individuen legen deren Grundsätze aus freien Stücken selbst fest. Was die Bürger gemeinsam festlegen würden, ist bei nüchterner Betrachtung zuallererst der Schutz allgemeiner Grundgüter. Dazu gehören Grundrechte, Grundfreiheit, der Zugang zu Ämtern und die Selbstachtung. Vor allem die Selbstachtung kommt im Utilitarismus nicht vor, sie ist kein Faktor von Glückssummen, sondern ausschließlich ein individuelles Fähigkeitsprinzip. Die materielle Güterverteilung ist für Rawls dagegen kein Grundgut, sondern erst ein späteres Prinzip. Allerdings würden wir als Aushandlungsbeteiligte in einem ursprünglichen Vertrag irgendeine Form von Existenzminimum garantieren und zubilligen.

Die Prinzipien der Gerechtigkeit als Fairness lauten dann so: „a) Jede Person hat den gleichen unabdingbaren Anspruch auf ein völlig adäquates System gleicher Grundfreiheiten, das mit dem selben System von Freiheiten für alle vereinbar ist. b) Soziale und ökonomische Ungleichheiten müssen zwei Bedingungen erfüllen: erstens müssen sie mit Ämtern und Positionen verbunden sein, die unter Bedingungen fairer Chancengleichheit allen offenstehen, und zweitens müssen sie den am wenigsten begünstigten Angehörigen der Gesellschaft den größten Vorteil bringen (Differenzprinzip)" (Gerechtigkeit als Fairneß, S. 78). Es heißt hier tatsächlich bringen und nicht bringen können, das ist mehr als die Chance dazu. Es muss nämlich tatsächlich und nachprüfbar umgesetzt werden, das ist dann die Aufgabe der einzelnen Institutionen. Rawls gewichtet die beiden Prinzipien nach dem Muster einer gedanklichen Pyramide. Oben steht die Freiheit, der erste Grundsatz hat Vorrang vor dem zweiten. Im Konfliktfall zwischen Grundfreiheiten und der Verteilung von Gütern müssen Grundfreiheiten Vorrang haben, weil sie beispielsweise auch die Selbstachtung tragen. In Abgrenzung zum Utilitarismus will er mit diesen Vorrangregeln verhindern, dass zugunsten der Güterverteilung auf Freiheiten verzichtet wird. Dasselbe gilt für die beiden Unterpunkte im zweiten Grundsatz, es ist nicht erlaubt, die Chancengleichheit zu beschneiden, um dem Differenzprinzip mehr Geltung zu verschaffen. Im Konfliktfall geht also Chancengleichheit vor dem Differenzprinzip. Am Beispiel der Bildung lässt sich das durchspielen. Es gilt vorab, dass nur der institutionelle Umgang mit Bildung gerecht oder ungerecht sein kann. Ein öffentliches Regelsystem soll dafür sorgen, dass Menschen mit gleicher Begabung gleiche Aufstiegschancen unabhängig von ihrer Herkunft haben, das könnte beispielsweise über ein systematisches Stipendienprinzip umgesetzt werden. Die besondere Förderung von Talent und Interesse ist zwar legitim, aber auch Talentverteilung ist moralisch gesehen etwas Willkürliches, eine Zufälligkeit der Natur und kein persönliches Verdienst. Weniger Talent ist umgekehrt eine nicht selbst verschuldete Ungleichheit, deshalb ist das Differenzprinzip eine Versicherung der weniger Begabten gegen Ungerechtigkeit. Das gleiche Prinzip gilt dann auch für die Verteilung von Gütern im Rahmen der Gerechtigkeitsfrage. Politische Regierungen oder Parteien sollen die Ungleichverteilung von Gütern genau dann vorziehen, wenn die schlechteste Position optimiert wird und nicht die beste. Das bringt ständig Prozesse in Gang und ist niemals abgeschlossen.

Rawls will einen Begriff politischer Gerechtigkeit entwickeln, der faire Bedingungen für die gesellschaftliche Kooperation freier und gleicher Personen festsetzt. Gerechtigkeit wird nicht metaphysisch oder absolut verstanden, sondern einfach politisch pragmatisch, es ist die Frage eines Fairplay, der hypothetische Urzustand ist der Schiedsrichter. Dabei wird eine Gesellschaft angestrebt, in der niemand einem anderen Bürger irgendwelche Institutionen oder Gesetzte aufzwingt, die nicht öffentlich nachvollziehbar begründet werden können. Das Modell lädt zu einer Kritik geradezu sein, es ist vergleichsweise allgemein und abstrakt. Auch Kant wurde bereits eine zu hohe Abstraktion vorgeworfen, die im Konkreten keine Handlungsanweisung liefert, diesen Preis müssen alle Prinzipienvertreter zahlen.

Rawls ist ein theoretischer Meilenstein der politischen Philosophie. Mit seiner normativen Gerechtigkeitstheorie hat er eine Vielzahl von Auseinandersetzungen nach sich gezogen. Eine Version, die sich die Butter nicht so leicht vom Brot nehmen lassen wollen, sind dabei Utilitaristen. Der Wirtschaftswissenschaftler John Harsany (1920–2000) teilt beispielsweise mit Rawls die Vorstellung, dass wir im Urzustand annehmen müssten, später mit der gleichen Wahrscheinlichkeit jede Person sein zu können. Dies würde aber bei einer rationalen Wahl unter genau diesen Risikobedingungen zu einer Maximierung des Erwartungsnutzens führen und damit letztendlich zu einer utilitaristischen Bewertung der Verteilungen. Ob das Rawls tatsächlich trifft, ist allerdings fraglich, denn es klingt nach einem Zirkelschluss, bei dem immer nur Utilitarismus herauskommen kann, als wäre eine andere Haltung gar nicht vorstellbar.

Eine philosophische Kritik im Sinne einer noch stärker gewichteten Freiheit formuliert demgegenüber der sogenannte Libertarismus. Das ist ein Kunstwort und beschreibt eine Denkrichtung, die Freiheitsrechte über Staatseingriffe setzt und staatliche Eingriffe nur in minimalem Umfang erlaubt. In Europa wäre der passende Begriff Liberalismus, aber in den USA steht Liberalismus anders als hierzulande für eine sozialstaatsfreundliche Linke. Der amerikanische Philosoph Robert Nozick (1938–2002), ein Kollege von Rawls in Harvard, meint ausgehend von John Locke, dass der Mensch von Natur aus nur sich selbst gehöre und die von Rawls vorgesehene Umverteilung die historische Dimension von Eigentum ungerechtfertigt übergehe. Denn Eigentum ist nicht vom Himmel gefallen, sondern wird durch Menschen erworben. Für eine Umverteilung gibt es demnach keine Grundlage, es sei denn, der Eigentumserwerb selbst war ungerecht. Umgekehrt ist dann jede Aneignung und Übertragung von Gütern legitim, solange sie ohne Zwang und Verletzung von Grundrechten zustande gekommen ist. Rawls Differenzprinzip entspräche demgegenüber einem umverteilenden bürokratischen Staat. Aus dem kategorischen Imperativ von Kant folgt aber, dass wir Menschen niemals als Mittel behandeln dürfen. Nozick meint, dass wir genau das tun, wenn wir über ein gewisses Maß hinaus umverteilen, also Menschen über Steuern und Abgaben für die Allgemeinheit arbeiten lassen. Dann setzen wir sie als Mittel für alle ein. Rechte sind für Nozick immer strikte Begrenzungen dafür, was andere mit uns machen dürfen, also Stoppschilder. Staatliche Gewalt wäre demzufolge nur dann akzeptabel, wenn sie die Grundfreiheiten sichert, alles andere soll der Markt regeln. Dass alle Menschen unter Marktbedingungen zur Selbstbehauptung in der Lage sind, darf mit Rawls allerdings bezweifelt werden. Ganz so extrem sehen es deshalb nicht alle. Gemäßigte Libertäre, wie der amerikanische Rechtsphilosoph

Ronald Dworkin (* 1931), gehen davon aus, dass gerechte Ordnungen zumindest die unverschuldeten Nachteile von Personen ausgleichen müssten, beispielsweise bei teuren Medikamenten. Sie sollten den Bürgern aber zugleich zumuten, die Folgen ihrer freien Entscheidungen und Handlungen selbst zu tragen, wie teure Vorlieben oder die Selbstverwirklichung. Der Staat kann Nachteile zwar über Steuern ausgleichen, nicht gerecht ausgleichen kann er aber die freie Entscheidung, lieber sich selbst zu verwirklichen als zu arbeiten. Auch das wäre nicht gerecht nach dem Gleichheitsgrundsatz, sondern eine spezielle Form der Ausnutzung der Gemeinschaft, weil nur sie das Funktionieren des Ganzen ermöglicht. Zur Chancengleichheit müsste also noch ein individueller Verantwortungsaspekt hinzu kommen.

Nozicks Position setzt mehr oder weniger isolierte Individuen voraus, die sich auf dem Markt treffen. Das ist allerdings nicht realistisch, ein unmittelbarer Einwand lautet deshalb, dass seine Gerechtigkeitsvorstellung gesellschaftsblind ist. Wir leben nämlich in Zusammenhängen, in gemeinschaftlichen und institutionalisierten Strukturen, die nicht zuletzt für Einzelvorteile und Reichtumsverteilungen verantwortlich sind. Sogenannte Kommunitaristen gehen davon aus, dass Menschen immer in Gemeinschaften, in communitas, eingebettet sind, in denen bestimmte Wertvorstellungen, Überzeugungen und Traditionen geteilt werden. Grundsätze der Gerechtigkeit gibt es infolgedessen nicht orts- und zeitunabhängig, sondern sie sind immer an gemeinsame Wertungen und öffentliche Güter gebunden. Schon der abstrakte Mensch in einem hypothetischen Urzustand wäre also eine unwirkliche Vorstellung, eine irrige Abstraktion, denn es ist immer nur ein konkreter Mensch möglich. Kommunitaristen kritisieren neben dem Libertarismus auch den liberalistischen Ansatz von Rawls als falsches Modell. Vertreter dieser Richtung sind beispielsweise der schottisch-amerikanische Tugendethiker Alasdair MacIntyre (* 1929) und der amerikanische Sozialphilosoph Michael Walzer (* 1935). In einer pluralistischen Gesellschaft verknüpfen demnach einzelne Gruppen ihre Vorstellungen von Gerechtigkeit immer an eigene Vorstellungen von einem Guten und können nicht so ohne weiteres von ihren weltanschaulichen Überzeugungen abstrahieren. Rawls fordert aber genau das, religiöse und auch andere Weltbilder dürfen an der Stelle nicht zum Tragen kommen, weder könnten sich die Mitglieder darauf einigen, was Gerechtigkeit genau ist, noch wären sie gegenüber anderen gerecht. Denn Maßstäbe für Gerechtigkeit hängen immer von Werten ab und können gar nicht für alle Gesellschaften gelten. Für Kommunitaristen wird Rawls von einem falschen Menschenbild getragen. Er unterstellt in ihren Augen ein extrem individualistisches Selbst, das in völligem Widerspruch zu den realen Gesellschaftswesen steht. Michael Walzer will beispielsweise vermeiden, dass bestimmte Verteilungsvorteile, wie privates Eigentum, in allen möglichen Feldern Vorteile verschaffen. Im tatsächlichen Leben gibt es nämlich unterschiedliche Verteilungsgüter mit je eigenen Sphären, wie Geld, Bildung oder politische

Macht. Deren Geltungsbereiche funktionieren nach eigenen, zumindest aber unterschiedlichen Regeln, wirtschaftliche Güter werden getauscht, Schulerfolge ergeben sich durch Talent und Fleiß, politische Macht wird in freien Wahlen übertragen. Ein gemeinsamer Nenner ist dabei nicht auszumachen, das spräche gegen ein Prinzip, das alles steuern könnte. Der Besitz der einzelnen Güter dürfte jedenfalls nicht die Verteilungsregeln in den anderen Gebieten bestimmen. Walzer kritisiert die Ökonomisierung in allen Lebensbereichen und plädiert für einen pluralistischen Gerechtigkeitsbegriff, der nicht einem einzigen letzten Grundsatz folgt, sondern eine Mehrzahl von Gütern und Verteilungsregeln vorsieht, die auf die jeweilige Gesellschaft tatsächlich zugeschnitten sind. Auch der amerikanische Philosoph Michael Sandel (* 1953), ebenfalls ein Kommunitarist in Harvard, setzt am Menschenbild an. Das ungebundene Selbst von Rawls, das sich seine Zwecke und Ziele rational und autonom setzt, wäre demnach gar nicht in der Lage in einer bestehenden Gemeinschaft kooperativ zu leben und deren Wertestruktur zu übernehmen. Der Mensch ist nämlich ein geselliges Wesen, seine Identität und seine Wertvorstellungen ergeben sich erst im Kontext einer konkreten Sprachgemeinschaft.

Der späte Rawls bleibt von den unterschiedlichen Einwänden nicht unbeeindruckt. Er gesteht zu, dass seine Gerechtigkeitsgrundsätze nicht ganz so voraussetzungslos waren wie gedacht, und dass eine aussagefähige Gerechtigkeitstheorie immer nur Vorschläge für eine bestimmte, also von ihrer Geschichte geprägten Gesellschaft machen kann. Er verlässt schließlich den abstrakten Formalismus und bringt am Ende eine allgemeine Tugend ins Spiel, nämlich die Tugend der Toleranz. Eine inhaltlich ausgeführte Wertethik kann für ihn dagegen kein gesellschaftliches Bindeglied sein. Das trennt ihn vom Kommunitarismus, dem er vorwirft, dass er blind für den Pluralismus der modernen Gesellschaft sei. Religion, Tradition und Gebräuche können für Rawls nämlich keine allgemein anerkannten und gesellschaftsweit geteilten Selbstverständlichkeiten mehr sein. Eine vernünftige und tatsächlich verallgemeinerungsfähige Theorie muss ihren Anhängern stattdessen unterstellen, sich als freie und gleiche Bürger zu verstehen, die über weltanschauliche Differenzen hinweg miteinander kooperieren können. Fundamentalisten schließen dagegen schon bei der Zwangsverbreitung ihrer Lehren die faire Zusammenarbeit unter gleichen freien Bürgern aus. Auch das will Rawls letztendlich über vernünftige Verfahren regeln, nur sie können für eine faire Kooperation sorgen, weil die Menschen in der Wirklichkeit auch unter Gerechtigkeitsaspekten eher ihrem Nutzen folgen oder ihren Glaubensüberzeugungen. Rawls traut den Verfahren auch am Ende mehr als den Menschen, ihr moralisches Vermögen ist eher begrenzt. Wenn es aber inhaltlich konkret wird, muss auch er auf ein Tugendprinzip zurückgreifen. Er hat sich für das abstrakteste unter ihnen entschieden, das eine Brücke zum Verfahrensdenken erlaubt.

Poststrukturalismus – Denksysteme und ihr Unbewusstes

Während die deutsche Philosophie in den 60er und 70er Jahren des 20. Jhs. ganz wesentlich von der Kritischen Theorie geprägt ist, werden die philosophischen Diskussionen in Frankreich ab den 80er Jahren vor allem vom Poststrukturalismus bestimmt. Er bezieht sich wie die Kritische Theorie auf Nietzsche, Freud und Marx, aber ganz anders als diese auch ausdrücklich auf Heidegger und seine Metaphysikkritik. Poststrukturalisten sind eine lose Verbindung von Intellektuellen auf Lehrstühlen unterschiedlicher Disziplinen, die der Gedanke verbindet, dass der Strukturalismus, auch das eine einflussreiche Denkrichtung der 60er Jahre, von einem falschen Wissenschaftsverständnis getragen ist. Daher der Zusatz „Post-", wörtlich also nach dem Strukturalismus. Poststrukturalisten gehen davon aus, dass es nicht möglich ist, über eine formale Zeichentheorie kulturelle Systeme vollständig erklären zu können.

Genau das war aber der methodische Kern der Strukturalisten, sie glaubten nämlich auch im Kulturfeld endgültig wissenschaftlichen Boden betreten zu können, weil sie ein neues, vermeintlich wissenschaftliches Zeichenmodell hatten, das sich aus der Beobachtung des Funktionierens von Sprache ergab. Das Sprachmodell des Strukturalismus funktioniert so: Ein Sprachzeichen existiert nicht isoliert durch einen Sprecher. Nicht er gibt dem Sprachzeichen einen Sinn, weil dieses gar nicht unabhängig von anderen Zeichen existiert. Jedes Sprachzeichen ist ein Oppositionselement zu anderen, die insgesamt ein System ergeben. Sinngeber ist also das Ganze einer Sprache, die immer hinter dem Rücken des Sprechers arbeitet, es sind die Wechselbeziehungen der Zeichen innerhalb einer Struktur selbst, der Sprecher fügt sich lediglich in eine ihm vorgängige Struktur ein. Analog werden dann auch außersprachliche Symbolsysteme und ganze Gesellschaften analysiert. Ihre Gesetzmäßigkeit besteht darin, dass gleichwertige Oppositionselemente im Verhältnis zueinander Sinn, Bedeutung oder Relevanz erzeugen. Was sich permanent wiederholt, ist eine geschichtsunabhängige Grundstruktur. Der Strukturalismus sucht das überzeitlich Allgemeine, das ewige Gesetz des Funktionierens, das jedes Besondere produziert. Während im amerikanischen Pragmatismus die Orientierung an der Lebenswirklichkeit und Anwendungsbeispiele die Sprachtheorie beherrschen, ist es in Europa eine komplexe Theorie der Sprachstruktur selbst, die in einem geschlossenen theoretischen System stecken bleibt.

Der Poststrukturalismus kritisiert nun diese Ganzheitsvorstellung und den dahinter stehenden Wissenschaftsglauben gleichermaßen. Er setzt sich von den starren und als universell bestimmten Strukturen ab, um stattdessen die Wandlungsfähigkeit und Kontingenz hervorzuheben. Es ist fast wie in der analytischen Philosophie, wo das Konzept der Idealsprache durch einen Sprachpragmatismus abgelöst wird, der die Vieldeutigkeit und Ungenauigkeit ins Feld führt. Für den

Poststrukturalismus gibt es gar keine Gleichwertigkeit von Elementen, es gibt stattdessen Privilegierungen, und es gibt eine geschichtliche Gebundenheit dieser Prozedur. Was sich demzufolge wiederholt, ist in Wirklichkeit ein Machtmechanismus. Die Kernthese lautet: Sinnzusammenhänge ergeben sich erst innerhalb von konstruierten Systemen, und Wahrheiten gibt es grundsätzlich nur in spezifischen Kontexten, also nicht an sich. Damit sind auch die Strukturen keine Wahrheiten. Das klingt wie ein trivialer Einwand, er wird allerdings radikal durchexerziert und hat weitreichende Konsequenzen. Es geht nämlich jetzt um die generelle Verabschiedung von Ganzheitsvorstellungen und damit um das gesamte metaphysische Denken, dem auch der Strukturalismus zugeordnet wird. Der Angriff wird wieder einmal radikal gefahren. Auch die Kritische Theorie hatte unterstellt, dass klassifizierende Zugriffe zweckrational vorgehen und nicht einfach nur neutrale Erkenntnisse produzieren. Im objektivierenden Blick steckt ein gewaltsamer und Humanität tendenziell zerstörender Gestus.

Poststrukturalistische Ansätze zweifeln die Annahme eines stabilen, präsenten und eigentlichen Sinns grundsätzlich an. Strukturen und Diskurse werden nicht als starr angesehen, sondern als konstruiert und veränderlich. Sie sind also nicht eindeutig erkennbare Gefüge, sondern dynamische und unendlich offene Verweisungsprozesse. Die analytische Philosophie könnte das durchaus teilen. Im Poststrukturalismus steckt aber auch der Aufklärungsgedanke, dass alle Behauptungen und Ausschlussverfahren, die unabschließbare Verweisungsprozesse begrenzen wollen, Verleugnungen oder Verdrängungen sind. Er sieht in diesem Bemühen hegemoniale Diskurseffekte, also eine Macht nach dem Muster von Nietzsche. Und er will sie sichtbar machen. Der Poststrukturalismus begreift die Philosophiegeschichte somit als eine Symptomgeschichte von Verkennungen, aus der Technikkritik nach dem Zweiten Weltkrieg wird eine generelle Wissenschaftskritik zum Ende des 20. Jhs. Dass Heidegger sich als Referenz anbietet, liegt auf der Hand, es geht um die ganz langen Linien, um die abendländische Metaphysik und kaum greifbare, weil nicht einfach personifizierbare Machtstrukturen. Hinter philosophischen Begriffen, Analysen und Behauptungen stehen für Poststrukturalisten verdeckte und dabei aber äußerst wirksame Denksysteme, die unbewusste Einstellungen verraten. Wenn wir beispielsweise sagen, der Sinn geht einer Äußerung voraus, ist dies schon Ausdruck eines bestimmten Diskurssystems, das uns dies zum einen sagen, zum anderen für wahr halten und zum dritten ganze Bibliotheken füllen lässt, die dies dann bestätigen und interpretieren. Der Strukturalismus, also der große theoretische Gegner, wird mit Hegel assoziiert, weil auch der ein geschlossenes System entwickelt hat. Der Poststrukturalismus bezieht demgegenüber viele Argumente von Freud ein, der das Unbewusste als Motivationsgrund im Subjekt angesiedelt hat, und von Marx, der die Klassengegensätze als Bewegungsprinzip in der Geschichte ausgemacht hat, und schließlich von Heidegger, für den das ganze abendländische Denken Teil einer Metaphysikgeschichte ist.

Foucault – Effekte der Macht

Michel Foucault (1926–1984) kam aus einer begüterten großbürgerlichen Familie, sein Vater war Chirurg und Universitätsprofessor. Er hat die klassische französische Eliteschule École normale supérieur besucht und danach in verschiedenen französischen Kultureinrichtungen gearbeitet. 1947 beantragte er als Student die Aufnahme in die Kommunistische Partei Frankreichs, die ihm aber erst 1950 gewährt wurde, Mitglied war er vermutlich nur bis 1954. Mitte der 60er Jahre arbeitete er in der gaullistischen Studienreformkommission, er protestierte für die Rechte von Gefangenen, hielt aber andererseits wenig von der Studentenbewegung, obwohl sie ihn thematisch aufgriff. Foucault war der große Gegenspieler von Sartre und dessen Humanismus. 1970 erhielt er einen eigens für ihn eingerichteten Lehrstuhl zur Geschichte der Denksysteme am Collège de France. Er starb mit nur 58 Jahren.

Foucault begreift die Modernisierung als einen Prozess von gut versteckten Disziplinierungen. Das ist in der Diagnose nicht so weit weg von der Kritischen Theorie. Aber er beschreibt dabei die Geschichte von Institutionen, also Gefängnisse, Kliniken, Irrenhäuser, und kommt vor diesem Hintergrund zu anderen Ergebnissen. Der Untersuchungsgegenstand sind nicht die sichtbaren Zwangsapparaturen, sondern die Begriffsbestimmungen, die sogenannten Diskurse der Institutionen. Foucault nimmt sich die wissenschaftlichen Beschreibungen vor, also wie wird ein Irrer, ein Krimineller, ein Kranker, ein Pathologischer bestimmt, was grenzt ihn ab von einem Normalfall. Es ist eine Untersuchung der Gesamtheit der verschriftlichten Äußerungen der einzelnen Disziplinen, die definieren, was ein Mensch ist. Heraus kommen dann die Sprachen der Bürokratie, der Wissenschaft, der Medizin und der Psychologie, sie alle sind Sprachen der Macht. Denn sie beschreiben nicht objektiv interesselos, sondern sie bestimmen den Unterschied, sie schaffen über ihre Definitionshoheit erst Kranke, Irre und Kriminelle. Damit stiften sie ihr Thema, nämlich den Menschen und das Subjekt, beides ist eine Konstruktionsleistung. So kann Foucault auch sagen, den Menschen gibt es nicht, er hat kein überzeitliches Wesen, schon gar nicht Freiheit, das ist lediglich eine ganz bestimmte historisch bedingte Zuschreibung, Sartre hat unrecht. Heidegger ist mit seiner Gesamtkritik am abendländischen Denken demgegenüber der geeignetere Bezugspunkt, in seinem Modell ist es die Metaphysik, die geschickt arbeitet, ihren Gegenstand erfindet und Philosophien dann wie Marionetten an ihren Begriffsfäden laufen lässt. Statt Metaphysik sagt Foucault einfach

Diskurs und meint damit die Gesamtheit wissensorientierter Aussagen in einer historischen Epoche.

Seine Kernthese lautet, dass Macht einen produktiven Charakter hat, und nicht nur einen unterdrückenden. Die moderne Macht beruht nicht einfach auf Repression, Ausgrenzung und Negation, sondern darauf, dass sie Erfahrungen produziert. „Man muss aufhören, die Wirkungen der Macht immer negativ zu beschreiben, als ob sie nur ,ausschließen', ,unterdrücken', ,verdrängen', ,zensieren', ,abstrahieren', ,maskieren', ,verschleiern' würde. In Wirklichkeit ist die Macht produktiv; und sie produziert Wirkliches" (Überwachen und Strafen, S. 250). Bei einem rein negativen Bild von Macht gehen wir implizit davon aus, dass es einen ursprünglichen reinen Kern der menschlichen Natur oder der Wahrheit gibt, die durch die Macht unterdrückt und verdrängt wird. Foucault stellt das Modell auf den Kopf, er stützt sich nicht auf eine vorgängige Wahrheit oder eine ursprüngliche Natur des Menschen. Die Produktion von solch scheinbar natürlichen Identitäten ist für ihn nämlich ein durch Machtpraktiken gesteuerter Prozess. Die moderne Macht individualisiert, das ist ihr Prinzip, und deshalb ist ihr Produkt das moderne Individuum. Die Macht erzeugt dabei nicht nur die disziplinierten Körper, sondern auch die individuelle Innenwelt. Wenn wir also von Ich, Freiheit oder dem Menschen sprechen, sind das diskursive Effekte und keine Wahrheiten. Macht ist abstrakt immer das, was uns in eine bestimmte Position drängt.

Foucault rollt die Geschichte der Macht so auf: In der Antike gab es zwei Sphären, die der privaten Existenz und die der politischen, also der Gemeinschaft. Im 18. Jh. griff die Verwaltung dann auch in den privaten Sektor ein, und das 19. Jh. schuf den Menschen als Objekt der Beobachtung, Analyse und verwaltungstechnischen Optimierbarkeit. Die Gegenwart schließlich steuert nicht nur die Arbeitszeit, sondern auch die Lebenszeit, Foucault nennt das Bio-Politik. Es geht nun weniger um eine Disziplinierung wie in den vergangenen Jahrhunderten, sondern mehr um ein Sicherheitsdenken, um statistische Definitionen von Normalität sowie Risiko und um eine Überwachungslogik. Regierungen sind grundsätzlich Teil dieses Prozesses mit dem Wunsch einer Optimierung der gesellschaftlichen Organisation, also nicht zwingend Akteure mit einem bewussten Generalstabsplan. Sie sind lediglich Teil eines anonymen historischen Programms und blind für den Gesamtzusammenhang, Foucault folgt in dieser Kennzeichnung Marx.

Er verlässt das Modell der allumfassenden Macht zwar nicht mehr, wendet sich aber zunehmend den Verfahren der Regierungspolitik zu. Foucault beschreibt die Entstehung des modernen Staates und die damit verbundenen Herrschaftstechniken, er nennt das eine „Geschichte der Gouvernementalität" (Analytik der Macht, S. 171). Das ist eine begriffliche Zusammenfügung aus gouvernement und mentalité, also Regierung und Einstellung der Regierten in einem. Die zentrale Nahtstelle hin zur Moderne ist für Foucault der Liberalismus, weil er nicht einfach eine Befreiung und die Abwesenheit von Herrschaft ist, sondern vielmehr eine besondere Form der Regierung. Er ist kein durch Aufklärung geprägter Fortschritt, sondern lediglich eine andere Form von Macht, die bestimmte Effekte erzeugt. Foucault untersucht den Liberalismus systematisch von seiner klassischen Form im 18. Jh. bis hin zum amerikanischen Neoliberalismus der 70er-Jahre. Der Liberalismus, so Foucaults Überlegung, hat die Selbstbegrenzung der Regierung zum Grundprinzip der Herrschaftstechnik erhoben, das ist etwas qualitativ Neues. Die Gouvernementalität des modernen Staates beruht darauf, dass nun der Markt als eine Art Kontrollinstanz des Regierungshandelns eingeführt wurde, und genau das begründet seine Stärke. Der Liberalismus hat sich dabei in drei Schritten entwickelt: vom klassischen europäischen Liberalismus des 18. Jhs. über den deutschen und französischen Liberalismus der unmittelbaren Nachkriegszeit hin zum amerikanischen Neoliberalismus. Es geht darum, dass das Regiertwerden nicht mehr nur auf äußerlichen Zwängen gründet, sondern vor allem auf Techniken der Selbstbeherrschung der regierten Individuen selbst, ihnen wird eine Selbstverantwortung zugeschrieben. Rein historisch entstand diese Mischform für Foucault im 17. Jh. im Zuge der Aufklärung und Etablierung des Liberalismus, es war nämlich ein philosophisches Konzept der Neuzeit. Regieren heißt jetzt nicht mehr nur auf die Individuen Macht auszuüben und ihnen eine Herrschaftsform aufzuzwingen, wie in der Monarchie, sondern sie so anzuleiten und zu einem Handeln zu lenken, als ob es ihr eigener Wille wäre. Inspiriert durch die neue Philosophie der persönlichen Freiheit in der Aufklärung wurde ein relativer Freiraum zugestanden, an dem die staatliche Macht ihre Grenze hat und der Markt eingreift. Gouvernementalität ist also eine Machtform, „die nur durch die Freiheit und auf die Freiheit eines jeden sich stützend sich vollziehen kann" (Sicherheit, Territorium, Bevölkerung, S. 79). Das funktioniert so: Der Diskurs produziert ein bürgerliches Subjekt auf der einen und Reflexionen über das Regieren auf der anderen Seite. Beides zusammen erzeugt den Bürger als einen Objektbereich, der erst über die Diskurse entsteht, also das Reden und Schreiben über ihn. Das Regieren entwickelt nun Techniken, um die selbst geschaffenen bürgerlichen Subjekte optimal zu verwalten, das sind beispielsweise Statistiken und Kartografien. Das Subjekt wird aber am besten verwaltet, wenn es sich einem Selbstzwang unterwirft und dabei glaubt, es sei seine freie Entscheidung, während auch das wiederum nur ein diskursives Produkt ist. Der Einzelne wird mit Erwartungen konfrontiert, die er einlösen oder zurückweisen, denen er aber nie voll und ganz entsprechen kann. Regierungsprogramme erzeugen so einen Sog, der bestimmte Verhaltensweisen wahrscheinlicher macht als andere. Bürger werden damit jedenfalls berechenbarer. Die Anwendung von Wahrscheinlichkeiten und Algorithmen zur Verhaltensvorhersage und Steuerung hat auch aus heutiger Sicht eine eigene Dynamik entfaltet.

Seit Anfang der 90er Jahre entstehen vor allem im anglo-amerikanischen Sprachraum sowie in Deutschland und Frankreich zunehmend „Gouvernmentality Studies", die geschichts- und sozialwissenschaftliche Fragen verbinden. Sie verfolgen nicht mehr die historische Forschungslinie Foucaults, aber sie nutzen seine Analyseinstrumente, um aktuelle gesellschaftliche Veränderungen zu beschreiben. Es geht dabei um Medizin, Genetik, Gesundheitspolitik, Organisationssoziologie, Risiko und Versicherung, Stadtplanung und Kriminologie. Im Zug der neoliberalen Umgestaltung werden die Imperative der Selbstführung, des Selbstmanagements, der Selbstkontrolle und der Selbstregulation universalisiert. Das Individuum wird zum Unternehmer seiner selbst gemacht. Für Foucault war das bereits im Ursprung des Liberalismus als Zielperspektive angelegt, es ist für ihn ein zwangsläufiger Prozess. Das Individuum wird nun ein „homo oeconomicus", der rational entscheidet. Er wird als Verantwortlicher adressiert, das heißt so definiert und angesprochen. Negative Ereignisse zeigen dann bloß noch ein Scheitern der eigenen Biografie, eine ungenügend umgesetzte Verantwortlichkeit des Betroffenen. Das scheinbar freie Individuum sieht sich permanenten Überforderungen ausgesetzt. Für Foucault ist Freiheit jedenfalls eine bloße diskursive Zuschreibung.

Derrida – Buchstabenmacht und Verdrängung

Jacques Derrida (1930–2004) war ein jüdischer Franzose aus Algerien, der Sohn eines Weinhändlers und einer passionierten Pokerspielerin. Im Vichy-Regime wurde ihm der öffentliche Schulbesuch untersagt, stattdessen kam er in ein improvisiertes jüdisches Gymnasium, das er allerdings so oft wie möglich schwänzte. Derrida hasste den Herdenzwang. Als Jugendlicher war er davon beseelt, Fußballprofi zu werden, entschied sich dann aber doch dazu, an der Pariser École normale supérieur Literatur zu studieren. Er scheiterte an der Zulassung, weil er in der Schule kein Altgriechisch gelernt hatte, eine seltsame Vorgabe. Derrida studierte stattdessen Philosophie. Er hatte es zunächst schwer, sich in Frankreich zu etablieren und bekam erst 1984 eine Professur, der Ruhm kam über das Ausland, vor allem die USA. Er verwies nach dem Fall der Mauer auf die Bedeutung von Marx, als alle ihn begraben wollten. Und er engagierte sich zusammen mit Habermas nach dem 11. September für ein starkes, gemeinsames, souveränes Europa mit einer eigenen Außenpolitik gegen die Vormachtstellung der USA, als diese den Krieg gegen Irak vorbereiteten. Seinen Sohn ließ er am Grab vorlesen: „wo auch immer ich bin", eine Präsenz des Seins also, eine für einen atheistischen jüdischen marxistischen Philosophen zumindest ungewöhnliche Formulierung. Derrida spielte mit den Wörtern, er nahm ihre Vieldeutigkeit ebenso ernst wie die Tatsache, dass Texte und Bücher sich immer in einem Traditionsuniversum befinden, dass wir uns darin einschreiben und dann auch dort sind wie Geister.

Derrida ist zunächst einmal Erfinder einer besonderen philosophischen Methode, der „Dekonstruktion" (Grammatologie, S. 45). Die Dekonstruktion kritisiert systematisch an allen philosophischen Texten eine Metaphysik der „Präsenz" (Grammatologie, S. 26), die die gesamte Tradition der abendländischen Philosophie bestimmen soll. Damit sind alle philosophischen Positionen gemeint, die ihre Begründung aus letzten begrifflichen Selbstidentitäten herleiten, wie Gott, Sein, Bewusstsein, Natur, Vernunft oder Wahrheit. Also Begriffe, die nicht in etwas anderes aufgelöst werden können. Deren Seinsstatus jedenfalls wurde philosophisch immer höher bestimmt als der von allem anderen. Im Dualismus eines Höheren und eines Niederen wird die alte platonische Trennung von ewiger Idee und vergänglicher Erscheinung inszeniert, das war schon der Vorwurf von Nietzsche und Heidegger. Aber auch sie machten das im Namen eines Prinzips, des Willens zur Macht im einen und der Seinsvergessenheit im anderen Fall. Derrida dehnt den Vorwurf nun nochmals aus, er betrifft auch Nietzsches und Heideggers vermeintlich metaphysikkritische Schriften. Für Derrida enthalten die dort entwickelten Kernbegriffe jeweils eigene metaphysische Annahmen.

In der sogenannten Dekonstruktion von Theorien deckt Derrida das jeweilige Konstruktionsverfahren auf und zeigt, wie und an welchen Stellen in den philosophischen Texten Präsenzunterstellungen stecken, also Behauptungen eines reinen Seins. Er sucht die Schwachpunkte von Abstraktionen und führt vor, wo eine metaphysische Unterstellung mitschwingt, auch wenn sie nicht ausdrücklich ausformuliert ist. Deshalb werden die scheinbar starren Begriffe verflüssigt, ihre Klarheit wird unterlaufen. Ihre einseitige und eindeutige Bedeutung beginnt unter seiner Lupe jedenfalls zu verschwimmen. Begriffe schleppen demzufolge immer einen Verweisungsrahmen mit, er wird nämlich von der kompletten Geschichte ihrer Bedeutungen getragen, ihren Querverweisen und Bezügen, ihrer sprachlichen Vieldeutigkeit, ihrer metaphorischen Ebene und ihren poetischen Verbindungen. Es gibt keine reine und keine bereinigte Sprache oder Artikulation, sie ist immer schon überwuchert von Verdichtungen und Mehrdeutigkeiten. Derrida zielt auf das Ganze der Sprache, auf alle ihre Mechanismen, die immer mitarbeiten. Eine rein pragmatische Betrachtung ihrer konkreten Verwendung ist für ihn ebenso eine massive Einengung wie eine ideale Kommunikationsgemeinschaft, in der Argumente das Gespräch beherrschen. Sprache wuchert für Derrida, sie ist unendlich offen, auch wenn wir das verneinen oder verleugnen. Was er vor allem ins Spiel bringt, ist die Geschichte philosophischer Begriffe, von der wir uns gar nicht lösen können. Sie schwingt mit, auch wenn wir dies ausklammern wollen und verhindert den stillstehenden Moment eindeutiger sprachlicher Bedeutung.

Die Kritik an der abendländischen Tradition führt Derrida zum Begriff des „Logozentrismus" (Grammatologie, S. 25). Demzufolge kreist die ganze Geschichte des Denkens um einen Logos, der als Wahrheit aufgefasst wird. Dahinter steht die Überzeugung, dass Sprache, Sprechen und Schreiben immer auf die „Präsenz" einer Sache, also deren Anwesenheit zielt. Hörer und Leser rekonstruieren bei der Aufnahme von Gesprochenem und Geschriebenem das eigentlich Gemeinte und suchen nach dem Sinn und der Wahrheit, das entspricht den Vorstellungen des gesunden Menschenverstands. Auch die philosophische Textdeutung folgt diesem Muster: Aristoteles als privilegierter Ausleger von Platons Schriften, die Eingliederung eines individuellen Falles unter die allgemein und abstrakt formulierten Vorschriften eines Gesetzes in der Rechtsprechung, das Verstehen von metaphorischer, allegorischer und ironischer Rede oder der kontinuierliche Auslegungsprozess eines literarischen Werks und schließlich auch Übersetzungen. Alle Deutungsarbeit geht von dieser Grundannahme aus, die auf den ersten Blick alltagspraktisch und plausibel ist.

Derrida stellt sie aber in einen größeren Kontext. Für ihn ist nämlich die gesamte Geschichte der Philosophie eine Metaphysik der Präsenz. Es gibt dabei immer eine zentrierende Kraft oder ein Prinzip als etwas Primäres und etwas dieses Prinzip Schädigendes als etwas bloß Sekundäres. Sichtbar wird das beispielsweise in den scheinbar neutralen Gegensatzpaaren Bedeutung/Buchstabe, Seele/Körper, Intuition/Ausdruck, wörtlich/metaphorisch, Natur/Kultur, geistig/sinnlich, transzendental/empirisch, ernst/unernst, die Paarungen ließen sich fortsetzen. Der höhergestellte Ausdruck hat immer einen engeren Bezug zum Logos und wird deshalb als eine höhere Form der Präsenz gedacht. In den aufgeführten Begriffspaaren ist dies immer der erste Begriff, also Bedeutung, Seele, Intuition usw. Ihm wird eine größere Nähe zur Wahrheit unterstellt. So kommt es auch zur Degradierung des metaphorischen Sprechens, es verweigert die wörtliche Rede und kontaminiert so gesehen wahres Sprechen. Derrida geht davon aus, dass dahinter in Wirklichkeit eine unzulässige Idealisierung steht. Nämlich eine Hierarchisierung, eine Ursprünglichmachung, eben ein Logozentrismus, der dem Logos verhaftet ist und alles andere auf eine niedrigere Stufe stellt. „Alle Metaphysiker sind so vorgegangen: von Platon bis Rousseau, von Descartes bis Husserl: das Gute vor dem Bösen, das Positive vor dem Negativen, das Reine vor dem Unreinen, das Einfache vor dem Komplexen, das Essentielle vor dem Akzidentellen, das Imitierte vor dem Imitierenden … Das ist nicht einfach eine metaphysische Geste unter anderen, sondern … das kontinuiertlichste, tiefste und mächtigste metaphysische Anliegen" (Limited Inc, S. 148). Die traditionelle hermeneutische Position, derzufolge sich an Texten überhaupt ein durchgehender und eindeutiger Sinn erkennen lässt, ist damit selbst bereits ein Irrtum. Es bleibt in allen Texten für Derrida nämlich ein unendlich offener und damit auch immer unhintergehbarer Verweisungszusammenhang bestehen. Es gibt keine zulässige Zentrierung, die immer eine Reduktion wäre, also eine gewaltsame Nivellierung von letztlich unhintergehbarer Vieldeutigkeit.

Philosophiegeschichtlich entspricht dem die Degradierung von Schrift als Abbildleistung eines zuvor Gesprochenen, das gemeint ist, und eines Gesprochenen als Abbildleistung eines gedanklich Gemeinten. Derrida meint, dass dahinter die Grundannahmen von Identitäten stehen, die sich bei genauerer Betrachtung aber so nicht halten lassen. Sie tragen immer das Gift von Verweisungsüberschüssen und Materialität mit sich. Damit können philosophische Grundannahmen widerlegt werden, sofern man an deren Kernpunkt geht und den logozentrischen Grundzug findet. Identität ist für Derrida eine Reduktion, eine Starrmachung und eine Verleugnung der Vielheit, der Metamorphose, des Fließenden, des Überschusses. Er selbst schreibt entsprechend in einem poetisch-philosophischen Stil, der inhaltlich und sprachlich Ambivalenzen hervorhebt, auch im eigenen Schreiben mit Vieldeutigkeiten spielt und Konnotationen zelebriert. Vor allem die analytische Philosophie kann mit Derrida nicht viel anfangen, sie hält ihn für unklar und wünscht sich eine eindeutige Sprache. Sie hängt darin dem Modell einer bedeutungsgereinigten Sprache an, die größere Wissenschaftlichkeit verspricht. Derrida meint, dass sie gerade in diesem Versprechen einer Verleugnung aufsitzt, dass Sprache nämlich niemals reduzierbar ist und irrationale Elemente nicht aus ihr zu tilgen sind.

In seinen späten Texten ist Derrida zunehmend an ethischen und politischen Themen interessiert. Es geht um zwischenmenschliche Beziehungen, um das Prinzip der Gabe und das der Freundschaft. Dabei spielt vor allem die Kategorie des Anderen eine zentrale Rolle. Der Andere ist für Derrida immer radikal anders, in seiner Andersheit ist er für mich nämlich nicht verfügbar, er bleibt mir immer entzogen. Unter ethischen Gesichtspunkten bedeutet das, dass nicht Gleichheit das zentrale Moment der Gerechtigkeit ist, sondern die prinzipielle Ungleichheit, die den Zugriff auf den Anderen prinzipiell verunmöglicht. Man muss sich schon auf den Anderen einlassen und ihn anerkennen, so dass er sich mir in seiner Andersheit zeigt. Erst das ist für Derrida eine gelingende Begegnung. Der Andere fordert mich durch seine Andersheit dazu auf, ihm zu antworten. Dialog entsteht dann von einem Anderen zu einem Anderen. Auch in ethischen Fragen bleibt Derrida dekonstruktiven Motiven verpflichtet, es ist der Andere in mir, der angesprochen wird. Die vermeintliche Selbstidentität ist demzufolge gar keine Identität, das Ich ist nämlich selbst schon von Andersheit bestimmt.

Philosophie des Geistes – Körper und Erlebnisse

In der englischsprachigen Welt ist es nicht unüblich, „Analytische Philosophie", die empirisch und logisch-analytisch vorgeht, von der sogenannten „Kontinentalphilosophie" zu unterscheiden, die auf dem europäischen Kontinent, vornehmlich in Deutschland, Frankreich und Italien praktiziert wird. Die analytische Philosophie hat vor allem in den USA, Großbritannien und Australien eine Vormachtstellung innerhalb der philosophischen Disziplin. Der Begriff wurde ursprünglich in den 50er Jahren in Großbritannien geprägt, um sich abschätzig von der europäischen Denktradition abzusetzen, die USA folgten dem Modell dann. Logische Präzision, objektive Anschaulichkeit und Unparteilichkeit sollten demnach das Denken beherrschen, während die Kontinentalphilosophie in ihrer Haltung eher rationalitätskritisch eingestellt ist. Die Kontinentalphilosophie ist zwar auch nicht einheitlich, sie ist sich aber immerhin darin einig, dass Sprache und Denken historisch und kulturell gebunden sind. Sie behandelt Fragen auf andere Weise, sie ist mehr an Kultur, Gesellschaft und Politik interessiert als an endgültigen Wahrheiten über die Sprache und das Bewusstsein. Dennoch gibt es Überschneidungen, selbst Derrida und Quine sind einander in Überlegungen zur unmöglichen Eindeutigkeit von Begriffen näher, als es auf den ersten Blick scheint. Und es gibt eine ganze Reihe von Philosophien, die in beiden Argumentationswelten zu Hause sind. Es ist eigentlich eine künstliche Trennung, macht aber deutlich, dass vor allem Amerika ein gewichtiger Spieler auf dem Feld philosophischen Denkens geworden ist und das Feld nahezu beherrscht.

Zum Ausgang des Jahrhunderts ist auch die analytische Philosophie nicht mehr so streng in ihren Themenbereichen. Sie unterscheidet sich inzwischen weniger durch einen besonderen Inhalt, als vielmehr durch die Überzeugung, dass sich Philosophisches auch klar sagen lassen muss. Selbst diese Eindeutigkeit steht aber mittlerweile in Zweifel. Denn nach diesem ganz strengen Kriterium wären noch nicht einmal naturwissenschaftliche Hypothesen sinnvoll, die immer nur indirekt, also anhand ihrer Konsequenzen empirisch überprüft werden können. Die Überprüfung ermöglicht zwar eine endgültige Widerlegung ihrer Voraussetzung bei falschen Ergebnissen, niemals aber deren Wahrheit bei richtigen, es könnten ja noch andere Fälle folgen. Als klar sagbar wird deshalb eher das anerkannt, was klar erörtert werden kann. Das Trennkriterium ist die Sprachform selbst, es geht um die Genauigkeit der Aussage und die Überprüfbarkeit der logischen Folgerichtigkeit der Argumentation, so dass Nachweise von Argumentationsfehlern möglich sind. Poetische Sprache wird davon jedenfalls getrennt, sie bewegt sich in Metaphern, in Andeutungen und Ungenauigkeiten. Das Modell ist von Platon bekannt, Poesie hat in der Wissenschaft nichts verloren, selbst wenn sie einen wesentlichen Teil sprachlicher Äußerungen ausmacht.

Bis weit in die 70er Jahre hinein ist die analytische Philosophie vor allem eine Bedeutungstheorie, die sich zunehmend im Klein-Klein von Einzelfragen verliert. Im letzten Viertel des Jahrhunderts bricht diese Verengung dann auf, es gibt einen Wechsel in Richtung Fragestellungen, die von der analytischen Philosophie in der ersten Hälfte des Jahrhunderts noch als metaphysisch eingestuft und abgelehnt wurden. Die sprachanalytischen Untersuchungen führen nämlich zur Überlegung, dass die Bedeutung eines Satzes zumindest auch davon bestimmt wird, was mit der Äußerung eigentlich gemeint ist. Der Sprecher selbst kann nicht einfach als nicht relevant übergangen werden, wenn man Sprache und ihre Wahrheitswerte untersucht. Das führt schließlich hin zu den Absichten des Sprechers, der etwas glaubt, etwas weiß, etwas meint oder etwas denkt, ganz unabhängig davon, ob dies im Einzelnen richtig oder falsch ist. Es geht somit um Zustände, die nicht innerhalb der Sprache zu finden sind, sondern um Vorgänge im Menschen, die mit seinem Empfinden, seinem Denken und seinem Wollen zu tun haben. Amerikaner, Engländer und Australier sagen dazu philosophy of mind, der deutsche Begriff Geist ist aufgrund seiner philosophischen Vorgeschichte im deutschen Idealismus etwas irreführend. Deshalb hat sich der Begriff „Mentales" eingebürgert, es geht um sogenannte mentale Zustände.

Schon der Begriff Mentales macht deutlich, dass nicht Philosophie der Wortstifter ist, sondern andere Disziplinen, wie Psychologie, Kognitionswissenschaften, Neurobiologie und Gehirnforschung, mit denen Philosophie einerseits konkurriert und an deren Aufschwung sie andererseits teilhaben will. Philosophie analysiert die Begrifflichkeit, wenn wir über mentale Phänomene reden, und beschreibt philosophische Konsequenzen beispielsweise in Bezug auf Bewusstsein, Willensfreiheit oder Personalität, also ganz traditionelle philosophische Themen. Vereinfacht gesagt geht es vor allem um zwei Aspekte des Mentalen, nämlich um das Phänomen Intention und um den qualitativen Charakter von diesen Zuständen und Vorgängen. Intention ist ein alter philosophischer Begriff, er meint sprachanalytisch gesehen das „Etwas", wenn wir wünschen, hoffen, suchen, usw. Das „Etwas" ist die Richtung der Absicht und Aktion, sprachtheoretisch also der Inhalt von Sätzen, wie „ich hoffe, dass". Philosophisch ausgedrückt ist das sein intentionaler Gehalt. Dazu zählt schließlich auch das Denken, das auf etwas gerichtet ist. Es gibt allerdings auch Mentales, das keinen intentionalen Gehalt hat und dennoch da ist, wie Schmerz, Freude, Farbempfindung oder andere Wahrnehmungen. Wenn sie auftreten, beeinflussen oder bestimmen sie wie auch immer unseren persönlichen Zustand, sie haben eine bestimmte Qualität. Weitestgehend ist das unsere Gefühlswelt, ein wesentlicher Teil unserer Subjektivität.

Die analytische Philosophie untersucht, wie das Mentale überhaupt mit dem naturwissenschaftlichen Weltbild zusammen gehen kann. Eine Extremantwort, die Naturwissenschaften nahelegen, ist beispielsweise, dass es solche Phänomene als eigenständige Ereignisse gar nicht gibt, sondern dass sie einfach im Zentralnervensystem erzeugt werden, sie also gar keinen eigenen Seinsstatus haben. Das führt dann zur Überlegung, ob mentale Zustände rein körperlich bedingt sind, oder ob es darüber hinaus einen geistigen Bereich gibt, der nicht auf physiologische Vorgänge reduziert werden kann. Wie funktioniert dieser mentale Bereich überhaupt, können wir ihn in der gesamten Physis finden, oder ist er vielleicht irgendwo im Gehirn lokalisierbar? Erkenntnisfortschritte in anderen Disziplinen zwingen Philosophie im ausgehenden 20. Jh. zur neuen Beantwortung alter Fragen, wie das Verhältnis von Körper und Geist, das in der Philosophiegeschichte als das Leib-Seele-Problem bekannt ist. Das beginnt schon in Antike mit Platons Modell von unkörperlichen Ideen gegen vergängliche Körper und wird von Descartes zu Beginn der Neuzeit dann zu einem systematischen Dualismus entwickelt, bei dem denkende Substanzen, die unkörperlich oder immateriell sind, und ausgedehnte Substanzen, die körperhaft oder materiell sind, als grundsätzlich wesensverschieden getrennt werden. Das Denken ist für Descartes nicht selbst räumlich, kann aber seinerseits Räume denken. Wenn Körper und Geist aber in zwei verschiedenen Welten spielen, ist die Frage, wie sie überhaupt zusammen kommen können. Und wenn sie nur in einer spielen, ist die Frage, wie das geht. Das alte Problem ist mit Macht zurück gekommen.

Der physikalische Monismus, der alle Phänomene der Welt auf ein einziges Grundprinzip zurückführt, eine Einweltentheorie also, ist im Kern eine Fortsetzung des Materialismus, für den geistige Phänomene auf der Grundlage physischer Prozesse entstehen. Materie bildet gewissermaßen die Basis und alles Geistige sind Überbauphänomene. Die Physis erzeugt das Mentale und beeinflusst es, das Mentale schafft aber nicht umgekehrt eine Physis. In der Philosophie des ausgehenden 20. Jhs. gehen die physikalischen Monisten davon aus, dass es nur eine Kategorie des Seienden gibt. Das würde den Dualismus von Descartes jedenfalls überwinden. Paul Churchland (*1942) und Patricia Churchland (*1943), ein kanadisches Philosophenpaar, sind sich sicher, dass Begriffe, die zum Mentalen gehören, wie „glauben" oder „empfinden", zunehmend und völlig zu Recht von einer neurophysiologischen oder physikalischen Theorie aufgesogen werden können. Und auch sollten, weil sie solche Phänomene viel besser beschreiben kann. Entsprechende Begriffe werden dann einfach eliminiert oder ersetzt, aus der Philosophie wird irgendwann Neurophilosophie. Dahinter steht wieder der extreme Wunsch nach einer reinen Wissenschaftssprache, und er erinnert an das Idealsprachenmodell des logischen Empirismus. Das Argument lautet, dass es viele Paradigmenwechsel innerhalb der Wissenschaft gab, und dass sich sogenannte mentale Zustände also auch auf etwas beziehen könnten, das irgendwann im Rückblick als genauso falsch angesehen wird wie früher das geozentrische Weltbild. Das ganze Thema mentaler Zustand könnte sich somit als Scheinproblem auflösen. Ganz so einfach geht es mit dem Eliminieren aber auch nicht. Unser Bewusstsein ist für uns real erfahrbar, es hat für uns eine bestimmte Qualität und einen bestimmten Erlebnischarakter, wir vertreten Theorien, auch die beiden Churchlands halten ihre Thesen beispielsweise für wahr und begründet, was aber wiederum selbst mentale Zustände sind. Eine schlichte Überführung des Mentalen in Physikalisches oder Neurologisches kann die Phänomene jedenfalls nicht zwingend besser erklären, außer sie zu ignorieren.

Andere philosophische Modelle gehen deshalb nicht davon aus, dass mentale Zustände in Gehirnzuständen völlig auflösbar sind, dass sie also nicht mit neuronalen Zuständen identisch sind. Eine elementare Verbindung zwischen beiden wird zwar ebenfalls unterstellt, aber immerhin deutlich weiter gefasst. Das macht die Brücke weicher, es muss keine unmittelbare Ereignisverbindung im Sinne eines strikten Kausalgesetzes hergestellt werden. Den grundsätzlichen Materialismus müssen aber auch solche Positionen nicht zwingend aufgeben, sie können den konkreten Zusammenhang zwischen Körper und Geist umschiffen oder die Lösung der genauen Beschreibung aufschieben. Es gibt eine Reihe von ganz unterschiedlichen Richtungen, die versuchen, diese Abhängigkeit von Körper und Geist bis hin zu einer möglichen Parallelität zu beschreiben. Der australische Philosoph David Chalmers (*1966) macht das als unvollständige Einbahnstraße. Physische Dinge, wie unser Organismus, sind zwar Träger von mentalen Eigenschaften, aber die mentalen Eigenschaften können nicht auf physikalische Eigenschaften zurückgeführt werden. Es bleibt immer etwas übrig. Der Mensch funktioniert nicht wie ein Computer, noch nicht einmal in der Beschreibung. Der amerikanische Sprachphilosoph John Searle (*1932) hat hierfür in den 90er Jahren das Gedankenexperiment des chinesischen Zimmers entwickelt: In einem Raum sitzt ein Mensch, der keinerlei chinesisch kann. Allerdings gibt es in dem Raum einen Korb mit chinesischen Schriftzeichen und Bücher über formale Regeln, wie mit den Schriftzeichen umzugehen ist. Der Mensch bekommt nun Zettel mit chinesischen Schriftzeichen in den Raum gereicht, die er als Fragen verstehen soll. Mit Hilfe des Regelbuchs und der Schriftzeichen kann er die Fragen beantworten, einfach weil er die formale Regel befolgt, zu den eingegangenen Zeichenfolgen passende zu finden, ohne die Sprache tatsächlich auch nur im geringsten zu verstehen. Für den chinesischen Beobachter außerhalb des Zimmers ergibt sich aber der Eindruck, der Mensch im Zimmer würde chinesisch kommunizieren. Der versteht allerdings auch am Ende des Gedankenexperiments noch kein chinesisch. Das beschreibt anschaulich die Grenze der Computeranalogie des Gehirns. Laufende Programme können richtige Antworten hervorbringen, aber müssen dennoch nicht verstehen, was sie da eigentlich machen.

Eine ganz andere Richtung der Philosophie des Geistes geht von der eigenständigen Qualität der mentalen Zustände aus, zu denen auch das Bewusstsein selbst zählt. Um den subjektiven Erlebnisgehalt eines mentalen Zustands allgemein zu beschreiben, hat sich der Begriff „Qualia" durchgesetzt. Übersetzt aus dem Lateinischen heißt es in etwa „wie beschaffen", also jedenfalls eine besondere Beschaffenheit. Wenn wir frieren, fühlt es sich beispielsweise auf eine ganz bestimmte Weise an, und Farben wahrzunehmen auf eine andere, zu denken wieder auf eine andere, und sich bewusst zu sein ebenfalls. So gesehen besitzen alle mentalen Zustände einen qualitativen Erlebnischarakter, das ist ihr Verbindendes, auch wenn das konkrete Erlebnis jeweils sehr unterschiedlich ist. Auch hierzu gibt es ein Gedankenexperiment, in diesem Fall aus den 8oer Jahren. Es stammt von dem australischen Philosophen und Mathematiker Frank Cameron Jackson (* 1943). Es geht so: Mary, eine Wissenschaftlerin, hat noch nie Farben gesehen und ist seit ihrer Geburt in einem grauen Labor eingesperrt. Sie kennt alle physischen Fakten über das Sehen von Farben. Wenn sie zum ersten Mal aus dem Zimmer kommt, sieht sie auch zum ersten Mal Farben. Das ist eine ganz andere Erlebnisqualität als das bloße Wissen physischer Fakten, sie lernt etwas völlig Neues über das Sehen und Farben gleichermaßen. Dieses Neue ist eine nichtphysische Tatsache, also ein Beispiel für die Qualia des Farbsehens. Statt Mary aus dem Laborexperiment könnte man sich auch eine Person vorstellen, die durch eine Augenoperation plötzlich in die Lage versetzt wird, Farben zu sehen oder überhaupt zu sehen, sofern sie zuvor blind oder teilblind war. Ein mögliches Gegenargument besagt, dass Mary lediglich eine Fähigkeit hinzu erwirbt und ihr Wissensspektrum erweitert, das würde das Neue an ihrer Erfahrung dann begrenzen. Dennoch bleibt die Tatsache des Erlebens als eine Qualität.

Der amerikanische Philosoph Thomas Nagel (* 1937) ist ein Schüler von John Rawls. Er hat den Begriff Qualia zwar nicht erfunden, aber er hat ihn ganz wesentlich geprägt. Bewusstsein kann für ihn niemals auf etwas Physikalisches reduziert werden. Von ihm stammt die Beschreibung, dass wir in mentalen Zuständen nicht nur sind, sondern dass wir sie auch „irgendwie" erleben. Das Irgendwie ist bewusst nicht trennscharf definiert, jedenfalls ist es etwas mit einer je spezifischen Erlebnisqualität, die vom Wissen unterschieden werden muss. Wir können wissen, wie hoch unser Blutdruck ist und ihn dennoch nicht erleben. Bei Zahnschmerzen ist das anders, wir wissen, dass wir ihn haben, und können sogar seine physischen Ursachen beschreiben, aber dennoch spüren wir ihn jenseits des Wissens auf eine besondere Art. Solche Erlebnisse oder Erfahrungen haben einen eigenen qualitativen Charakter. Nur wer diese Erfahrungsperspektive einzunehmen vermag, kann mit dem Begriff Zahnschmerzen tatsächlich etwas anfangen. Letztendlich sind diese Erlebnisse radikal subjektiv, sie können aber über eine entsprechende Erfahrungsperspektive objektiviert werden, weil alle Menschen ihre Schmerzen empfinden können. Tatsächlich objektiv sind dagegen Tatsachen, die über Begriffe ganz unabhängig von subjektiven Erlebnismöglichkeiten erfasst werden können. Alle physikalischen Tatsachen sind so gesehen objektiv.

Nagel geht davon aus, dass es nicht möglich ist, ihrer Natur nach subjektive mentale Zustände auf objektive physikalische Zustände zu reduzieren, es fehlt dann nämlich das Entscheidende, was sie gerade ausmacht. Um dies zu verdeutlichen, führt Nagel schon in den 70er Jahren ein Gedankenexperiment ins Feld. Es ist die schlichte Überlegung, ob wir uns tatsächlich vorstellen können, wie es ist, eine Fledermaus zu sein. Fledermäuse sind Säugetiere, stehen uns biologisch also zumindest auf einer äußerst allgemeinen Ebene nahe, sie verfügen aber andererseits über eine Echolotortung und können fliegen. Sie nehmen ihre Außenwelt also ganz anders wahr als wir. Die Frage ist, ob es für uns möglich ist, uns von unserem eigenen Bewusstsein und unserem Gefühl so weit zu lösen, dass wir uns vorstellen können, wie es ist, eine Fledermaus, oder abstrakter formuliert, etwas ganz Anderes zu sein. Nagel meint: „Unsere eigene Erfahrung liefert die grundlegenden Bestandteile für unsere Phantasie, deren Spielraum deswegen beschränkt ist. Es wird nicht helfen, sich vorzustellen, dass man Flughäute an den Armen hätte, die einen befähigten, bei Einbruch der Dunkelheit und im Morgengrauen herumzufliegen, während man mit dem Mund Insekten finge; dass man ein schwaches Sehvermögen hätte und die Umwelt mit einem System reflektierter akustischer Signale aus Hochfrequenzbereichen wahrnähme; (…) Insoweit ich mir dies vorstellen kann (…), sagt es mir nur, wie es für mich wäre, mich so zu verhalten, wie sich eine Fledermaus verhält. Das aber ist nicht die Frage. Ich möchte wissen, wie es für eine Fledermaus ist, eine Fledermaus zu sein" (Wie ist es eine Fledermaus zu sein?, S. 52). Die Antwort fällt also negativ aus, wir müssen akzeptieren, dass wir auf unser eigenes subjektives Bewusstsein beschränkt sind. Fremdes, seinerseits subjektives Erleben ist für uns jedenfalls unerlebbar. Nagel will den Naturwissenschaften ihre Grenze aufzeigen und dem philosophischen Denken wieder eine angemessene Bedeutung verschaffen. Er unterstellt den exakten Naturwissenschaften eine Blindheit für das, was sie nicht untersuchen können. Dazu zählen so banale Dinge wie der Geschmack von Zucker, so weitreichende wie das Gefühl von Schmerz und so komplexe wie der Sinn für Gerechtigkeit.

Zeit	Philosophen	Themen	Orte
1842–1910	James	• Praxis statt Theorie • Wahrheit meint praktische Tauglichkeit • Logischer Vorrang der Erfahrung	Cambridge/USA
1856–1939	Freud	• Ich nicht Herr im Haus • Unbewusstes • Sexualtrieb als Motor der Kultur	Wien

Philosophie des Geistes – Körper und Erlebnisse

Zeit	Philosophen	Themen	Orte
1889–1951	Wittgenstein	• Vorbild Logik • Trennung von wahren und falschen Aussagen • Sprache als Weltzugang • Praxis des Sprachgebrauchs	Wien, Cambridge/GB
1889–1976	Heidegger	• Endlichkeit, Angst und Sorge als Basis menschlichen Seins • Verfallsgeschichte der Metaphysik	Freiburg
1898–1979	Marcuse	• Kapitalismuskritik • Entfremdung	USA, Berlin
1903–1969	Adorno	• Versagen der Moderne • Negativität als Chance	USA, Frankfurt
1908–2000	Quine	• Kontextbedingungen von wahren Aussagen • Denken und Sprechen als Überzeugungssystem	Cambrigde/USA
1921–2002	Rawls	• Gerechtigkeit als Verfahren • Gleichheit als Grundwert von Gerechtigkeit • Freiheit als Weg dorthin	Cambrigde/USA
1926–1984	Foucault	• Machtstrukturen als Produzenten eines Ich • Wissenssysteme als Teil der Machtstruktur	Paris
*1929	Habermas	• Kommunikation als Muster intersubjektiver Anerkennung • Kommunikative Rationalität und Konsensbildung • Politische Teilhabe • Einlösung der Versprechen der Moderne	Frankfurt
1930–2004	Derrida	• Metaphysikkritik • Dekonstruktion als Erkenntnisverfahren • Grenze gängiger philosophischer Begriffe	Paris
*1937	Nagel	• Unauflösbarkeit des Bewusstseins in einen Physikalismus • Unhintergehbarkeit subjektiver Perspektiven	New York
*1947	Nussbaum	• Soziale Gerechtigkeit • Fähigkeitenverwirklichung als Gerechtigkeit • Tugendethik	Chicago

Ausblick auf die Philosophie im einundzwanzigsten Jahrhundert – Bleibende Fragen

Das Jahrhundert ist zwar noch jung, aber auch die aktuell von Philosophen und Philosophinnen diskutierten Fragen sind eigentlich alt, selbst wenn sie künftig ganz anders beantwortet werden. Im Ausblick werden beispielhaft drei Fragekomplexe herausgegriffen, auf die andere wissenschaftliche Disziplinen keine besseren oder plausibleren Antworten anbieten können. Was nicht heißt, dass die Philosophie sie ewig gültig oder ganz allein hätte. Aber sie hat zumindest ein starkes Problembewusstsein dieser Fragen, das vorschnelle Antworten und Überdehnungen einzelner wissenschaftlicher Erkenntnisse fragwürdig erscheinen lässt. Ziemlich sicher wird Philosophie die Konkurrenz der exakten Naturwissenschaften und ihren Angriff auf traditionell philosophische Begriffe und Konzepte ebenso überleben wie den der Theologie im Mittelalter. Ihren früheren Platz der Leitwissenschaft braucht sie hierbei gar nicht, ihre Daseinsberechtigung hat sie im Denken selbst. Solange gedacht wird, wird auch philosophiert. Auch Musisches lässt sich trotz allem Wissensfortschritt nicht aus der Welt austreiben. Platon hat sich geirrt.

Was ist Bewusstsein?

In der gegenwärtigen Philosophie wird unter Bewusstsein im Wesentlichen das Erleben mentaler Ereignisse und Zustände verstanden. Wir nehmen nicht nur Reize auf und reagieren darauf, sondern wir erleben uns, Andere und die Außenwelt. Selbstbewusstsein haben darüber hinaus alle Lebewesen, die zudem wissen, dass sie ein Bewusstsein haben, sie haben ein Selbstmodell, das sie selbst und die Umwelt einbezieht. Nach jetzigem Kenntnisstand sind das nur Menschen, wobei allerdings aufgrund von verschiedenen Untersuchungen davon ausgegangen wird, dass bestimmte Tiere immerhin eine Art von Ich-Bewusstsein haben könnten, was auch immer das rudimentär oder darüber hinaus tatsächlich zu leisten vermag. Jedenfalls erfahren wir uns selbst als Träger unseres Tuns und Erfahrens, wenn wir uns als Subjekt bewusst sind. Dieser Zustand hat nicht einfach nur einen Informationsgehalt, sondern es fühlt sich auch auf eine besondere Weise an. Keine Naturwissenschaft kann bislang erklären, wie das Gehirn eigentlich Gedanken mit einem derartigen Inhalt erzeugen kann, es ist nach wie vor ein Rätsel. Neuronale Korrelate des Bewusstseins und Selbstbewusstseins konnten bislang jedenfalls nicht gezeigt und beschrieben werden, zudem ist fragwürdig, ob das Gehirn überhaupt der einzige Träger des Erlebens sein kann. Immerhin sind wir ein Gesamtorganismus. Das Wissen über uns selbst kann jedenfalls nicht so ohne weiteres durch ein Wissen über unseren Körper und die Welt ersetzt werden. Selbst die Hirnforschung kann hier bislang nur sehr spärliche Erkenntnisse vorweisen trotz intensiver Forschung und bildgebender Verfahren, die zeigen, wann welche Hirnregion aktiv ist. Es gibt keinen Ort, an dem man das Bewusstsein ansiedeln könnte, man kann nur Regionen ausmachen, die nicht zerstört sein dürfen, damit das Gehirn überhaupt arbeiten kann. Sogar wenn das Gehirn keine messbare Aktivität mehr aufweist, kann noch Bewusstsein entstehen. Das Problem des Bewusstseins ist demnach nach wie vor ungelöst. Vereinfacht gesagt verstehen Neurowissenschaftler, dass wesentliche Dinge im Gehirn und im Nervensystem passieren, aber sie wissen nicht, wie das tatsächlich geschieht. Das hat möglicherweise systematische Gründe, die nicht überwindbar sind.

Jacksons (* 1943) Beispiel und Gedankenexperiment zu mentalen Erlebnissen, dass Mary etwas Neues erlebt, etwas lernt und ihr Bewusstsein erweitert, wenn sie aus dem grauen Labor herauskommt und zum ersten Mal in ihrem Leben Farben erlebt, ist schon im Rahmen der Philosophie des Geistes im vergangenen Jahrhundert nicht unwidersprochen geblieben. Die Frage ist nämlich, was Mary tatsächlich lernt. David Lewis (1941–2001) vertritt die Auffassung, Mary erwerbe kein Wissen in der Form eines „dass", sondern eines „wie", also keine neuen Kenntnisse, sondern lediglich eine neue Fähigkeit. Im Prinzip erwirbt Mary dann einfach die Fähigkeit, sich an Empfindungen dieser Art zu erinnern, sich Empfindungen dieser Art vorzustellen und derartige Empfindungen wiederzuerkennen. Paul Churchland (* 1942) meint demgegenüber, dass Mary lediglich eine andersartige Repräsentation einer Tatsache gewinnt, von der sie auch zuvor schon gewusst habe.

Repräsentieren, erinnern, vorstellen und wieder erinnern, diese Einzelleistungen könnten Neurobiologen möglicherweise durch Lokalisierungen im Gehirn aufzeigen. Bei der Gesamtheit des Komplexes wird es aber schon so schwierig, dass es auch zu komplex sein könnte. Immerhin verfügt das Gehirn nach derzeitigen Schätzungen über etwa zehn Billiarden Synapsen und funktioniert nicht wie ein Automat. Es gibt aber auch noch ein grundsätzliches und systematisches Argument, das dagegen spricht. Man kann es erkennen, indem man die Beweislast umdreht und von den exakten Naturwissenschaften erwartet, dass sie bestimmten Gehirnzuständen entsprechende mentale Zustände eindeutig zuordnen, also durch physikalische und neuronale Prozesse solche Phänomene wie das Bewusstsein entstehen lassen. Wenn man Bewusstsein auf Physiologie reduziert, müsste das eigentlich möglich sein, wenn auch lediglich rudimentär. Naturwissenschaften müssten in einem ersten Schritt zeigen, dass ein bestimmtes nervliches Geschehen eine ganz besondere Erlebnisqualität hervorruft, so dass der Zusammenhang notwendig wird und nicht mehr zufällig. Seltsamerweise kann sie aber noch nicht einmal das. Das logische Argument stammt von dem amerikanischen Philosophen Joseph Levine (* 1952), er nennt das „explanatory gap", also Erklärungslücke. Levine ist Materialist und Physikalist, er geht davon aus, dass mentale Zustände letztendlich physikalische Zustände sind. Dennoch ist er überzeugt, dass bei allen Versuchen, mentale mit physischen Ereignissen zu erklären, eine Lücke bleibt. Wenn mentale Zustände nicht nur kausal, sondern auch durch eine Erlebnisqualität gekennzeichnet sind, und wenn mit den Mitteln der Naturwissenschaften nicht verständlich gemacht werden kann, warum mit einem bestimmten Gehirnzustand eine bestimmte Erlebnisqualität verbunden ist, dann können mentale Zustände grundsätzlich nicht auf Gehirnzustände reduziert werden. Der Reduktionismus erscheint philosophisch als eine Sackgasse. Neurowissenschaftler kommen vielleicht dahin, Schemata aufzuzeigen, sie scheitern aber an der Qualität des genau Soseins. Sie können nicht zeigen, wie komplexes Erleben notwendig zustande kommt.

Bewusstsein und Selbstbewusstsein sind jedenfalls ein subjektives Erleben. Und subjektives Erleben kann man nur dann vollständig erfassen, wenn man eine sehr bestimmte Erfahrungsperspektive einnimmt. Naturwissenschaften haben es demgegenüber grundsätzlich mit objektiven Tatsachen zu tun, die von unterschiedlichen Erfahrungsperspektiven aus zugänglich sind. Die ganz persönliche Perspektive von Bewusstsein kann die Naturwissenschaft gerade nicht fassen, weil sie nicht auf das Besondere, sondern auf das Allgemeine zielt. Es bleibt eine Lücke des Besonderen. Das naturwissenschaftliche Modell müsste nämlich sämtliche charakteristischen Merkmale des subjektiven Erlebnisses auf einem Gehirnzustand reduzieren. Das Problem ist dabei das „sämtliche", es bleibt immer ein Rest des jeweils Subjektiven. Für Lewis ist diese Lücke jedenfalls nicht hintergehbar, es bleibt immer eine Kluft zwischen der Außenperspektive der Naturwissenschaftler und der Erlebnisperspektive der beteiligten Person.

Chalmers (* 1966) spitzt die Grenze naturwissenschaftlicher Beschreibungsmöglichkeiten noch zu. Für ihn ist das Bewusstsein ein zu schwieriges Problem. Alle psychischen Phänomene, die nicht unmittelbar mit Erlebnisqualitäten zusammenhängen, können exakte Wissenschaften ziemlich gut beschreiben. Dazu zählen auch komplexe Fähigkeiten wie das Gedächtnis, das Denken und Problemlösen oder das Lernen, nicht gerade einfache Leistungen. Dennoch erscheinen sie für Chalmers als leichte Probleme, weil das Gehirn dabei Informationen aus der Umgebung erhält, verarbeitet und Verhalten steuert. Neuro- und Kognitionswissenschaften können hier Fortschritte vorweisen, weil sie sich auf funktionalistische Theorien verlassen können, die Strukturen gut beschreiben können. Sie scheitern aber völlig, wenn es um die Erlebnisqualität geht. Sie können zwar zeigen, welche Prozesse im Gehirn ablaufen, wenn wir Schmerzen haben, also ganz allgemein erleben. Sie können aber nicht zeigen, warum es uns dabei so weh tut, die Qualität ist nicht darstellbar. Warum die Bewusstseinsfunktionen mit einem subjektiven Innenleben einher gehen, und warum das Gehirn nicht ohne diese Empfindungen und Gefühle funktioniert, das können Neurobiologen nicht erklären. Es bleibt ein hartes Problem.

Neurowissenschaftler können vielleicht künftig einmal zeigen, wie physiologische Prozesse kausallogisch nachvollziehbar ablaufen. Bei diesen einzelnen kausallogischen Prozessen spielt das Erleben selbst allerdings an keiner Stelle eine Rolle, es kommt erst am Ende der Kette mit einem Qualitätssprung. Das verlagert zwar die Qualität ans Ende, löst aber keineswegs die Frage, wie es dann zustande kommt. Wenn die Summe aller Teile mehr ist als alle Teile, ist die Frage dieses „mehr" immer noch zu beantworten. Die Schwierigkeit des unvollständigen Wissens der Naturwissenschaften ist im Fall mentaler Erlebnisse vermutlich nicht überwindbar. Bewusstsein und Selbstbewusstsein bleiben philosophische Begriffe und Probleme.

Gibt es einen freien Willen?

Die Annahme eines freien Willens setzt implizit voraus, dass es Lebenssituationen gibt, in denen man gewisse Entscheidungsalternativen hat, also zumindest zwei Möglichkeiten, und dass man dabei willentlich eine bestimmte wählt oder gewählt hat. Ob vollständig bewusst oder eher intuitiv spielt dabei keine Rolle. Gleichzeitig wird vorausgesetzt, dass wir als Menschen in der Lage sind zu wählen, dass wir auf die Vergangenheit bezogen also auch anders hätten entscheiden können. Wir haben dann eine Wahl getroffen, die nicht automatisch erfolgt ist, die also nicht affektbedingt, impulsiv oder instinktiv war. Und etwas weiter gedacht, wir können bestimmte Entscheidungen durch die Einbeziehung von Überlegungen treffen, sie sind veränderbar.

Determinismus, die Gegenposition, bedeutet, dass Entscheidungen immer durch naturbestimmte Prozesse getroffen werden. Verallgemeinert heißt das, dass das subjektive Gefühl der freien Entscheidung oder des freien Willens lediglich sekundäre Rationalisierungen sind, also irgendetwas, was die Natur uns nachträglich aus welchen Gründen auch immer anbietet, obwohl es in Wirklichkeit gar keinen freien Willen gibt.

Der Determinismus trägt philosophisch betrachtet eine strukturelle Schwäche in sich. Wenn es nämlich gar keinen freien Willen gibt, dann müssen grundsätzlich alle Handlungen determiniert sein. Es darf dabei keine Ausnahme geben, sonst gäbe es ja, wenn auch selten, so etwas wie einen freien Willen. Die Vertreter eines freien Willens haben diese Schwäche nicht in der gleichen Weise, da sie nicht auf die gleiche extreme Art verabsolutieren müssen. Dieses Problem ist aus der Logik bekannt. Aussagen nach dem Muster „alle" können nur dann getroffen werden, wenn „alle" auch nachweislich überschaubar sind, wie in dem Satz „alle Menschen sind sterblich". Zum Nachweis der Falschheit würde schon ein Gegenbeispiel ausreichen. Aussagen nach dem Muster „es gibt" können demgegenüber auch getroffen werden, wenn nur ein Positivbeispiel existiert.

Vertreter des freien Willens können beispielsweise sagen, dass in den meisten Situationen unsere Gene, die Umwelt oder die Gesellschaft, aber auch Triebe oder Instinkte unsere Handlungen steuern. Sie können aber auch gleichzeitig behaupten, dass es darüber hinaus Situationen gibt, in denen der Wille frei entscheiden kann. Philosophen beziehen die Freiheit in erster Linie auf moralische Urteile und Handlungen, bei denen Handlungsoptionen in Bezug auf ihre Konsequenzen geprüft werden. Die strukturelle Schwäche der Verabsolutierung führt bei Deterministen umgekehrt dazu, dass sie über das Ziel hinaus schießen und behaupten, dass das Ich, das Bewusstsein oder das Selbst, also mögliche Grundlagen freier Entscheidungen, einfach nur Illusionen sind. Solche Extrempositionen vertreten beispielsweise der Neurobiologe Gerhard Roth, der Physiologe Wolfgang Singer und der Psychologe Wolfgang Prinz, der meint, „wir tun nicht, was wir wollen, sondern wir wollen, was wir tun" (Freiheit oder Wissenschaft?, S. 98 ff.). Das Ich ist für ihn festgelegt durch Verschaltungen, ein physikalischer Effekt also.

Der Ursprung dieser scharfen Behauptung liegt im sogenannten „Libet-Experiment", das 1979 durchgeführt wurde. Dabei ließ der amerikanische Physiologe Benjamin Libet bei Versuchspersonen, die aufgefordert wurden, zu einem von ihnen selbst gewählten Zeitpunkt den Finger zu heben, Gehirnströme messen. Er verglich anschließend den zeitlichen Einsatz der neuronalen Aktivität mit dem Bewusstwerden der Entscheidung selbst. Das Bewusstwerden sollten sich die Probanden mit Blick auf eine Uhr merken. Das überraschende Ergebnis: Die messbaren Gehirnströme liefen unbewusst ab und bauten sogenannte „Bereitschaftspotentiale" auf, die im Zusammenhang mit den künftigen Handlungen standen. Der Einsatz der neuronalen Aktivität und das Bewusstwerden der Handlungsentscheidung fielen ganz offenkundig zeitlich auseinander. Zuerst wurde nämlich eine neuronale Aktivität gemessen, das Bewusstsein selbst kam erst danach. Einige, aber nicht alle Neurologen und Physiologen folgerten daraus, dass bewusste

Entscheidungen den neuronal determinierten Entscheidungsprozessen im Gehirn kausal nachgeordnet sind. Das Libet-Experiment wurde allerdings rasch bemängelt. Es hat quantitative Unschärfen, und die Entscheidungssituation der Versuchspersonen ist ziemlich eng gestrickt. Es kann deshalb kaum für komplexe Entscheidungssituationen Aussagen treffen. Den Probanden konnte es beispielsweise egal sein, wann genau sie den Knopf drückten. Das Experiment war so aufgebaut, dass bewusste Überlegungen und Entscheidungen gar nicht nötig waren. Die Probanden mussten nicht über mögliche Konsequenzen ihres Handelns nachdenken, es waren äußerst vereinfachte Situationen. Die bewusste Entscheidung liegt demgegenüber schon im Vorfeld des Experiments, nämlich an diesem Experiment überhaupt teilzunehmen oder auch nicht, und nicht innerhalb der Testanordnung. Problematisch ist natürlich auch, dass die Äußerung einer Bewusstwerdung mit der Bewusstwerdung selbst gleichgesetzt wird. Problematisch ist zudem, das Bewusstsein ausschließlich im Gehirn anzusiedeln und nicht in der Person als Ganzer. Libet selbst hat sich übrigens gegen die ausschließlich deterministische Interpretation seiner Experimente gewendet. In einem Folgeexperiment ermittelte er eine sogenannte „Veto-Funktion des Willens". Demnach können wir trotz eines neuronalen Bereitschaftspotentials auch vor der vermeintlich automatischen Muskelaktivierung noch intervenieren und uns umentscheiden. Aber das erste Experiment entwickelte dennoch ein Eigenleben bei Wissenschaftlern.

Der Neurophysiologe Patrick Haggard und der Psychologe Martin Eimer wiederholten 1999 das Experiment in veränderter Form. Als Handlungsalternative wurde die Möglichkeit eingeführt, die linke oder aber die rechte Hand zu bewegen. Und das Bereitschaftspotential jeder Hirnhälfte wurde gesondert gemessen. Das Ergebnis: Die zeitlichen Abstände variierten bei den Personen stark, ebenso die links-/rechts-Verhältnisse. Und bei zwei von acht Versuchspersonen lag der bewusste Handlungswunsch vor dem neuronalen Bereitschaftspotential, bei den anderen sechs dagegen danach. Es gab allerdings auch bei diesem Experiment keinerlei rationalen oder emotionalen Entscheidungsgründe für die Bewegung des einen oder des anderen Arms, der dann den Knopf drückte. Auch das sind wiederum beliebige und konsequenzlose Spontanentscheidungen in einer Situation, die keinerlei Reflexionsleistungen voraussetzt. Inwieweit ein komplexes Ich daran beteiligt ist, das lebensweltlich mit Anderen interagiert, also im Kern intersubjektiv ist, bleibt auch hier eine offene Frage.

Für Neurowissenschaftler wie Roth oder Singer darf eine Wissenschaft vom Menschen nur naturwissenschaftlich sein. So meint Singer, „entweder sind Entscheidungen die Folge neuronaler Wechselwirkungen, oder sie kommen auf naturwissenschaftlich nicht nachvollziehbare Weise zustande" (Streitgespräch mit Julian Nida-Rümelin, Frankfurter Rundschau vom 3. April 2004), sie sind also nicht naturwissenschaftlich beschreibbar und damit nicht nachweisbar wirklich.

Dahinter steht die Vorstellung eines mechanistischen Materialismus, der aus dem 19. Jh. kommt. Die Philosophie des Mentalen hat sich mit diesem Erbe schon ausführlich herumgeschlagen. Solche Positionen blenden aus, dass die bloße materielle Voraussetzung geistiger Tätigkeit zwar das Gehirn ist, dass dieses aber nicht zwingend eine monokausal bestimmende Rolle im Verhältnis zum Bewusstsein spielen muss. Die Naturwissenschaften enthalten hier einen Reduktionismus, dem Philosophie nicht zu folgen braucht.

Was Neurodeterministen als Gegenposition betrachten, müssen Philosophen gar nicht mehr mitmachen. Ob wir das Gehirn steuern, oder ob das Gehirn uns steuert, kann selbst die Philosophie des Geistes ausklammern und sagen, wir müssen die Frage gar nicht beantworten, sie führt in die Irre. Neurobiologen glauben beispielsweise, dass die Vertreter der Möglichkeit eines freien Willens grundsätzlich behaupten, dass ein unkörperlicher Geist kausal auf die Körperwelt einwirkt. Sie verwechseln anders gesprochen die philosophischen Begriffe „Ich" und „Selbst" mit dem Gehirn. Wenn sie weit zurückgeht, kann Philosophie aber genauso gut auf Aristoteles Bezug nehmen. Der meint nämlich, dass die Seele der Inbegriff der Vermögen eines Lebewesens ist. Der Mensch ist demnach ganz ungespalten das Ganze, und die Seele ist die Gesamtheit der Vermögen, die zu diesem Ganzen gehören. Für Aristoteles gehört dazu auch ein intellektuelles Vermögen, nämlich die Fähigkeit zur Vernunft als eine eigene Qualität. So weit muss man aber gar nicht zurückgehen. Gegen den jüngeren Dualismus von Descartes verwendet der englische Empirist John Locke den Begriff der Persönlichkeit. Eine Person steht für „ein denkendes, verständiges Wesen, das Vernunft und Überlegung besitzt und sich selbst als sich selbst betrachten kann. Das heißt, es erfaßt sich als dasselbe Ding, das zu verschiedenen Zeiten und an verschiedenen Orten denkt. (...) Soweit nun dieses Bewußtsein rückwärts auf vergangene Taten oder Gedanken ausgedehnt werden kann, so weit reicht die Identität dieser Person" (Versuch über den menschlichen Verstand, Bd. 1, S. 419 ff.). Und Kant fasst den Menschen dann als etwas, das nicht einfach zum Zweck Anderer da ist, sondern als etwas, das ein Zweck an sich ist, also niemals Mittel zum Zweck werden darf. So gesehen hat der Mensch als Person einen Wert in sich. Mit dem kategorischen Imperativ und der Besonderheit von moralischen Urteilen, die nur Menschen möglich sind, bringt Kant einen Bereich ins Spiel, bei dem wir zumindest so tun müssen, als ob wir frei wären, weil komplexe Fähigkeiten damit verknüpft sind. Dazu gehören unter anderem die Reflexionsfähigkeit, die Konsequenzanalyse und moralische Erkenntnisse. Für Kant ist der Wille „ein Vermögen, nur dasjenige zu wählen, was die Vernunft, unabhängig von der Neigung, als praktisch nothwendig, d. i. als gut, erkennt" (BA 37, Bd. VII, S. 41). Auch der Wille ist ein Vermögen und kein bestimmter Ort im Gehirn. Es ist ein komplexes Vermögen, weil es keine Befehle oder Gebote befolgt, sondern als ethisches Subjekt sein mögliches Handeln einer Selbstüberprüfung unterzieht, also eine Metaebene zu sich selbst denken kann und nicht nur für sich selbst entscheidet. Der freie Wille manifestiert sich demnach in einer interaktiven Situation als intersubjektives Anerkennungsereignis und nicht als eine objektive Instanz in einer Einzelperson. Das ist der Unterschied zur reinen Subjektvorstellung, wie ihn Neurobiologen untersuchen und beschreiben. Entsprechendes gilt auch für andere Vermögen, wie Verantwortung, Einfühlungsvermögen oder Liebe. Es braucht immer mehr als eine Person.

Man muss Locke oder Kant nicht im Detail folgen, die moderne Philosophie entwickelt auch andere Versionen. Aber Philosophie kann die Person jedenfalls als etwas begreifen, das mehr ist als Gehirn oder Geist oder Körper. Selbst der Materiebegriff gibt das her. Philosophie kann den Menschen als das alles und Materie zugleich fassen. Personen haben eine Würde, sie haben ein Gespür für Gerechtigkeit, sie denken, fühlen, handeln und übertreten nicht selten Regeln. Sie haben eine Geschichte und treffen Werturteile. Das führt wie die Frage nach dem freien Willen zum dritten nach wie vor aktuellen Problemkontext, der generellen Ethik.

Sind globale Werte möglich?

Fragen nach Moral und insbesondere danach, wie sie überindividuell begründet werden kann, sind so alt wie die Philosophiegeschichte selbst. Mit Krisen kommen sie jedenfalls wieder verstärkt in den Blick, das ist auch im 21. Jahrhundert so. Noch ist es ein offenes Rennen, welche argumentative Richtung die Ethik als philosophische Disziplin hauptsächlich einschlägt. Es gibt nämlich eine ganze Reihe konkurrierender Begründungsansätze, die sich in der zweiten Hälfte des 20. Jhs. herauskristallisiert haben. Sobald man den Nahbereich verlässt und moralisches Verhalten gegenüber dem anonymen Fremden begründen will, braucht es eine wie auch immer geartete universalistische Ethik. Ob die als übergeordnetes System moralischer Werte und Handlungsanweisungen überhaupt möglich ist, ist allerdings umstritten.

Der Utilitarismus, also das ausschließlich am Nutzen der Mehrheit orientierte Modell, hat philosophisch gesehen als eher einfache Version der Ethik weitgehend abgewirtschaftet. Es ist zwar alltagsweltlich plausibel und kann tatsächliches Handeln vielfach gut beschreiben, aber es bietet eben kein ethisches Gerüst bei komplexen Fragen an. Mehrheiten können sich schließlich ändern, und selbst Utilitaristen müssen zugestehen, dass der Zweck nicht immer und überall alle Mittel rechtfertigen soll.

Die analytische Philosophie hat mit der sogenannten Metaethik dagegen formale Analysen moralischer Aussagen vorgelegt. Sie beschreibt darin die besondere Urteilsklasse des moralischen Sprechens, Denkens und Handelns. Und damit

Voraussetzungen, die wir eingehen, wenn wir etwas als gut oder schlecht bewerten. Aber jenseits aller semantischen Klärungen spielt bei moralischen Handlungen vor allem die Motivation eine zentrale Rolle, die in der Metaethik ausgeblendet bleibt. Ethische Bewertungen sind nicht einfach nur besondere Urteilsklassen des Sprechens, sondern sie speisen sich aus unseren Einstellungen und unseren Motiven, seien das Wünsche, Glaubensannahmen oder im weitesten Sinn vernünftige Überlegungen.

Ein Gegenmodell zur Metaethik bildet die Diskursethik. Zwar beinhaltet auch sie kognitive Elemente, weil die Richtigkeit ethischer Aussagen anhand von Regeln des vernünftigen Argumentierens geprüft werden. Aber sie nimmt vor allem auf intersubjektive Prozesse Bezug, weil sich erst die Gemeinschaft der am Diskurs Beteiligten darüber verständigt, welche Prinzipien sie akzeptiert. Die Diskursethik hält deshalb an Kants formalen Imperativüberlegungen fest, macht aber zur Maxime des Handelns die diskursive Prüfung der Universalitätsansprüche. Das verschiebt das Gewicht vom sich selbst prüfenden Individuum und seiner einsamen Entscheidung hin zur Anerkennungsfähigkeit von Normen in größeren Konsensprozessen. Das ist das Intersubjektivitätserbe des philosophischen Moraldenkens seit Kant, das noch heute nachwirkt. Die Diskursethik ist so gesehen eine zivilgesellschaftliche Übersetzung der Pflichtethik. Sie muss allerdings den Willen und die Bereitschaft zur Konsensbildung voraussetzen und damit etwas, das nicht aus dem Dialog selbst stammt. Normativität erklärt sich genau aus dem Durchlaufen dieses Prozesses geprüfter Rechtfertigungen. Das bedeutet, niemand darf Ansprüche erheben, die anderen verweigert werden, und niemand darf aus der Rechtfertigungsgemeinschaft ausgeschlossen werden. Jede Art von Vorrechten werfen somit Begründungspflichten auf. Man braucht zwar keine Begründung, um zu sagen, dass Männer und Frauen oder Schwarze und Weiße gleich sind, aber man braucht Begründungen, wenn man sagt, dass einer Gruppe mehr zusteht als einer anderen.

Das Bedürfnis nach Normenfindung und Normenbegründung, also allgemeine Begründungsregeln für moralisches Denkens und Handeln zu entwickeln, ist jedenfalls nach wie vor groß. Schon allein die Suche danach ist eine menschliche Grundeigenschaft. Aus der Ideengeschichte der Philosophie heraus gibt es vor allem zwei große Ansätze mit jeweils eigenen Begründungswegen. Das ist zum einen die Tugendethik, die bereits in der Antike entwickelt wurde, und zum anderen die formale Ethik, die als Pflichtethik insbesondere im Rahmen der Aufklärung aufkam. Die eine lehnt globale Werte ab, die andere hält daran fest.

Ein Beispiel für die Rückkehr tugendethischer Überlegungen ist der schottisch-amerikanische Philosoph Alasdair MacIntyre (*1929), der auf Tugend und die Kraft der Tradition setzt. Die rationale Begründung moralischen Handelns hält er für gescheitert. Resonanz hat er damit vor allem in der analytischen Philosophie gefunden. Er beklagt offensiv den Verlust der Tugend und die Erosion moralischer Überzeugungen. Für ihn fehlt in konkreten Belangen sowohl die Verständigungsgrundlage als auch ein gemeinsames Vokabular, das überhaupt möglich macht, sinnvoll über ethische Fragen zu streiten. Die globale Welt hält er für eine lediglich abstrakte Vorstellung, deshalb kann auch Ethik keine globalen moralischen Maßstäbe aufstellen. Damit wendet sich MacIntyre polemisch gegen die Aufklärungsmoral, also gegen die Vorstellung, dass Tugenden durch ein vernünftiges Kalkül ersetzt werden sollen. Abstrakte Ethiken behaupten demzufolge zwar eine Allgemeingültigkeit, sie sind aber immer nur lokal bedeutsam. Für die konkrete Orientierungssuche können sie nämlich nichts Konkretes leisten, das Argument ist bekannt und oft formuliert worden. Das Vorbild sind für MacIntyre vormoderne Traditionen, die es den Menschen erlauben, ihr Leben im Rahmen geschlossener Sinnhorizonte gemeinsam an unstrittigen Zielvorstellungen auszurichten. Sein Modell der Tugendethik funktioniert so: Alle Moral ist die Folge von Gemeinschaft, und die wird von Traditionen und Tugenden zusammen gehalten. Es gibt kein reines Individuum oder ein zeitloses Moralsystem, das auf Vernunft aufbaut. Vernunft und Reflexion dürfen als Prinzipien also nicht die elementare Rolle spielen wie in der Ethik von Kant, beide müssen in ihrer Zuständigkeit auf ein begrenztes Maß eingedämmt werden.

MacIntyre setzt auf anthropologische Theorien, das sind Beschreibungen, was der Mensch immer schon ist, das heißt welche Fähigkeiten und welche Bedürfnisse sein Leben prägen. Moralphilosophie muss für ihn die menschliche Versehrbarkeit, die Bedürftigkeit und Abhängigkeit berücksichtigen und darf nicht einseitig von der falschen Vorstellung eines souveränen Individuums ausgehen. Er greift auf die Verhaltensforschung zurück und will zeigen, dass bei bestimmten höher entwickelten Tierarten wie Delphinen und Primaten rationale Orientierungsleistungen zu beobachten sind, dass also auch das Verhalten der einfachen Spezies nicht nach dem Muster eines einfachen Reiz-Reaktions-Schemas funktioniert. Auch Tiere, die über keine ausdifferenzierte Sprache verfügen, könnten zu einem intentionalen Verhalten fähig sein, sie könnten Gründe für ihr Verhalten haben und nicht nur Instinkte. Daraus ergibt sich dann im Umkehrschluss, dass wenn sich das Verhalten von Tieren in bestimmten Fällen als menschenähnlich zeigt, wir anerkennen sollten, dass unsere eigene Rationalität ihrerseits in nichtmenschlichen und vorsprachlichen Orientierungsleistungen verankert bleibt. Das Argument funktioniert aber auch ohne anthropologische Verankerung. Unsere Fähigkeiten zur selbständigen rationalen Orientierung sind als Anlage vorhanden, wir können sie aber nur durch die Anleitung Anderer ausprägen und später im gemeinschaftlichen Austausch umsetzen. So oder so, wir müssen eine Distanz zu unseren eigenen Wünschen gewinnen, erst dann können wir uns eigenständig verhalten. Und das geht nicht ohne die Unterstützung und Korrektur durch Andere.

Selbst das tugendethische Modell von MacIntyre setzt die Anerkennung des Anderen als eine wesentliche Kategorie voraus, sie ist eine Möglichkeitsbedingung von Ethik. Es sind bei ihm „Tugenden der anerkannten Abhängigkeit" (Die Anerkennung der Abhängigkeit, S. 141), die uns dazu bewegen, am sozialen Geschehen teilzunehmen und unser eigenes Lebensglück nur im Rahmen gemeinschaftlich definierter Vorstellungen vom guten Leben zu suchen. Die für Gemeinschaften maßgeblichen Normen können nur dann wirksam werden, wenn Einzelinteressen zurückgedrängt werden. Da das aber schon auf der Ebene des Nationalstaates nicht möglich ist, braucht es kleinere, von der Marktbeherrschung weitgehend abgeschottete Gemeinschaften. Das klingt nostalgisch nach der antiken Polis, MacIntyre versperrt den Weg zu größeren politischen oder gesellschaftlichen Einheiten, von einer globalen Moral ganz zu schweigen.

Ein striktes Gegenmodell zu Tugendethiken sind Pflichtethiken. Die Theorie sozialer Gerechtigkeit unter Gleichen von Rawls ist die einflussreichste Gerechtigkeitstheorie des 20. Jhs. Wegen ihres hohen Abstraktionsgrades und der Tendenz aller Prinzipienethiken, die Wirklichkeit theoretisch zu vereinfachen, bleiben aber auch bei ihr ungelöste Probleme. Menschen mit schweren Behinderungen sind in gegenwärtigen Vertragstheorien beispielsweise von der Festlegung grundlegender politischer Prinzipien ausgeschlossen. Auch globale Gerechtigkeit oder die Frage nach Freiheit und Gleichheit in einer Welt transnationaler Verflechtungen lassen sich mit Rawls und seinem am westlichen Liberalismus orientierten Denken nicht wirklich beantworten. Dazu kommt die Frage nach dem Verhältnis von Mensch und Umwelt sowie von Mensch und Tier. Denn weder schließen Menschen und Tiere noch Menschen und die Umwelt miteinander Verträge. Der Andere muss deshalb weitreichender definiert werden, es gehört ebenso die Versehrtheit dazu wie die Verletzlichkeit und die Vielfalt der Lebensformen. Schon Kant wurde vorgeworfen, dass der kategorische Imperativ zu abstrakt sei und keine konkrete Handlungsanweisung geben würde. Das ist ein Vorteil und Nachteil zugleich. Der Vorteil ist die Verallgemeinerungsmöglichkeit aufgrund allgemeinster Prinzipien, der Nachteil ist die weitgehende Inhaltsleere.

Man kann mit Aristoteles jenseits der individuellen Tugendethik auch einen ganz anderen Weg gehen und die Intersubjektivität noch stärker gewichten. Das macht beispielsweise die amerikanische Rechtsphilosophin Martha Nussbaum (*1947). Nussbaum greift Probleme bei Rawls auf und entwirft einen wertegesättigten Gerechtigkeitsbegriff, der ausdrücklich an Aristoteles orientiert ist. Bei Rawls sind die Individuen, die im hypothetischen Urzustand hinter einem „Schleier des Nichtwissens" normative Grundstrukturen ihres Zusammenlebens festlegen, immer selbstbestimmte und vernünftige Bürger, das bedeutet aufgeklärte und lebenslang uneingeschränkt kooperationsfähige Gesellschaftsmitglieder. Rawls integriert körperliche oder geistige Bedürftigkeit erst auf der Ebene einer späteren ausgleichenden Gesetzgebung. Für Nussbaum ist das aber zu spät und deshalb nicht akzeptabel: „Dann und nur dann, wenn die Parteien im Urzustand nicht wissen, welche körperlichen Beeinträchtigungen sie haben oder nicht haben könnten, werden sie Prinzipien festlegen, die Menschen mit solchen Beeinträchtigungen gegenüber wirklich fair sind" (Die Grenzen der Gerechtigkeit, S. 164). Hinter dem „Schleier des Nichtwissens" können sich die Parteien nämlich nicht einfach am Schlechtestgestellten orientieren, denn die Besser- oder Schlechterstellung in der Gesellschaft lässt sich nicht vollständig über Grundgüter ermitteln, weil diese eine mögliche Behinderung ausklammern. Wer beispielsweise körperlich behindert ist, kann bei einem gleichen Einkommen und Vermögen deutlich schlechter gestellt sein als jemand, der sich ganz normal bewegen kann und ohne Hilfen auskommt.

Nussbaum plädiert vor diesem Hintergrund für einen „Fähigkeitenansatz". Fähigkeiten sind schon ein philosophischer Schlüssel für Probleme rund um das Bewusstsein und den freien Willen. Bei Fähigkeiten in ethischen Belangen geht es um die philosophischen Grundlagen einer Theorie menschlicher Ansprüche, die nicht gegeneinander aufgerechnet werden können, sondern gleichzeitig existieren. Solche Ansprüche sind beispielsweise die Fähigkeit, das Leben bis zum Ende zu leben oder die Fähigkeit, überhaupt gesund zu sein, wozu reproduktive Gesundheit, angemessene Ernährung und Unterkunft gehören. Schließlich gehört auch die Fähigkeit mit anderen und für andere zu leben dazu. Im Mittelpunkt steht mehr oder weniger die Menschenwürde als Prüfstein für die Angemessenheit dessen, was dem Einzelnen zur Verwirklichung seiner Fähigkeiten vernünftigerweise zukommt. Auch das bindet Aristoteles ein, Bedürfnis und Fähigkeit, Vernunft und Animalität sind eng verwoben im „zoon politikon", im Gemeinschaftslebewesen. Für Nussbaum ist die menschliche Würde „die Würde eines bedürftigen und verkörperten Wesens" (Die Grenzen der Gerechtigkeit, S. 383). Es ist auf Gesellschaft und soziale Beziehungen hin angelegt. Hinter dem „Fähigkeitenansatz" steht eine Kooperationsvorstellung, die unterstellt, dass sich menschliche Bindungen nicht nur dem Eigennutz verdanken, sondern auch dem gegenseitigen Vorteil und sogar bis hin zum Altruismus. Sich für das Wohl anderer einzusetzen ist demnach nicht nur eine Sache individueller Vorstellungen des Guten, sondern es ist Teil einer gemeinsamen öffentlichen Bestimmung von Personalität. Personen treffen nicht nur zu ihrem eigenen Vorteil eine Übereinkunft mit anderen. Sie sind auch davon überzeugt, dass man kein gutes Leben führen kann, ohne es mit anderen zu teilen.

Universelle Normen – also mehr als bloße Gemeinsamkeiten – sind kein sittlicher Minimalkonsens und auch keine ewigen Wahrheitswerte. Sie müssen vielmehr mühsam gesucht, erarbeitet und begründet werden. Sie beanspruchen zwar universelle Gültigkeit, aber sie sind gerade deshalb niemals der Diskussion und Auseinandersetzung enthoben. Sie müssen umgekehrt für Widerlegungsversuche offen bleiben und sind somit keine überzeitlich feststehenden Selbstverständlichkeiten. Auseinandersetzungs- und Einigungsprozesse sind jedenfalls „Arbeit", zumindest das ist vermutlich unstrittig etwas Universelles.

Nachwort

Ob der Philosophie in Zukunft die überaus erfolgreichen Naturwissenschaften als Gegenpart gegenüber stehen müssen, ist zumindest fraglich. Dass Philosophie eine Dienerin der Naturwissenschaften wird, wie einstmals eine Dienerin der Theologie, darf mit guten Gründen allerdings in Frage gestellt werden. Gerade nach dem Siegeszug der Naturwissenschaften ist Philosophie eine Option, zum einen das Ganze zu denken und zum anderen gleichzeitig das Problem einer möglichen Ganzheit mitzudenken. Philosophie reißt oftmals die Brücken ein, die sie selbst gebaut hat, auch wenn sie nicht so recht weiß, wie sie sicher ans andere Ufer kommen kann. Das ist ihr ureigenstes Feld, Gründe anführen, prüfen, verwerfen und mit neuen Gründen weitergehen.

Wenn man einzelne philosophische und früher erfolgreiche Disziplinen betrachtet, dann hat Philosophie vieles an andere Disziplinen abgegeben, die Erkenntnistheorie an die Naturwissenschaften, die Rechtsphilosophie an die Juristen, die Politische Philosophie und Sozialphilosophie an Politologen und Soziologen, die Geschichtsphilosophie an Historiker, die Sprachphilosophie an Linguisten und die Ästhetik an die jeweiligen eigenständigen Fächer. Was Philosophie aber besser kann als Einzelwissenschaften, ist das argumentative Nachdenken über die Bedingungen der Möglichkeit von Wissenschaft selbst, sie kann sich systematisch damit beschäftigen, warum sich unsere Kultur dahin entwickelt, alles unter dem Aspekt des Funktionierens zu betrachten. Und sie kann beschreiben, was stattdessen unser Zusammenleben bestimmen könnte. Sie kann die Rechtfertigungen prüfen, eigene normative Entwürfe in den Raum stellen und die argumentative Auseinandersetzung suchen. Mit Blick auf die Traditionslinie der Philosophie selbst ist ihr großes eigenes und weitgehend unbestrittenes Feld die Ethik, getrieben von Gerechtigkeitsfragen, Toleranzdiskussionen, Fragen nach Werten und Fragen nach Gesellschaft, Staat und Individuum. Angesichts der Globalisierung und unterschiedlicher Kulturkreise sind darauf keine einfachen Antworten zu geben. Das jedenfalls spricht für ihre Relevanz und Zuständigkeit.

Die Auseinandersetzung mit den Naturwissenschaften scheint demgegenüber keine existenzielle mehr zu sein. Naturwissenschaften können nämlich nicht entscheiden, ob es sinnvoll ist zu tun, was man tun kann, weil sie ausprobieren wollen, was man alles kann. Und sie können auch nicht die Frage nach der Existenz oder Notwendigkeit eines freien Willens beantworten, weil sie sich der moralischen Letztverantwortung nicht stellen, und weil sie Intersubjektivität zwischen Menschen, Gruppen, Nationen, Kulturwelten oder Kontinenten in ihrer vollen Komplexität nicht abbilden können. Hätten Naturwissenschaften auch dafür ein taugliches Modell, könnten sie Geschichte besser prognostizieren als alle Gesellschaftswissenschaften. Naturwissenschaften können jedenfalls kein globales Wertesystem mit anerkennbaren verbindlichen Normen unter Akzeptanz von regionalen Unterschieden entwickeln, weil Werturteile keine Wahrheitsurteile sind, sondern ausdrücklich von Anerkennungsprozessen getragen werden. Vor diesem Hintergrund sind wir Kant wohl immer noch verpflichtet, das ist sein philosophisches Erbe. Man könnte auch sagen, es ist das Erbe des aufklärerischen Denkens, das in Europa erfunden wurde wie die Philosophie selbst. Dass dieses Denken überflüssig geworden ist, wird vermutlich niemand behaupten, gerade wenn man sich aktuelle Krisenfelder anschaut.

Quellen

Arendt, Hannah: Elemente und Ursprünge totaler Herrschaft, München: Piper 1995
Anselm von Canterbury: Proslogion/Anrede, übers. v. Robert Theis, Stuttgart: Reclam 2005
Aristophanes: Die Frösche, übers. v. Niklas Holzberg, Stuttgart: Reclam 2011
Aristoteles: Philosophische Schriften in sechs Bänden, Hamburg: Meiner 1995 (Band 1: Organon, übers. v. Eugen Rolfes; Band 3: Nikomachische Ethik, übers. v. ders.; Band 4: Politik, übers. v. ders.; Band 5: Metaphysik, übers. v. Hermann Bonitz)
Augustinus, Aurelius: Bekenntnisse, übers. v. Kurt Flasch und Bernhard Mojsisch, Stuttgart: Reclam 1989
Augustinus, Aurelius: Contra Faustum Manichaeum; in: Jacques Paul Migne, Sancti Aurelii Augustini, Hipponensis episcopi, opera omnia (Patrologia Latina Band 42), lateinischer Text
Augustinus, Aurelius: Vom Gottesstaat, übers. v. Wilhelm Thimme, Müchen: Deutscher Taschenbuch Verlag 2007

Bacon, Roger: Opus majus, übers. v. Pia A. Antolic-Piper, Freiburg im Breisgau: Herder 2008

Camus, Albert: Der Mythos des Sisyphos, übers. v. Vincent von Wroblewsky, Reinbek bei Hamburg: Rowohlt 2000
Carnap, Rudolf: Scheinprobleme in der Philosophie und andere metaphysikkritische Schriften, Hamburg: Meiner 2004

Derrida, Jacques: Grammatologie, Frankfurt am Main: Suhrkamp 1974
Derrida, Jacques: Limited Inc, übers. v. Werner Rappel unter Mitarbeit von Dagmar Travner, Wien: Passagen 2001
Descartes, René: Entwurf der Methode, übers. v. Christian Wohlers, Hamburg: Meiner 2013
Descartes, René: Meditationen, übers. v. Christian Wohlers, Hamburg: Meiner 2009

Meister Eckhart: Deutsche Predigten und Traktate, übers. v. Josef Quint, Darmstadt: Wissenschaftliche Buchgesellschaft (Lizenzausgabe Carl Hanser, München/Wien 1963)
Epikur: Philosophie der Freude, übers. v. Johannes Mewaldt, Stuttgart: Kröner 1973

Feuerbach, Ludwig: Gesammelte Werke, 3. Aufl., Berlin: Akademie-Verlag 1990 (Band 5: Das Wesen des Christentums; Band 9: Kleinere Schriften II)
Fichte, Johann Gottlieb: Das System der Sittenlehre nach den Prinzipien der Wissenschaftslehre, Hamburg: Meiner 1995
Fichte, Johann Gottlieb: Die Bestimmung des Menschen, Hamburg: Meiner 2000
Foucault, Michel: Analytik der Macht, übers. v. Reiner Ansén, Michael Bischoff, Hans-Dieter Gondek, Hermann Kocyba und Jürgen Schröder, Frankfurt am Main: Suhrkamp 2005
Foucault, Michel: Sicherheit, Territorium, Bevölkerung, übers. v. Claudia Brede-Konersmann und Jürgen Schröder, Frankfurt am Main: Suhrkamp 2006
Foucault, Michel: Überwachen und Strafen, Frankfurt am Main: Suhrkamp 1976
Freud, Sigmund: Gesammelte Werke in achtzehn Bänden mit einem Ergänzungsband, 9. Aufl., Frankfurt: Fischer 1960 ff. (Band XI: Vorlesungen zur Einführung in die Psychoanalyse; Band XIII: Jenseits des Lustprinzips und andere Arbeiten aus den Jahren 1920–1924)

Goethe, Johann Wolfgang: Sämtliche Werke nach Epochen seines Schaffens, Münchner Ausgabe, München/Wien: Hanser 1986 (Band 6.1: Weimarer Klassik 1798–1806)

Habermas, Jürgen: Die Moderne – ein unvollendetes Projekt, Philosophisch-politische Aufsätze, 3. Aufl., Leipzig: Reclam 1994
Habermas, Jürgen: Die Einbeziehung des Anderen, Frankfurt am Main: Suhrkamp 1999
Habermas, Jürgen: Die Zukunft der menschlichen Natur, Auf dem Weg zu einer liberalen Eugenik?, Frankfurt am Main: Suhrkamp 2005
Habermas, Jürgen: Erkenntnis und Interesse, Frankfurt am Main: Suhrkamp 1973
Habermas, Jürgen: Faktizität und Geltung, Frankfurt am Main: Suhrkamp 1998
Habermas, Jürgen: Vorstudien und Ergänzungen zur Theorie des kommunikativen Handelns, Frankfurt am Main: Suhrkamp 1995
Hegel, Georg Wilhelm Friedrich: Werke in 20 Bänden, Frankfurt am Main: Suhrkamp 1986 (Band 1: Frühe Schriften; Band 3: Phänomenologie des Geistes, Band 5: Wissenschaft der Logik I; Band 7: Grundlinien der Philosophie des Rechts oder Naturrecht und Staatswissenschaft im Grundrisse; Band 12: Vorlesungen über die Geschichte der Philosophie; Band 13: Vorlesungen über die Ästhetik)
Heidegger, Martin: Gesamtausgabe, Frankfurt am Main: Vittorio Klostermann 1977 (Band 2: Sein und Zeit; Band 5: Holzwege; Band 12: Unterwegs zur Sprache)
Heine, Heinrich: Historisch-kritische Gesamtausgabe der Werke, Hamburg: Hoffmann und Campe 1983 (Band 2: Zeitgedichte)
Heraklit, Fragmente, hrsg. v. Bruno Snell, 7. unv. Aufl., München: Heimeran 1965

Hobbes Thomas: Vom Menschen – Vom Bürger, übers. v. Günter Gawlick, Hamburg: Meiner 1959
Hölderlin, Friedrich: Sämtliche Werke und Briefe, hrsg. v. Jochen Schmidt, Frankfurt am Main: Deutscher Klassiker Verlag 1992 (Band 1: Gedichte)
D'Holbach, Paul Thiry: Religionskritische Schriften, hrsg. v. Manfred Naumann, übers. v. Rosemarie Heise und Fritz Georg Voigt, Berlin und Weimar: Aufbau-Verlag 1970
Horkheimer, Max und Adorno, Theodor W.: Dialektik der Aufklärung, Frankfurt am Main: Fischer 1969
Humboldt, Wilhelm von: Werke in fünf Bänden, 9. Aufl., Darmstadt: Wissenschaftliche Buchgesellschaft 2002 (Band 3: Schriften zur Sprachphilosophie)
Hume, David: Eine Untersuchung über den menschlichen Verstand, übers. v. Raoul Richter, Hamburg: Meiner 2015
Hume, David: Ein Traktat über die menschliche Natur, übers. v. Theodor Lipps, Hamburg: Meiner 2013 (Teilband 1 und 2)

James, William: Der Pragmatismus: Ein neuer Name für alte Denkmethoden, 4. Aufl., übers. v. Wilhelm Jerusalem, Hamburg: Meiner 1994

Kant, Immanuel: Werkausgabe in 12 Bänden, hrsg. v. Wilhelm Weischedel, Frankfurt am Main: Suhrkamp 1974 (Band IV: Kritik der reinen Vernunft 2; Band VII: Grundlegung zur Metaphysik der Sitten; Band VII: Kritik der praktischen Vernunft; Band VIII: Die Metaphysik der Sitten; Band VIII: Die Religion innerhalb der Grenzen der bloßen Vernunft; Band X: Kritik der Urteilskraft; Band XI: Schriften zur Anthropologie I)

Leibniz, Gottfried Wilhelm: Monadologie und andere metaphysische Schriften, übers. v. Ulrich Johannes Schneider, 2. verb. Aufl., Hamburg: Meiner 2014
Lenin, W. I.: Materialismus und Empiriokritizismus, 19. Aufl., Berlin: Dietz Verlag 1989
Locke, John: Versuch über den menschlichen Verstand, Bd. 1 übers. v. C. Winkler, 5. durchges. Aufl., Hamburg: Meiner 2000
Locke, John: Zwei Abhandlungen über die Regierung, übers. v. Jörn Hoffmann, 6. Aufl., Frankfurt am Main: Suhrkamp 1995
Locke, John: Ein Brief über Toleranz, übers. v. Julius Ebbinghaus, Hamburg: Meiner 1957

Macchiavelli, Niccoló: Der Fürst, übers. v. Philipp Rippel, Stuttgart: Reclam 2014
Marcuse, Herbert: Der eindimensionale Mensch, übers. v. Alfred Schmidt, 4. Aufl., München: Deutscher Taschenbuch Verlag 2004
Marx, Karl: Marx-Engels-Werke (MEW), Gesamtausgabe, Berlin/DDR: Dietz 1965–1989 (Band 3: Thesen über Feuerbach; Band 3: Die deutsche Ideologie; Band 13: Zur Kritik der politischen Ökonomie; Band 19: Kritik des Gothaer Programms; Band 42: Grundrisse der politischen Ökonomie)
MacIntyre, Alasdair: Die Anerkennung der Abhängigkeit, übers. v. Christiana Goldmann, Hamburg: Rotbuch-Verlag 2001

Mendelsohn, Moses: Jubiläumsausgabe in 24 Bänden, Stuttgart: Frommann-Holzboog 1971 ff. (Band 3.2: Schriften zur Philosophie und Ästhetik III,2)

Nagel, Thomas: Wie ist es eine Fledermaus zu sein?, übers. v. Ulrich Diehl, Stuttgart: Reclam 2016

Nietzsche, Friedrich: Sämtliche Werke, Kritische Studienausgabe in 15 Bänden (KSA), hrsg. v. Giorgio Colli und Mazzino Montinari, München: Deutscher Taschenbuch Verlag 1999 (Band 1: Die Geburt der Tragödie; Band 1: Über Wahrheit und Lüge im außermoralischen Sinn; Band 2: Menschliches, Allzumenschliches; Band 3: Die fröhliche Wissenschaft; Band 4: Also sprach Zarathustra; Band 5: Jenseits von Gut und Böse; Band 11: Nachlass 1884–1885; Band 13: Nachgelassene Fragmente 1887–1889)

Nikolaus von Kues: Philosophisch-theologische Werke, Band 1, übers. v. Paul Wilpert und Hans Gerhard Senger, Hamburg: Meiner 2002

Nussbaum, Martha: Die Grenzen der Gerechtigkeit, übers. v. Robin Celikates und Eva Engels, Frankfurt am Main: Suhrkamp 2014

Nussbaum, Martha: Gerechtigkeit oder Das gute Leben, übers. v. Ilse Utzy, Frankfurt am Main: Suhrkamp 1999

Parmenides: Vom Wesen des Seienden, hrsg. und übers. v. Uvo Hölscher, Frankfurt am Main: Suhrkamp 1969

Platon: Werke ich acht Bänden, übers. v. Friedrich Schleiermacher, Darmstadt: Wissenschaftliche Buchgesellschaft, 5. unv. Aufl., 1977 (Band 3: Symposion; Band 4: Politeia; Band 6: Theaitetos)

Plotin: Die Enneaden des Plotin, übers. v. Hermann Friedrich Müller, Berlin: Weidmann 1878

Plotin: Seele-Geist-Eines: Enneade IV8, V4, V1, V6 und V3, übers. v. Richard Herder, Hamburg: Meiner 1990

Prinz, Wolfgang: Freiheit oder Wissenschaft?; in: Mario von Cranach und Klaus Foppa (Hg.), Freiheit des Entscheidens und Handelns, Heidelberg: Roland Asanger 1996, S. 86–103.

Quine, Willard Van Orman: Von einem logischen Standpunkt: Neun logisch-philosophische Essays, übers. v. Peter Bosch, Frankfurt am Main/Wien: Ullstein 1979

Quine, Willard Van Orman: Theorien und Dinge, übers. v. Joachim Schulte, Frankfurt am Main: Suhrkamp 1991

Rawls, John: Das Recht der Völker, übers. v. Wilfried Hinsch, Berlin/New York: De Gruyter 2002

Rawls, John: Gerechtigkeit als Fairneß. Ein Neuentwurf, übers. v. Joachim Schulte, Frankfurt am Main: Suhrkamp 2006

Ricœur, Paul: Das Selbst als ein Anderer, übers. v. Jean Greisch, München: Fink 1996

Rorty, Richard: Wahrheit und Fortschritt, übers. v. Joachim Schulte, Frankfurt am Main: Suhrkamp 2003

Rousseau, Jean-Jacques: Vom Gesellschaftsvertrag oder Grundsätze des Staatsrechtes, übers. v. Hans Brockart, Stuttgart: Reclam 2011

De Sade, D. A. F.: Justine und Juliette I, hrsg. und übers. v. Stefan Zweifel und Michael Pfister, München: Matthes & Seitz 1990

Sartre, Jean Paul: Das Sein und das Nichts, übers. v. Hans Schöneberg und Traugott König, 16. Aufl., Reinbek bei Hamburg: Rowohlt 1993

Schelling, Friedrich Wilhelm Joseph: Werke (Historisch-kritische Ausgabe), Stuttgart: Fromann-Holzboog 1980 ff. (Werke 2: Vom Ich als Prinzip der Philosophie oder über das Unbedingte im menschlichen Wesen; Werke 7: Erster Entwurf eines Systems der Naturphilosophie)

Schelling, Friedrich Wilhelm Joseph: Zur Geschichte der neueren Philosophie: Münchener Vorlesungen, 4. unv. Aufl., Leipzig: Reclam 1984

Schiller, Friedrich: Sämtliche Werke, 9. Aufl., München: Hanser 1993 (Band 5: Theoretische Schriften)

Schopenhauer, Arthur: Sämtliche Werke, Darmstadt: Wissenschaftliche Buchgesellschaft 2004 (Band I: Die Welt als Wille und Vorstellung I; Band V: Parerga und Paralipomena)

Gespräch zwischen Rolf Singer und Julian Nida-Rümelin, Frankfurter Rundschau, 3. April 2004

Spinoza, Baruch de: Theologisch-politischer Traktat, übers. v. Wolfgang Bartuschat, Hamburg: Meiner 2012

Spinoza, Baruch de: Ethik in geometrischer Ordnung dargestellt, 3. verb. Aufl., Hamburg: Meiner 2010

Thomas von Aquin: Corpus Tomisticum, Sancti Thomae de Aquino, Summa Theologiae, (www.corpustomisticum.org), lateinischer Text, 2016

Thomas v. Aquin: Quaestiones Quodlibatales; in: S. Thomae Aquitanis Quaestiones Quodlibatales, hrsg. v. R. P. Mandonnet, Paris 1926, lateinischer Text

Thomas v. Aquin, Summa contra gentiles, übers. v. Karl Albert und Paulus Engelhardt, 3. unv. Aufl., Darmstadt: Wissenschaftliche Buchgesellschaft 2009

Thomas von Aquin: Von der Wahrheit: (quaestio I), übers. v. Albert Zimmermann, Hamburg: Meiner 1986

Thukydides: Der Peleponnesische Krieg, übers. v. Helmut Vretska und Werner Rinner, Stuttgart: Reclam 1966

Vergil: Aeneis, übers. v. Niklas Holzberg, Berlin/Boston: De Gruyter 2015

Voltaire, Philosophische Briefe, übers. v. Rudolf von Bitter, Frankfurt am Main: Fischer 1992

Voltaire: Philosophisches Wörterbuch, übers. v. Erich Salewski und Karlheinz Stierle (hrsg.), Frankfurt am Main: Insel 1985

Voltaire: Korrespondenz aus den Jahren 1749 bis 1760; übers. v. Bernhard Henschel, Leipzig: Reclam 1978

Walzer, Michael: Lokale Kritik – globale Standards: Zwei Formen moralischer Auseinandersetzungen, übers. v. Christian Goldmann, Hamburg: Rotbuch-Verlag 1996

Wittgenstein, Ludwig: Werkausgabe, 2. Aufl., Frankfurt am Main: Suhrkamp 1995 (Band 1: Tractatus logico-philosophicus; Band 8: Vermischte Bemerkungen)

Xenophanes: Die Fragmente, übers. v. Ernst Heitsch, München und Zürich: Artemis 1983

Kommentierte weiterführende Literatur (Auswahl)

Allgemeine Übersichten Philosophie

Georg W. Bertram (Hrsg.), Philosophische Gedankenexperimente, Stuttgart 2012
Gute Übersicht zur Methode und den wichtigsten Gedankenexperimenten mit Problembeschreibungen und Aktualisierungen.

Anthony Kenny, Geschichte der abendländischen Philosophie (4 Bände), übers. v. Manfred Weltecke, Darmstadt 2016
Überblick zu einzelnen Philosophen sowie thematischen Teildisziplinen.

Friedrich Kittler, Philosophien der Literatur, Berlin 2013
Philosophie unter medientheoretischer und literaturwissenschaftlicher Lupe. Ungewöhnliche Perspektive, ungewöhnlich apodiktisch im Ton.

Wolfgang Röd (Hrsg.), Geschichte der Philosophie (14 Bände), München 1984 ff.
Allgemeinverständliche Einführung in die Entwicklung des Denkens in Einzelepochen bis zur Gegenwart.

Herbert Schnädelbach, Was Philosophen wissen und was man von ihnen lernen kann, München 2012
Aktueller Blick auf philosophische Problemstellungen, ihre Geschichte und Relevanz. Systematisiert in Themenfelder.

Ders., Heiner Hastedt, Geert Keel (Hrsg.), Was können wir wissen, was sollen wir tun?, Hamburg 2009
Beschreibung aktueller philosophischer Positionen und Kontroversen auf dem philosophischen Kampfplatz. Eher theoretisch orientiert.

Franz Schupp, Geschichte der Philosophie im Überblick (3 Bände), Hamburg 2007
Philosophiegeschichte im Überblick. Konzentration auf Kernpositionen und zentrale Fragestellungen einzelner Philosophen.

Wilhelm Weischedel, Die philosophische Hintertreppe, München 1966
Unterhaltsamer, leicht lesbarer Überblick, der über Anekdoten und Lebenswege bedeutender Philosophen zu ihren Kernaussagen führt.

Allgemeine Übersichten Geschichte

Neue Fischer Weltgeschichte, hrsg. von Jörg Flasch, Wilfried Nippel und Wolfgang Schwendtker, 21 Bände, Frankfurt am Main 2012 ff.
Universalgeschichte nach Räumen und Epochen mit jeweiligen Sachgebieten gegliedert, Darstellung der Zusammenhänge.

Peter Watson, Ideen, München 2006
In typisch lockerem angelsächsischem Schreibstil wird eine Kulturgeschichte der Erkenntnisse, Errungenschaften und Kulturgeschichte im großen Bogen der menschlichen Ideen gespannt.

Heinrich August Winkler, Geschichte des Westens, 4 Bände, München 2015 ff.
Westliche Geschichte und politische Ideen im welthistorischen Bogen.

Antike

Simon Blackburn, Platon, Der Staat, München 2007
Eine einfache und zugespitzte Beschreibung der Kernthesen von Platons utopischem Staatsmodell.

Klaus Bringmann, Kleine Kulturgeschichte der Antike, München 2011
Überschaubarer Überblick der griechischen Kulturgeschichte von Homers Zeit bis zum Tod von Justinian. Mit vielen Zitaten.

Hellmut Flashar, Aristoteles, München 2013
Übersichtliche und gleichzeitig detaillierte Gesamtdarstellung der aristotelischen Werke mit Einbettung in ausführliche Lebensbeschreibungen. Enthält Exkurse zur Wirkungsgeschichte.

Elke Stein-Hölkeskamp, Das archaische Griechenland, München 2015
Vom Griechenland der mykenischen Palastkultur über die Kolonisierung des Ostens bis zum Aufblühen der Polis. Übersichtliche Beschreibung der Veränderungen und Umbrüche, dabei auch viele Bezüge zur frühgriechischen Alltagswelt.

Kommentierte weiterführende Literatur (Auswahl)

Mittelalter

Kurt Flasch, Das philosophische Denken im Mittelalter, Stuttgart 2006
Ausführliche und umfassende Beschreibung der Diskussionen im Mittelalter, das wie aus einem Guss erscheint. Philosophie als Kampfplatz um die Wahrheit mit Traditionen und Brüchen.

Loris Sturlese, Philosophie im Mittelalter, München 2013
Dichte Beschreibung des mittelalterlichen Denkens mit lateinischem Abendland, griechischem Byzanz, dem Islam und der jüdischen Diaspora.

Neuzeit

Philipp Blom, Böse Philosophen, München 2011
Unterhaltsame und fesselnde Beschreibung des intellektuellen Klimas der Pariser Salonkultur und Aufklärung mit vielen Facetten und persönlichen Befindlichkeiten der Agierenden.

Manfred Geier, Aufklärung, Reinbek 2012
Der Aufklärungsgeist als europäisches Gesamtprojekt. Die Aufklärungsidee wird in unterschiedlichen Lebens- und Werkgeschichten lebendig aufgerollt.

Manfred Geier, Kants Welt, Reinbek 2003
Kant einmal ganz unspröde dargestellt. Leben und Werk im großen Zusammenhang und Entstehungsprozess.

Florian Grosser, Theorien der Revolution, Hamburg 2013
Einführende Beschreibung der Revolutionstheorien seit der Aufklärung über Hegel und Marx bis zur Gegenwart. Ideengeschichtlich orientierter Überblick.

Christoph Menke/Arnd Pollmann, Philosophie der Menschenrechte, Hamburg 2007
Historische Aufrollung der Menschenrechtsidee bis in die Gegenwart. Komplexe Theoriegeschichte, Begründungsveränderungen und Aktualisierungen.

19. Jahrhundert

Manfred Frank, Der kommende Gott, Frankfurt 1982
Philosophische Vorlesungsreihe zum historischen Traum der Frühromantik, die christliche und griechische Mythologie miteinander kreuzen wollte.

Robert Misik, Marx für Eilige, Berlin 2008
Einfache Darstellung der Grundpositionen des Denkens von Marx. Viele biografische Elemente, historische Ereignisse und theoretische Weiterentwicklungen.

Rüdiger Safranski, Romantik, München 2007
Beschreibung der bunten ausschließlich deutschen Romantikgeschichte, die zwischen Literatur und Philosophie spielt. Die politische Dimension bleibt allerdings ausgespart.

Herbert Schnädelbach, Georg Wilhelm Friedrich Hegel, Hamburg 1999
Knapper überblickartiger Abriss von Hegels Denken, der zu den schwierigsten Philosophen zählt. An Hegels spezieller Dialektiksprache kann auch diese Übersicht nicht vorbei.

20. Jahrhundert

Jürgen Habermas, Der philosophische Diskurs der Moderne, Frankfurt 1985
Anspruchsvolle im Vorlesungsmodus verfasste Analyse der Epochenschwelle der sich findenden Moderne im 18. Jh., der sich verschärfenden Vernunftkritik im 19. Jh. und der Radikalisierung in der sogenannten Postmoderne des 20. Jh. Sie wird dabei als Fehlweg einer Subjektzentrierung gedeutet.

Michael Hampe, Die Lehren der Philosophie, Berlin 2014
In der pragmatischen Tradition orientierte Kritik an einer behauptenden Philosophie. Philosophie, Erzählung und Erziehung im Widerstreit ihrer jeweiligen Grenzen.

Bernd Ladwig, Gerechtigkeitstheorien, Hamburg 2011
Übersichtliche Darstellung der Dimensionen von Gerechtigkeit und Beschreibung der theoretischen Hintergründe von Gerechtigkeitstheorien.

Jasper Liptow, Philosophie des Geistes, Hamburg 2013
Nicht ganz einfache Einführung in die komplexe Philosophie des Geistes ohne Zuspitzung auf Geist und Materie.

21. Jahrhundert

Peter Bieri, Was bleibt von der analytischen Philosophie? (in: Deutsche Zeitschrift für Philosophie, 2007, Heft III)
Zwar ein Fachartikel, aber dennoch klar und verständlich. Der Siegeszug der analytischen Philosophie ist gebremst, alte Themen kommen wieder, geblieben sind Forderungen nach Klarheit.

Christoph Halbig, Der Begriff der Tugend und die Grenzen der Tugendethik, 2013
Anspruchsvolle kritische Hinterfragung der Leistungskraft von Tugendethiken. Sensibilisierung für unhintergehbare Grundwerte.

Geert Keil, Ich und mein Gehirn: Wer steuert wen?; in: Herbert Schändelbach, Heiner Hastedt, Geert Keel (Hrsg.), Was können wir wissen, was sollen wir tun?, Hamburg 2009
Gut lesbare Beschreibung der Grenzen naturwissenschaftlicher Zugangsweisen zum Phänomen Gehirn und Bewusstsein. Philosophische Einwände dominieren.

GPSR Compliance

The European Union's (EU) General Product Safety Regulation (GPSR) is a set of rules that requires consumer products to be safe and our obligations to ensure this.

If you have any concerns about our products, you can contact us on

ProductSafety@springernature.com

In case Publisher is established outside the EU, the EU authorized representative is:

Springer Nature Customer Service Center GmbH
Europaplatz 3
69115 Heidelberg, Germany

www.ingramcontent.com/pod-product-compliance
Lightning Source LLC
LaVergne TN
LVHW011006250326
834688LV00004B/96